宏观经济学

（第二版）

卢现祥　陈银娥　主　编

经济科学出版社

图书在版编目（CIP）数据

宏观经济学／卢现祥，陈银娥主编．—2版．—北京：经济科学出版社，2008.9（2015.7重印）
ISBN 978－7－5058－7467－1

Ⅰ．宏…　Ⅱ．①卢…②陈…　Ⅲ．宏观经济学　Ⅳ．F015

中国版本图书馆CIP数据核字（2008）第122319号

责任编辑：凌　敏
责任校对：张长松
版式设计：代小卫
技术编辑：李　鹏

宏观经济学
（第二版）
主编　卢现祥　陈银娥
经济科学出版社出版、发行　新华书店经销
社址：北京市海淀区阜成路甲28号　邮编：100142
教材分社电话：88191354　发行部电话：88191540
网址：www.esp.com.cn
电子邮箱：espbj3@esp.com.cn
北京密兴印刷厂印装
787×1092　16开　18.25印张　440000字
2008年9月第1版　2015年7月第6次印刷
ISBN 978－7－5058－7467－1/F·6718　　定价：31.00元

第二版前言

本书是中南财经政法大学经济学院组织策划的经济学新编系列教材之一。在本书的使用过程及再版时，本书的主编及编写者曾多次召开座谈会，征询对本书第一版的修改意见。参加人员有本书的部分编写人员及中南财经政法大学经济学院担任该课程教学的部分教师，这些同志都对本书的再版提出了宝贵的意见，其中相当大部分意见已为本书所采纳。本书编写组向上述同志致以深深的谢意。

正如本书第一版“前言”中所指出的那样，“限于编写人员的理论水平和教学经验的欠缺，本书的缺点和不当之处在所难免”。我们希望通过本书的使用和教学实践，不断进行完善。因而本书的修订再版是必然的。

本书第二版在保持原书风貌和体例的基础上，为了突出特色，方便读者学习，力图在体例结构上有所创新。主要是：第一，在每章的正文前，增加了“学习目的和要求”以及“内容提要”，旨在激起学生的学习兴趣，便于读者宏观地把握各章的内容。第二，在每章正文后配有案例分析，一般是两个案例，其中一个使用假设的案例，另一个采用本土化现实案例，以便于读者进行比较与应用，同时，引导读者大致了解各章的基本理论在现实生活中是如何得以应用的。第三，各章都增加了推荐阅读书目，便于读者课外自学和参考。第四，全书后附有主要专业术语以及人名的中英文对照表。

本书的修订是集体劳动的成果。由卢现祥、陈银娥担任主编，各章的编写人员不变，分别是：卢现祥（第一章、第九章）、丁际刚（第二章）、陈银娥（第三章、第四章、第五章）、郑道文（第六章、第七章）、朱巧玲（第八章）、罗良文（第十章）、刘明显（第四章）、熊红芳（第一章）、徐文华（第九章）。同时，陈银娥、陈学军、魏君英等参与了该书再版时的修订工作。陈学军主要负责第一章、第二章、第三章、第九章、第十章以及索引的修订，并对第九章进行了重大修改，魏君英主要负责第四章、第五章、第六章、第七章、第八章以及索引的修订，郑道文对第六章和第七章进行了重大修改，陈银娥对全书及索引的修订进行了统一和修纂定稿。

本书编写组热切希望读者与教学人员继续对本书的完善提出宝贵的意见。

编写组

2008 年 9 月

第三版前言

第一版前言

从理论演进的角度看，改革开放以来，我国经济学研究的“热点”有三次较大的变化：一是改革初期对马克思主义经济学的研究；二是20世纪80年代中后期对东欧经济学的研究；三是20世纪90年代初期以来对西方经济学的研究。这些研究的转变与我国经济体制改革的进程是一种相互促进的关系。改革开放以来我国经济学得到了长足的发展，并为推动经济体制改革作出了自己的贡献。

西方经济学是市场经济国家经济实践在理论上的一种总结和提炼。这种总结和提炼的过程如果从亚当·斯密的《国富论》算起，也有200多年的历史了。西方经济学为人类社会有效配置资源所作出的贡献是无法计量的。现在我国高等教育越来越重视西方经济学的教学与研究，这也是完善我国社会主义市场经济体制的重要组成部分。

为了更好地适应我国高校经济学教学的需要，我们组织了有丰富教学经验的教师编写了这本《宏观经济学》教材。本书由卢现祥、陈银娥担任主编，设计、确定了全书的总体框架及写作提纲，然后由编写人员分工撰写或合写。具体撰稿分工如下：

卢现祥：第一章，第九章；

丁际刚：第二章；

陈银娥：第三章，第四章，第五章，第六章第四节；

郑道文：第六章第一、二、三节，第七章；

朱巧玲：第八章；

罗良文：第十章；

刘明显：第四章；

熊红芳：第一章；

徐文华：第九章。

本书初稿写出后，主编负责对全书文字上和内容上进行了统一修订和定稿。限于编写人员的理论水平和教学经验的欠缺，本书的缺点和不当之处在所难免。恳请各位专家及读者提出宝贵意见，以便我们进行修改和进一步完善。

卢现祥

2004年9月

于中南财经政法大学

目　录

第一章

导 论

【学习目的和要求】

本章的学习目的是通过对宏观经济学和微观经济学的比较，以及有关宏观经济学的发展和基本概念的学习，对宏观经济学有一个感性认识，为以后的学习打下基础。要求了解宏观经济学的基本范畴及其研究对象，理解宏观经济模型的作用及特征，熟悉宏观经济学的发展史。

【内容提要】

1. 宏观经济学研究的是社会总体的经济行为及其后果，它研究的都是经济总量。宏观经济学和微观经济学两大部分并不是截然分开的，它们是相互补充的两个组成部分。宏观经济分析尽管有其微观基础，但是总体经济行为并不是个体经济行为的简单加总。

2. 宏观经济学把长期的经济增长、就业与失业、通货膨胀、国际经济与对外政策、宏观经济政策等作为研究对象。

3. 宏观经济学利用经济模型来对经济变量进行分析，进而解释经济问题。各种经济模型尽管各不同，但是存在简化市场和参与者、强调市场间的相互作用的共同特点。

4. 支出与收入的流量循环模型是衡量国民支出、国民收入和国民生产总值的一个概念性基础模型。宏观经济学研究表明，一些主要的宏观经济变量如增长、失业、周期和通货膨胀之间存在着相互影响的关系。

5. 现代宏观经济学从20世纪30年代产生后得到了较快的发展，是一门不断发展的学科。尽管各学派的分歧较大，但是也有许多共同的认识和结论。

第一节 宏观经济学研究什么

一、什么是宏观经济学

西方经济学一般分为宏观经济学和微观经济学两大部分。微观经济学研究的是个体经济单位的行为及其后果，如居民户与厂商；而宏观经济学研究的是社会总体的经济行为及其后果，即对经济运行的整体进行研究，它研究的都是经济总量，如国内生产总值、就业总人数、价格水平等，所以又称总量经济学。微观经济学由于以价格为中心可称为价格理论；宏观经济学由于以收入和就业分析为中心则可称收入理论或就业理论。

宏观经济学和微观经济学两大部分并不是截然分开的，它们是相互补充的两个组成部分。微观经济学的中心原理是家庭和企业行为目标的最大化，即约束条件下的最大化。宏观经济学在研究经济的周期波动时，必须考察消费者和企业的行为、劳动力市场的组织、产业的结构以及金融市场的行情。而微观经济学在研究有限资源的有效配置时，必须把经济达到充分就业水平作为研究的前提，因为，当经济的产出水平大大低于充分就业水平时，至少在短期内资源并未充分利用，这时可以通过减少失业和提高闲置的生产资源的利用率来增加产出总量。由于宏观经济活动产生于许多家庭与许多企业的相互作用，所以，微观经济学与宏观经济学必然是相互关联的。当我们研究整个经济时，必须考虑个别经济行为者的决策。由于总量只是描述许多个别决策变量的总和，所以，宏观经济理论必然依靠微观经济基础。

宏观经济分析尽管有其微观基础，但是总体经济行为并不是个体经济行为的简单加总。对微观经济是正确的东西，对宏观经济未必是正确的。个体理性不一定等于集体理性。例如，增加储蓄可增加个人财富，但大家都增加储蓄，则会使总消费减少，因而生产会下降。为什么微观经济学的一些结论不一定适用于宏观经济学？这除了经济个体和经济总体所追求的目标有差异外，更重要的是在微观经济学中，很多分析结论是在假定其他不变条件下作出的，而这些结论就不一定适合经济总体情况了。如某个人增加储蓄就不能假定其他人都照旧消费，某厂商降低工资时不能假定其他厂商不降低工资等。

为什么一些国家经济增长迅速而另一些国家则增长缓慢？是什么因素引起一些国家的经济时而高涨时而萧条地波动？又是什么导致了失业和通货膨胀的发生？为什么一些国家在一定时期会出现巨额的贸易逆差？为什么一国对另一国的货币交换比率会发生显著的贬值或升值？全球经济体系对一个国家会有什么影响？如何调整宏观经济政策才能改善一国的经济运行情况？宏观经济学就是要探讨和分析这些问题，宏观经济学既考察短期经济周期波动中的失业和通货膨胀问题，也考察长期经济增长问题。它主要研究国内生产总值、就业和价格水平如何变动，总供给和总需求的相互作用如何决定国民生产总值（它与就业密切相关）和价格水平，以及总供给和总需求的变动及其原因。决定总供给和总需求的因素有许多，其中，政府的财政政策和货币政策是个重要因素，所以宏观经济学也研究政府的财政政策和货币政策的作用。以下对这些问题做更详细地介绍。

二、宏观经济学的研究对象

（一）长期的经济增长

宏观经济学首先关注一个国家的长期繁荣。世界各国的经济发展过程不同，带来各国不同的贫富程度，经济的快速增长导致国民生活水平有极大地提高，如近几十年来的亚洲“四小龙”；经济停滞或倒退则使少部分国家人均产出和生活水平下降，如非洲撒哈拉以南的国家。美国是富裕的发达国家的典型，在过去的一个多世纪中，美国产品和服务的年产出增长了近70倍，从某种意义上说，美国经济的长期增长得益于平均劳动生产率的增长。据统计，美国工人1996年的平均劳动生产率相当于20世纪初的4倍，如果再考虑到现在工人的年工作时间比以前减少，则这种产出的增加就显得更为惊人。正是这种高速增长的生产率，使美国有高于其他国家的生活水平和生活质量。

由于产出的增长率，尤其是人均产出的增长率最终决定一国的贫富程度，因此宏观经济学的一个最重要的任务就是要回答是什么决定经济增长。经济学家们进行了大量的研究，尽管仍存在争论，但关于影响长期经济增长的基本因素有了较为一致的看法，也就是认为储蓄率、投资率、技术创新以及其他一些因素是实现高增长的重要条件。

（二）就业与失业

失业是指在当前工资水平下愿意工作的人无法找到工作，失业是宏观经济学重点研究的一个问题。各国都曾面临过严重的失业问题，长期持续的高失业有时甚至会长达10年。美国1929年开始的大萧条就是如此，在随后的几年里，失业人口上升到了占整个劳动力人口的近1/4，工业产值下降了一半。而1982年的失业也高达10.8%，直到20世纪80年代末才回落到6%，1991～1992年再次超过7%。我国在改革过程中也出现了下岗人员增加的现象。失业成为困扰各国政府的一个主要因素，为什么产出和就业会不时地下降？怎样才能减少失业？宏观经济学探索这种持续高失业的根源，也试图给出各种对策，比如通过减少对不工作的激励或提高工资的灵活性来采取刺激需求的政策或改革劳动市场制度等。

（三）通货膨胀

通货膨胀（Inflation）是指大多数商品和劳务的价格连续在一段时间内普遍上涨。价格是市场经济价值的衡量尺度和引导经济行为的手段，经济学家们意识到通货膨胀对经济的危害作用，因此价格稳定成为宏观经济政策的第三大目标。最常用的总体价格水平指标是消费者价格指数（Consumer Price Index，CPI）。CPI指的是普通城市消费者在购买一组固定物品（如食品、住房、服装及医疗服务等）时的费用。价格水平的变动程度称为通货膨胀率（Rate of inflation），表示价格水平从一年到下一年的升降率即价格水平的百分比变化，当价格水平下降时通货膨胀率为负，就会出现通货紧缩（Deflation）；当价格水平上涨时，出现通货膨胀。当一年内物价水平上涨百分之一千以上时，则造成恶性通货膨胀（Hyperinflation），如20世纪20年代的魏玛共和国、20世纪80年代的巴西、20世纪90年代的俄罗斯等，这些情况下，价格作为衡量经济价值的尺度和引导经济行为的手段已失去意义。宏观经济学要回答的是：什么原因导致通货膨胀产生，如何维持低通货膨胀，如何降低高通货膨胀又不诱发衰退？

（四）国际经济与对外政策

在当前的世界经济格局中，任何一个有一定规模的国家的经济都是开放经济，或者说是一个与其他国家有着大量贸易和金融联系的经济体。宏观经济学的研究范围就包括国与国之间经济纽带的联结方式，如对经济周期是如何借助国与国之间的贸易和代价借贷关系在各国范围内传导的研究。典型的例子像1997年开始于东南亚（泰国、马来西亚、菲律宾等国）

的金融危机。这些国家长期流入外资，1997 年 5 月外资大规模撤退，造成这些国家货币大幅贬值，金融体系摧毁，整个经济陷入深重的危机之中。危机很快蔓延到与这些国家有密切经济联系的地区和国家，如中国香港、日本和韩国等，甚至波及俄罗斯和拉美一些国家。中国由于人民币没有实行自由兑换才幸免，但仍因其他国家货币贬值导致的出口下降而受到了较大的冲击，这成为中国 1998 年经济增长率下降的重要原因之一。

国际经济中贸易不平衡也是宏观经济的一个重要问题。当一国的出口大于进口时就形成贸易顺差；反之，当进口大于出口时就形成贸易逆差。出现贸易逆差的国家需要向其他国家借钱，用以支付进口的商品和服务超出出口的部分。近年来，贸易逆差问题受到越来越多的重视。是什么引起贸易的不平衡？贸易逆差对逆差国及其贸易伙伴国的经济有何影响？这些都是宏观经济学家要着力回答的问题。

（五）宏观经济政策

一国经济的发展取决于很多因素，包括该国的自然资源和人力资源、资本存量（机器和厂房等）、科技水平、居民的经济选择等等。此外，一个极其重要的影响经济发展的因素就是政府的宏观经济政策。

宏观经济政策是从全局上对经济运行施加影响的方法和手段。财政政策和货币政策是两种最主要的宏观经济政策形式，财政政策通过各级政府的支付活动和税收对宏观经济的运行施加影响，货币政策主要是指通过中央银行控制货币供应量而影响经济运行的情况。20 世纪 90 年代后期，中国经济面临困境，居民的消费需求和企业的投资需求极度萎缩，出现了通货紧缩的现象，政府就此逐步改变了原先适度从紧的货币政策，连续八次下调金融机构的存贷款利率以刺激需求，但效果不显著。为了更直接地启动消费和投资，政府同时实施积极的财政政策，增发国债，加强基础设施方面的投入。就目前看来，中国经济在逐渐回升，但这些政策的实际作用和长期效果究竟如何还不明确。因此，宏观经济政策能否帮助一个国家摆脱经济困境，该采取什么样的政策，这是宏观经济学最具挑战的一个问题。

第二节 宏观经济模型及其特征

一、宏观经济模型

要考察市场经济中各参与者是如何相互作用来决定宏观经济的关键变量，支出与收入的流量循环模型为衡量国民支出、国民收入和国民生产总值提供了一个概念性基础。

（一）两部门经济支出与收入流量循环模型

先从两部门经济的收入构成来看，假设一个经济社会只有消费者即居民户和企业即厂商两个部门，没有税收、政府支出及进出口贸易。在这种情况下，从支出角度看，GDP 总等于消费（C）加投资（I），即 $Y=C+I$；从收入角度看，GDP 等于总收入，其中一部分用作消费，一部分用于储蓄（S），即 $Y=C+S$。要使经济循环流转，必须使总收入等于总支出，即 $C+I=C+S$。这样就可得到 $I=S$，即储蓄—投资恒等式。

可以用图 1.1 来表示两部门经济支出与收入的流量循环。图中的箭头表示货币的流向，与此同时还存在着与货币数量相对应的实物流动。

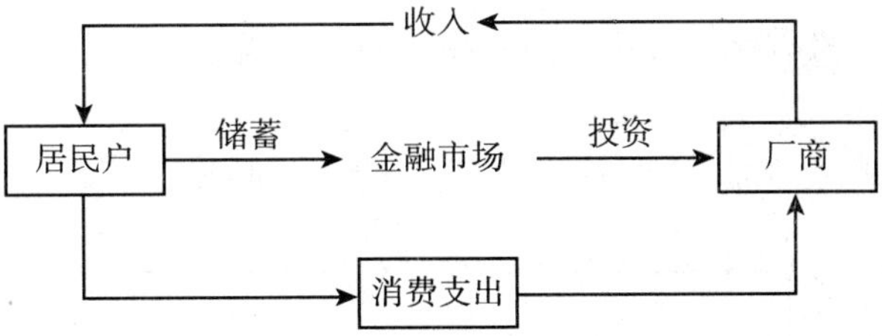

图 1.1 两部门经济中支出与收入流量循环模型

居民户一方面向厂商提供生产要素，另一方面支出货币购买商品和劳务；厂商一方面雇用居民户所提供的生产要素并向他们支付要素收入，另一方面向居民户出售消费品与劳务，并向其他企业出售资本品。这几个方面的流动，形成了一个完整的收入流量循环。在这种两部门经济中，将居民户与企业联系起来的市场包括：产品与劳务市场，生产要素市场，以及金融市场。

（二）三部门经济支出与收入流量循环模型

三部门经济是指在两部门经济的基础上加上政府部门。政府作为一个经济单位，它向居民户与企业征收赋税，以各种社会保险与福利支出形式向居民户提供转移支付，并从企业购买物品与劳务。加进政府部门后，总收入和总支出的构成发生了变化。从支出角度看，GDP 总等于消费加投资，再加上政府支出（G），即 $Y=C+I+G$；从收入角度看，GDP 等于总收入，其中除了消费和储蓄外，还包括税收（T），即 $Y=C+S+T$。要使经济循环流转，必须使总收入等于总支出，即 $C+I+G=C+S+T$。

可以用图 1.2 来表示三部门经济支出与收入的流量循环。

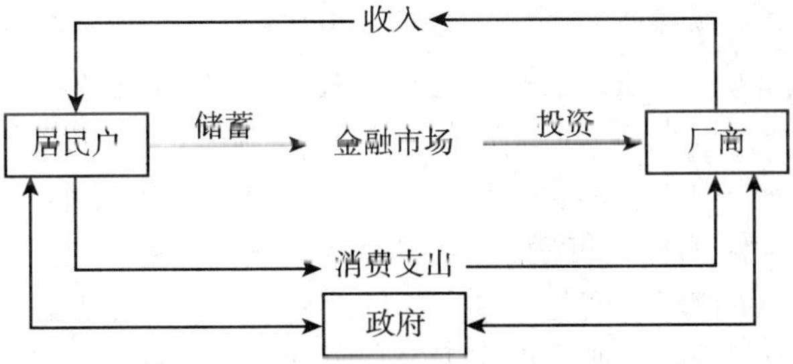

图 1.2 三部门经济中支出与收入流量循环模型

（三）四部门经济支出与收入流量循环模型

四部门经济是指在三部门经济的基础上加上国外部门。国外部门作为一个经济单位，它购买国内企业的物品与向国内企业出售产品。

在四部门经济中，由于有了政府收支和对外贸易，从支出角度看，GDP 等于消费、投资、政府购买（G）和净出口（$X-M$）的总和，用公式表示为 $Y=C+I+G+(X-M)$；从收入角度看，GDP 仍等于所有生产要素获得的收入总和，即工资、利息、租金和利润的总和。由于部门的增加并不会改变从两部门经济中所得到的结论，无论有多少个部门，无论这些部门之间的支出与收入流量有多么复杂，总支出、总收入和总产值总是相等的。因此，有 $C+I+G+(X-M)=C+S+T$。

可以用图 1.3 来表示四部门经济支出与收入的流量循环。

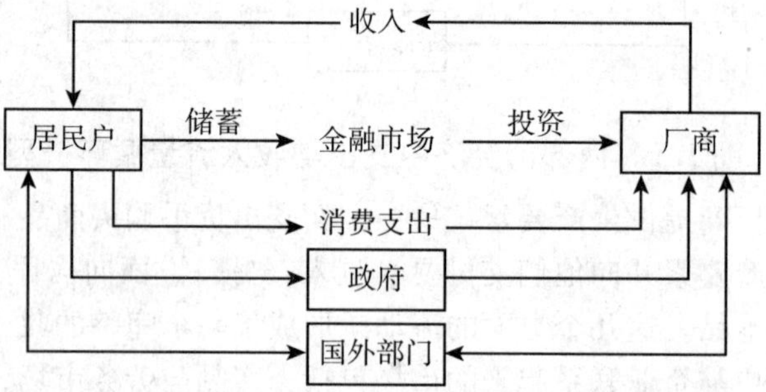

图 1.3　四部门经济中支出与收入流量循环模型

二、宏观经济模型的特征

经济模型往往以经济理论假设为前提，用数学形式对客观经济过程的本质联系进行简化反映。宏观经济学家们对于经济如何对各种变量的变化（如政府支出增长或货币供给增长）作出反应建立了许多不同模型，尽管这些模型关于政府政策对经济的作用有不同认识，但不同宏观经济模型仍具有一些共同的特点。

第一，简化的市场和参与者。在经济活动中实际上有成千上万种市场，在模拟经济时很难追踪如此多的单个市场，宏观经济研究对此进行了简化，得到了四种关键市场，即：产品市场、金融市场、要素市场和外汇市场。对经济市场上众多市场中存在着上百万的参与者，为了掌握他们的不同行为，宏观经济模型进一步把参与者简化为四种，即：企业（厂商）、家庭、政府和外国。

第二，都强调市场间的相互作用。与微观经济不同，宏观经济学模型假设在一个市场中发生的事件也隐含着其他市场中的变化，这些市场之间的联系在宏观经济分析中十分重要。微观经济深入地研究一个市场的变化，如分析消费者降低某一产品的需求对于这一产品市场的影响，这被称之为局部均衡分析。而宏观经济学则运用一般均衡分析，假设某产品需求下降反映了家庭将储蓄转向金融资产的倾向，宏观经济学不仅分析产品市场上该产品需求的下降，还分析金融市场上对股票和债券需求的上升。

第三节 宏观经济变量相互之间的关系

一些宏观经济变量如增长、失业和通货膨胀等变量之间存在着相互影响的关系。

一、增长和失业

劳动力是实际 GDP 增长的一个重要资源，而在给定可用资源的条件下就业率的变化决定实际产出的增长，这说明增长和就业之间关系密切。美国经济学家奥肯首先提出产出和失业之间的经验关系，认为 GDP 变化和失业率变化之间存在着一种相当稳定的关系，这就是奥肯定律。奥肯根据美国的经验数据发现，GDP 的高增长将伴有失业的下降，当增长高于 2.25% 的趋势增长率时，失业率是下降的，尤其是对应于实际 GDP 增长在一年内持续高于趋势增长率的每一个百分点，失业率会下降 0.5 个百分点，就是说就业量小于产量增加的百分比，失业的成本是巨大的。如美国 1975 年和 1982 年衰退期就有低的增长率和上升的失业率，而 1984 年则突出表现为增长最快、失业减少最多。根据奥肯定律，要使得失业率回落，增长率必须高于 2.25%，这个具体的比率虽然只适用于美国，但作为一个粗略的估算法则，它提供了由增长到失业的一种实用性转换方法；而且对一个特定的增长目标在长期中如何影响失业率，在政策上也是一个有用的指导。

二、通货膨胀和商业周期

长期以来，许多经济学家一直认为，温和的或爬行的需求拉动通货膨胀对产出和就业将有扩大的效应。在现实经济中，产出和价格水平常常是一起变动的，通货膨胀往往伴随着扩大的实际产出。只有在较少的一些场合中，通货膨胀的发生则伴随着实际产出的收缩。当经济复苏，总需求增加，造成一定程度的通货膨胀，在这种条件下，产品的价格上涨幅度高于工资和其他资源价格上涨幅度，由此而扩大了企业的利润，利润增加刺激企业扩大生产，从而减少失业，增加国民产出。而在持续的低总需求时期，通货膨胀率有下降的趋势。在后面章节的介绍中，我们还可以看到，经济学家用动态的总供求曲线来分析在不同的经济周期，产量和通货膨胀是如何向长期均衡调整的。

三、通货膨胀与失业的交替

20 世纪 50 年代，英国经济学家菲利普斯通过对英国 1861 ~ 1957 年间工资增长率与失业率数据的分析，发现工资变化率与失业率之间存在着一种反向变动关系，从而得出了菲利普斯曲线。一些经济学家利用这一结论来分析通货膨胀率与失业率之间的关系，认为通货膨胀率与失业率之间也是此消彼长的。如图 1.4 所示。

菲利普斯曲线表示高的失业率伴随着低的通货膨胀率，或者相反。较少的失业总是能够

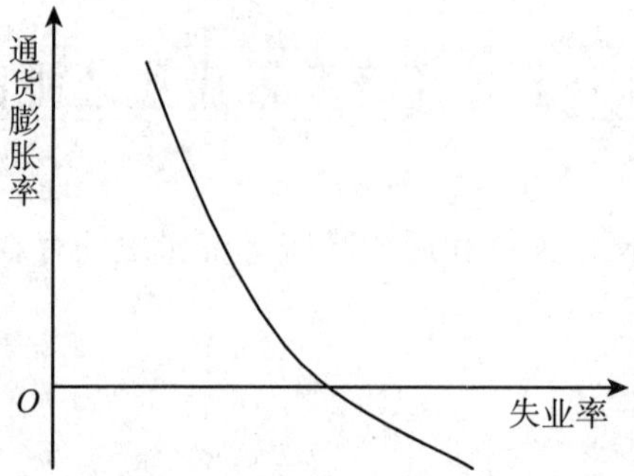

图 1.4 菲利普斯曲线

通过承受较高的通货膨胀而获得，通货膨胀总是能够通过承受较多的失业代价而下降。换言之，这条曲线表示在通货膨胀和失业之间存在着一种交替关系。美国 20 世纪 60 年代的情况符合简单的菲利普斯曲线的形状，但 70 年代后近 30 年来的资料则不符合曲线所描述的关系。现代经济学的观点认为，在短期如 3 年内，通货膨胀和失业之间存在着替代关系，但短期的菲利普斯曲线会随着通货膨胀预期的改变发生移动，因而在长期，通货膨胀和失业之间不存在交替关系，长期的失业率不取决于长期的通货膨胀率。

第四节 宏观经济学发展简史

关于宏观经济学的发展史，不同学者有不同的划分法。这里分成三个阶段，即早期发展阶段、现代宏观经济学形成阶段和发展阶段。

一、宏观经济思想的早期发展

早期宏观经济学的发展可追溯到威廉·配第（W. Petty）。配第不仅注意观察流通领域，而且深入研究生产领域，还从国民收入核算的角度考察了宏观经济的运行。法国经济学家弗朗索瓦·魁奈（Francois Quesnay）在他的力作《经济表》中概括了重农主义的经济理论和经济政策，并第一次较全面地分析了社会总资本的再生产和流通过程，该书被认为是宏观总量分析的早期典范。大卫·休谟（David Hume）研究了货币供给、国际贸易平衡和价格水平之间的关系，提出了著名的货币数量公式：$PQ=MV$，即物价总水平由流通中的货币数量决定，这一公式是一切货币数量理论的基础，也是当代货币分析的理论基础。

英国经济学家亚当·斯密（A. Smith）在他的《国富论》中，建立了经济学的第一个理论体系。他特别强调自由竞争和自由放任，以致成为传统经济学（包括以后的新古典学派）的基本思想，其中还隐含着这样一个假设，即只要工资和价格放开，经济就会处于充分就业的状态。李嘉图（D. Ricardo）则进一步推进了斯密的研究成果，考察了资本积累、货币流通与财富增长等问题。古典学派的宏观经济研究以经济总量分析（而不是均衡分析）为研究宏观问题的基本方法，以国民财富和经济增长为宏观经济的中心，理论与政策问题的研究都围绕这一中心而展开。

19 世纪 70 年代，经济学中发生了一场所谓的“边际革命”。杰文斯（W. S. Jevons）、门格尔（C. Menger）和瓦尔拉斯（L. Walras）三位经济学家分别在英国、奥地利和瑞士独立地研究了效用理论。他们认为，商品价值不是由客观决定的，而是由消费者的主观评价即消费者从商品中得到的边际效用来决定。这就是所谓的“边际效用决定价值的主观价值论”。他们以边际分析方法为基础试图用自然科学的方法改造经济学。瓦尔拉斯提出的均衡理论和方法，对后来经济学的发展影响很大。英国的埃奇沃思（F. Y. Edgeworth）、美国的克拉克（J. B. C1ark）、费雪（I. Fisher）等把边际分析方法运用于收入分配、资本、利息、生产诸方面的讨论。费雪和英国经济学家庇古（A. C. Pigou）提出了货币数量论，用货币数量来解释价格水平的变动。

20 世纪 30 年代初期，美国经济学家金（W. King）、密切尔（W. C. Mitchell）和库兹涅茨（S. Kuznets）对国民收入核算进行了研究，提出了计算国民收入的方法。英国经济学家格雷高里（T. E. Gregory）和罗宾斯（L. C. Robbins）、奥地利经济学家哈耶克（F. A. V. Hayek）分析了经济危机的原因，提出了对付经济危机的方法。

新古典学派与古典学派的共同点是他们都信奉“自由放任”、“充分就业”和“货币中性”。所谓“货币中性”是指对货币的这样一种认识，即货币只是使交易变得更为便利的一种流通媒介，它给实际经济体系蒙上了一层“面纱”（它的数量的变化不会影响经济活动的实际值，只会改变经济活动的名义值）。这一共同点集中反映在“萨伊法则”中：供给会创造自身的需求。

二、宏观经济学的形成

现代西方宏观经济学是在 20 世纪 30 年代以后发展起来的。在此以前，西方资本主义国家流行的古典经济学并不重视宏观经济问题，古典经济理论认为，经济的波动只是暂时现象，市场机制的自发力量可以很快地把经济调整到充分就业的均衡状态。然而，1929 年在这些国家中爆发的持久而广泛的经济大萧条，彻底推翻了古典经济理论。当时的经济形势迫使西方经济学家提出新的理论，为政府早日结束那场经济大萧条出谋划策。1936 年英国经济学家凯恩斯（J. M. Keynes）出版了《就业、利息和货币通论》一书，为西方宏观经济学的发展奠定了基础。

出自马歇尔门下的英国经济学家凯恩斯，系统地提出了国民收入理论和货币理论，于 1936 年发表的《就业、利息和货币通论》，被公认为是现代宏观经济学的基础。凯恩斯摆脱了当时经济学中的传统观点，产生了凯恩斯革命。凯恩斯否认“萨伊法则”，坚信就业是由有效需求决定的，而不是由供给决定的。他否定“货币中性”说，并论证了货币数量的变化可以影响经济系统的利率水平、产出水平、就业水平等。凯恩斯认为，“自由放任”应予放弃。因为自由放任并不能使经济尽可能快地达到理想状态，实现充分就业，同时他提出了政府干预经济的思想和政策。他的一些观点正符合当时国际经济形势的需要，于是很快成为一些政府进行经济改革的思想武器；同时，一些经济学家开始沿着他的思路来对经济问题进行研究，逐渐形成了一个完整的宏观经济学体系。

凯恩斯学派在其发展过程中形成了两大流派。一是以美国经济学家萨缪尔森（P. A. Samuelson）、托宾（J. Tobin）、克莱因（L. Klein）和索洛（R. Solow）为代表的美国凯恩斯学派，也称新古典综合派。二是以英国经济学家哈罗德（R. Harrod）、琼·罗宾逊（J. Robinson）和卡尔多（N. Kaldor）为代表的英国凯恩斯学流，也称新剑桥学派。美国派企图以新古典学派作为凯恩斯经济理论的基础，进而把两者综合为一体；而英国派则强调凯恩斯经济理论与新古典学派之间的区别，反对综合，特别反对新古典学派的主观价值论，而坚持客观价值论。在政策主张上，这两派也有很大的分歧。比如，英国派主张有助于改变分配不均的政策，而不同意美国派提出的赤字财政等政策。

凯恩斯的理论在西方经济理论界产生过重大影响，并为多数西方经济学家所接受。在凯恩斯之后，西方许多经济学家在凯恩斯理论基础上从理论和分析方法上致力于完善和发展宏观经济学。尤其是20世纪70年代以来，西方各国的经济形势发生了很大的变化，为了使理论适应形势的变化，经济学家们从不同角度提出新的观点，不断修正和充实自己的理论，由此产生了西方宏观经济学的不同流派。

三、宏观经济学的现代发展

20世纪70年代初期以后，西方国家普遍发生了“滞胀”现象：一方面经济停滞不前，失业大量存在；另一方面通货膨胀日趋严重，物价持续上涨。面对这种情况，凯恩斯学派既提不出恰当的理论解释，又找不到合适的应对措施。凯恩斯学派的地位因此受到动摇，非凯恩斯主义的宏观经济学派得到了发展。这里最值得一提的是货币主义学派和理性预期学派。

货币主义学派的创始人为美国经济学家弗里德曼（M. Friedman），1976年他荣获诺贝尔经济学奖，使货币主义学派达到了高潮。货币主义首先认为，让市场力量充分发挥作用，经济能够达到充分就业的均衡。其次，政府积极的宏观经济干预政策是引起宏观经济不稳定的罪魁祸首。货币主义认为政府唯一应该做的事情就是给这种市场力量创造一个良好的发挥作用的环境，而创造这种良好环境的最佳方法就是把货币的发行量控制在一个稳定的增长范围之内，这个增长范围应根据一国经济的GDP的增长速度和货币流通速度的变化来确定。由于其确定货币增长速度的方法是一种改进了的货币数量论，因此被称为现代货币数量论或货币主义。货币主义和凯恩斯主义的争论推进了宏观经济学的发展，货币主义中有用的东西被凯恩斯主义和新古典主义所吸收，因而货币主义在当今宏观经济学研究中仍有着不可忽视的地位。

20世纪70年代以来，宏观经济学研究上出现了试图把宏观经济学与微观经济学相结合的趋势，理性预期学派就是其中的一个重要代表。理性预期学派试图使宏观经济学研究方法向古典主义复归，因此被称为新古典主义。该学派以“市场出清”（Market clearing）假设为前提，竭力反对凯恩斯主义的国家干预的思想和政策。他们认为，在无政府干预的情况下，市场力量有能力实现供需平衡和生产资源的充分利用；他们强调“信息”在经济活动中的重要性，认为人们在看到经济即将发生变化时，会从自身的利益出发，作出合理而明智的反应。这种反应会使政府的政策达不到预期目标，除非政府当局不断地欺骗公众或者采取完全随机的非系统性的“政策”。从这个意义上说，新古典主义彻底否定了凯恩斯主义关于财政政策和货币政策调控宏观经济作用的观点，主张回复到自由放任的市场经济传统。该学派的主要代表人物卢卡斯（R. E. Lucas）致力于将全部宏观经济学建立在厂商微观经济原理的基础之上的模型成为新古典经济学派的分析规范。

四、宏观经济学的一些重要结论①

宏观经济学中的分歧比微观经济学的分歧多得多。为什么？这主要有以下几个原因：第一，影响宏观经济的因素比影响微观经济的因素多，而现有的经济学分析工具（包括模型）不可能全面、准确地揭示宏观经济变量之间的关系，加上经济学家的价值观及所使用分析工具的差异，必然导致宏观经济分析结论的分歧。第二，宏观经济分析的结论往往会影响政府的经济政策和宏观调控，而经济学家不可能生活在真空中，他们或多或少会受某些利益集团的影响，这也是导致宏观经济学中不同意见产生的根源之一。

尽管宏观经济学中有不少流派，他们之间存在较大的分歧，但是大多数经济学家都承认以下四个结论。

（一）在长期中，一国生产物品与劳务的能力决定了它的公民的生活水平

在宏观经济学中，GDP 是衡量经济福利的最好指标。实际 GDP 衡量经济中物品与劳务的总产出，因此也就衡量了一国满足其公民需要与欲望的能力。宏观经济学最重要的问题是要研究什么决定了 GDP 的水平和增长。在长期中，GDP 取决于资本和劳动这些生产要素，以及把资本和劳动变为产出的技术。当生产要素增加或技术进步时，GDP 就增长。

（二）在短期中，总需求影响一国生产的物品与劳务产量

从长期来看，经济供给物品与劳务的能力是 GDP 的唯一决定因素。但在短期中，总需求影响一国生产的物品与劳务产量。凯恩斯理论实际就是需求决定论，他认为国民收入的大小取决于总需求的大小。这是一种短期分析。总需求至关重要是因为短期中价格是粘性的。

在短期中，由于总需求影响产出，所以，所有影响总需求的变量都会影响经济波动。货币政策、财政政策等往往会引起产出与就业的逐年变动。

（三）在长期中，货币增长率决定通货膨胀率，但它并不影响失业率

在长期中，当且仅当中央银行发行了越来越多的货币，通货的实际价值才会一直下降。而失业的长期决定因素是完全不同的。根据古典二分法（在决定实际变量中名义变量的无关性），货币供给增长在长期中并不影响失业。在长期中，通货膨胀与失业之间没有交替关系。

（四）在短期中，控制货币政策与财政政策的决策者面临通货膨胀与失业之间的交替关系

短期的菲利普斯曲线说明了短期中通货膨胀与失业变量之间存在替代关系。这样，决策者可能用货币与财政政策扩大总需求，从而减少了失业并提高了通货膨胀。或者他们可以用这些政策紧缩总需求，这就增加了就业，并降低了通货膨胀。

---

① ［美］N·格里高利·曼昆著，梁小民译：《宏观经济学》（第3版），中国人民大学出版社，2002年版，第474～476页。

案例 经济学家对外包的争论

报纸行业中有这样一个的古老的说法：狗咬人不是新闻，但人咬狗就是新闻了。2004年，许多报纸刊登了涉及经济学的"人咬狗"的故事。

大部分经济学家认为国际贸易——包括企业从事生产外包而产生的贸易——会提高经济效益并增加收入。所以，当麻省理工学院的经济学家、诺贝尔经济学奖获得者保罗·萨缪尔森在《经济展望杂志》(Journal of Economic Perspectives) 上发表文章，质疑美国的收入会因为工作外包到印度和中国而增加时，这就是新闻了。萨缪尔森提出了一个外包效应模型，它可以用下面的假设来加以说明：假如纽约的一家银行一直请一家南达科他州的公司来处理其电话客户服务业务，但随后转而用一家位于印度班加罗尔的公司——这家公司支付给工人的工资要低很多。即使那家南达科他州的公司解雇的工人最终找到了新工作，新工资也可能要比以前的工资低。萨缪尔森指出，如果外包太普遍，可能会导致美国人收入的显著下降。

许多经济学家反对萨缪尔森的观点。有一位经济学家贾格迪什·巴格瓦蒂（Jagdish Bhagwati）写出了反驳萨缪尔森的文章，他曾经是萨缪尔森的学生，现在是哥伦比亚大学的经济学教授。巴格瓦蒂认为，在萨缪尔森的例子中，南达科他州呼叫中心的工人工资由于外包而减少，但银行的成本也降低了，而这让银行可以降低其向客户索取的价格。在巴格瓦蒂的模型中，消费者因价格降低而获得的这些收益，足以抵消工人因工资减少而造成的损失，且还有剩余，所以美国从外包中获得的是净收益。但萨缪尔森认为，如果美国向其他国家出口产品——在这个例子中是银行服务，价格的降低损害了出口企业。在这种情况下，美国仍可能因外包而遭受损害。

分析：

上述案例可以引导学生思考这些问题：经济学中经济模型有何作用？解决同一经济问题的经济模型是唯一的吗？经济学中问题的争论对该学科的发展有什么作用？

这个案例尽管没有对萨缪尔森和巴格瓦蒂的模型做完整地说明，但是我们可以讨论这两个经济学家之间意见不一致的根源。我们已经看到，经济学家有时对用来建立模型的假设会产生意见分歧。但该案例中却不是这样：萨缪尔森和巴格瓦蒂基本上对应该采用的模型和假设意见是一致的。不一致之处在于如何理解相关的经济统计数据。巴格瓦蒂认为转移到其他国家的美国工作岗位的数量相对是较少的，约占美国经济每年创造出的工作岗位的1%，因外包而损失的工作往往是低工资的工作，像电话客户服务或数据录入，且这类工作可能被高工资工作所替代。萨缪尔森指出外包的影响要大于巴格瓦蒂所认为的影响，而且，对于美国新创造出的工作能否支付比因外包而损失的工作更高的工资，他也不那么乐观。

萨缪尔森和巴格瓦蒂之间的争论说明，经济学是一门不断演进的学科，新的模型不断引入，新的假说将会建立并得到检验。

通过这个案例，学生要了解以下几点：（1）经济学家用经济模型来解决经济问题；（2）经济模型的建立是在一定的假设前提之下进行的；（3）经济学家由于假设和模型的不同，甚至相同的模型和假设下对数据的理解不同，导致对同一经济问题的看法不一样，由此出现争论，这些争论对于经济问题的解决起着很好的推进作用。

资料来源：R·格伦·哈伯德，安东尼·P·奥布赖恩著：《经济学（宏观）》，机械工业出版社，2007 年版。

[关键概念]

宏观经济学　宏观经济政策　宏观经济模型　经济周期　产出缺口

[复 习 题]

1. 什么是宏观经济学？宏观经济学与微观经济学有什么区别？
2. 简述宏观经济模型及其特征。
3. 试述宏观经济变量之间的相互关系。
4. 宏观经济学的一些重要结论是什么？

[补充阅读材料]

1. 多恩布什、费希尔、斯塔兹著：《宏观经济学》，中国人民大学出版社，2000 年版。
2. R·格伦·哈伯德、安东尼·P·奥布赖恩著：《经济学（宏观）》，机械工业出版社，2007 年版。
3. 曼昆著，梁小民译：《经济学原理：宏观经济学分册》（第 4 版），北京大学出版社，2006 年版。
4. 布赖恩·斯诺登、霍华德·R·文主编：《现代宏观经济学发展的反思》，商务印书馆，2000 年版。

第二章

国民收入核算

【学习目的和要求】

本章的学习目的是通过分析国民收入的构成和计算国民收入的不同角度，从而掌握国民收入核算的原理和方法。要求了解国民收入核算体系，掌握国民收入核算体系常用的几个基本总量的概念以及它们之间的相互关系，掌握国内生产总值的三种核算方法，熟悉三个关键的宏观经济变量即产出、收入和支出之间的相互关系，理解国民收入核算中两部门、三部门、四部门经济中的支出与收入流量循环模型与恒等关系。

【内容提要】

1. 宏观经济学研究社会总体的经济行为及其结果，以及政府宏观经济政策的制定、实施和应用，必须有相应的国民生产总值和国民收入核算体系为前提。其中以美国为代表的国民收入核算体系目前应用较广。

2. 国内生产总值（GDP）是在某一既定时期一个国家范围内生产的所有最终物品和劳务的市场价值，它是衡量国民经济运行成效的主要指标。除此之外，还有国民生产总值（GNP）、国内生产净值（NDP）、国民收入（NI）、个人收入（PI）、个人可支配收入（DPI）等常用的重要的经济指标。

3. GDP 可以从产品和劳务、产品和劳务的买方和卖方三个不同的角度来计算，也就是说，可以从生产、收入、支出三方面核算 GDP，相对应即有生产法、收入法、支出法等三种不同的计算方法。

4. 国民收入恒等式是一个理解、分析宏观经济行为十分重要的恒等式，在不同经济系统下该恒等式有不同的表现形式。

5. 名义 GDP 是以当年现行价格计算的 GDP，实际 GDP 只反映实物的变化，是用不变价格（基期的价格水平）衡量的另一时期的国内物品和劳务的价值。GDP 是国民经济核算体系（SNA）的核心指标，但是，其增加值并不完全意味着社会财富和福利的等量增加，它不能准确反映它所带来的资源耗减和环境损失的代价，更不能如实反映人们生活水平与质量的状况，GDP 这一国民收入核算体系中的核心指标存在诸多的局限。

国民收入核算体系是测定一个国家或地区在特定时期内的经济活动和特定时点上的经济成果的一整套方法和原理，它是经济、统计、会计和数学紧密结合的产物。这个核算体系内的各总量指标以及它们之间的相互关系，描述了国民经济的整体结构及各部门之间的相互联系，反映了从生产、分配、交换到消费全过程，是经济分析与预测、政策评估的重要参考依据。本章主要介绍国民收入核算的基本方法和原理、有关概念，说明如何衡量 GDP、物价水平和实际 GDP，以及这些指标存在的局限性，讨论国民收入核算中存在的问题以及最新发展。

第一节　国民收入核算概述

一、国民收入核算体系

宏观经济学研究社会总体的经济行为及其结果，因此需要分析并回答以下问题：为什么有些国家富裕而有些国家却很贫困？为什么一段时期物价上升快而另外一些时期物价较为稳定呢？为什么有些年份生产和就业扩大而另外一些年份却收缩？政府应该如何促进收入迅速增长同时实现低通胀和充分就业呢？要回答以上问题，我们首先必须找到一些适当的指标来衡量一个国家总体经济行为。当判断一个国家是富裕还是贫穷时，经济社会中的收入水平是一个不可缺少的指标。另外，政府宏观经济政策的制定、实施和应用，必须有相应的国民生产总值和国民收入核算体系为前提。①

然而，长期以来世界上存在两种国民经济核算体系，一种是物质产品平衡表体系（The System of Material Product Balance，简称 MPS），为前苏联和东欧等计划经济国家所采用，它以马克思主义再生产理论为依据，将社会总产值和国民收入作为反映国民经济活动总成果的基本指标。社会总产值是各物质生产部门的劳动者在一定时期内所生产的生产资料和消费资料的价值总和，社会总产值中扣除了全部生产资料的价值消耗即国民收入。

另外一种核算体系是以美国为代表的西方国民收入核算体系（System of National Accounts，简称 SNA），② 该体系目前应用较广，是以密切尔、库兹涅茨和约翰·斯通等对国民收入的分类、统计计算方法以及国民收入理论等为基础而发展起来的。

必须明确的是，国民收入这一概念在西方国民收入核算体系与物质产品平衡表体系中的意义不一样：前者以西方经济理论为依据，认为创造物质产品和提供服务的劳务活动都是创造价值的生产活动，将国内生产总值作为核算国民经济活动的核心指标，把生产和劳务取得的一切货币收入包括在国民收入中，不区分物质生产领域和非物质生产领域、原始收入和派

---

① 国民收入及其组成部分和有关度量是宏观经济学中的具有理论意义的基本变量，它们提供一个国家经济活动的成果和效用的全面度量。例如，它们提供储蓄、投资和消费的估量，并且使人们可能研究资本积累过程，这在短期和长期的宏观经济学中起着关键作用。参见托宾：《宏观经济学》，载《经济学译丛》1981 年第 3 期，第 65 页。

② 这个核算体系由一套相互联系的按照复式簿记原则登录的账户组成。主要包括以下账户：（1）个人收入和支出账户，它表明个人收入的各种来源和使用方式；（2）政府收入和支出账户，表明所有政府单位收入的来源及其支配方式；（3）对外交易账户，表明把物品和劳务出口到国外所得到的收入和进口物品和劳务的支出；（4）企业收入和产品账户，说明全部企业的总产量和所得收入；（5）总储蓄和投资账户，说明各部门的储蓄总额和与之对应的投资总额；（6）国民收入和产品账户，它将来自各其他账户的资料数据汇总在一起，在产品方面表示各种产品流量，这些流量加总在一起等于全社会的最终产品；在收入方面表示的是其总额与产品销售价值总额相等的各种收入流量。所以，该账户是全部核算体系的一个汇总账户。

生收入；而后者并不包括非物质生产部门即服务行业所提供的劳务的价值。

下面以国民收入核算体系为重点依次介绍有关概念、原理和方法。

二、国民收入核算体系中的重要指标

国民收入核算体系提供特定时期内一国实际经济活动及其成就的系统记录，其中，国内生产总值、国民生产总值和国民收入等总量指标是最重要的，经常用于表示经济成就的总量。

（一）国内生产总值

国内生产总值（Gross Domestic Product，GDP）是在某一既定时期一个国家范围内生产的所有最终物品和劳务的市场价值。在此有必要对 GDP 这一概念进行具体地说明。

（1）GDP 反映的是市场价值。在将不同物品和劳务加总以衡量一个经济体系总产出的价值时使用的是物品和劳务的市场价格，因为市场价格反映了这些物品的价值。

（2）GDP 测度的是最终产品与劳务的价值。最终产品是指在全社会范围内不再进行加工与转售、最后直接进入消费和使用的物品或劳务。与此相对的是中间产品，即指用于再出售而供生产其他产品用的产品。例如，甲公司生产纸张，乙公司利用纸张来生产贺卡，此时纸张就是中间产品，而贺卡是最终产品，可以看出，中间产品的价值已经包括在最终产品的价值之中。

（3）GDP 既包括有形的物品（食品、衣服和汽车），又包括无形的劳务（心理咨询、书籍、医疗、音乐），还包含经济体系中存量住房提供的住房服务的市场价值。就租赁住房而言，这种价值容易计算，租金等于房客的支出，又等于房主的收入。但是许多人拥有自己住房的所有权，因而并不付租金。但是，基于所有者向自己支付租金的假设，通过估算租金的价值而把自有房产包括在 GDP 中。另外，在下面将要介绍的 GDP 的计算中我们得知，租金既包括在支出中，又包括在收入中。

（4）GDP 衡量某一既定时期内（通常为一年或一个季度）生产的最终产品的价值，因而是流量而不是存量。流量可以理解为一定时期内发生的变量，存量是一个时点上存在的变量。

必须注意，通常人们对于二手物品的支出没有包括在 GDP 之中，因为这些物品在其所生产而且是新产品的时期已经被算作 GDP 的一部分。例如，一辆 1993 年产的汽车是当年 GDP 的一部分，如果这辆车于 2003 年在二手车市场上交易，买主购买这辆车支付的总量不包括在 2003 年 GDP 内。

（5）GDP 衡量的价值是在一个国家的地理范围之内。国外某公民在中国生产的物品和劳务是中国 GDP 的一部分，而某中国公民在国外生产所创造的价值不构成中国 GDP 的一部分。所以，凡是在本国领土上创造的收入，不管是否本国国民创造的收入都计入 GDP，这就是所谓的国土原则。

多年来，GDP 一直是衡量国民经济运行成效的主要指标，但还有一些稍有不同的指标也受到重视。根据统计范围的不同可区分为以下指标：国民生产总值（GNP）、国内生产净值（NDP）、国民收入（NI）、个人收入（PI）、个人可支配收入（DPI）。

（二）国民生产总值

国民生产总值（Gross National Product，GNP）是某国国民所拥有的全部生产要素所生产的最终产品和劳务的市场价值。凡是本国国民所创造的收入，不管是否在国内，都计入国民生产总值，这就是所谓的国民原则。

GDP 与 GNP 二者统计内容一致，差别在于国外要素收入净额。若 GNP 大于 GDP，说明该国公民从国外获得的收入超过了外国公民从该国获得的收入，而 GDP 大于 GNP 时情况刚好相反。

（三）国内生产净值和国民生产净值

任何产品价值中不仅包含有消耗的原材料、燃料等的价值，还包括有使用的资本设备的折旧。折旧是经济中设备和建筑物存量的磨损或消耗，例如汽车报废和电脑过时。在国民收入账户中，折旧称为固定资本的消费。但是，GDP 中所计算的最终产品的价值并未扣除资本设备消耗的价值，因此 CDP 是对应时期内的生产总值，而不是净增加值。最终产品价值扣除资本折旧，就得到国内生产净值（Net Domestic Product，NDP）。

同样，国民生产总值扣除资本折旧，就得到国民生产净值（Net National Product，NNP）。

（四）国民收入

国民收入（National Income，NI）是一国居民在物品与劳务生产中获得的总收入，它与国内生产净值的区别是它不包括间接的企业税、企业转移支付，但包括政府给企业的补贴。间接税和企业转移支付虽然构成产品价格，但不构成要素收入，而政府补贴虽不列入产品价格，但成为要素收入，因此，计算国民收入时应从国内生产净值中扣除间接税和企业转移支付，加上政府补贴。

（五）个人收入

个人收入（Personal Income，PI）是居民和非公司企业得到的收入。生产要素意义上的国民收入并不会全部成为个人收入，个人收入不包括保留收入，即企业赚到的但没有支付给其所有者的收入。另外，利润收入中还须扣除一部分向政府缴纳的企业所得税，而职工收入中还必须扣除上缴给有关机构的社会保险费。当然，个人收入必须包括家庭从其持有的政府债券得到的利息收入、政府的转移支付，如退伍军人津贴、失业救济、职工养老金、职工困难补助等。因此，国民收入减未分配利润、公司所得税及社会保险费，加政府给个人的转移支付、利息收入等就可以得到个人收入。

（六）个人可支配收入

个人可支配收入（Disposable Personal Income，DPI）是家庭和非公司企业在完成对政府的义务后剩下的收入。因为个人要缴纳个人所得税，另外还必须扣减某些非税收支付（如交通罚款）等，剩余部分才构成个人可支配收入。

以上各种收入指标虽然在细节上各有不同，但当 GDP 迅速增长时，其他各指标通常也迅速增长；而当 GDP 迅速减少时，其他指标也迅速减少，所以，这些指标是从不同侧面反映经济的波动与变化。

下面我们用美国 1998 年有关 GDP 的材料说明各收入之间的关系，如表 2.1 所示。

表 2.1　　美国 1998 年 GDP 和个人可支配收入　　单位：10 亿美元

1	国内生产总值	8 551	
2	加：来自国外的要素收入		269
3	减：对国外的要素支付		-330
4	等于：国民生产总值	8 490	
5	减：固定资本消耗（折旧）		-908
6	等于：国民生产净值	7 582	
7	减：间接税		-655
8	加：其他		67
9	等于：国民收入	6 994	
10	减：公司留利		-825
11	加：个人红利收入		263
12	减：净利息		-449
13	加：个人利息收入		765
14	加：政府与企业转移支付		1 145
15	减：社会保障缴款		-767
16	等于：个人收入	7 126	
17	减：个人所得税和非税收支付		-1 098
18	等于：个人可支配收入	6 028	

资料来源：《现代商业概览》（*Survey of Current Business*），1999 年 4 月。

三、国民经济中的收入与支出

GDP 是同时衡量一个经济体系中所有人的总收入和经济中用于购买物品与劳务的总支出。而对于整个经济而言，收入等于支出，也等于产值。因为在一个经济体系之中，每一次交易都有买方和卖方，买方的一个单位的支出就是卖方的一个单位的收入。

当甲向乙提供家政服务而收取 100 元人民币时，甲得到了 100 元的收入，而乙的支出也为 100 元，因此，该项交易对经济体系中的收入和支出的贡献相同，无论从总收入还是从总支出来衡量，GDP 都增加了 100 元。

下面我们用一个经济体系的循环流向图（见图 2.1）来进一步说明收入与支出相等。

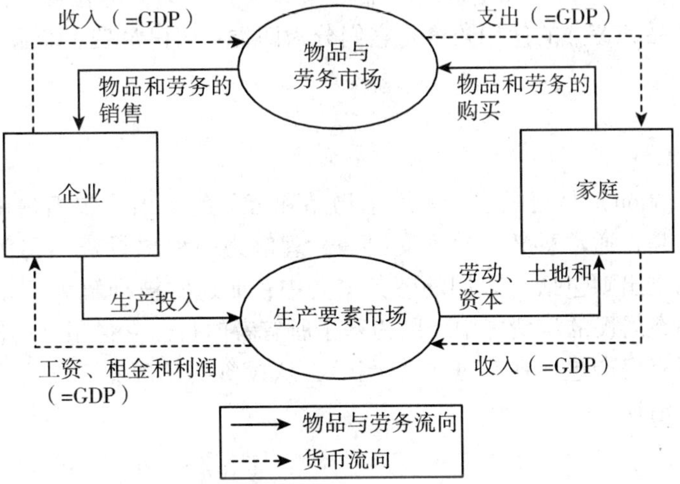

图 2.1　经济中物品、劳务和货币循环流向

从图 2.1 可以看出，家庭从企业购买物品和劳务，企业用销售得到的收益支付工人的工资、土地租金和企业所有者的利润。而 GDP 等于家庭在市场上为物品和劳务支付的总量，它也等于企业在市场上为生产要素支付的工资、租金和利润的总量。

特别需要强调的是，国内生产总值既等于总支出，又等于总收入，这一重要原理为我们计算国民收入提供了方法论指导，同时，它也是理解本章第三节国民收入恒等式的基础。

第二节　国民收入的构成与计算方法

广义上，GDP、GNP、NNP 和 NI 等指标都是国民收入；狭义上，国民收入仅指 NI，即要素所得。本节以 GDP 而非 NI 为例说明其构成成分和核算方法。

从上面的分析得知，GDP 是在某一既定时期一个国家内生产所有最终物品和劳务的市场价值。那么，可以从产品和劳务、产品和劳务的买方和卖方三个不同的角度来计算 GDP[1]，也就是说，可以从生产、收入、支出三方面核算 GDP，因而理论上有三种不同的计算方法：支出法、收入法、生产法。

一、支出法

最终产品和劳务的价值是通过交易实现的，而交易一定有买卖双方，用支出法核算

① 国民收入可以从以下三个不同的角度理解：首先，它是一个国家的人民所生产的商品和劳务的总价值；其次，它是一个国家的人民由于协作生产这些产品和劳务所获得的收入；最后，它是既是生产者又是消费者这样的双重身份的居民从他们的收入中消费的商品和劳务（参见库兹涅茨：《国民收入》，载于《社会科学百科全书》，第八卷，1933 年）。

GDP，就是通过核算在一定时期内整个社会购买最终产品的总支出（等于最终产品和劳务的总售价）来计量 GDP。那么，谁是最终产品的买家呢？市场上存在许多的商品购买者，但我们可以从最终产品和劳务的使用角度将它们分为四类：居民消费、企业投资、政府购买和出口（国外购买）。

（一）消费

消费（Consumption）是居民或个人用于物品和劳务的支出，包括耐用消费品和非耐用消费品的支出。但是，通常意义上教育支出一般理解为一种"投资"行为，但在计算 GDP 时居民用于教育的支出则包括在人们的劳务消费中；而通常被理解为"消费"的购买新住房的支出则不包括在居民的消费之中，因为基于所有者向自己支付租金的假设，通过估算租金的价值已经把自有房产包括在 GDP 中。当然，从投资的角度看，住房也像固定资产一样长期使用、慢慢地消耗。

（二）投资

投资（Investment）是为了未来生产更多物品和劳务的需要用于购买物品的支出，包括资产投资和存货投资两大类。前者是指厂房、新机械设备、新住房的增加，后者是企业存货的变化。首先，投资的物品计算为最终产品而不是中间物品。因为中间物品在生产时全部消耗掉，但资本物品在生产别的物品过程中只是部分地被消耗掉。例如，一架飞机使用寿命为 30 年，平均每年只消耗掉 1/30 的价值。资本物品由于这种耗损造成的价值减少被称为折旧。折旧既包括资本物品的物质磨损，还包括资本老化或技术变化带来的精神磨损，如电脑以及其软件等信息技术产品的折旧。其次，我们也必须留意存货的处理。当某公司生产了一套家具但并没有出售它时，则归入其存货中，即假设该公司自己购买了这套家具，也就是说，在国民收入核算时把这套家具作为这家企业支出的一部分；如果该企业以后出售了该套家具，这时该企业的存货投资是负的，也就抵消了家具购买者的正支出。所以，用这种方法处理存货是因为 GDP 衡量的是经济中新生产物品的价值，而增加到存货投资中的物品是这个时期生产的一部分。

值得说明的是，当生产出来的一种中间物品没有被使用（该企业以后使用或出售该中间物品），因而该企业的存货增加。此时中间物品被暂时作为"最终"物品，其价值作为存货投资而计入 GDP 中。当该企业以后使用或出售中间物品存货时，企业的存货投资减少或为负，因此 GDP 也相应减少。

投资是一定时期增加到资本存量中的流量，而资本存量是经济当中某一时点的资本总量。假定某国家 2000 年投资是 1 000 亿元，该国 2000 年末资本存量是 5 000 亿元。由于固定资产等会不断磨损，假定每年要消耗或折旧 600 亿元，则以上的 1 000 亿元投资中有 600 亿元是用于补偿旧资本的消耗，净投资只增加了 400 亿元，其中 600 亿元是用于重置资本设备的，也称为重置投资。净投资加重置投资称为总投资。

（三）政府购买

政府购买（Government Purchase）是指各级政府用于物品和劳务的支出，包括公务员的薪水和用于公务的支出，如政府建立法院，提供国防、外交、公共交通和公共教育等服务。政府通过雇用公务员、教师等为社会提供了最终产品与服务。但是，政府支出的另外一部分是转移支付（如社会保障津贴、社会救济等）、国债利息等。转移支付是指政府对个人的并不是用于购买个人所提供的产品和劳务的支付，它只是简单的收入转移，并没有相应的物品和劳务的交换发生，所以政府给一位政府官员支付薪水时，该支出是政府购买的一部分，但当政府给老年人发放社会保障津贴时，它只属于政府转移支付，而政府转移支付不计入政府购买，但是，转移支付和国债利息支出等可以通过接受者以消费的形式形成对 GDP 的贡献。

（四）净出口

净出口（Net Export）是国外购买国内生产的物品（出口）与国内购买国外物品（进口）的差额。出口（Exports）表示收入从国外流入以购买本国产品的支出，而进口（Imports）则是收入流向国外，而不是用于本国产品的支出，所以，我们应该加上出口而扣减进口，得到净出口。当然，净出口计入总支出，它以国外支出的形式反映总产值，可能是正值，也可能是负值。

将上述四个项目加总，我们得到用支出法计算 GDP 的公式：

国内生产总值 = 消费 + 投资 + 政府购买 + 净出口

即：$GDP = C + I + G + (X - M)$

表 2.2 中，净出口是负的，表明美国从出口到其他国家中所获得的收入小于美国从其他国家购买物品的支出。

表 2.2　　美国 2001 年 GDP 及其构成

	总量（10 亿美元）	人均量（美元）	占总量的百分比（%）
国内生产总值	10 082	35 375	100
消费	6 987	24 516	69
投资	1 586	5 565	16
政府购买	1 858	6 519	18
净出口	-349	1 225	-3

资料来源：美国商务部经济分析局，2001 年，http：//www. commerce. gov。

二、收入法

收入法是通过各生产要素获得的相应收入，亦即企业为了生产产品和劳务花费的成本来核算 GDP。具体说来，将不同要素分类，从参与生产活动的各要素得到的收入出发，加总各生产要素的收入以此得到 GDP。由于要素的收入从企业的角度看就是产品的成本，所以这种方法也称为要素成本法。

严格说来，最终产品的市场价值除了各生产要素获得的收入构成的成本外，还包括间接税、折旧、公司留利等。因此，用收入法核算 GDP 应该包括以下项目：

（1）工资、利息和租金等生产要素的报酬。其中工资包括所有的工作薪金、津贴和福利费，还包括工资收入者必须缴纳的所得税以及社会保险税。而利息是指人们给企业提供的货币资金所得的利息收入，如银行存款和企业债券利息等，但政府公债利息及其消费信贷利息不包括在内。租金则包括出租土地、房屋等租赁收入及专利、版权等收入。

（2）非公司企业主收入，如医生、律师和小店主的收入。他们自我雇用，其工资、利息、利润和租金等混合在一起作为非公司企业主收入。

（3）公司税前利润，包括公司所得税、社会保险税、股东红利及公司未分配利润等。

（4）企业转移支付及企业间接税。虽然这些不是生产要素创造的收入，但要通过产品价格转移给消费者，故也被视为成本。企业转移支付包括给非营利组织的社会慈善捐款和消费者呆账，而企业的间接税则包括货物税或销售税、周转税。

（5）资本折旧。它虽然不是要素收入，但包括在总投资中，也应该计入 GDP 中。

归纳起来，用收入法计算 GDP 的公式为：

$$GDP = 工资 + 利息 + 利润 + 租金 + 间接税 + 企业转移支付 + 折旧 + 统计误差$$

在实际核算 GDP 过程中，支出法和收入法使用的资料来源不完全相同，各种资料不可能完备，核算过程不会尽善尽美，误差的出现不可避免。而统计误差作为调整项目使得两种方法的结果保持一致；同时，统计误差这一调整数可正可负。

从上面的分析中可以看出，支出法对 GDP 的计量是间接的，它通过对最终产品的支出而非最终产品本身来核算。在收入法中，对 GDP 的衡量相对来说更直接一些，它通过最终收入本身来衡量，见表 2.3。

表 2.3　　支出法与收入法：1990 年美国的国民生产总值（GNP）

单位：当年 10 亿美元

支出法			收入法（成本法）		
1. 个人消费支出		3 657	1. 工资和其他雇员补贴		3 244
耐用消费品	480		2. 净利息		467
非耐用消费品	1 194		3. 个人的租金收入		7
服务	1 983		4. 企业间接税和统计误差		526
2. 国内私人总投资		741	5. 折旧		520
住宅投资	222		6. 非公司企业的收入		403
企业投资	524		7. 纳税前的公司利润		298
存货变动	−5		股息	134	
3. 政府购买		1 098	未分配利润	32	
4. 净出口		−31	公司所得税	132	

续表

支出法			收入法（成本法）		
出口	673				
进口	704				
国民生产总值		5 465	国民生产总值		5 465

资料来源：美国商务部经济分析局，1991 年，http：//www. commerce. gov。

三、生产法（部门法）

除了以上提到的收入法和支出法来计算 GDP 之外，还存在一种核算 GDP 的方法，即生产法。该方法是从生产的角度出发并按照产业部门分类，把所有企业投入的生产要素创造出来的产品和劳务在市场上的总价值汇总。由于每个企业所生产的产品的价值由两部分组成：一部分是向其他企业购买原材料、燃料、工具等中间产品的价值；另一部分是它所投入的生产要素新创造出来的追加在中间产品上的价值。计算 GDP 时，如果将所有企业的产品和劳务的市场价值加总，就会出现严重的重复计算从而夸大 GDP，因此只需计算企业在生产和销售过程中的增加价值（Value added）。该方法也被称为新增价值法。

所谓增加价值是企业产品的市场价值减去向其他企业买进的中间产品的价值。从整个社会看，计入 GDP 的仅限于最终产品的市场价值。理论上可以用以下公式计算：$GDP = \sum P_i \cdot Q_i$，但由于区分中间产品和最终产品很困难，而最终产品的数量也太过于庞杂，所以通常按照各部门分类，计算各部门商品的增加价值并进行加总得到国内生产总值。

对于第一、二产业的部门来说，增加值 = 总产出 − 中间产品。对于第三产业，如商业、运输、金融、服务等按照纯收入计算增加值；政府、教育、卫生等非盈利性部门按照职工的工资和薪金计算增加值。

国内生产、国民收入和国内支出反映一国范围内从生产、分配与使用的全过程，生产不仅增加了产品和劳务，还创造出收入，收入形成支出，而支出又决定了生产，三者相互联系，循环流动。因此，利用上述三种方法计算的 GDP 等指标应该是一致的，但由于数据的来源以及处理方法的不同，不同方法之间存在一定的误差。从理论上说，生产法比较合理，而从实践或操作的角度看，支出法比较实用，一般用支出法计算国内生产总值。

在介绍了国内生产总值以及有关概念、计算方法之后，再回到国民经济中的总支出和总收入，或者说是产品流量和收入流量的循环问题，为探讨整个国民经济的宏观结构、运动过程和机理提供理论基础。

第三节　国民收入恒等式

一般说来，国民经济的运行表现为生产与消费、收入与支出等行为，从另外的意义上说，是供给和需求相互作用并不断循环和流转的过程，具体表现为企业或生产部门通过组合一定种类和数量的生产要素（劳动、土地、自然资源、资本和企业家），生产出物品和劳务，然后按照一定的原则进行交换、分配给各社会成员并进入消费，在这一过程中，存在着产品和劳务以及货币资本的双向循环流动。从国民经济中的收入与支出以及循环流向图、国内生产总值等概念和计算方法中，我们可以总结出 GDP 的有关公式，并得到一个理解、分析宏观经济行为十分重要的恒等式，即国内生产总值恒等式（亦即广义的国民收入恒等式，下同）。下面先对该恒等式进行具体说明。

一、国民收入核算公式

以上分析表明，我们可以运用不同方法计算国内生产总值。由支出法可知：国内生产总值 = 消费 + 投资 + 政府购买 + 净出口；在收入法分析中，国内生产总值 = 工资 + 利息 + 利润 + 租金 + 间接税 + 企业转移支付 + 折旧。从理论上讲，两种计算结果应该完全一致（总支出 = 总收入），于是我们得到以下的国内生产总值恒等式：

消费 + 投资 + 政府购买 + 净出口 ≡ 工资 + 利息 + 利润 + 租金 + 间接税
+ 企业转移支付 + 折旧

从上式中不难看出，恒等式两边虽然总量相等但结构不一样：在使用支出法的左边，总量是按照个人、企业、政府和进出口四个部门来划分的；而在使用收入法的右边，却是按照劳动、资本（包括土地）、管理三个要素划分的。很显然，这种分类的结果不对称，这种不对称使得我们很难从理论上分析和比较恒等式本身。其实，我们可以对国内生产总值恒等式稍作变化，保留左边的支出结构不变，并按照左边划分支出的不同部门标准将恒等式右边的收入各项重新划分和整理，则恒等式右边最后可以归纳为以下形式：

国内生产总值 = 个人可支配收入 + 企业收入 + 政府收入（净税收）

进一步细分个人可支配收入，定义个人收入中未被消费的部分为个人储蓄，则消费和个人储蓄构成了个人可支配收入。与个人储蓄对应，由于企业无论是折旧还是留存利润都未用于消费（暂时也用于生产），所以企业收入也可以看成是企业储蓄。个人储蓄与企业储蓄合在一起构成私人部门的储蓄（以 S 表示）。因此，国内生产总值收入法的公式进一步演化为：

国内生产总值 = 个人可支配收入 + 企业收入 + 政府净收入
= 消费 + 储蓄 + 政府净收入

归纳起来，国内生产总值恒等式的形式如下：

消费 + 投资 + 政府购买 + 净出口 ≡ 消费 + 储蓄 + 政府净收入

该恒等式的右边是收入法计算的国内生产总值的变化形式，其初始形式是按要素划分的，也就是说是从生产或供给的角度考虑的，所以它可以理解为总供给，而恒等式的左边是总支出，是对国内产品和劳务的总需求，因此，在国民收入核算体系中总需求（始终）等于总供给。

但是，该恒等式与经济的均衡条件是有区别的，总需求等于总供给的恒等式是定义性的。现实中，当总供给大于总需求因而存货增加的时候，按照定义，在国民收入核算账户中投资需求有等量的增加，从收入和支出的角度理解，凡是销售不出去的产品可以理解为生产者销售给自己的产品，因而收入按照定义恒等于支出。但是，需要强调的是，在现实中总需求与总供给不一定相等，绝不能因为国民收入核算账户中的总支出与总收入相等、总需求与总供给相等而认为现实中总需求等于总供给。如果在没有外力的情况下现实经济中总供给等于总需求（或总收入等于总支出），那么，我们可以说宏观经济处于均衡状态。对于两者的区别，我们还可以在以下的两部门情形下储蓄 - 投资恒等式中得到进一步说明。

如果用符号表示，则上述恒等式表现为如下形式：

$$C + I + G + (X - M) \equiv C + S + T$$

必须说明的是，上式中的政府净收入（记为 T）等于总税收（T_0）减政府转移支付（T_r），即：

$$T = T_0 - T_r$$

所以，国内生产总值恒等式又可以写为：

$$C + I + G + (X - M) \equiv C + S + (T_0 - T_r)$$

再一次化简可得：

$$I + G + (X - M) \equiv S + (T_0 - T_r)$$

这就是国内生产总值恒等式，也被称为（广义的）国民收入恒等式。

下面我们由简到繁分别讨论不同假设情况下该恒等式的表现形式。

二、不同条件下的收入构成及其恒等式

（一）两部门经济的收入构成及其恒等式

假设一个经济系统只有相互联系的两大部门：作为消费者的居民和作为生产者的企业。在两部门经济中，由于不存在政府，没有税收、政府支出及进出口，于是国内生产总值等于国内生产净值（用 Y 表示），因此，国民收入的构成情况如下：

从支出的角度看，考虑到存货的变化包括在企业的投资之内，所以，从社会整体看，家庭和企业支出的总和为消费加投资，所以国内生产总值就等于消费加投资，用公式表示为：$Y = C + I$。

从收入的角度看，由于把利润看做是最终产品售价超过工资、利息和租金的余额，因此，国内生产总值就等于总收入，总收入又分为两部分，一部分用于消费，剩余部分作为储蓄。于是，从收入或供给的角度看，国内生产总值的构成为：$Y = C + S$。

所以两部门经济的恒等式为：消费 + 投资≡消费 + 储蓄

用符号表示是：$C + I \equiv C + S$

化简可得：$I \equiv S$

这就是两部门情形的投资-储蓄恒等式。

对于该恒等式，必须明确以下几点：

第一，上述的投资-储蓄恒等式是国民收入恒等式的简化形式，二者都是属于定义性的恒等式，都是根据国民收入以及投资与储蓄的定义得出的。在两部门情况下，国内生产总值等于消费加投资，国民收入等于消费加储蓄，而国内生产总值又等于国民收入，所以有了投资-储蓄恒等式。

第二，从另外的意义上说，这种恒等式表明了经济中的总供给和总需求的关系，即总需求（$C+I$）恒等于总供给（$C+S$）。只要遵循了这些定义，投资和储蓄一定相等，而不论宏观经济是否处于充分就业状态、是否存在通货膨胀，或者是经济是否处于均衡状态。

第三，投资-储蓄恒等式绝不意味着人们意愿的或者说事前计划的储蓄等于企业意愿的或事前计划的投资。在实际经济生活中，储蓄主要由个人决定，而投资主要由企业决定，个人的储蓄动机和企业的投资动机也不相同，因此，不同的主体会形成计划的（或事前的）储蓄和计划的（或事前的）投资不一致。

但是，从国民收入会计的角度看，事后的储蓄和事后的投资又总是相等的。而我们以后分析宏观经济均衡时所讲的投资要等于储蓄，是指只有当计划投资等于计划储蓄，或者说事前意愿的投资等于事前意愿的储蓄时，才能实现经济的均衡状态。很明显，这与投资-储蓄恒等式的意义不同。

第四，恒等式中的储蓄是指包括企业和个人两方面的私人储蓄，同时还必须清楚，储蓄等于投资是相对于整个经济而言，至于某个人、某企业或部门则完全可以通过借款或贷款使投资与储蓄不相等。

（二）三部门经济的收入构成及其恒等式

在三部门经济中，一个国家的经济主体由居民、企业和政府组成。政府的活动表现为支出和收入两方面：政府主要通过向企业和居民征税获得收入，但是，只有扣除如社会保障津贴、社会救济等转移支付形式之后的净税收才是政府的净收入 T，所以，从收入方面看，考虑到政府以后的国内生产总值构成是 $C+S+T$。而从支出方面看，包括消费、投资和政府对产品和劳务的购买 G。由于转移支付已经反映在其接受者居民或企业的需求活动中，所以，计算总支出时并不包括政府的转移支付（Transfer payment）。因而国内生产总值构成是：$C+I+G$。

三部门经济中国内生产总值恒等式为：$C+I+G=Y=C+S+T$

两边分步化简为：$I+G\equiv S+T$

或 $I\equiv S+(T-G)$

这就是三部门经济中的投资—储蓄恒等式，式中的 $T-G$ 项也可以理解为政府的储蓄。

（三）四部门经济的收入构成及其恒等式

在以上三部门模型中考虑对外贸易就构成四部门经济。由于存在进出口，因此对国内产品的需求（支出）除了居民、企业部门的投资、政府购买之外，还有出口 X，但国内的支出或需求当中也有一部分来自进口，用支出法计算国内生产总值时须包括出口 X 与进口 M 的差额。因此，按支出法计算的 GDP = $C+I+G+(X-M)$；而按照收入法计算时进出口已经包括在消费与储蓄之中，这样计算的 GDP = $C+S+T+R_f$。其中 R_f 为对国外的转移支付，它被作为 GDP 的一部分。由于它来源于居民或企业从事生产性活动所得到的收入，相应存在同等数量的产品；但居民未把其用于消费或储蓄，而是无偿给外国人（构成了外国人的储蓄）。为与支出法计算结果一致，收入法应加上此项。所以，国民收入恒等式为：

$$C+I+G+(X-M)\equiv C+S+T+R_f$$

或 $$I+G+(X-M)\equiv S+T+R_f$$

$$I\equiv S+(T-G)+(M-X+R_f)$$

如同 $(T-G)$ 可以理解为政府储蓄一样，上式中的 $(M-X)$ 项可以理解为国外对本国的储蓄。因为进口 M 代表收入流向国外，出口则表示本国获得收入，当 $(M-X+R_f)$ 为正时，其他国家对本国的收入大于支出，于是其他国家就有了相对本国的正储蓄；反之，$(M-X+R_f)$ 为负时，其他国家相对本国的收入小于支出，就有了相对本国的负储蓄。

另外，若 G 大于 T，则表示政府存在预算赤字；反之，则为预算盈余。而 X 大于 M，显示贸易顺差；反之，则为贸易逆差。因此，国民经济活动中储蓄、投资与政府预算和对外贸易之间有着一定的联系，从而为宏观经济的科学管理决策提供了条件。

第四节 GDP 与价格指数

一、名义 GDP 与实际 GDP

由于 GDP 是衡量一个国家生产的最终产品的市场价值，所以产出的数量和价格水平都会影响 GDP，因而有必要区分名义 GDP 和实际 GDP。

名义 GDP 是以当年现行价格计算的 GDP，它是各种物品与劳务的数量与其现行价格乘积的总和（$\sum P_iQ_i$）。用 2000 年的价格衡量该年的最终产出就是 2000 年的名义 GDP，用 2001 年的价格衡量 2001 年的 GDP 就是这一年的名义 GDP，所以，与 2000 年相比，2001 年的名义 GDP 发生变化，可能是由于产出发生变化，也可能是价格发生变化，还有可能是二者都发生了变化。

实际 GDP 只反映实物的变化，是用不变价格（基期的价格水平）衡量的另一时期的国内物品和劳务的价值，即通过固定一个时期的价格水平来测度另一时期的生产。

考虑到以上因素，我们通常关注实际 GDP，因为它说明了经济的整体物品与劳务的数量变化，反映了一国生产满足人们需要与欲望的能力，所以实际 GDP 作为衡量经济状况与经济福利的指标要优于名义 GDP。

二、价格指数

如上所述，名义 GDP 既反映物品与劳务的价格，又反映经济中生产的物品与劳务的数量，而实际 GDP 只反映物品和劳务的数量，从这两个指标中我们可以得到一个衡量价格水平的指标，即 GDP 平减指数（GDP Deflator）。

$$\text{GDP 平减指数} = \frac{\text{名义 GDP}}{\text{实际 GDP}} \times 100 = \frac{\sum p_t^i q_t^i}{\sum p_0^i q_t^i}$$

上式中，p_0^i，p_t^i 和 q_t^i 分别表示第 i 种产品在基期的价格、t 期的价格和 t 期的产品数量。

名义 GDP 是当期价格下当期产量的价值，实际 GDP 是按照基期价格计算的当期产量的价值，因此，GDP 平减指数作为二者的比值是对当期物品价格水平的反映，从而是一种价格指数。

但是，日常生活中比较常见的还包括另一种反映价格水平的指数：消费物价指数（Consumer Price Index，CPI）。CPI 是普通消费者所购买的物品与劳务总费用的衡量指标，即选定的一篮子消费品的现价的加权平均数与这一篮子消费品的基年价格的加权平均数之比，用公式表示为：

$$\text{CPI} = \frac{\sum_i p_t^i q_0^i}{\sum_i p_0^i q_0^i} \times 100$$

上式中，p_0^i，p_t^i 和 q_0^i 分别表示产品 i 在基期的价格、t 期的价格和基期的消费数量。

下面用一个简化的例子说明如何计算 CPI（见表 2.4）。

表 2.4　　CPI 的计算

基期——篮子		基期		现期	
产品	数量	价格	支出（元）	价格	支出（元）
橘子	5	0.8 元/千克	4	1.2 元/千克	6
理发	6	11 元/次	66	12.5 元/次	75
公共汽车	100	1.40 元/次	140	1.5 元/次	150
总支出		210 元		231 元	
CPI		$\frac{210}{210} \times 100 = 100$		$\frac{231}{210} \times 100 = 110$	

从 GDP 平减指数和消费物价指数的计算方法和定义中，不难看出两者的区别：

首先，从产品的购买对象看，GDP 平减指数衡量所有物品和劳务的价格，而 CPI 反映的只是消费者购买的物品和劳务的价格。因此，企业或政府购买的物品（如钢铁、军火等）的价格的变化并没有反映在 CPI 中。

其次，从地域范围看，GDP 平减指数反映的是国内产品和劳务的价格，因而没有反映进口产品的价格。但是，进口产品（如进口汽车或彩电等）如果包括在消费者篮子内，则 CPI 反映它们的变化。

最后，CPI 比较相对固定的一篮子物品与劳务的价格与基期这一篮子物品与劳务的价格，但是，由于构成具体 GDP 的产品和劳务本身不断变化，GDP 平减指数中物品与劳务的组合自动随着时间的变化而变化。如所有价格同比例变化，两种价格指数的这种差别并不重要，但是，如果不同物品与劳务价格变化量不同，则不同的价格加权方法在反映整个宏观价格指标（如通货膨胀率）时就会出现明显差别。[①]

第五节　国民收入核算体系的局限

一、GDP 作为宏观经济衡量指标的局限性

GDP 是国民经济核算体系（SNA）的核心指标，它被广泛用来计算国民经济增长速度，衡量一个国家或地区的经济发展水平，分析和评价经济发展状况。GDP 会体现一定的经济发展速度，但是，其增加值并不完全意味着社会财富和福利的等量增加；GDP 在反映经济增长的同时，不能准确反映它所带来的资源耗减和环境损失的代价，更不能如实反映人们生活水平与质量的状况，GDP 这一国民收入核算体系中的核心指标存在诸多的局限。

（一）GDP 不能很好地反映社会福利，更不是衡量社会福利的完美指标

对美好的生活作出贡献的某些东西，如闲暇等因素并没有包括在 GDP 中。闲暇时间是经济系统中的一种经济物品，GDP 并没有评价它。例如，假设一个经济体系中大部分人从某个时候开始，每天加大自己的工作量，这将生产更多的物品和劳务，而且 GDP 也随着相应增加，但是我们并不能因此得出每个人的福利状况更好的结论。闲暇时间同我们工作所获得的工资或者生产的物品和劳务一样有价值。闲暇减少引起的福利损失部分或全部抵消了 GDP 的增长或生产或消费更多物品引起的福利损失。

（二）GDP 不能反映大量生产性非市场交易及非生产性市场交易

由于 GDP 用市场价格来评价物品和劳务，它就没有把市场之外进行的活动包括进来，GDP 漏掉了家庭生产的物品与劳务的价值。另外，地下经济也是经济的一部分，从政府的角度看，地下经济是为了逃税和逃避管制或者由于生产的物品和劳务是非法的，由于这些活动并没有报告，因而在官方统计的 GDP 中漏掉了。

（三）GDP 不能反映生产的社会成本

经济活动对环境质量有直接影响，同样数量的 GDP 产出，采用的技术不同、生产条件

---

① 通常将产品组合固定的价格指数称为拉氏指数（Laspeyres Index），而将变化产品的价格指数称为帕氏指数（Paasche Index）。CPI 属于拉氏这类指数，而 GDP 属于帕氏指数。在用二者衡量价格水平的变化方面，CPI 由于忽视了消费者在价格变化的情况下调整消费组合的能力（即用相对便宜的产品替代相对较贵的产品），将消费篮子产品固定，因此，CPI 通常高估生活成本的增加。与此相反，GDP 这类帕氏指数通常低估生活成本的变化。（注：运用微观经济学消费理论中的效用水平与价格变化之间的关系，可以很清楚地理解这一问题。）

不同、工作的时间不同，其社会成本可能相差很大。一些国家空气质量下降、酸雨的出现、不可再生资源的消耗、大量森林的砍伐和湖泊河流的污染等环境问题与 GDP 增长同时出现，但在 GDP 指标的增长中并没有体现出来。

（四）GDP 不能反映政府的廉洁、公民道德素养、社会公正和自由

一个国家可能有比较高的人均 GDP，但只有少数精英享有政治自由和富有，而社会却缺少普通公民极为注重的公正和公平——机会平等。

（五）GDP 不能反映社会的收入结构

同等规模的 GDP，如果分配结构不同，贫富悬殊时的社会总福利远小于公平合理的社会福利。不同 GDP 的增长可能伴随着贫富差距的扩大；而在同样的 GDP 水平下，不同国家收入分配的差距也可能相差很大。

概括起来，尽管 GDP 存在诸多的局限性，它没有衡量人的健康，没有衡量学校的教育质量，没有衡量诗歌之美，没有衡量人们的知识与智慧，没有衡量社会公正与自由，没有衡量 GDP 增长过程中的资源消耗、环境污染等方面的成本，但是，较高水平的 GDP 或 GDP 的增长反映一个国家为实现以上目标所可能投入资源的能力。

二、对 GDP 指标的修正

由于 GDP 作为衡量经济发展水平的指标存在诸多的问题，因此，人们不断探索新的方法和新的测度指标。

（一）经济净福利

近年来，经济学家试图不断修正 GDP 数字的缺陷，以便使这些数字能够更好地反映社会生产与社会福利之间的关系，其中之一是构造一个更有意义的衡量国内产出的指标：经济净福利（New Economic Welfare，NEW）。NEW 是一个经过调整的国内总产出指标，它只包括对经济福利有直接贡献的消费和投资。具体说来，NEW 对 GDP 的调整主要包括以下方面：加闲暇的价值、地下经济、扣除环境的破坏。

（二）绿色 GDP

世界银行也于 1995 年开始利用绿色 GDP 国民经济核算体系来衡量一国或地区的真实国民财富，并于 1997 年首次提出真实国内储蓄的概念和计算方法，它是指扣除了自然资源（特别是不可再生资源）枯竭以及环境污染损失之后的一个国家正式的储蓄率。非常明显的是，绿色 GDP 核算中扣除包括城市大气污染引起的健康损害、室内空气污染造成的健康损害、水污染、铅等重金属和有毒物质造成的污染损失、酸雨损失等。

由于计算 GDP 的基础是市场价格，市场价格只有在交易的时候才能产生，绿色 GDP 等指标的核算存在难以克服的技术困难。实际上，有许多学术机构和国际组织在测算绿色 GDP，并在环境污染、人口拥挤、资源损耗、地下经济、闲暇等价值量的计算等方面取得了

一些进展，但是，离绿色 GDP 的实施、推广还有很长的一段距离。

案例 1　中国为何调低经济增长速度

2004 年 3 月 15 日，温家宝总理在十届全国人大二次会议的政府工作报告中提出，中国要积极实施可持续发展战略，按照统筹人与自然和谐发展的要求，做好人口、资源和环境工作。2004 年国民经济的增长目标为 7%。

2003 年中国 GDP 增长率为 9.1%，此前几年的增长率也超过了 8%。为何 2004 年调低了经济增长速度？北京大学叶文虎教授认为，这与政府重视可持续发展有直接关系，同时也表现出调整中国经济增长方式的决心。

可持续发展问题已成为世界各国普遍关心的问题。为量化可持续发展的经济指标，1993 年联合国有关统计机构出版的《综合环境与经济核算手册》中，提出了生态国内生产 EDP 的概念，即"绿色 GDP"，其主要含义是从现行的 GDP 中扣除环境资源成本和对环境资源的保护服务费用。

现有的经济核算和统计方法中，没有把环境的投入计算在内，因此得出的经济数据是不准确的，远远高于实际。为从根本上缓解经济发展与保护环境之间的矛盾，必须尽快推行"绿色 GDP"制度。绿色 GDP 指标实质上代表了国民经济增长的净正效应。据统计，1985～2000 年，中国 GDP 年均增长率为 8.7%。但如果扣除损失成本和生态赤字，这一时期中国的"真实国民财富"仅为名义财富的 78.2%。这意味着中国的 GDP 的实际增长率只有 6.5%。

分析：

学生可以结合上述案例做一些思考：现有的 GDP 核算和统计方法存在哪些问题？绿色 GDP 概念将如何修正现有的 GDP 核算方法？实施绿色 GDP 核算体系将会面临哪些困难？主要是启发学生需要理解：现有 GDP 核算方法的缺陷——没有考虑环境因素的影响，绿色 GDP 概念的提出可在一定程度上弥补上述缺陷，但实施绿色 GDP 核算体系将面临技术和观念两个方面的挑战。

GDP 是衡量一个国家经济产出总量的重要指标。但应注意的是，经济产出总量增加的同时，也增加了自然资源的消耗。然而，现有 GDP 核算和统计方法没有把环境的投入（包括自然资源的投入、生态系统的投入和环境容量的投入等）计算在内。这样，它就不能全面反映一个国家的真实经济状况，因为环境污染和生态破坏也能增加 GDP。比如，发生洪水灾害，从而造成投资增加和相关人员收入的增加，GDP 数据也相应增加；环境污染使病人增多，这显然是社会福利的损失，但却使医疗产业得到发展，GDP 也随之增长。绿色 GDP 概念的提出是对现有 GDP 核算指标的一种调整，是扣除经济活动中投入的环境成本后的国内生产总值。

绿色 GDP 指标代表一个国家国民经济增长的净正效应：绿色 GDP 占 GDP 的比重越高，表明国民经济增长的正面效应越大，负面效应越小。1985～2000 年间，中国的绿色 GDP 仅占 GDP 的 78.2%。由此可见，如果扣除环境投入和生态成本，中国以绿色 GDP 形式体现的“真实国民财富”显著低于名义财富，这说明中国的国民经济增长存在较为严重的负面效应，应引起人们的关注。

然而，实施绿色 GDP 核算体系，将面临技术和观念上的困难。从技术上看，由于环境要素并没有进入市场买卖，其市场价值难以确定，从而无法纳入 GDP 的核算范围。尽管专家们提出了许多测算模型和方法（如倒算法，即按市场成本来估算项目的环境成本），但仍需要在实践中进一步补充和完善。从观念上看，GDP 是单纯的经济增长概念，不反映经济增长的持续性；绿色 GDP 则力求将经济增长与环境保护协调起来，综合反映国民经济活动的成本与代价。因此，一旦实施绿色 GDP，扣除环境损失成本，必然会使一些地区的经济增长数据大大降低。如果现有的干部考核体系和政绩观不进行改革，很可能给绿色 GDP 的推广带来很大阻力。

资料来源：根据人民网相关文章整理，网址：http：//npc. people. com. cn/GB。

案例 2 深圳“推迟”五年实现现代化——GDP 与科学发展观

据统计，深圳市自 1980 年成立经济特区至今，GDP 年平均增长 28%。深圳市政府于 2000 年 3 月提出到 2005 年率先基本实现现代化，并制定了 42 项具体指标。2003 年 9 月有关专家按原来的指标体系进行评估后认为，至“十五”规划中期，深圳基本实现现代化的程度为 84.3%，高于全国近 36%。

但是，2004 年 3 月底深圳市下发《深圳市“十五”规划有关基本实现现代化指标体系及相关指标调整方案》，提出基本实现现代化的时间由 2005 年推迟至 2010 年，并对指标体系进行了较大幅度修正。

专家认为，在原有指标体系及政绩观下，深圳的经济实现了“深圳速度”，但是，“深圳速度”的背后是越来越大的环境和资源压力。调查表明，深圳市内的 7 条河流都变成了臭水沟，而土地、交通、教育状况也令人担忧。在这样的背景下，反思传统的发展模式，探索和确立符合科学发展观要求的增长模式是可持续发展的需要，而调整有关指标是必然选择。

深圳市这次推出的新的现代化指标体系由原来的 42 项调整为现在的 38 项，增加指标 13 项，删除指标 17 项，调整指标 4 项。增加的 13 项指标包括：自主知识产权高新技术产品产值占高新技术产品产值比重；金融保险业增加值占第三产业增加值比重；登记失业率；人均信息消费支出占消费总支出比重；港口集装箱吞吐量；国际机场旅客吞吐量；公共交通分担率；海外旅客与常住人口比率；高峰时段城市平均行车时速；社会服务英语普及率；政府公共服务上网率；万人专利申请数；年会展数。而删除的 17 项指标包括：高新技术产业增加值占生产总值比重；社会劳动生产率；科技进步贡献率；城市人口占总人口比重；人均拥有铺装道路面积；千人国际互联网用户数；城镇居民千户拥有电话数；广播电视覆盖率；百人电话用户数；城镇居民人均可支配收入；人均公共体育场馆面积；人均年生活用电量；万人刑事案件立案数；万人拥有机动车辆数；人口密度；人口自然增长率；城市人均公共绿地面积。调整的4项指标是："每千克能源使用产生的生产总值"调整为"万元生产总值能耗"；"人均二氧化碳排放量"调整为"人均二氧化硫排放量"；"工业废水处理率"调整为"工业废水排放达标率"；"城市污水处理率"调整为"城市生活处理率"。

分析：

学生结合本案例先思考这些问题：深圳市在发展初期GDP的大幅度提高有什么积极和消极的效应？新旧指标体系有何区别？为什么要修改旧的指标体系、采用新的指标体系？主要是启发学生需要理解：GDP的增长固然重要，但是不计环境、资源后果的GDP的增长是不可取的。现代化的衡量指标随着时代的进步在发生着变化，实现现代化必须走集约式的经济增长之路，要重视和实施可持续发展。

深圳市作为我国改革开放的前沿阵地，经济发展非常迅速，这得益于该城市GDP的迅猛提高，但是，经过了发展初期的深圳市也为此付出了惨重的代价，环境不断恶化、生态遭到破坏，资源不断减少，交通、教育等状况没有得到很好的发展，这和现代化城市显然是不相符的。显然，过去片面追求GDP的指标体系忽视了现代化城市很多其他方面的要求，必须作出调整。从案例中得知新指标体系体现了对于产业升级、对外开放、环境保护、人口素质等方面的重视，更加体现了和谐社会和科学发展观的新要求。

资料来源：新华社2004年4月17日电讯。在编辑过程中进行了适当删改。

[关键概念]

国内生产总值　国民生产总值　名义国内生产总值　实际国内生产总值　国内生产总值平减指数　最终产品和中间产品　总投资和净投资　重置投资　存货投资　政府购买　政府转移支出　净出口　间接税　国民生产净值　国民收入　个人收入　个人可支配收入　国民生产总值恒等式

[复 习 题]

1. 下列项目是否计入GDP，为什么？

（1）政府转移支付；

（2）购买一辆旧汽车；

（3）购买一幅齐白石的画；

（4）购买普通股票；

（5）购买一块土地。

2. 说明国民收入核算账户中GDP、NDP、GNP、NNP、NI、PI和DPI之间的关系。

3. 在统计中，社会保险税增加对GDP、NDP、NI、PI和DPI这五个总量中哪个总量有影响？为什么？

4. 一个国家市场化程度的提高对该国的GDP总和有什么影响？

5. 如果甲乙两国并成一个国家，对GDP总和会有什么影响（假定产出不变）？

6. 如何理解投资－储蓄恒等式？

7. 经济福利是衡量社会经济福利的一种指标，那么，实际GDP的增长为经济福利的变动提供了充分而准确地衡量吗？

8. 什么是个人可支配收入？它有什么重要含义？

9. 一个国家1990年的名义GDP为54 650亿元，而1989年为52 010亿元。1990年GDP平减指数为131.5，而1989年的GDP平减指数为126.3。1982年的GDP平减指数计为100，试计算1989年和1990年的实际GDP，并比较1990年的名义GDP和实际GDP增长率。

10. 某国去年的交易如下表，试计算该国的GDP，并说明是用支出法还是用收入法计算。

项　目	美元
向劳动支付的工资	800 000
消费支出	600 000
税收	250 000
转移支付	50 000
利润	200 000
投资	250 000
政府购买	200 000
出口	300 000
储蓄	300 000
进口	250 000

11. 举例说明什么是政府转移支付？为什么政府转移支付不计入国内生产总值？

[补充阅读材料]

1. [美] 多恩布什、费希尔、斯塔兹著：《宏观经济学》，中国人民大学出版社，2000年版。

2. [美] 萨缪尔森、诺德豪斯著，萧琛主译：《宏观经济学》（第十七版），人民邮电出版社，2004年版。

3. [美] 曼昆著，梁小民译：《经济学原理：宏观经济学分册》（第4版），北京大学出版社，2006年版。

4. 高鸿业主编：《西方经济学（宏观部分）》（第四版），中国人民大学出版社，2007年版。

第三章

国民收入的决定——产品市场均衡

【学习目的和要求】

本章的学习目的是通过利用函数分析方法分析总需求的主要组成部分——消费和投资，得到简单的国民收入决定模型，即产品市场均衡模型。要求掌握消费函数的含义、影响消费的因素，了解消费函数理论的发展，掌握不同类型经济的简单的国民收入决定理论，掌握投资乘数、政府支出乘数、税收乘数、平衡预算乘数和对外贸易乘数的含义及计算。

【内容提要】

1. 消费函数是指居民的消费支出与决定消费的变量之间的依存关系。决定居民消费支出的变量很多，如居民的收入水平、商品价格水平、利率水平、居民的节俭偏好、收入分配状况、消费者年龄构成、制度、风俗习惯等等。凯恩斯认为，在这些变量中，对消费最有影响的变量是居民的收入水平。

2. 凯恩斯关于消费函数的分析是一种短期分析，此后，相继出现了相对收入消费函数理论、生命周期的消费函数理论、永久收入的消费函数理论等理论，推动了消费函数理论的发展。

3. 均衡国民收入是指总需求和总供给相等时的国民收入，因此，均衡国民收入的条件是总需求等于总供给。

4. 乘数是指自发总需求增加所引起的国民收入增加的倍数，或者说国民收入增加量与引起这种增加的自发总需求增加量之间的比率。由于总需求由消费、投资、政府支出及进出口构成，因而乘数也有多种类型，主要有投资乘数、政府支出乘数、税收乘数、平衡预算乘数和对外贸易乘数。

国民收入核算是估计某一时期生产的既定的国民收入总量。但是，在什么条件下一国经济将继续生产同样数量的或更多、更少的国民收入？解决这一问题涉及国民收入的决定。国民收入决定涉及总需求与总供给。本章和下一章进行的是总需求分析。总需求分析是凯恩斯主义宏观经济学的核心，它包括两个模型：简单国民收入决定模型与 *IS* – *LM* 模型。

简单国民收入决定模型假定：第一，潜在的国民收入不变。也就是说，经济中的生产能力不变、所拥有的资源不变、技术水平不变，同时不涉及长期中的增长问题。第二，经济中存在着生产能力的闲置。具体来说，就是各种生产资源没有得到充分利用，因而总供给可以适应总需求而无限扩大，即总需求不足，总供给不影响国民收入的决定。第三，价格水平固定不变。即总供给曲线平行于横轴，均衡国民收入唯一地由总需求单方面决定。第四，利率水平不变，从而投资水平固定不变。假定利率水平和投资水平的含义是暂时不考虑货币因素在总需求分析中的作用，也就是说，简单国民收入决定模型只分析实物经济条件下国民收入的均衡问题，即只分析产品市场上均衡国民收入的决定问题。

第一节　消费、储蓄与投资

一、总需求与均衡产出

（一）总需求与均衡产出的概念

总需求是指经济中对商品需求的总量。它包括消费（C）、投资（I）、政府支出（G）与出口（X）等。可以用公式表示为：

$$AD = C + I + G + X \tag{3.1}$$

当生产的产出数量等于需求的数量时，产出就处在均衡水平上。因此，均衡产出可以用式（3.2）来表示。

$$Y = AD = C + I + G + X \tag{3.2}$$

当总需求（即人们想要购买的商品量）与产出不相等时，就会存在非计划库存投资或负投资。可用式（3.3）来表示：

$$IU = Y - AD \tag{3.3}$$

式中，IU 为非计划的库存量。如果产出（总供给）超过总需求，则企业的库存会增加，即 $IU > 0$，因而企业会减少生产；如果产出（总供给）小于总需求，则企业存货会减少，即 $IU < 0$，企业就会增加生产。总之，由于企业要根据产品销路来安排生产，因而一定会将产出确定在与产品需求相一致的水平上。与总需求相一致的产出就是均衡产出。

由此可见，当产出达到均衡时，非计划库存为零；产出的均衡是通过库存的调节来实现的。

（二）基本假设

为了使国民收入决定的分析过程尽可能简单明了，同时又不失去其一般性，因而需要进行一些假设。主要是：第一，假定所考察的经济是一个封闭型经济，即只有厂商、居民户和政府三个部门。第二，在本章，假定经济中只存在产品市场，不存在货币市场和劳动力市场。第三，假定折旧和公司未分配利润为零，这样，GDP、NDP、NI、PI 就都相等。

二、消费函数

均衡产出是指与总需求相一致时的产出，因而分析均衡产出的决定实际上就是分析总需求各个组成部分是如何决定的。在国民收入核算中，总需求是由需求或支出方面计算出来的国民收入；总供给则是由收入方面计算出来的国民收入。如果只考虑有厂商和居民户的经济即两部门经济，则 $AD = C + I$，$AS = C + S$。在国民收入核算中，总需求和总供给是从不同的角度对同一个国民收入的衡量。

由于消费是总需求中最主要的部分，同时由于消费与收入之间的关系比较简单明了，因而在分析总需求时首先分析消费需求的决定。

（一）消费函数与消费曲线

消费函数（Consumption function）是指居民的消费支出与决定消费的变量之间的依存关系。决定居民消费支出的变量很多，如居民的收入水平、商品价格水平、利率水平、居民的节俭偏好、收入分配状况、消费者年龄构成、制度、风俗习惯等等。凯恩斯认为，在这些变量中，对消费最有影响的变量是居民的收入水平。因此，这里的消费函数集中研究消费和收入之间的关系。

根据凯恩斯的观点，随着消费的增加，收入也会增加，但消费的增加不及收入增加得快。消费和收入之间的这种关系就是消费函数或消费倾向（Propensity to consume）。消费函数可以写为：

$$C = f(Y) \tag{3.4}$$

消费与收入的关系可以用平均消费倾向（Average propensity to consume，APC）和边际消费倾向（Marginal propensity to consume，MPC）来说明。

平均消费倾向是指任一收入水平上消费支出在收入中所占的比例。可用公式表示为：

$$APC = \frac{C}{Y} \tag{3.5}$$

边际消费倾向是指增加一单位收入中所引起的消费的增加量，即增加的消费在增加的收入中所占的比例。可用公式表示为：

$$MPC = \frac{\Delta C}{\Delta Y} \tag{3.6}$$

在短期中，消费函数具有如下特点：第一，无论收入为多少，消费总是为正数，即存在部分自发消费（Autonomous consumption）；第二，随着收入的增加，消费也增加，但不如收入增加得那么快。也就是说，短期中，消费分为自发消费和引致消费（Induced consumption）两部分。自发消费是指不取决于收入的那部分消费，引致消费是指随收入的变动而变动的那部分消费。

另外，短期中，消费与收入之间的关系有三种可能的情况：第一，消费与收入相等，这时储蓄为零；第二，消费大于收入，这时储蓄为负数；第三，消费小于收入，这时储蓄为正数。

根据短期中消费函数的特点及其与收入之间的关系，可以用线性方程（3.7）来描述短期消费函数。

$$C = \overline{C} + c \cdot Y \qquad \overline{C} > 0,\ 0 < c < 1 \tag{3.7}$$

式中，$\overline{C}$ 表示自发消费，c 表示边际消费倾向。

根据方程（3.7）可以作出短期消费函数曲线，如图 3.1。

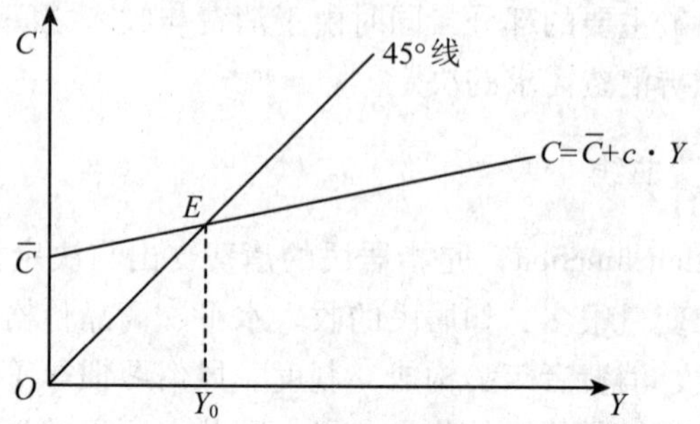

图 3.1　线性消费曲线

图 3.1 中，横轴 Y 代表收入，纵轴 C 代表消费，45°线为收支相抵线，表示 $C=Y$。$C=\overline{C}+c \cdot Y$ 为短期消费曲线。该曲线在纵轴上的截距为 $O\overline{C}$，它表示收入为零时的消费水平，其真实作用是代表收入以外影响消费的因素，诸如股票、债券及房屋等资产的所有权等。短期消费曲线的斜率为边际消费倾向 c。由于 $c>0$，因而该曲线向右上方倾斜，表明消费与收入同方向变动。

从图 3.1 可以看出，短期消费曲线与收支相抵线即 45°线在 E 点相交。因而 E 点是收支相抵点，即在 E 点，$C=Y$。在 E 点的左边，$C>Y$，有负储蓄，即 $S<0$；E 点的右边，$C<Y$，有正储蓄，即 $S>0$。随着消费曲线向右延伸，该曲线与 45°线之间的距离越来越大，表明消费随收入增加而增加，但增加的幅度越来越小于收入增加的幅度。由于消费增加量只是收入增加量的一部分，因此边际消费倾向总是大于 0 小于 1。但是，由于消费可能大于、等于或小于收入，因而平均消费倾向可能大于、等于或小于 1。

由上可见，凯恩斯的消费函数理论从宏观的角度明确地将消费支出作为收入水平的函数，并用平均消费倾向和边际消费倾向来说明消费与收入的关系，正是这一点使他成为现代消费函数理论的奠基者。其缺点是他的分析是一种心理分析，因而其结论在相当大的程度上是一种主观推测，从而缺乏坚实的基础，尤其是缺乏经验研究的论证。

（二）消费函数理论的发展

凯恩斯关于消费函数的分析是一种短期分析，其理论提出后，许多经济学家对此进行了大量的验证、修正、补充和发展，从而推动了消费函数理论的发展。

1. 相对收入消费函数

相对收入消费函数理论由美国经济学家杜生贝里（J. S. Duesenberry）所提出。杜生贝里认为，人们的消费不仅取决于绝对收入的量，而且更主要的是取决于相对收入的量，即取决于消费者过去的收入及消费习惯、其他人的消费水平等。也就是说，消费具有示范效应，是相对地决定的。在短期内收入与消费不一定成比例变动，但长期中消费与收入之间有一个固定的比率。

具体来说，杜生贝里从以下几个方面论述了消费函数的相对性。

第一，用偏好相互依存假设来代替偏好独立假设，以此解释消费的决定。杜生贝里认为，由于较高的社会地位要靠较高的收入和消费水平来体现，同时，消费者的消费行为会受到周围人们消费水平的影响，即消费起着一种“示范效应”。因此，低收入家庭收入虽低，但因顾及其在社会上的相对地位，不得不提高自己的消费水平。这种心理会使短期消费函数随社会平均收入的提高而整个地向上移动。

第二，用消费者行为的不可逆性与棘轮效应来解释消费的决定。杜生贝里认为，消费具有刚性，根据人们的习惯，增加消费容易，而要减少消费则比较难，因此，一向过着较高生活水平的人，即使收入降低，也不会马上因此降低消费水平，而会继续维持相当高的消费水平。也就是说，消费会随收入的增加而增加，但却不一定随着收入的减少而减少。从短期来看，经济波动过程中收入增加时低收入者的消费会赶上高收入者的消费，但收入减少时，消费水平的降低相当有限。因此，短期消费函数与长期消费函数存在着差别，可用图 3. 2 来说明消费的这一特点。

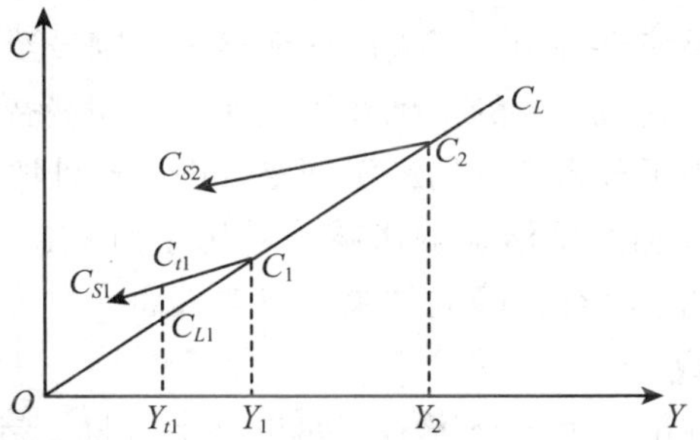

图 3. 2　消费的棘轮效应

图 3. 2 中，C_L 为长期消费函数，当经济稳定增长时，长期消费随收入呈一固定比例稳定增长。但当经济出现波动时，短期消费函数会有不同的形态。例如，当收入由 Y_1 减少到 Y_{t1} 时，消费不是遵循 C_L 的路径由 C_1 减少到 C_{L1}，而是遵循短期消费函数 C_{S1} 的路径只减少到 C_{t1}。显然，$C_{t1} > C_{L1}$。反之，当收入由 Y_{t1} 逐渐恢复时，消费遵循 C_{S1} 的路径变动，直至达到原来的收入水平 Y_1。当经济由 Y_1 稳定增长时，消费又遵循 C_L 的路径随着收入的增加而按固定比率增加。如果当消费者的收入达到 Y_2 时经济又出现衰退，消费会遵循短期函数 C_{S2} 的路径减少。如此变动的结果是使短期消费函数与长期消费函数会出现不同的表现形式。即长期消费函数为：$C_L = c_L \cdot Y$，短期消费函数为：$C_S = \overline{C} + c_S \cdot Y$。这样，杜生贝里就将短期消费函数的正截距的产生归因于经济周期波动期的不同短期消费行为。也就是说，消费者容易随着收入的增加而提高消费水平，但却不容易随着收入的减少而降低消费水平，即消费上去容易下来难，以至于产生了有正截距的短期消费函数。消费的这一特点被称为“棘轮效应”（Ratchet effect）。

2. 生命周期的消费函数

生命周期的消费函数理论由美国经济学家莫迪格利安尼（F. Modigliani）提出。该理论强调了消费与个人生命周期阶段之间的关系以及收入与财产之间的关系，认为人们会在更长的时间范围内计划他们的生活消费开支，以使其消费在整个生命周期内实现最优配置。一般来说，人的一生可以分为年轻、中年和老年三个阶段。年轻时期是工作时期，收入的很大一部分用于消费，储蓄很小或为零甚至为负；中年时期，收入日益增加，这时，收入中只有少部分用于消费，一部分可能偿还年轻时期留下的债务，一部分储蓄以备退休后使用；老年时期，由于退休没有了劳动收入，消费主要取决于过去积累的财产。也就是说，消费者是根据其一生的全部预期收入来安排自己的消费支出的，其消费要取决于他们在整个生命周期内所获得的总收入与财产。

莫迪格利安尼指出，理性的消费者要根据一生的收入来安排自己的消费与储蓄，使一生的收入与消费相等。家庭的收入包括劳动收入与财产收入，因而家庭的消费函数可以表示为：

$$C = \alpha WR + c \cdot YL \tag{3.8}$$

式中，WR 为财产收入，YL 为劳动收入，α 为财产收入的边际消费倾向，c 为劳动收入的边际消费倾向即每年消费掉的工作收入的比例。

根据生命周期的消费函数理论，如果一个经济中年轻人和老年人的比例增大，则该经济的消费倾向会提高；而如果该经济中中年人的比例增大，则该经济的消费倾向会下降。

生命周期的消费函数理论最主要的贡献在于说明了长期消费函数的稳定性与短期消费波动的原因；同时，它被运用于分析广泛的经济问题，而且被证明是成功的。如它被用来分析货币政策与财政政策对消费和经济活动的影响；被用于研究遗产和收入分配、人力资本投资、劳动力供给的生命周期、社会保障的效果等诸多方面。

3. 永久收入的消费函数

永久收入的消费函数理论由美国经济学家弗里德曼（M. Friedman）提出。该理论强调了永久性收入与暂时性收入之间的区分，认为消费者的消费支出主要不是由他的暂时性收入决定，而是由他的永久性收入决定的。所谓永久性收入是指消费者可以预期到的长期收入，一般是指可以保持 3 年以上的收入。弗里德曼认为，消费者的消费支出取决于永久性收入而不是暂时性收入。也就是说，永久性收入对消费的影响较大，而暂时性收入对消费影响较小。这是因为，当收入上升时，人们不能确定这种收入的增加是暂时的还是持久的，因而不会立即增加消费；当收入下降时，人们也不能确定这种收入的下降是否是持久的，因而也不会立即减少消费。但是，一旦收入的变动是永久的，则人们就会根据其收入变动的情况调整其消费，即如果收入永久性地增加，消费者会增加消费；如果收入永久性地减少，则会减少消费。根据这一理论，消费者的收入分为永久性收入和暂时性收入，消费是永久性收入的稳定的函数。永久收入的消费函数可以表示为：

$$C_t = c \cdot YP_t \tag{3.9}$$

式中，C_t 为现期消费支出，c 为边际消费倾向，YP_t 为现期永久性收入。

弗里德曼进一步论证了永久性收入的估算。他认为，永久性收入大致可以根据所观察到的若干年收入的加权平均数计算，永久性收入的估算公式是：

$$YP_t = Y_{t-1} + \theta(Y_t - Y_{t-1}) = \theta Y_t + (1-\theta)Y_{t-1} \qquad 0<\theta<1 \tag{3.10}$$

式中，Y_t 为现期收入，Y_{t-1} 为前期收入，θ 为加权数。式（3.10）说明，现期永久性收入等于前期收入与两个时期收入变动的加权平均数。加权数 θ 的大小取决于人们对未来收入的预期。人们的这种预期会根据过去的经验进行修改，因而是一种适应性预期。

根据永久性收入的估算公式，可以将永久性收入消费函数写为：

$$C_t = c \cdot YP_t = c\theta Y_t + c(1-\theta)Y_{t-1} \tag{3.11}$$

永久性收入消费函数理论的主要贡献在于将收入变动区分为永久性变动和暂时性变动，这种区分既解释了短期消费函数的波动，又解释了长期消费函数的稳定性。也就是说，由于消费是由永久性收入决定的，而在长期中永久性收入是稳定的，因而消费函数也是稳定的。暂时性收入变动则通过对永久性收入变动的影响而影响消费，所以，短期中暂时性收入的变动会引起消费变动。

该理论与生命周期的消费函数理论基本一致，互相补充。二者的主要差别在于：生命周期的消费函数理论强调了储蓄的动机，从而提出以财富作为消费函数的变量的重要理由；而永久性收入消费函数理论则偏重于个人如何预测自己未来收入问题，并对永久性收入作了科学估算。尽管如此，二者在如下几个方面却是相同的：第一，消费不仅只与现期收入相联系，而且要以一生的收入或永久性收入作为消费决策的依据。第二，短期边际消费倾向很小，而长期边际消费倾向则较大。也就是说，暂时性收入的变化不会引起消费发生什么变化，而永久性收入的变化则会引起消费根据收入的变动作出相应的调整。第三，如果政府希望通过税收政策来影响消费，那么只有永久性的税收变动才会对消费产生较大的影响，从而使政策产生明显的效果。

4. 影响消费的其他因素

前面三种消费函数理论主要研究了收入对消费的影响。实际上，在影响消费的因素中，收入确实是最重要的因素，但除此以外，还有许多其他因素也影响着人们的消费。下面介绍几种主要的因素。

第一，利率。古典经济学家认为，利率是影响储蓄的重要因素之一，从而也是影响消费的重要因素之一。提高利率可以刺激储蓄，减少消费；而降低利率则刺激消费。但现代经济学家却认为，提高利率是否增加储蓄、减少当前消费，要根据利率变动对储蓄的替代效应和收入效应来确定。

一般来说，人们之所以进行储蓄是为了用于未来的消费，即储蓄是一种延期消费。人们在决定是否储蓄时要在现期消费与未来消费之间进行权衡比较。当利率提高时，人们认为减少当前消费、增加未来消费比较有利，因而会增加储蓄。利率提高引起的这种用未来消费代替当前消费，称为利率变动对储蓄的替代效应。另一方面，利率提高使消费者未来的利息收入增加，从而会减少消费者现在为增加未来消费而进行的储蓄。利率提高引起的这种当前储蓄的减少和当前消费的增加称为利率变动对储蓄的收入效应。可以看出，替代效应使储蓄增加，当前消费减少；而收入效应则使当前消费增加，储蓄减少。因此，利率变动最终如何影响储蓄，要根据其替代效应与收入效应的总和而定。对于低收入家庭来说，替代效应要大于收入效应，因而利率提高会使其储蓄增加。而高收入家庭的收入效应要大于替代效应，因而利率提高会减少储蓄。对整个社会来说，利率的提高究竟是增加或减少储蓄，则要看整个社会中低收入家庭和高收入家庭增加和减少储蓄的总和是正负净额来定。对整个社会来说，由于利率变动所引起的替代效应和收入效应究竟哪个更大难以确定，因而利率对储蓄与消费的影响实际上也难以确定。

第二，价格水平。价格水平的变动对消费的影响主要是指价格变动通过实际收入所产生的影响而影响消费。如果价格水平上升使消费者实际收入下降，消费者为了维持原有消费水平，平均消费倾向就要上升；反之，如果价格水平下降使消费者实际收入增加，则消费者的平均消费倾向会下降。

如果价格水平与货币收入的变动是同比例的，则价格水平变动不影响实际收入水平，因而也不会影响消费。但是，如果消费者只看到货币收入的增加而忽略了价格水平的上升，则会误认为自己的实际收入增加了，因而会增加平均消费倾向。这种情况就是消费者存在“货币幻觉”。

第三，收入分配。由于高收入家庭的边际消费倾向低，而低收入家庭的边际消费倾向高，因而如果一个经济中的收入分配更加平均，则会提高整个社会的边际消费倾向，即在其他条件与总收入不变的情况下，收入分配越平均，社会的边际消费倾向就越高；反之，如果收入分配越不平均，则社会的边际消费倾向就越低。

除此以外，还有其他一些影响消费的因素，如，消费品存量、流动资产、财政政策等。一般来说，对于耐用消费品而言，消费品存量越大，对它的现期购买就越少，消费品存量的大小与消费支出的多少成反方向变动。流动资产的增加会使消费增加，即流动资产的多少与消费支出的多少是正相关的。

三、储蓄函数

（一）储蓄函数与储蓄曲线

储蓄是可支配收入中未被用于消费的部分，即 $S = Y - C$。储蓄函数（Saving function）是指居民的储蓄与决定储蓄的收入之间的关系，可以用公式表示为：

$$S = f(Y) \tag{3.12}$$

储蓄与收入的关系也可以用平均储蓄倾向（Average propensity to save，APS）和边际储蓄倾向（Marginal propensity to save，MPS）来说明。

平均储蓄倾向是指任一收入水平上储蓄支出在收入中所占的比例，可用公式表示为：

$$APS = \frac{S}{Y} \tag{3.13}$$

边际储蓄倾向是指增加一单位收入中所引起的储蓄的增加量，即增加的储蓄在增加的收入中所占的比例，可用公式表示为：

$$MPS = \frac{\Delta S}{\Delta Y} \tag{3.14}$$

如果消费函数是线性的，则储蓄函数也是线性的。根据线性消费函数（3.7）及消费、储蓄与收入之间的关系可以得出线性的储蓄函数为：

$$S = Y - C = Y - (\overline{C} + c \cdot Y) = -\overline{C} + (1-c)Y \tag{3.15}$$

式中，S 表示实际储蓄，Y 表示收入，$-\overline{C}$ 表示自发储蓄，$(1-c)$ 是边际储蓄倾向。

根据线性储蓄函数的方程式，可以作出线性的储蓄曲线，如图 3.3。

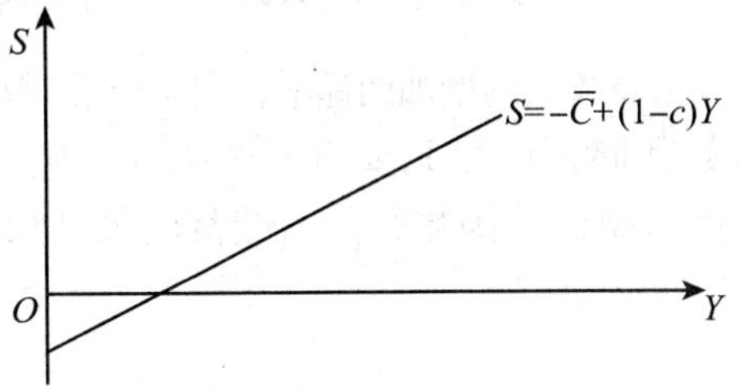

图 3.3　线性储蓄曲线

（二）消费函数与储蓄函数的关系

根据消费和储蓄的定义可知，消费与储蓄之和等于收入，消费函数和储蓄函数是一个问题的两个方面，二者之间的关系可以用图 3.4 来表示。

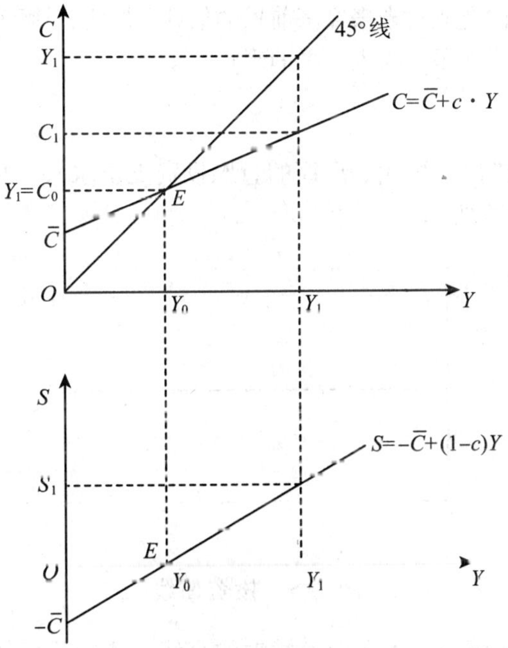

图 3.4　消费曲线和储蓄曲线之间的关系

从图 3.4 可以看出，当收入为零时，消费为自发消费 $\overline{C}$，这时，储蓄为自发储蓄 $-\overline{C}$。当收入为 Y_0 时，消费为 C_0，这时，$Y_0 = C_0$，$S = 0$。如图中的 E 点所示。当收入为 Y_1 时，

消费为 C_1，这时，$Y_1 > C_1$，储蓄为 S_1，$S_1 > 0$，且 $Y_1 = C_1 + S_1$。

根据消费倾向和储蓄倾向的定义，边际消费倾向与边际储蓄倾向之和等于 1；平均消费倾向与平均储蓄倾向之和也等于 1。可以一般性地证明如下：

对 $Y = C + S$ 进行全微分，有：$dY = dC + dS$，等式两边同时除以 dY 有：$1 = \frac{dC}{dY} + \frac{dS}{dY}$，即 $MPC + MPS = 1$。另外，在等式 $Y = C + S$ 两边同时除以 Y 得到：$1 = \frac{C}{Y} + \frac{S}{Y}$，即 $APC + APS = 1$。

因此，如果 MPC 和 APC 都随着收入的增加而递减，则 MPS 和 APS 都随着收入的增加而递增。

根据以上性质，消费函数和储蓄函数只要有一个确立，则另一个也可以确立。也就是说，当消费函数已知时，就可求得储蓄函数，而当储蓄函数已知时，则可求得消费函数。

四、投资函数

（一）投资函数和投资曲线

投资函数（Investment function）是指厂商的投资支出与决定投资的变量之间的关系。影响投资的因素很多，如利率、预期通货膨胀、预期利润及折旧等。本章我们只考虑产品市场，不涉及货币市场及利率因素，因此假定厂商的投资不受其他因素的影响，由厂商自行决定。也就是说，厂商的投资不受收入水平的影响。作出这个假设主要是为了简化分析，但它也反映了这样一种观点，即投资主要由企业对未来经济前景的估计所决定，因而投资水平不受当前发生的情况的影响，尤其是不受当前国民收入水平的影响。于是，在这里，投资函数可以写为：

$$I = I_0 \tag{3.16}$$

式中，I 代表厂商的投资支出，I_0 代表厂商的意愿投资支出水平。根据式（3.16）可以作出厂商的投资曲线，如图 3.5 所示。

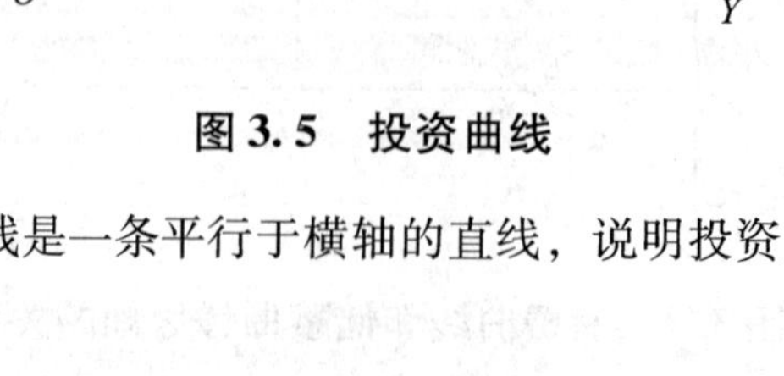

图 3.5　投资曲线

在图 3－5 中，投资曲线是一条平行于横轴的直线，说明投资支出水平与收入无关，是一个常量。

（二）总需求

在两部门经济中，总需求包括消费与投资，由于投资是不变的，因而总需求会随着消费的变动而变动。根据消费函数和投资函数，可以写出总需求函数：

$$AD = C + I = \overline{C} + c \cdot Y + I_0 = \overline{AD} + c \cdot Y \tag{3.17}$$

式中，$\overline{AD}$（$= \overline{C} + I_0$）为自发总需求（Autonomous aggregate demand），$c \cdot Y$ 是随收入变动而变动的那一部分总需求，它取决于边际消费倾向（c）与收入（Y）。

根据总需求函数，可以作出两部门经济中的总需求曲线，如图 3.6 所示。

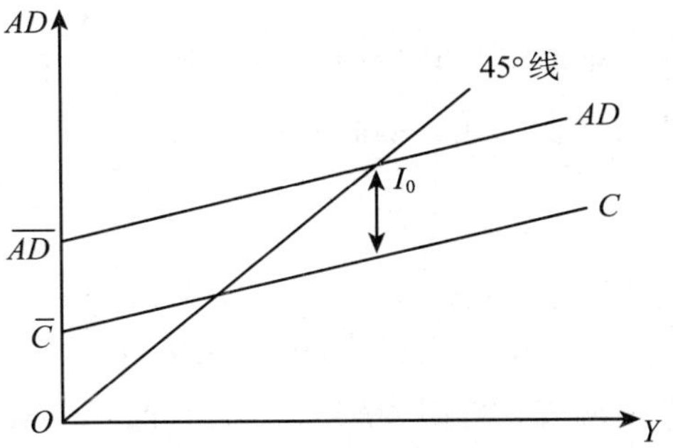

图 3.6　两部门经济中的总需求曲线

在图 3.6 中，总需求曲线为 AD，它平行于消费曲线 C，两者之间的距离为投资 I_0。因此，总需求曲线的斜率也为 c，它向右上方倾斜，表明总需求随收入的增加而增加。

第二节　国民收入的决定

一、均衡国民收入

均衡国民收入是指总需求和总供给相等时的国民收入。均衡国民收入是宏观经济学中的一个关键变量，其决定是宏观经济学的核心内容之一。

在国民收入核算中，由于总需求是从不同的角度对同一个国民收入的衡量，因而总需求永远等于总供给。也就是说，国民收入核算中的总需求指的是实际总需求，它包括消费和实际投资。而实际投资又包括计划投资或意愿（Desired）投资与非计划投资或非意愿投资。即 $AD = C + I = C + I_0 + \overline{I}$。$I_0$ 为计划投资，$\overline{I}$ 为非计划投资。计划投资包括固定投资和意愿存货投资，非计划投资则是指非意愿存货投资，即存货的意外变动。如果厂商想销售产品却没有销售出去，则这部分产品在国民收入核算中被看做是由厂商自己购买，它构成了非意愿存货投资。但这时由这种总需求等于总供给所决定的国民收入并不一定是稳定的。在经济增长时期，厂商为了保持对市场的均衡供给，意愿存货会随着最终销售的增加而增加，非意愿存货则会相应地减少；相反，在经济衰退时期，意愿存货可能会随着最终销售的减少而减少，非意愿存货则相应地增加。非意愿存货的变动会改变产出水平，即非意愿存货增加时，厂商会减少订货，从而引起产出水平减少；而非意愿存货减少时，厂商会增加订货，从而引起产出水平增加。在这一过程中，国民收入水平也会随之改变。只有当厂商的非意愿存货投资为零即实际投资等于计划投资时，产出水平才不会发生改变，从而国民收入水平也会实现一个稳定的均衡水平，这就是所谓存货调整机制。

由上可知，决定均衡国民收入的总需求不是实际总需求，而是意愿总需求，即 $AD = C + I_0$。

二、两部门经济中均衡国民收入的决定

如前所述，均衡国民收入的条件是总需求等于总供给。在两部门经济中，总需求由消费和投资构成，总供给由消费与储蓄构成，因此有：

$$C + I = C + S \tag{3.18}$$

或

$$I = S \tag{3.19}$$

式（3.18）强调的是总需求（$C + I$）在国民收入决定中的作用，式（3.19）则强调的是投资与储蓄相等的重要性。因此，可以采用两种方法来决定国民收入。

（一）总需求－总供给法

采用总需求－总供给法来决定均衡国民收入，就是使总需求等于总供给。总需求代表全社会对产品和劳务的需求，总供给代表全社会对产品和劳务的产出，当两者相等时，企业刚好能将其想要卖出的产品和劳务卖掉，居民户则刚好能买到他们想要购买的产品和劳务，因而这时的国民收入就是均衡国民收入。如果总需求超过总供给，厂商销售的产品和劳务可以多于产出的数量，则厂商会扩大生产，增加产出，直到总需求与总供给相等时为止；相反，如果总需求小于总供给，厂商生产的产品和劳务会不能全部卖出去，则厂商会减少其产出直至总需求与总供给相等时为止。可见，只有当总需求等于总供给时，厂商才既不会扩大生产也不会缩减生产，因而这时的国民收入是一种均衡的国民收入。

可以用解方程的方式来说明均衡国民收入的决定。

均衡条件：$Y = C + I$

消费函数：$C = \overline{C} + c \cdot Y$

投资函数：$I = I_0$

解联立方程组，就得到了均衡国民收入：

$$Y = \frac{\overline{C} + I_0}{1 - c} \tag{3.20}$$

可见，如果知道了消费函数和投资函数即总需求函数，就可以得到均衡国民收入。

还可以用作图形式说明均衡国民收入的决定，如图 3.7 所示。

图 3.7 中，横轴表示收入，纵轴表示总需求。从原点出发有一条 45°线，这条直线上的任何一点到两轴的距离都相等，表示收入与总需求相等。总需求曲线 AD 与 45°线在 E 点相交，E 点对应的收入水平为 Y_0。由于 E 点表示总需求与总供给相等，因而 Y_0 就是均衡国民收入。

如果投资增加而其他条件不变，总需求曲线会平行向上移动，则总需求曲线与 45°线的

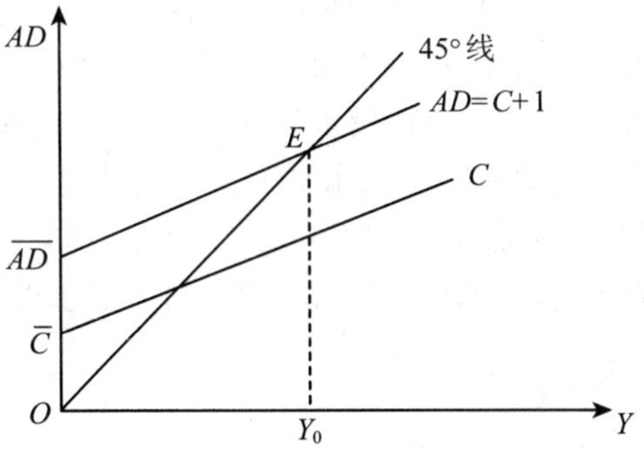

图3.7　总需求－总供给法决定均衡国民收入

交点就会向右边移动，因而均衡国民收入增加；相反，如果投资减少，则均衡国民收入也会减少。如果自发消费增加而其他条件不变，则总需求曲线也会平行向上移动，这会使均衡国民收入增加；相反，如果自发消费减少，则会使均衡国民收入减少。

（二）投资－储蓄法

还可以用投资等于储蓄的方法来求得均衡国民收入。

均衡条件：$I=S$

储蓄函数：$S=-\overline{C}+(1-c)\cdot Y$

投资函数：$I=I_0$

解联立方程组，就得到了均衡国民收入：

$$Y=\frac{\overline{C}+I_0}{1-c} \tag{3.21}$$

用投资等于储蓄的方式决定均衡国民收入，可用图3.8来表示。

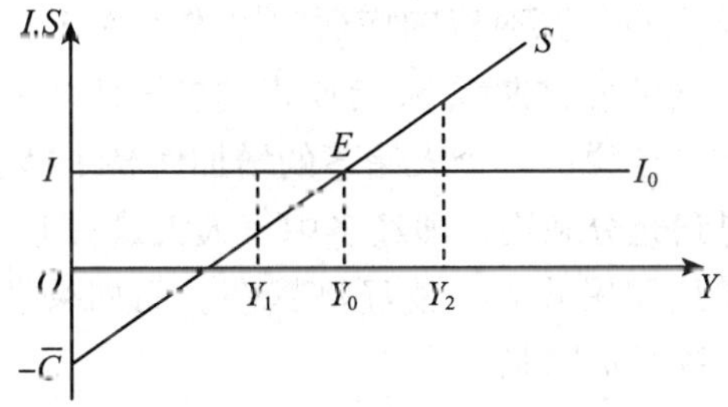

图3.8　投资－储蓄法决定均衡国民收入

图3.8中，横轴代表国民收入，纵轴代表投资和储蓄，投资曲线I与储蓄曲线S相交于E点，E点对应的收入水平为Y_0。由于E点表示投资与储蓄相等，因而Y_0就是均衡国民收入。如果实际收入如Y_1小于均衡收入水平，表明计划投资大于储蓄，厂商的非意愿存货投资$\overline{I}$为负值，因而厂商会增加产出水平，从而使国民收入增加，直至Y_0时为止。这时，厂商的非意愿存货由负值增加到零，国民收入达到均衡水平。相反，如果实际收入如Y_2大于

均衡收入水平，表明计划投资小于储蓄，厂商的非意愿存货投资 $\bar{I}$ 为正值，因而厂商会减少产出水平，从而使国民收入减少直至 Y_0 时为止。这时，厂商的非意愿存货减少到零，国民收入也达到均衡水平。可见，只有当计划投资等于储蓄时，或者说厂商的非意愿存货为零时，国民收入达到均衡水平。而只有在均衡水平上，厂商的生产才会稳定下来。

无论是总需求 - 总供给法，还是投资 - 储蓄法，其实是从同一关系中引申出来的，因为储蓄函数本身就是从消费函数中派生出来的。因此，这两种方法求得的均衡国民收入是一样的。

（三）节俭悖论

根据上述国民收入决定理论，在既定的收入中，消费与储蓄成反方向变动。而增加消费、减少储蓄会增加总需求，从而使国民收入增加，经济繁荣；相反，减少消费、增加储蓄会减少总需求，从而使国民收入减少，经济萧条。由此就得出了一个自相矛盾的结论：仅从个人的角度来看，个人节制消费、增加储蓄，可以获得利息收入，从而可以使个人财富增加；但从整个经济来看，个人减少消费、增加储蓄会减少国民收入，引起经济萧条，因而对整个经济来说是坏事。相反，个人增加消费、减少储蓄会减少个人财富，但却会增加国民收入，使经济繁荣，对整个经济来说则是好事。节俭所导致的这种相互矛盾的结果被称为“节俭悖论”（Paradox of thrift），可以用图 3.9 来进行说明。

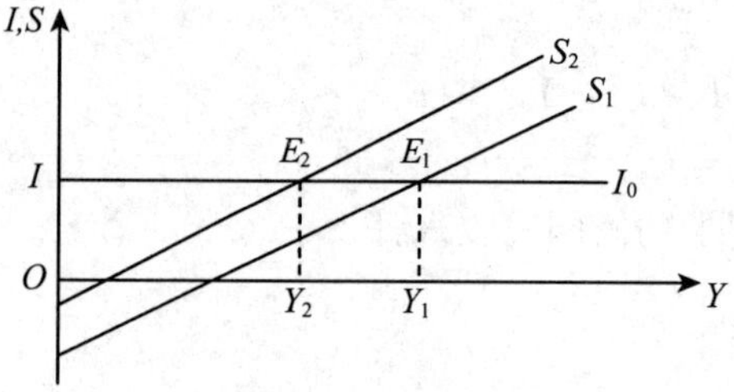

图 3.9　节俭悖论

图 3.9 中，E_1 为初始均衡点，其对应的均衡国民收入为 Y_1。现在假设储蓄增加，由 S_1 增加到 S_2，投资保持不变，新的储蓄曲线 S_2 与原来的投资曲线 I 相交于 E_2，E_2 点所对应的均衡国民收入为 Y_2，$Y_2 < Y_1$。这说明，个人储蓄的增加使整个社会的收入减少。

当经济中的资源没有得到充分利用，即经济中工人大量失业、资本闲置、企业开工不足时，增加消费，确实可以增加国民收入，使经济繁荣。而如果经济中的资源已得到充分利用，则扩大消费的结果是导致通货膨胀。

三、三部门经济中均衡国民收入的决定

政府作为一个经济部门对均衡国民收入的影响是通过财政政策来实现的。具体来说，政府对产品与劳务的购买（G）是总需求的一个组成部分；税收（TA）与转移支付（TR）影响产出与可支配收入（YD），从而也影响消费。可支配收入是家庭从政府接受转移支付并向政府纳税后可用于支出的净收入，它等于收入加上转移支付，再减去税收，即 $Y + TR - TA$。

（一）引进政府部门后的总需求

在有政府的情况下，消费不再取决于国民收入，而是取决于可支配收入，因此现在消费函数为：

$$C = \overline{C} + c \cdot YD = \overline{C} + c(Y + TR - TA)$$

假设政府购买量是固定不变的，即 $G = \overline{G}$；转移支付也是固定不变的，即 $TR = \overline{TR}$；同时征收比例所得税，即税收取决于税率 t 与国民收入 Y，$TA = tY$。这样，消费函数可以重写为：

$$C = \overline{C} + c \cdot (Y + \overline{TR} - tY) = (\overline{C} + c \cdot \overline{TR}) + c(1 - t)Y \tag{3.22}$$

这时，消费函数出现了两个变化：一是转移支付的出现使自发消费增加，增加的部分为 $c \cdot \overline{TR}$；二是所得税降低了各个收入水平的消费支出。出现这种降低是因为消费与可支配收入相关而不是与收入水平本身有关，而且所得税降低了相对于收入水平的可支配收入。

如果来自可支配收入的边际消费倾向仍然是 c，则来自收入的边际消费倾向现在就是 $c(1 - t)$，其中 $(1 - t)$ 是纳税后剩下的收入部分。

由于引进政府部门后出现了上述变化，这时总需求函数可以写为：

$$\begin{aligned} AD = C + I + G &= [(\overline{C} + c \cdot \overline{TR}) + c(1 - t)Y] + I_0 + \overline{G} \\ &= (\overline{C} + c \cdot \overline{TR} + I_0 + \overline{G}) + c(1 - t)Y \\ &= \overline{A} + c(1 - t)Y \end{aligned} \tag{3.23}$$

式中，$\overline{A}$ 为自发总需求。

$$\overline{A} = \overline{C} + c \cdot \overline{TR} + I_0 + \overline{G}$$

引进政府部门后的总需求曲线可以用图 3.10 来表示。

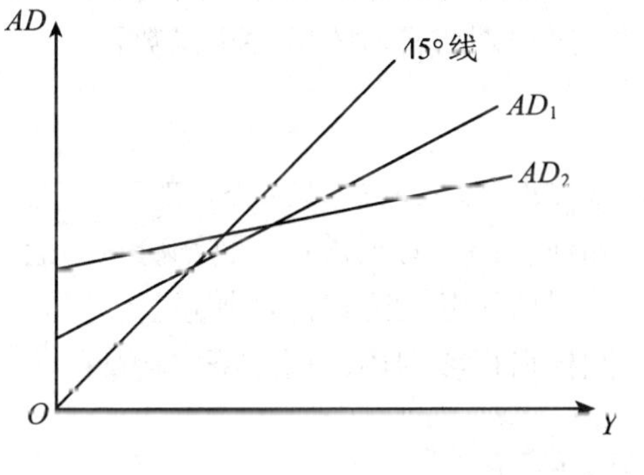

图 3.10　三部门经济中的总需求曲线

图 3.10 中，AD_1 为两部门经济中的总需求曲线，即 $AD_1 = \overline{C} + I_0 + c \cdot Y$，$AD_2$ 为三部门经济中的总需求曲线，即 $AD_2 = (\overline{C} + c \cdot \overline{TR} + I_0 + \overline{G}) + c(1 - t)Y$。由图可知，两条曲线是不同的，其重要差别有两点：一是 AD_2 比 AD_1 截距高，这是因为 AD_2 的自发总需求中增加

了 $c \cdot \overline{TR}$ 与 $\overline{A}$ 两部分，从而使 AD_2 的自发总需求大于 AD_1 的自发总需求；二是 AD_2 比 AD_1 的斜率小，即 AD_2 比 AD_1 更平坦，这是因为 AD_2 的边际消费倾向 $c(1-t)$ 小于 AD_1 的边际消费倾向 c。

（二）三部门经济中均衡国民收入的决定

依据两部门经济中均衡国民收入的决定方法，可以求出三部门经济中的均衡国民收入。

均衡条件：$Y = C + I + G$

消费函数：$C = (\overline{C} + c \cdot \overline{TR}) + c(1-t)Y$

投资函数：$I = I_0$

政府购买：$G = \overline{G}$

解联立方程组，就得到了三部门经济中的均衡国民收入：

$$Y = \frac{\overline{C} + c \cdot \overline{TR} + I_0 + \overline{G}}{1 - c(1-t)} = \frac{\overline{A}}{1 - c(1-t)} \tag{3.24}$$

四、四部门经济中均衡国民收入的决定

在开放经济条件下，一国的均衡国民收入要受到进出口贸易的影响。对外贸易部门对均衡国民收入的影响是通过进出口调节来实现的。具体来说，本国产品与劳务的出口（X）是总需求的一个组成部分；而对外国产品与劳务的进口（M）则会随着本国收入的提高而增加，因而会对本国的总需求产生影响。

在四部门经济中，进出口对国民收入的影响主要体现在进口的影响上。因为，出口是由外国的购买力和购买要求决定的，本国难以左右，因而一般假定为一个外生变量，即 $X = \overline{X}$。而进口却会随着本国收入的提高而增加，因为本国收入提高后，就可以增加对外国商品和劳务的购买。这样，可以将进口看成是收入的一个函数：

$$M = M_0 + mY \tag{3.25}$$

式中，M_0 为自发进口，即不取决于收入的进口部分。对于那些本国不能生产但又是国计民生所必需的产品，无论收入如何，一般必须进口，这部分进口就是自发进口。m 表示边际进口倾向，即收入每增加 1 单位时所引起的进口的增加量。

引进对外贸易部门后，同样可以参照两部门经济中均衡收入决定的方法来决定四部门经济中的均衡国民收入。

均衡条件：$Y = C + I + G + X - M$

消费函数：$C = (\overline{C} + c \cdot \overline{TR}) + c(1-t)Y$

投资函数：$I = I_0$

政府购买：$G = \overline{G}$

出口函数：$X = \overline{X}$

进口函数：$M = M_0 + mY$

解上述联立方程组，就得到了四部门经济中的均衡国民收入：

$$Y = \frac{\overline{C} + c \cdot \overline{TR} + I_0 + \overline{G} + \overline{X} - M_0}{1 - c(1 - t) + m} \tag{3.26}$$

第三节　乘数原理

由上一节可知，总需求的增加会引起国民收入的增加。但是，增加一定量的总需求究竟会使国民收入增加多少呢？乘数原理正是要回答这一问题，即说明总需求增加与国民收入增加之间量的关系。

一、乘数的含义

乘数（Multiplier）又称为倍数，是指自发总需求增加所引起的国民收入增加的倍数，或者说国民收入增加量与引起这种增加的自发总需求增加量之间的比率。可以用公式表示为：

$$K = \frac{\Delta Y}{\Delta \overline{AD}} \tag{3.27}$$

式中，K 代表乘数，ΔY 表示国民收入增加量，$\Delta \overline{AD}$ 表示自发总需求增加量。

自发总需求的增加之所以能够引起国民收入成倍数地增加，是因为自发总需求的增加首先会使国民收入等量增加，这种国民收入的增加中必然有一部分用于支出，从而使总需求又一次增加，这种总需求的增加又会使国民收入再一次增加，如此不断反复，最终使国民收入的增加数倍于最初自发总需求的增加。当然，如果总需求减少，则会使国民收入的减少数倍于最初自发总需求的减少。经济学家们将乘数称为一把“双刃剑”。

由于总需求由消费、投资、政府支出及净出口构成，因而乘数也有多种类型。

二、投资乘数

（一）投资乘数的含义

投资乘数是指国民收入的变化与带来这种变化的投资支出变化的比率，或者说，是指每单位投资增加量所引起的国民收入增加量。可以用公式表示为：

$$K_I = \frac{\Delta Y}{\Delta I} \tag{3.28}$$

式中，K_I 代表投资乘数，ΔI 表示投资增加量。

在两部门经济中，由于 $Y = C + I$，则有 $\Delta I = \Delta Y - \Delta C$。因此，

$$K_I = \frac{\Delta Y}{\Delta I} = \frac{\Delta Y}{\Delta Y - \Delta C} = \frac{1}{1 - \frac{\Delta C}{\Delta Y}} = \frac{1}{1 - c} \tag{3.29}$$

有时，我们并不知道宏观经济模型的具体形式，但通过对隐函数求全微分，也可以得到投资乘数。

采用隐函数的宏观经济模型如下：

$$Y = AD$$
$$AD = C + I$$
$$C = C(Y)$$

根据以上方程，可以得到 $Y = C(Y) + I$，通过对该式求全微分可以得到：

$$\mathrm{d}Y = \frac{\mathrm{d}C}{\mathrm{d}Y} \cdot \mathrm{d}Y + \mathrm{d}I$$

因此有：

$$\frac{\mathrm{d}Y}{\mathrm{d}I} = \frac{1}{1 - \frac{\mathrm{d}C}{\mathrm{d}Y}} = \frac{1}{1 - c}$$

由于 $MPS = 1 - MPC$，因此有：

$$K_I = \frac{1}{1 - MPC} = \frac{1}{MPS} \tag{3.30}$$

式（3.30）说明，一单位投资变动引起的国民收入的变动量是1减去边际消费倾向的差的倒数，或者说是边际储蓄倾向的倒数。由于边际消费倾向 c 小于1，因而投资乘数大于1。这就是说，增加1单位投资使国民收入增加量要大于1。

根据乘数的公式（3.29）及（3.30），乘数的大小取决于边际消费倾向或边际储蓄倾向，乘数与边际消费倾向呈同方向变化，与边际储蓄倾向呈反方向变化。即边际消费倾向越大或边际储蓄倾向越小，乘数越大，国民收入也就增加越多；相反，边际消费倾向越小或边际储蓄倾向越大，乘数越小，国民收入也就增加越少。

（二）投资乘数的作用过程

假设原来的投资是 I_0，均衡国民收入为 Y_0，现在投资增加了 ΔI。增加投资 ΔI 的直接结果是，出卖资本品的部门增加了 ΔI 的收入；该部门将其中的一部分即 $c \cdot \Delta I$ 用于再生产即生产性消费，这又意味着出售资本品原料的部门得到了 $c \cdot \Delta I$ 数量的收入；该部门也将其中的 $c \cdot (c\Delta I)$ 用于再生产，这一部门的支出又转化为另一部门的收入……如此循环下去，该经济从最初的投资增量 ΔI 中产生了一系列的收入增量。这一过程可以用公式表示为：

$$\begin{aligned}\Delta Y &= \Delta I + c \cdot \Delta I + c \cdot (c\Delta I) + c \cdot (cc\Delta I) + \cdots \\ &= \Delta I(1 + c + c^2 + c^3 + \cdots + c^{n-1}) = \Delta I \cdot \frac{1}{1 - c}\end{aligned}$$

由此可以看出，增加 ΔI 数量的投资，创造了 $\Delta I \cdot \frac{1}{1-c}$ 数量的国民收入。由于 $c<1$，因而 $\Delta I \cdot \frac{1}{1-c} > \Delta I$。这就是说，一定量投资的增加引起了国民收入数倍的增加。

投资乘数发挥作用需要一定的条件：第一，消费函数和储蓄函数是既定的；第二，经济中存在一定数量的闲置资源，有可供扩大再生产利用的劳动力和资本设备。值得注意的是，有时，经济中的大部分资源并没有得到充分利用，但由于某一种或几种重要资源处于“瓶颈”状态，乘数的作用也会受到限制。

三、政府支出乘数

西方学者认为，在经济中加入政府部门后，由于政府的收与支会影响到消费，因而不仅投资支出具有乘数效应，政府购买支出、政府税收、政府转移支付等的变动都具有乘数效应。

由于政府支出包括政府购买支出和转移支付，因而政府支出乘数分为政府购买支出乘数和政府转移支付乘数。

（一）政府购买支出乘数

政府购买支出乘数是指国民收入变动与带来这种变动的政府购买支出的变动之间的比率，或者说，是指每单位政府购买支出增加量所引起的国民收入增加量。可以用公式表示为：

$$K_G = \frac{\Delta Y}{\Delta G} \tag{3.31}$$

式中，K_G 代表政府购买支出乘数，ΔG 表示政府购买支出增加量。

1. 税收为 0 时的政府购买支出乘数

经济中加入政府购买支出以后，总支出为 $Y=C+I+G$。现在假设 $T=0$，即政府购买支出来自向私人部门借债而不是依靠税收收入；假设政府购买支出 G 的变动不影响利率，从而不影响投资。由这些假设可知，$\Delta Y = \Delta C + \Delta G$，因此有：

$$K_G = \frac{\Delta Y}{\Delta G} = \frac{\Delta Y}{\Delta Y - \Delta C} = \frac{1}{1-\frac{\Delta C}{\Delta Y}} = \frac{1}{1-c} \tag{3.32}$$

或者，以 G 为自变量，对 $Y=C+I+G$ 求全微分，可以得到：

$$\mathrm{d}Y = \frac{\mathrm{d}C}{\mathrm{d}Y} \cdot \mathrm{d}Y + \mathrm{d}I + \mathrm{d}G$$

由于 $\mathrm{d}I=0$，则 $\mathrm{d}Y = \frac{\mathrm{d}C}{\mathrm{d}Y} \cdot \mathrm{d}Y + \mathrm{d}G$，因此有：

$$K_G = \frac{\mathrm{d}Y}{\mathrm{d}G} = \frac{1}{1-\frac{\mathrm{d}C}{\mathrm{d}Y}} = \frac{1}{1-c}$$

2. 政府税收不为 0 时的政府购买支出乘数

现在假设政府征收一定量的税收，即 $T \neq 0$，税率用 t 表示，$0 < t < 1$；同时假设不存在转移支付，则 $C = \overline{C} + c(1-t)Y$，$Y = \overline{C} + c(1-t)Y + I + G$。

同样，以 G 为自变量，对 Y 求全微分，可以得到：

$$dY = \frac{dC}{dY} \cdot dY + dI + dG = c(1-t)dY + dI + dG$$

由于 $dI = 0$，因此有：

$$K'_G = \frac{dY}{dG} = \frac{1}{1 - \frac{dC}{dY}} = \frac{1}{1 - c(1-t)} \tag{3.33}$$

由于 $c > c(1-t)$，因此，$K_G > K'_G$。这说明，由于税率的存在，乘数的作用有所减弱，从而减轻了自发总需求变动对均衡国民收入变动影响的程度，使经济中的波动减弱。

（二）政府转移支付乘数

政府转移支付乘数是指国民收入变动与带来这种变动的政府转移支付的变动之间的比率，或者说，是指每单位政府转移支付增加量所引起的国民收入增加量。可以用公式表示为：

$$K_{TR} = \frac{\Delta Y}{\Delta TR} \tag{3.34}$$

式中，K_{TR} 代表政府转移支付乘数，ΔTR 表示政府转移支付增加量。

1. 税收为 0 时的政府转移支付乘数

政府转移支付的增加，增加了个人可支配收入，其中，$c \cdot \Delta TR$ 部分会作为消费支出，$(1-c)\Delta TR$ 部分则作为个人的储蓄。假设政府的税收为 0，即 $T = 0$，则 $C = \overline{C} + cY + cTR$。因而，

$$Y = \overline{C} + cY + cTR + I + G$$

以 TR 为自变量，对 Y 求全微分，可以得到：

$$dY = c \cdot dY + c \cdot dTR + dI + dG$$

由于 $dI = 0$，$dG = 0$，则 $dY = c \cdot dY + c \cdot dTR$，因此有：

$$K_{TR} = \frac{dY}{dTR} = \frac{c}{1-c} \tag{3.35}$$

2. 税收不为 0 时的政府转移支付乘数

现在假设政府征收一定量的税收，即 $T \neq 0$，税率用 t 表示，$0 < t < 1$，则 $C = (\overline{C} + c \cdot TR) + c(1-t)Y$。因而，$Y = (\overline{C} + c \cdot TR) + c(1-t)Y + I + G$。

同样，以 TR 为自变量，对 Y 求全微分，可以得到：

$$dY = c \cdot dTR + c(1 - t) \cdot dY + dI + dG$$

由于 $dI=0$，$dG=0$，则 $dY = c \cdot dTR + c(1 - t) \cdot dY$，因此有：

$$K'_{TR} = \frac{dY}{dTR} = \frac{c}{1 - c(1 - t)} \tag{3.36}$$

由于 $c<1$，则 $K_G > K_{TR}$。这说明，同样数量的政府支出在作为政府购买支出时比作为转移支付时能使国民收入增加更多。

四、税收乘数

税收乘数是指国民收入变动与带来这种变动的政府税收变动之间的比率，或者说，是指每单位税收增加量所引起的国民收入增加量。可以用公式表示为：

$$K_T = \frac{\Delta Y}{\Delta T} \tag{3.37}$$

式中，K_T 代表税收乘数，ΔT 表示税收增加量。

税收乘数有两种：一是固定税制，考察税收绝对量变动对总收入的影响；二是变动税制，考察税率变动对总收入的影响。

（一）固定税制下的税收乘数

加进政府部门后，消费者的可支配收入是人们的税后收入再加上政府转移支付。在固定税制下，可支配收入为 $Y-T+TR$，消费函数为 $C = \overline{C} + c(Y + TR - T)$。因此，总支出为：

$$Y = \overline{C} + c(Y + TR - T) + I + G$$

以 T 为自变量，对 Y 求全微分，可以得到：

$$dY = c \cdot dY + c \cdot dTR - c \cdot dT + dI + dG$$

由于 $dI=0$，$dG=0$，$dTR=0$，则 $dY = c \cdot dY - c \cdot dT$，因此有：

$$K_T = \frac{dY}{dT} = \frac{-c}{1 - c} \tag{3.38}$$

（二）变动税制下的税收乘数

在现实生活中，大多数税收是随着国民收入的变化而变化的。为了分析的方便，假设实行比例税制，即不论国民收入水平是多少，都按照收入的某一比例来征税，因而可以将税收函数写成线性形式。由于政府税收是国民收入的增函数，因而税收函数可以一般性地写成：

$$T = T_0 + tY \qquad (0<t<1) \tag{3.39}$$

式中，T 表示政府税收的实际值，t 表示税率，T_0 表示自发税收，即不取决于国民收入多少的固定税收部分。这时，可支配收入为 $Y - T_0 - tY + TR$，消费函数为 $C = \overline{C} + c(Y + TR -$

$T_0 - tY$)。因此，总支出为：

$$Y = \overline{C} + c(Y + TR - T_0 - tY) + I + G$$

以 T 为自变量，对 Y 求全微分，可以得到：

$$\mathrm{d}Y = c \cdot \mathrm{d}Y + c \cdot \mathrm{d}TR - c \cdot \mathrm{d}T_0 - ct\mathrm{d}Y + \mathrm{d}I + \mathrm{d}G$$

由于 $\mathrm{d}I = 0$，$\mathrm{d}G = 0$，$\mathrm{d}TR = 0$，则 $\mathrm{d}Y = c \cdot \mathrm{d}Y - c \cdot \mathrm{d}T_0 - ct\mathrm{d}Y$，因此有：

$$K'_T = \frac{\mathrm{d}Y}{\mathrm{d}T} = \frac{-c}{1 - c(1 - t)} \tag{3.40}$$

从式（3.38）和式（3.40）可以看出，政府税收乘数为负值，这表明国民收入随着税收增加而减少，随着税收减少而增加，税收变动与总支出变动方向相反。

五、平衡预算乘数

平衡预算乘数是指国民收入变动与带来这种变动的政府财政收支平衡变动之间的比率，或者说，是指政府收入和支出同时以相同数量增加或减少时所引起的国民收入变动量。

当政府收入与支出相同即 $G = T$ 时，表示政府预算收支平衡；如果政府增加的收入与增加的支出相等即 $\Delta G = \Delta T$ 时，表明财政收支是平衡变动的。用 ΔY 表示政府支出和税收各增加同一数量时国民收入的变动量，则有：

$$\Delta Y = K_G \cdot \Delta G + K_T \cdot \Delta T = \frac{1}{1 - c} \cdot \Delta G + \frac{-c}{1 - c} \cdot \Delta T$$

由于假设 $\Delta G = \Delta T$，从而有：

$$\Delta Y = \frac{1}{1 - c} \cdot \Delta G + \frac{-c}{1 - c} \cdot \Delta T = \frac{1 - c}{1 - c} \cdot \Delta G$$

或者 $$\Delta Y = \frac{1}{1 - c} \cdot \Delta G + \frac{-c}{1 - c} \cdot \Delta T = \frac{1 - c}{1 - c} \cdot \Delta T$$

因此，$$K_B = \frac{\Delta Y}{\Delta G} = \frac{\Delta Y}{\Delta T} = \frac{1 - c}{1 - c} = 1 \tag{3.41}$$

式中，K_B 为平衡预算乘数，其值为1。

六、对外贸易乘数

对外贸易乘数是指国民收入变动与带来这种变动的出口变动之间的比率，或者说，是指每单位出口增加量所引起的国民收入增加量。可以用公式表示为：

$$K_X = \frac{\Delta Y}{\Delta X} \tag{3.42}$$

式中，K_X 代表对外贸易乘数，$\Delta\overline{X}$ 表示出口增加量。

加进对外贸易部门后，总支出为 $Y = C + I + G + X - M$。为了分析的方便，假设 $I = I_0$，$G = \overline{G}$，$X = \overline{X}$，$M = M_0 + mY$，$C = (\overline{C} + c \cdot \overline{TR}) + c(1-t)Y$，则有：

$$Y = (\overline{C} + c \cdot \overline{TR}) + c(1-t)Y + I_0 + \overline{G} + \overline{X} - (M_0 + mY)$$

以 $\overline{X}$ 为自变量，对 Y 求全微分，可以得到：

$$\mathrm{d}Y = c(1-t)\mathrm{d}Y + \mathrm{d}\overline{X} - m\mathrm{d}Y$$

因此有：

$$K_X = \frac{\mathrm{d}Y}{\mathrm{d}\overline{X}} = \frac{1}{1 - c(1-t) + m} \tag{3.43}$$

根据前面的假设，$0 < t < 1$，$0 < m < 1$，因此，$\frac{1}{1-c(1-t)+m} < \frac{1}{1-c(1-t)} < \frac{1}{1-c}$。这说明，加进对外贸易之后，乘数变小了。这主要是因为增加的收入中的一部分用到进口商品上去了。

案例 1　凯恩斯的香蕉种植园

在 1930 年出版的一篇关于货币的论文中，英国经济学家约翰·梅纳德·凯恩斯（1883～1946）提出：如果只进行储蓄而不投资是毫无意义的。凯恩斯指出，在当今社会存款是有别于投资的。存款是抵制消费的消极行为，而投资则能启动或是保持某种商品的生产。所以说，储蓄和投资是可以分开进行的，它们构成了整个经济周期的循环过程。

凯恩斯运用了一个香蕉园的案例来证明他的观点。他假设社会投入全部力量来生产香蕉，不需要投入额外的资金，社会成员就会加入到节约的行列中去。同样数量的香蕉生产出来了，但是最终较低的需求使得香蕉的价格下跌了。所有的作物都卖出去了，唯有香蕉生产商遭受损失。产品的成本保持不变，但是总税收收入却下降了。种植园主们因此不得不降低佣金或解雇工人，而这其中任何一种措施都有可能导致公众消费水平的下降。反过来，由于失业的增加使消费者购买香蕉的数量越来越少。这种恶性循环会持续下去，直到再也生产不出香蕉，全社会的人都被饿死了。唯一的解决办法就是停止节约。

分析：

你同意凯恩斯的观点吗？如何解决凯恩斯的这个两难问题？凯恩斯的储蓄两难要回到他的香蕉种植的假设才能解决。他假设社会团体是有别于种植业的。当种植园主们不需要更多的资金时，社会就会要求其成员节约。然而，如果社会只生产香蕉的话，这个社会就是一个专门生产香蕉的公司，那么储蓄和投资将不会有任何区别。很典型的是人们在进行储蓄时，心里根本就没有一个明确的目标。如果一个社会期望有更多的储蓄，它就应该满足一种特殊的需求——或者投资于新机器、工具或技术，从而降低成本，增加市场份额并且使香蕉工厂的利润得以增长；或者是投向退休人员、未来的消费市场等等。

除此以外，凯恩斯在他的案例中忽视了利率的作用。一场新的节约运动也许能够增加资金的供给，降低利率水平。而反过来看，在生产香蕉的过程中，租用机器和工具的成本就降低了，从而导致边际利润保持不变。香蕉的价格下降了（归因于消费者需求的下降），但是产品的成本也下降了。因此，这个公司并不一定非要解雇工人。

资料来源：[美] 马克·斯考森、肯那·泰勒著：《经济学的困惑与悖论》，华夏出版社，2003 年版，第 125 ~ 126 页。

案例 2　中国的"假日经济"

近年来，中国经济增长速度减缓，需求不足。面临这种情况，中国政府采取了多种扩大内需的手段，以刺激经济增长。但成效并不显著，尤其是下调利率、进行大规模公共工程投资等均未取得预期的效果。在国庆五十周年之际，国务院修订了《全国年节及纪念日放假办法》，规定春节、"五一"、"十一"各放假 3 天，加上"前接后连"的双休日，俨然形成了以"黄金周"为代表的假日经济。

假日延长后，数以百万计的劳动者能够有时间旅游、购物和享受美味佳肴，如在 2000 年的"五一"节，人们的消费确实增加了，至少在短期限内看是如此。官方称这种现象为"假日经济"。不过，在 2000 年的"国庆"节，事先预计的旅游、购物高潮并未出现。

在凯恩斯的消费函数中，居民消费被分为自发消费与引致消费两个部分，那么，延长假期直接影响的是哪部分消费并导致 *AD* 曲线如何移动呢？*AD* 曲线的移动对国民收入有何影响？进一步说，延长假日对扩大内需有何作用？假日经济会有怎样的长期效果？这一系列问题都是值得认真思考和探究的问题。

分析：

在需求函数中，一部分是自发消费，另一部分是随收入而变化的消费，两者都会对均衡国民收入造成影响。假设消费函数为 $C = a + bY$，其中，a 为自发消费，bY 为随收入而变化的消费，边际消费倾向 b 决定了可支配收入中用于消费的比例。显然，延长假期的影响是增加自发消费，因为居民的收入并未增加。如图 1，假日经济使消费函数中的自发消费增加，从而 *AD* 曲线（即消费曲线）向右上方平行移动。均衡点由 E_0 移到 E_1，相应地，均衡国民收入由 Y_0 增加到 Y_1。由此可以看出，假日经济可在短期内刺激消费需求，从而增加整个社会的需求，这对经济增长具有一定的拉动作用。中国是一个人口众多、市场广阔的国家，扩大内需是带动经济增长的首要因素，通过假日经济增加人们的消费支出是其中的一种方式。但从长期来看，自发消费支出的增长是相对平稳的，消费需求的持续增长还有赖于人们可支配收入的增长。因此，假日经济对需求和长期经济增长的作用是有限的。

资料来源：根据国内相关研究资料整理。

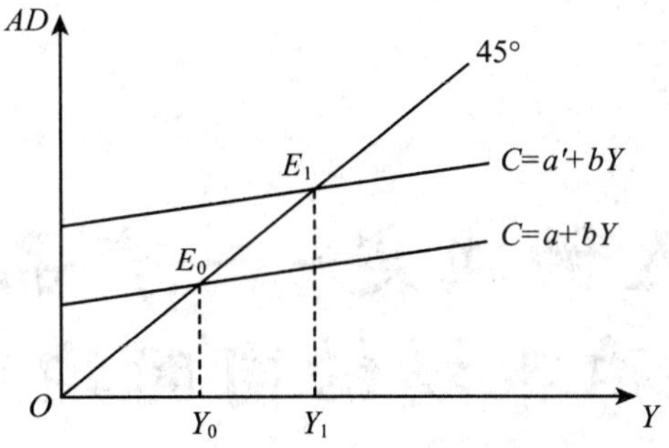

图 1　假日经济与均衡国民收入

[关键概念]

总需求　消费函数　平均消费倾向　边际消费倾向　自发消费　引致消费　储蓄函数　乘数　节俭悖论　平均储蓄倾向　边际储蓄倾向　投资函数　均衡国民收入　投资乘数　政府购买支出乘数　政府转移支付乘数　税收乘数　平衡预算乘数　对外贸易乘数

[复习题]

1. 消费函数理论主要有哪些发展？
2. 两部门经济中均衡国民收入是如何决定的？
3. 根据凯恩斯主义的观点，增加储蓄对均衡国民收入会有什么影响？
4. 简述三部门经济中均衡国民收入的决定。
5. 简述投资乘数的作用过程。

[补充阅读材料]

1. 多恩布什、费希尔、斯塔兹著：《宏观经济学》，中国人民大学出版社，2000 年版。

2. R·格伦·哈伯德、安东尼·P·奥布赖恩著：《经济学（宏观）》，机械工业出版社，2007 年版。

3. 坎贝尔·R·麦克南、斯坦利·L·布鲁伊著，李绍荣译：《经济学——原因、问题与政策》，中国财政经济出版社，2004 年版。

4. 曼昆著，梁小民译：《经济学原理：宏观经济学分册》（第 4 版），北京大学出版社，2006 年版。

5. 高鸿业主编：《西方经济学（宏观部分）》（第四版），中国人民大学出版社，2007 年版。

第四章

国民收入的决定——产品市场与货币市场的同时均衡

【学习目的和要求】

本章的学习目的是通过将利率与投资引入产品市场均衡模型，将实物经济与金融经济结合起来，分析产品市场与货币市场同时均衡时国民收入的决定。要求理解投资、利率、货币供给与国民收入的关系，并掌握 *IS* 曲线与 *LM* 曲线的含义与推导，掌握影响 *IS* 曲线与 *LM* 曲线斜率和移动的因素，掌握 *IS* – *LM* 一般均衡模型的含义及运用。

【内容提要】

1. 投资量由资本边际效率与利率共同决定，投资与利率呈负相关关系，资本边际效率随投资增加而递减；投资边际效率与资本边际效率是两个既相互联系又相互区别的概念。

2. *IS* 曲线是一条描述产品市场达到均衡即 $I=S$ 时，总产出与利率之间关系的曲线。产品市场均衡可以由投资函数、储蓄函数与投资等于储蓄的均衡条件来决定，由此可以推导出 *IS* 曲线。

3. *IS* 曲线向右下方倾斜，反映了总产出与利率之间存在反向变化关系。储蓄函数和投资函数的斜率会影响 *IS* 曲线斜率的大小；储蓄函数和投资函数的变动会导致 *IS* 曲线的移动。

4. *LM* 曲线是一条描述货币市场达到均衡即 $L=M$ 时，总产出与利率之间关系的曲线。货币市场的均衡可以由货币总需求函数、货币供给函数与供给等于需求的均衡条件来决定，由此可以推导出 *LM* 曲线。

5. *LM* 曲线向右上方倾斜，斜率的大小反映了利率变动与国民收入变动之间的数量关系。货币需求对收入和利率变动的敏感度会影响 *LM* 曲线斜率的大小。影响 *LM* 曲线移动的因素主要有货币需求曲线的移动、货币供给量的变化、物价水平的变化。

6. *IS* – *LM* 模型的核心思想是：结合 *IS* 曲线与 *LM* 曲线，分析产品市场与货币市场同时均衡时国民收入的决定。现实中，产品市场与货币市场难以同时达到均衡，通过政府的经济政策调控与市场机制自发调节，市场会由不均衡逐步趋向均衡，一般均衡点在某些因素的影响下会发生移动，这为政府调控经济提供了理论依据。而政策的效果会因 *IS* 曲线与 *LM* 曲线的斜率不同而不同。

第三章论述了产品市场的均衡。它反映的仅仅是实物经济，没有考虑货币供求、利率与投资等金融因素对国民收入决定的影响，而金融是现代市场经济的核心，对国民经济的增长有极为重要的影响。本章就是要将实物经济与金融经济结合起来，考察产品市场与货币市场同时均衡时国民收入的决定，从而使国民收入决定理论更加接近实际。

英国经济学家 J. 希克斯（J. Hicks）和美国经济学家 A. 汉森（A. Hansen）等人采用一般均衡分析方法，对产品市场和货币市场的同时均衡进行了分析，提出了 *IS* - *LM* 模型，又被称为“希克斯 - 汉森模型”。此外，对这一模型作出贡献的经济学家还有 F. 莫迪格利安尼（Franco Modigliani）、克莱因（Lawrence R. Klein）以及萨缪尔森（Paul A. Samuelson）等人。

在 20 世纪 60 年代以前，*IS* - *LM* 模型被认为是对凯恩斯理论的标准解释，从而也就作为国民收入决定理论的基本模型而被经济学界所公认，并被作为新古典综合派的理论基础。虽然希克斯本人对这一模型并不满意，20 世纪 60 年代以来也受到了一些经济学家的批评和责难，但它现在在经济学界仍受到重视。R. 多恩布什（Rudiger Dornbusch）与 S. 费希尔（Stanley Fischer）仍然认为“*IS* - *LM* 模型是现代宏观经济学的核心”。① 萨缪尔森也认为，这个模型除了能把收入决定理论同货币理论、财政政策同货币政策结合在一起以外，还能把凯恩斯主义和弗里德曼的货币主义结合在一起。②

第一节 投资及其决定

在第三章中我们将产品市场的均衡视为产量 Y 等于总需求 AD，而总需求是消费、投资和政府支出的总额。假定消费是可支配收入（收入 - 税收）的函数，并且把投资支出、政府支出和税收看做既定，则均衡条件可以表示为：

$$Y = C(Y - T) + I + G \tag{4.1}$$

然后，利用这个均衡条件考察了影响均衡产出的因素，尤其是政府支出和消费需求变化的影响。这个模型最主要的简化是假定利率不影响产品需求，本章的任务是将利率引入产品市场均衡模型，即不再假设投资是一个外生的、不变的量。为了简单起见，先集中分析投资，然后分析影响需求的其他因素。

一、投资函数

投资是用于增加厂商诸如机器或建筑物等资本的支出，常常形成新的社会资本。厂商通常是借款来购置投资品的，所以，借款利率越高，厂商预期通过借款购置新机器或新建筑来赚取的利润就越少，从而他们合意的借款和投资也就越少。当利率高于追加投资所获得收益率，即当追加投资所获得的收益不能弥补利息支出时，厂商就不会再追加投资；反之，当利

---

① R. 多恩布什、S. 费希尔：《宏观经济学》，中国人民大学出版社，1997 年版，第 74 页。

② 参见吴易风：《当代外国著名经济学家》，中国社会科学出版社，1984 年版，第 495 ~ 496 页。

率较低时，厂商将从事更多的借款和投资，也就是说，投资是利率的减函数。此外，投资还与销售水平有关。当厂商生产的产品供不应求时，厂商往往会追加投资，扩大生产规模；反之则反是。也就是说，投资与产品的销售量成正方向变化。所以，可以将投资函数表示为：

$$I = I(Q, r) \tag{4.2}$$

方程（4.2）表明，投资主要取决于两个变量：产量 Q 和利率 r。这里用销售量作为变量也许更合适，但我们假定存货投资等于0，于是，产量就等于销售量。投资与产量 Q 呈正相关关系，而与利率 r 呈负相关关系。

二、资本边际效率、投资边际效率与投资量的决定

（一）资本边际效率与投资量的决定

资本边际效率是凯恩斯提出的一个概念。他认为，资本边际效率（Marginal Efficiency of Capital，MEC）是一种贴现率（Discount rate），这种贴现率正好使该资本资产在使用期内的各项未来收益折为现值之和等于该资产的供给价格或重置成本。[①] 简单地说，就是可以用该贴现率将一项投资的预期收益转换成现在的价值，该现值就是该项投资形成的资本品的供给价格或重置成本（Replacement cost）。

假设某厂商计划一项投资，该资产的供给价格为 P。[②] 又设该厂商预期这项投资第 t 年的收益为 R_t，在第 t 年该资产报废时作为废品出售的残值为 S；则按上述已知未来收益和现在价值求解贴现率（以 i 表示，以免与利率 r 混淆）的公式可得：

$$PV = \sum_{t=1}^{n} \frac{R_t}{(1+i)^t} + \frac{S}{(1+i)^t} \tag{4.3}$$

例如，设一台机器可用5年，这5年预期收益分别为11 000元、12 100元、13 310元、14 641元和16 105元，又知购置该机器之成本（或重置成本）为50 000元，即可算出贴现率 $i = 10\%$，因为：

$$PV = \frac{11\,000}{1+10\%} + \frac{12\,100}{(1+10\%)^2} + \frac{13\,310}{(1+10\%)^3} + \frac{14\,641}{(1+10\%)^4} + \frac{16\,105}{(1+10\%)^5} = 50\,000$$

由此可见，凯恩斯所谓资本边际效率（*MEC*），通俗地说，实际是指厂商计划一项投资时预期可赚得的按复利方法计算的利润率。*MEC* 取决于两个因素，即预期的未来收益 R 和资本物品的供给价格。而且，*MEC* 是一个百分比，因而可以直接与利率比较。其次，*MEC* 随投资量的增加而递减，所以 *MEC* 是一条自左向右下方倾斜的曲线。因为，随着投资的增加，资本存量增加，一方面资本资产的成本会增加（同样一台机器所费更多）；另一方面，资产所产物品的供给增加，因而预期收益会减少。凯恩斯认为，*MEC* 随投资增加而递减，

---

① ［英］凯恩斯：《就业、利息和货币通论》，商务印书馆，1983年版，第115页。

② 凯恩斯把供给价格定义为重置成本，意指该资产使用若干年折旧报废以后，重新添置同样的资产所需成本。如果假定该资产的重置成本与当前成本相同，即是添置该资产现时所付成本。

在短期内主要由于资本物成本上升，在长时期内主要在于资本存量的大量积累。他认为资本资产的大量积累意味着其稀缺性日益减少，以致借贷资本的利率趋近于零，造成食利阶层的消失。

把投资的未来收益贴现为现值，然后与投资成本比较，正好反映了相反的过程即投资增值的过程以及增值的预期效果。这就是说，在资本边际效率概念中包含如下的经济含义：在投资品购买价格给定的情况下，如果预期的投资利润率能够实现，那么该项投资每年将流回 R_i 的收益。也可以这样看，在投资品购买价格给定的情况下，如果该项投资每年能够带来 R_i 的收益，那么投资的利润率为 i。资本边际效率 i 实际上就是投资的预期利润率。这一点非常重要。

在投资品购买价格不变的情况下，资本边际效率随着投资净收益的增加而提高；在投资净收益不变的情况下，资本边际效率随着投资品购买价格的增加而下降。换言之，资本边际效率是投资净收益的增函数，是投资品购买价格的减函数。

根据上例，若已知的厂商 *MEC* 曲线上各个资本边际率（i）之值，再把它们同利率比较，即可求出该厂商均衡投资量。假设在某一时点，厂商面对一系列可能的投资方案，如图 4.1 所示。

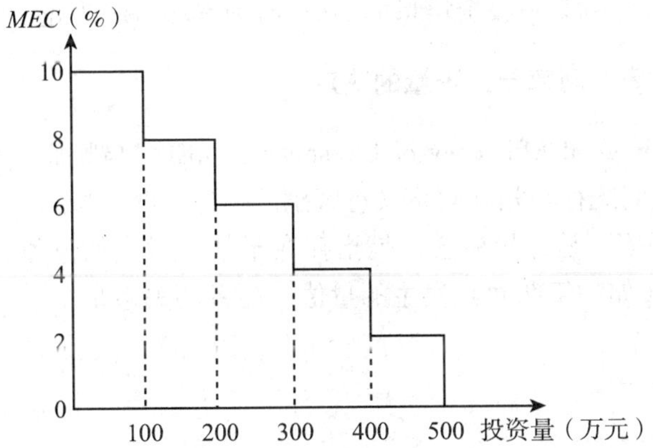

图 4.1　厂商的资本边际效率

图 4.1 中，横坐标表示投资量，纵坐标表示 *MEC* 和利率 r，它表示某厂商有 5 个投资项目可供选择，每个投资项目的投资额均为 100 万元，第一个投资项目的资本边际效率为 10%，第二个投资项目的资本边际效率为 8%，第三个投资项目的资本边际效率为 6%，第四个投资项目的资本边际效率为 4%，第五个投资项目的资本边际效率为 2%。假如市场利率为 7%，该厂商将进行前两个项目，即把他的投资额增加到 200 万元。假如市场利率为 3%，该厂商又能筹集所需的资金，他还将进行第三和第四两项投资，即一共追加投资 400 万元。对这个厂商来说，利率越低，投资需求量会越大。图 4.1 中各个长方形顶端所形成的折线就是该厂商的资本边际效率曲线。

如果整个经济的每一厂商制定像图 4.1 所示的那种表列，那么把所有厂商的表列加总在一起，即可能得出如图 4.2 所示描述整个经济的资本边际效率的一条顺滑曲线。

在图 4.2 中，纵轴表示 *MEC*（i）与利率（r），横轴表示整个经济的投资量。*MEC* 曲线

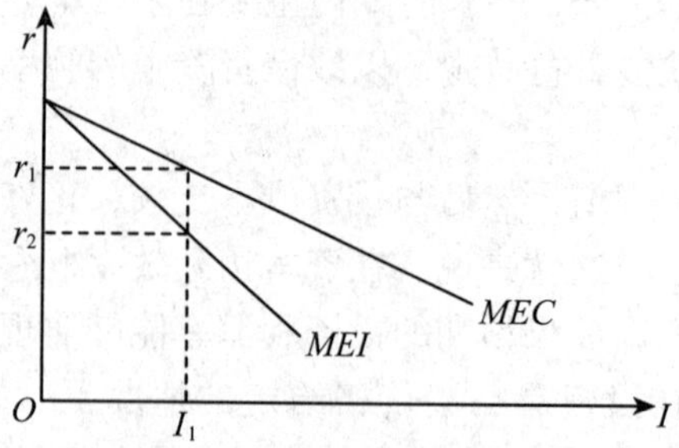

图 4.2　资本边际效率曲线（*MEC*）和投资边际效率曲线（*MEI*）

是自左上方向右下方倾斜的一条直线，它表示 *MEC* 之值随投资量增加而下降。该曲线表明，投资量（*I*）与利率（*r*）之间呈反方向变动：利率越高，投资量越小；利率越低，投资量越大。

总之，在凯恩斯主义宏观经济模型中，一个社会一定时期（如一年）的投资量由资本边际效率与利率共同决定。资本边际效率随投资增加量而递减。若资本边际效率已知，投资量随利率降低而增加，直到某一投资增量的 *MEC* 与利率相等时为止。

（二）投资边际效率、利率与投资量的决定

投资边际效率（Marginal Efficiency of Investment，MEI）与凯恩斯使用的资本边际效率（*MEC*）这两个概念之间既存在相互联系又有区别。

我们已知，资本（*K*）是存量概念，是指存在于某一时点的量值，投资（*I*）是流量概念，指的是一定时期（如一年期间）发生的量值。两者的关系是：

$$K_t = K_{t-1} + I_t \tag{4.4}$$

或

$$I_t = K_t - K_t - 1 \tag{4.5}$$

在图 4.2 中，*MEC* 曲线描述的是投资量与相应的资本边际效率之间的函数关系，它说明的是，与投资量增加相应的追加的资本的效率或生产率是递减的。投资边际效率曲线描述的是，随着净投资逐渐增加，每增加一笔投资的效率是递减的。

需要指出的是，图 4.2 中，*MEI* 曲线暗含着一个假定，即：所观察的是短时期，在这一短时期内，新增的净投资相对于已有的资本存量来说是微不足道的。因此，*MEI* 曲线向右下方倾斜唯一的或主要的原因在于所增资本物的成本递增，所以在所考察的短时期间的均衡投资量，将随着利率的下降沿着一条给定的 *MEI* 曲线逐渐增加，直到 *MEI* 之值等于结定的利率为止。凯恩斯在《就业、利息和货币通论》中谈论的正是这种情况，他实际上讲的问题是投资量沿着一条给定的 *MEI* 曲线向下移动，但却使用 *MEC* 这样的名称。在上述短时期内，*MEC* 与 *MEI* 是一致的。但是，假如考察的是长时期内的资本积累过程中的经济增长问题，那么，由于逐渐增加的投资导致资本存量本身有较大的积累，这意味着由于资本财货所生产的产品增多。因而任一给定的投资增量之未来收益将降低，这种情况表现为 *MEI* 曲线本身整个地向下移动。

第二节　产品市场的均衡：*IS* 曲线

一、*IS* – *LM* 模型的结构

可用图 4.3 来说明 *IS* – *LM* 模型的结构。该图表明，*IS* – *LM* 模型强调了产品市场与货币市场之间的联系。在产品市场上，国民收入决定总需求，总需求又决定了产量与国民收入，产品市场又受财政政策的影响。在货币市场上，货币的供给和需求决定了利率，而利率的高低又会影响对证券的需求和供给。而且收入的高低对货币和证券等金融资产的供求也有重要影响。较高的收入将增加货币及证券的需求，从而提高利率，而较高的利率又会减少支出，支出的减少又会降低收入。现代凯恩斯主义认为，货币政策对利率也有直接影响，例如，中央银行可以通过调整再贴现率和改变公开市场业务操作等手段直接影响利率，使利率维持在适当的水平。总之，利率、支出和收入是由产品市场和货币市场共同决定的，也就是说，产品市场和货币市场的同时均衡决定了总需求、利率和国民收入。这是 *IS* – *LM* 模型的核心。

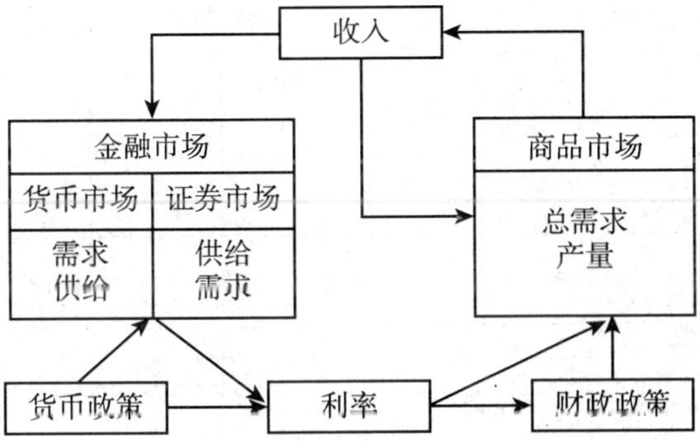

图 4.3　*IS* – *LM* 模型的结构

二、*IS* 曲线及其推导

（一）*IS* 曲线的推导

IS 曲线中的 *I* 代表投资，*S* 表示储蓄。在两部门经济中，产品市场均衡要求投资和储蓄相等，即 $I = S$。因此，*IS* 曲线就被用来反映产品市场的均衡条件。尽管三部门经济和四部门经济中的产品市场均衡增加了一些别的因素，但仍习惯性地将其均衡条件称作 *IS* 曲线。

在投资是自主的情况下，投资决定均衡的国民收入。但投资又取决于利率，因而不同的利率将决定不同的均衡收入。根据凯恩斯的观点，储蓄是收入的增函数，投资是利率的减函数。于是，两部门经济中产品市场的均衡可以用以下三个方程来表示：

投资函数：$I = I(r)$ (4.6)

储蓄函数：$S = S(Y)$ (4.7)

均衡条件：$I = S$ (4.8)

将式（4.6）、式（4.7）代入式（4.8）可以得到：

$S(Y) = I(r)$

可以用图4.4来描述IS曲线的推导过程。

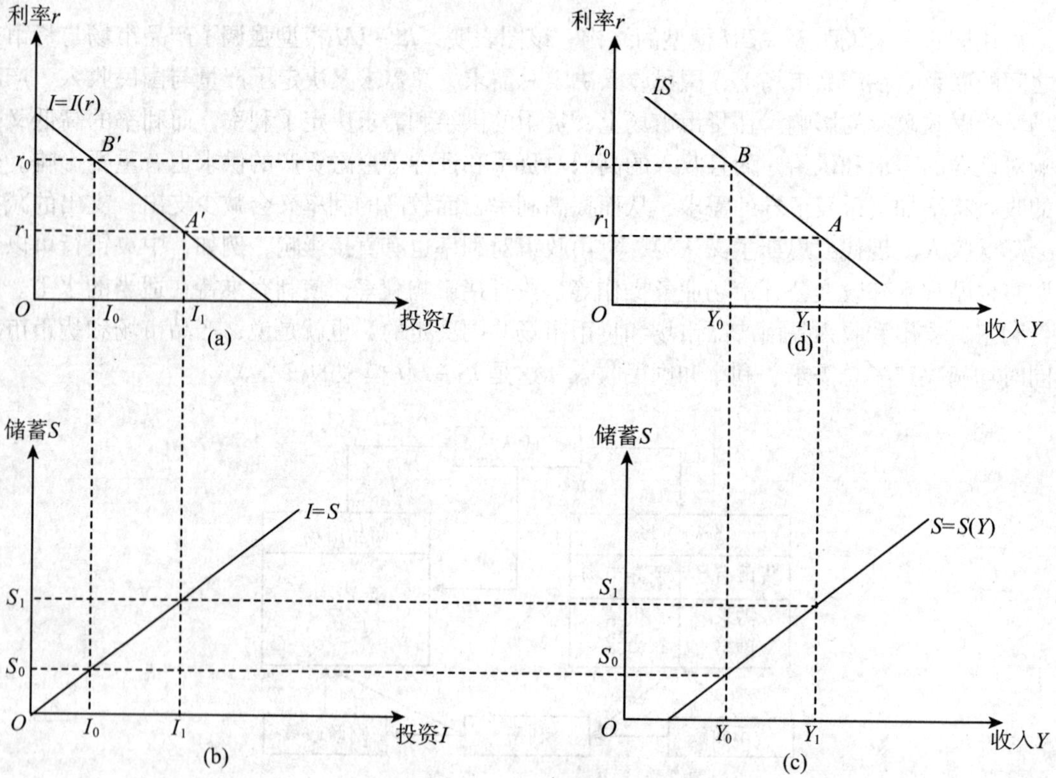

图4.4 *IS* 曲线的推导

图4.4（a）是根据投资函数 $I=I(r)$ 画出的投资曲线。因为投资是利率的减函数，投资和利率按反方向变化，所以，投资曲线向右下方倾斜。图4.4（b）中的直线从原点出发与横轴成45°角，表示在均衡条件下储蓄与投资均等的关系，函数 $I=S$ 是产品市场的均衡条件，直线上任意一点到两轴的距离相等。图4.4（c）表示储蓄函数 $S=S(Y)$，储蓄是实际国民收入的增函数，与收入按同方向变化。从图4.4（a）的投资曲线上任取一点 A' 表示在利率 r_1 时投资为 I_1，然后由 A' 点作连线交于图4.4（b）中的45°线。根据 $I=S$ 的均衡条件，在投资为 I_1 时，储蓄应为 S_1，再根据图4.4（c）的储蓄函数，得到储蓄为 S_1 时实际国民收入应为 Y_1，从而可以在图4.4（d）中找到利率为 r_1、收入为 Y_1 时储蓄与投资的均衡点。用同样的方法，在图4.4（a）的投资曲线再找一点 B'，在图4.4（d）中可得到 B 点。依此类推可以作无数个点，将这些点连接起来，即可获得图4.4（d）中的 *IS* 曲线。

（二）*IS* 曲线的含义

IS 曲线是一条描述产品市场达到均衡即 $I=S$ 时，总产出与利率之间关系的曲线。它是一个表示产品市场均衡的模型。由于 *IS* 曲线描述的是与任一给定的利率相对应的当投资等于储蓄时会有的国民收入，故又称“储蓄－投资”曲线。在每一利率所决定的投资量上，会决定一种收入水平，这一收入水平在给定的储蓄函数下，使储蓄与投资相等。曲线上的点是投资等于储蓄的收入和利率的各种组合点。

处于 *IS* 曲线上的任何一点都表示 $I=S$，即产品市场实现了均衡。而 *IS* 曲线外所有收入与利率的组合点都不能使投资与储蓄相等，从而都是非均衡点，即产品市场没有实现均衡。如果某一点位处于 *IS* 曲线的右边，如图 4.5 中的 *A* 点，表示 $I<S$，即现行的利率水平过高，从而导致投资规模小于储蓄规模。如果某一点位处于 *IS* 曲线的左边，如图 4.5 中的 *B* 点，表示 $I>S$，即现行的利率水平过低，从而导致投资规模大于储蓄规模。*A*、*B* 点都是非均衡点，最终会向 *IS* 曲线上的均衡点回归。

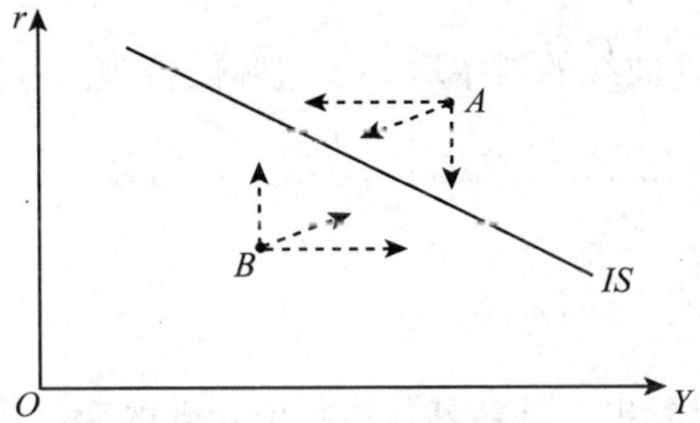

图 4.5　产品市场中的非均衡

IS 曲线向右下方倾斜。它表明，在产品市场上，总产出与利率之间存在着反向变化的关系，即利率提高时总产出水平趋于下降，利率降低时总产出水平趋于增加。这是因为，投资随利率反方向变化，而国民收入则随投资同方向变化，所以利率越高投资越少，从而国民收入的均衡值越小；反之，利率越低国民收入的均衡值越大。

三、*IS* 曲线的斜率

根据凯恩斯的有效需求理论，利率下降会导致投资增加，通过乘数效应使收入成倍增加，这又导致储蓄增加；反之则反是。这种关系也可以这样来解释：利率下降使投资增加，若要保持产品市场的均衡，储蓄必须增加，而只有在收入增加时储蓄才能增加。因此，*IS* 曲线的斜率必定是负的。

IS 曲线斜率的大小反映了利率变动与国民收入变动之间的数量关系，即利率的一定变动会引起国民收入多大的变动。当 *IS* 曲线的斜率大（*IS* 曲线陡峭）时，国民收入变动对利率变动的反映小；反之，*IS* 曲线的斜率小（*IS* 曲线较平坦），国民收入变动对利率变动的反映大。

由前面的分析可知，*IS* 曲线的斜率大小与储蓄函数和投资函数的斜率有关。假定投资函数不变，储蓄函数斜率（边际储蓄倾向）越大，边际消费倾向越小，投资变动对均衡收入的影响小，因而 IS 曲线的斜率越大，IS 曲线越陡峭；反之，边际储蓄倾向越小，边际消费倾向越大，IS 曲线的斜率就越小，IS 曲线越平缓。从图 4.4 也可以看出，当边际消费倾向较大时，就是边际储蓄倾向较小，即储蓄曲线较平缓，因而 IS 曲线也较平缓。

当储蓄函数不变时，投资曲线的斜率也会影响 IS 曲线的斜率。投资曲线的斜率表示投资需求对利率的敏感程度，即利率变动一定幅度时投资变动的程度。投资曲线斜率越小，投资对利率变化越敏感，单位利率的变动对投资的影响就越大，所决定的均衡收入也越高，从而 IS 曲线斜率就越小，IS 曲线相对收入越平缓；反之，投资曲线斜率越大，投资对利率变化越不敏感，IS 曲线的斜率越大，IS 曲线越陡峭。这是因为，投资对利率较敏感时，利率较小的变动就会引起投资较大的变化，进而引起收入较大的变化，反映在 IS 曲线上就是：利率的较小变动要求有较大的收入变化与之相适应，才能使产品市场达到均衡。

IS 曲线的斜率也可由两部门经济中均衡国民收入函数得到。两部门经济中，$Y = C(Y) + I(r)$，因而有 $I(r) = Y - C(Y)$。对其求关于 Y 的一阶导数得到：$\frac{dI}{dr} \cdot \frac{dr}{dY} = 1 - c$，因此有 $\frac{dr}{dY} = \frac{1-c}{\frac{dI}{dr}}$。由此可以看出，$IS$ 曲线的斜率取决于边际储蓄倾向和利率变动对投资的影响。

四、IS 曲线的移动

从 IS 曲线的推导图可以看出，储蓄函数或投资函数的变动将导致 IS 曲线的移动（见图 4.6）。

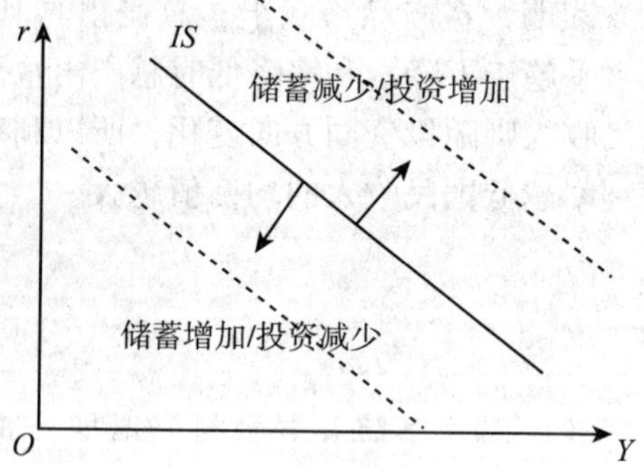

图 4.6　IS 曲线的移动

首先假设储蓄函数变动，例如储蓄增加，投资需求不变，则同样的投资水平或既定利率下的均衡收入会减少，因而 IS 曲线会向左下方移动，其移动量等于储蓄增加量乘以乘数。相反，储蓄减少，IS 曲线会向右上方移动。

假设由于种种原因使同样利率水平上的投资需求增加，即投资需求曲线向右上方移动，则 IS 曲线会向右上方移动，其移动量等于投资需求增加量乘以乘数。相反，如果投资需求减少，则 IS 曲线会向左下方移动。如果投资的边际效率提高，国民边际消费倾向缩小，则

IS 曲线向右上方移动；反之，则向左上方移动。

进一步说，所有影响投资边际效率和国民边际消费倾向背后的因素都影响 IS 曲线的位置。在三部门经济中，引起 IS 曲线移动的因素包括政府支出、税收等的变动。而在开放经济条件下，还要包括进出口的变动。总之，一切自发支出量的变动都会引起 IS 曲线的移动。如果利率没有变化，由外生经济变量冲击导致总产出增加，可以视作原有的 IS 曲线在水平方向上向右移动；由外生经济变量冲击导致总产出减少，可以视作原有的 IS 曲线在水平方向上向左移动。

一般来说，增加政府购买性支出会使 IS 曲线向右平行移动；而政府税收的增加则会使 IS 曲线向左边平行移动。增加政府支出和减少税收，属于增加总需求的扩张性财政政策；而减少政府支出和增加税收，属于减少总需求的紧缩性财政政策。也就是说，政府实行扩张性财政政策的结果是使 IS 曲线向右上方平行移动，而政府实行紧缩性财政政策的结果是使 IS 曲线向左下方平行移动。

在上面推导 IS 曲线的过程中，将利率作为外生变量。在后几节中，我们将引进货币的供给和需求，由此确定利率的决定，相应的推导出货币市场上货币供求平衡时的 LM 曲线，然后把 IS 曲线和 LM 曲线结合在一起进行分析。

第三节 货币市场的均衡：LM 曲线

前面的分析说明，利率决定投资，并进而决定国民收入。那么，利率又是如何决定的呢？凯恩斯主义者认为，利率决定于货币市场上货币的供求量。

一、货币的需求

在宏观经济研究中，人们一般将金融资产分为两类：货币和其他资产。前者既无收益也无风险，后者既有收益也有风险。也有人把金融资产分为货币与生息资产两大类。为了叙述的方便，我们将所有能给人们带来收入的金融资产统称为证券，而将不能给人们带来收入的金融资产统称为货币。既然证券可以带来收入，而货币没有收益，那么，人们为什么还要持有货币呢？

凯恩斯主义者认为，人们之所以愿意持有货币，是出于交易性动机、预防性动机和投机性动机三种动机，因而对货币的需求也就可以分为货币的交易需求、预防需求和投机需求三种。对货币的交易需求和预防需求又称为交易性货币需求。这样，货币需求就分为交易性货币需求（L_1）和投机性货币需求（L_2）两大类。

（一）交易性货币需求

对货币的交易性需求来源于货币的交易媒介职能。一般认为，交易性货币需求产生于收入和支出的不同时间及对未来收入和支出的不确定性，主要受经济发展状况和收入水平两个客观因素的影响。而经济发展状况在短时期内一般可以假设为固定不变，因而交易性货币需求就直接依存于收入水平：收入水平越高，人们为应付日常开支及预防意外支出所需要的货币量就越大。这一货币需求量大体上与收入成正比，是收入的函数。可以用函数关系式表示为：

$$L_1 = L_1(Y) \tag{4.9}$$

或

$$L_1 = kY \tag{4.10}$$

式中，k 表示出于交易动机和预防动机所需要的货币需求量对收入水平变化的反应的敏感度，Y 为具有不变购买力的实际收入。

（二）投机性货币需求

货币的投机性需求来源于货币的价值贮藏职能。由于未来利率难以确定，人们便根据对利率变动的预期持有一定的货币，因而，出于投机动机对货币的需求主要受利率的影响，并与利率呈反方向变动。可以用函数表示为：

$$L_2 = L_2(r) \tag{4.11}$$

或

$$L_2 = -hr \tag{4.12}$$

式中，r 表示利率，h 表示出于投机动机所需要的货币需求对利率变化的反应的敏感度。

（三）流动偏好陷阱

以上分析表明，人们根据对利率变动的预期来决定是持有一定量的货币还是持有有价证券。利率越高，持有货币的成本就越高，相应地，在每一收入水平上持有的现金也就越少。当利率上升时，人们通过更周密地管理货币并且一旦所持有货币过大时就把货币转换为证券，可以节约持有现金。当利率极高时，人们认为利率不可能再上升，因而会将所持有的货币全部换成有价证券，从而对货币的需求为零。相反，当利率极低如2%时，人们认为利率不可能再降低，或者说有价证券的市场价格已经足够高，不可能再上升而只会进一步下降，因而会将所持有的有价证券全部换成货币。这时，投机性货币需求量对利率的弹性变得无穷大，投机性货币需求曲线成为一条水平直线。投机性货币需求平行与横轴的部分被称为“流动偏好陷阱”或“凯恩斯陷阱”。

由于货币是一种流动性或灵活性最大的资产，随时可以用于交易、应付不测和投机，因而人们对货币的偏好就称为流动性偏好。当利率极低时，人们手中无论有多少货币都不会去购买有价证券，因而流动性偏好趋向于无穷大，这时，即使货币供给增加，也不会再使利率降低。也就是说，由于流动性偏好的存在，即使货币供给增加很多，利率也不会再下降，货币需求进入“流动偏好陷阱”。

（四）货币总需求

由于人们持有货币是为了用货币购买商品，所以，货币需求是对实际货币余额的需求。

物价水平越高，为了能够购买一定数量的商品，人们就必须持有更多的名义余额。如果物价水平翻番，为了能够购买同样数量的商品，人们就必须持有相当于原来两倍的名义余额。对实际余额的需求取决于实际收入水平与利率。

由上面的分析可知，货币总需求具体由应付交易和预防动机的交易性货币需求 $L_1(Y)$ 和应付投机动机的投机性货币需求 $L_2(r)$ 组成，因而货币的总需求可以表示为：

$$L = L_1(Y) + L_2(r) = kY - hr \tag{4.13}$$

由式（4.13）可知，人们对货币的需求主要取决于收入和利率。在收入水平既定的条件下，货币需求量是利率的减函数，利率越高，对货币的需求就越少。而在利率水平既定的条件下，货币需求量是收入的增函数，收入水平越高，对货币的需求就越大。可用图 4.7 来进行说明。

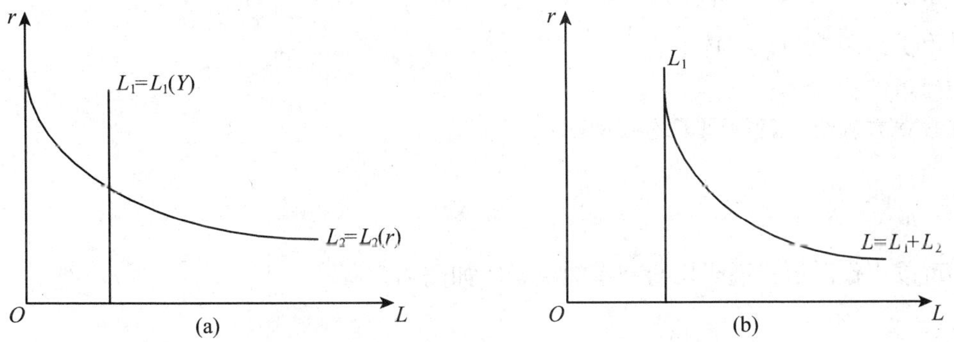

图 4.7　货币需求曲线

图 4.7 中，横轴 L 表示货币需求，纵轴 r 表示利率。图 4.7（a）中，L_1 表示交易性货币需求曲线，它与利率无关，因而垂直于横轴。L_2 表示投机性货币需求曲线，它从左上方向右下方倾斜，表示货币的投机性需求随利率下降而增加，其最后部分为水平状，表示“流动偏好陷阱”。图 4.7（b）中的 L 线是包括 L_1 和 L_2 在内的货币总需求曲线，它表示在一定收入水平下的货币需求量与利率的关系。即当收入水平既定时，利率上升，货币需求量减少，而利率下降，则货币需求量增加。

如果利率一定，收入水平变动，则货币需求量与收入水平成正向变动关系。即收入水平增加，则货币需求量也增加，在图形表现为货币需求曲线向右边移动；相反，如果收入水平减少，则货币需求量也减少，货币需求曲线向左边移动。

二、货币供给与货币市场均衡

（一）货币供给

在宏观经济学中，货币供给有狭义和广义之分。狭义的货币供给是指在银行体系外流通的通货（包括纸币和硬币）和在商业银行的活期存款（支票账户存款），通常用 M_1 表示。在狭义的货币供给之外再加上定期存款，就是广义的货币供给，一般用 M_2 表示。在 M_2 的基础上，再加上个人和企业所持有的政府债券、大额可转让存单和回购协议等流动资产或“货币近似物”，就是更广泛意义上的货币供给，一般用 M_3 表示。本节所说的货币供给是指狭义的货币供给，即 M_1。

由于名义货币供给量是国家用货币政策通过中央银行来控制的，因而它是一个外生变量，其大小与利率无关，一般将它处理为一给定的水平 $\overline{M}$。假设物价水平固定在 $\overline{P}$，那么实际货币供应水平（m）就是 $\overline{M}/\overline{P}$。

（二）货币市场均衡

当货币的供给与货币的需求相等时，货币市场就达到了均衡，此时决定的利率就是均衡利率。可以用解方程的方式来说明均衡利率的决定。

货币需求函数：$L = L_1(Y) + L_2(r) = kY - hr$

货币供给函数：$m = \overline{M}/\overline{P}$

均衡条件：$L = m$

解联立方程组，就得到了均衡利率：

$$r = \frac{k}{h}Y - \frac{m}{h} \tag{4.14}$$

还可以用作图形式说明均衡利率的决定，如图 4.8 所示。

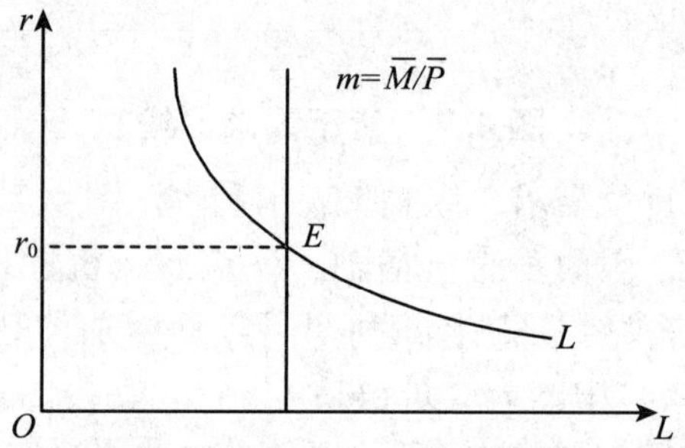

图 4－8　货币市场的均衡

图 4.8 中，货币供给曲线 m 是一条垂直于横轴的直线，它与货币需求曲线 L 相交于 E 点，决定了均衡利率水平为 r_0。因为，如果市场利率低于 r_0，则说明货币需求超过货币供给，这时，人们会选择出卖有价证券而持有货币，因为，持有货币的成本较低。这又会使证券价格下降，利率上升。相反，如果市场利率高于 r_0，则说明货币供给超过货币需求，这时，人们会选择买进有价证券而放弃持有货币，因为，持有货币的成本较高。这又会使证券价格上升，利率下降。只有当货币需求与货币供给相等时，利率才不再变动，因而货币供求相等时所决定的利率水平 r_0 是均衡利率水平。

如果货币供给和货币需求发生变动，则均衡利率水平也要发生变动。在其他条件不变的情况下，如果货币供给增加，货币供给曲线就会向右边平行移动，这时，均衡利率水平会下降；反之，如果货币供给减少，则均衡利率水平会上升。也就是说，均衡利率水平与货币供给呈反方向变动。在其他条件不变的情况下，如果货币需求增加，货币需求曲线就会向右移动，这时，均衡利率水平会上升；反之，如果货币需求减少，则均衡利率会下降，这就是说，均衡利率水平与货币需求呈正方向变动。

三、LM 曲线

（一）LM 曲线的推导

LM 曲线中的 L 代表货币需求，M 表示货币供给。货币市场均衡的条件是货币需求等于货币供给，即 $L=M$，LM 曲线就是反映货币市场均衡条件的曲线。如前所述，货币供给量由中央银行控制，因而是一个外生变量。在货币供给量既定的情况下，货币市场的均衡只能通过调节对货币的需求来实现。可以用图 4.9 来说明 LM 曲线的推导过程。

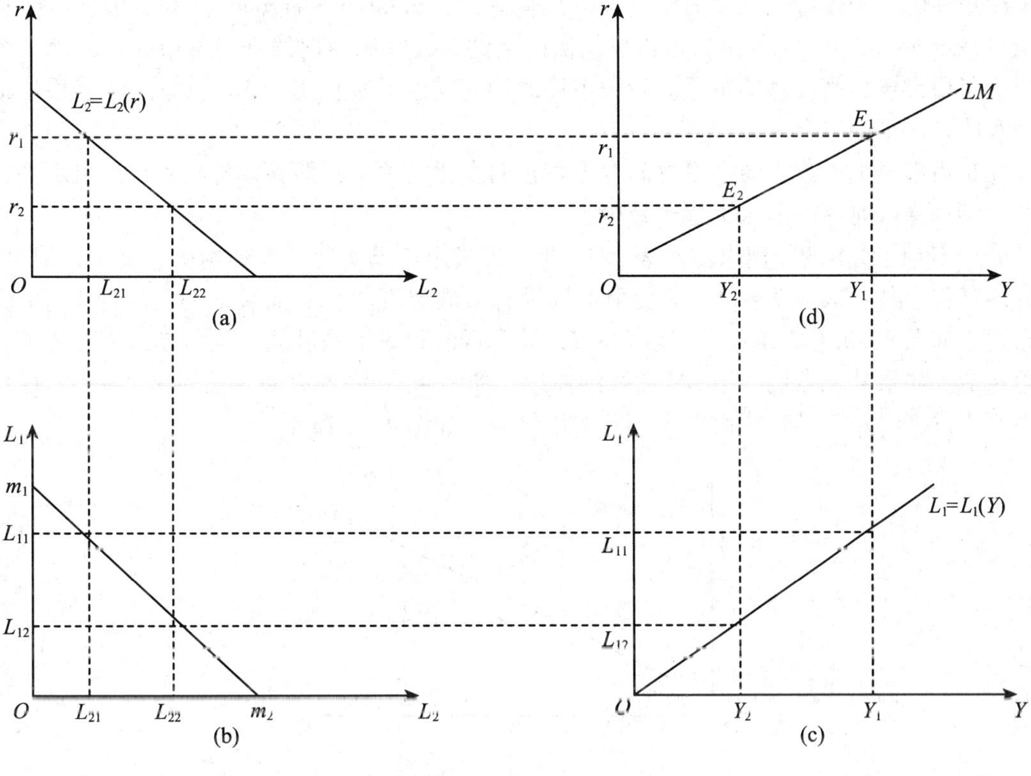

图 4.9　LM 曲线的推导

图 4.9 描述了货币市场的均衡。图 4.9（a）中向右下方倾斜的曲线是货币的投机需求曲线 $L_2=L_2(r)$，为了分析的方便，将其画成直线。当利率为 r_1 时，货币的投机需求为 L_{21}，当利率下降到 r_2 时，货币的投机需求增加到 L_{22}。

图 4.9（b）表示的是当货币供给一定时交易性货币需求与投机性货币需求的划分，由于 $m=m_1+m_2=L_1+L_2$，可用一条与纵轴和横轴都成 45°的直线来表示。当货币的投机需求为 L_{21}时，货币的交易性需求就为 L_{11}；而当货币的投机需求为 L_{22}时，货币的交易性需求

为 L_{12}。

图 4.9（c）中的曲线是货币的交易需求曲线，当交易性货币需求为 L_{11} 时，其对应的收入为 Y_1；而当交易性货币需求为 L_{12} 时，其对应的收入为 Y_2。

图 4.9（d）表示与货币市场均衡相一致的利率与收入的一系列组合。当利率为 r_1 时，投机性货币需求为 L_{21}，交易性货币需求为 L_{11}，收入为 Y_1，即图 4.9（d）中的 E_1 点；而当利率为 r_2 时，投机性货币需求为 L_{22}，交易性货币需求为 L_{12}，收入为 Y_2，即图 4.9（d）中的 E_2 点。依此方法，还可以在图 4.9（d）中作出许多类似的利率与收入的组合点。将这些点连接起来，就得到了一条表示货币市场均衡条件的 *LM* 曲线。*LM* 曲线上的任何一点所表示的利率和国民收入都会使货币需求 *L* 与货币供给 *M* 相等。

（二）*LM* 曲线的含义

LM 曲线是一条描述货币市场达到宏观均衡即 $L=M$ 时，总产出与利率之间关系的曲线。根据凯恩斯的货币理论，货币需求（流动性偏好（Liquidity preference））和货币供给（货币存量（Money stock））相等是货币市场均衡的条件，故取流动性偏好与货币存量的第一个字母作为货币市场均衡模型的符号。货币市场的均衡描述了所有使得货币需求等于货币供给的利率和收入水平的组合。

在货币市场上，收入与利率之间存在着正向变化的关系，即利率提高时总产出水平趋于增加，利率降低时总产出水平趋于减少。

处于 *LM* 曲线上的任何点位都表示 $L=M$，即货币市场实现了宏观均衡。反之，偏离 *LM* 曲线的任何点位都表示 $L\neq M$，即货币市场没有实现宏观均衡。如果某一点位处于 *LM* 曲线的右边，如图 4.10 中的 *A* 点，表示 $L>M$，即现行的利率水平过低，从而导致货币需求大于货币供应。如果某一点位处于 *LM* 曲线的左边，如图 4.10 中的 *B* 点，表示 $L<M$，即现行的利率水平过高，从而导致货币需求小于货币供应。如图 4.10 所示。

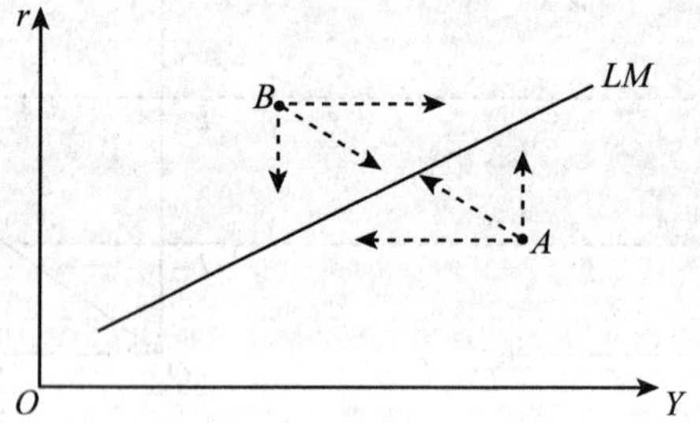

图 4.10　货币市场的非均衡

（三）*LM* 曲线的斜率与 *LM* 曲线的三个区域

1. *LM* 曲线的斜率

LM 曲线的大小反映了利率变动与国民收入变动之间的数量关系。*LM* 曲线的斜率越大（曲线越陡峭），一定的利率变动所引起的收入变动越小；反之，*LM* 曲线的斜率越小（曲线越平坦），一定的利率变动所引起的收入变动越大。

从式（4.14）可以看出，*LM* 曲线斜率为 $\frac{k}{h}$，其大小主要取决于两个因素：一是货币需求对收入变动的敏感度 k。如果 h 不变，则 k 越大，*LM* 曲线的斜率越大，*LM* 曲线越陡峭；相反，k 越小，*LM* 曲线的斜率也越小，*LM* 曲线越平坦。*LM* 曲线的斜率与 k 成正比。二是货币需求对利率变化的敏感度 h，也就是投机需求的利率弹性。如果 k 不变，h 越大，*LM* 曲线的斜率也就越小，*LM* 曲线就越平坦；相反，h 越小，*LM* 曲线的斜率也越大，*LM* 曲线越陡峭。*LM* 曲线的斜率与 h 成反比。

2. LM 曲线的三个区域

（1）*LM* 曲线的古典区域。由于货币的交易需求一般比较稳定，所以，*LM* 曲线的斜率主要取决于货币的投机需求。由于投机动机的货币需求是利率的减函数，当利率很高时，人们除了为完成交易必须持有一些货币外，再不会为投机而持有货币，即货币的投机需求等于 0，这时，*LM* 曲线将变成垂线。一些经济学家认为，这时，如实行扩张性财政政策，使 *IS* 曲线向右上方移动，只会提高利率而不会增加收入。但如果实行扩张性的货币政策使 *LM* 曲线向右移动，不但会使利率降低，还会增加收入。这时，财政政策无效而货币政策有效。这符合“古典经济学”以及以“古典经济学”的理论为基础的现代货币主义者的观点。因此，*LM* 曲线呈垂直状态的这一区域被称为“古典区域”。

（2）*LM* 曲线的凯恩斯区域。当利率很低时，对货币的投机需求将变得无穷大，这就是所谓的“凯恩斯陷阱”或“流动性陷阱”。这时，货币的投机需求弹性为无穷大，货币的投机需求曲线成为一条水平线，它会使 *LM* 曲线也变成水平线。当 *LM* 曲线变成水平状态后，相应的也会有一段水平的区域，该区域被称为“凯恩斯区域”，也被称为“萧条区域”。在该区域，如果中央银行实行扩张性的货币政策，增加货币供应量，不但不能降低利率，也不能增加收入。这时，货币政策无效。而如果政府实行扩张性的财政政策，使 *IS* 曲线向右移动，则能在利率不变的情况下使收入增加。因此，这时，财政政策效果显著。

（3）*LM* 曲线的中间区域。在古典区域和凯恩斯区域之间的这段 *LM* 曲线是中间区域，这段区域内 *LM* 曲线的斜率为正。这一点可以从图 4.11 中直观地反映出来，同时可以从式（4.14）得到说明。由式（4.14）可知，由于 $k>0$，当 $h=0$ 时，$k/h=\infty$，这时，*LM* 曲线是在古典区域的一条垂直线；而当 h 趋向无穷大时，$k/h=0$，这时，*LM* 曲线恰好是凯恩斯区域的水平线。而当 $0<h<\infty$ 时，k/h 为正，这时，利率和收入正相关。这是由凯恩斯货币理论的性质决定的。凯恩斯认为，交易需求是收入水平的增函数，投机需求是利率的减函数。当收入水平提高时，交易需求增大，在货币供给量既定时，满足投机需求的货币余额必须减少，这就必然导致利率上升。从另一个角度讲，当利率上升时，投机需求下降，在货币供给不变时，交易余额会增加。如果要将交易余额维持在较高水平，就必须有较高的收入水平与之相适应。也就是说，货币市场均衡意味着利率上升将伴随着收入水平的上升。

（四）*LM* 曲线的移动

如果利率没有变化，由外生经济变量冲击导致总产出增加，这可以被视作原有的 *LM* 曲线在水平方向上向右移动；由外生经济变量冲击导致总产出减少，这可以被视作原有

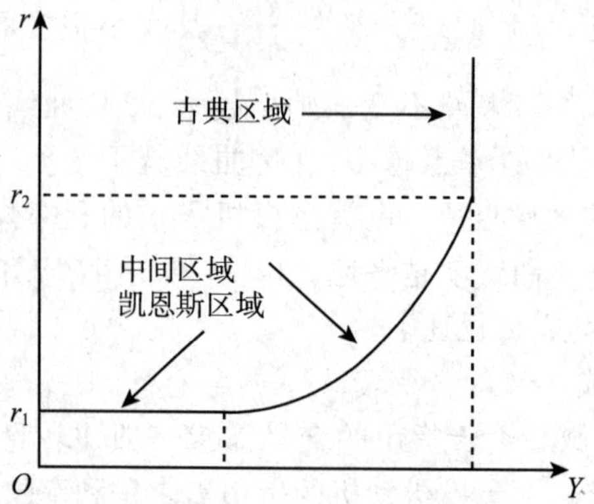

图 4.11　*LM* 曲线的三个区域

的 *LM* 曲线在水平方向上向左移动（见图 4.12）。促使 *LM* 曲线水平移动的主要因素有以下几个方面：

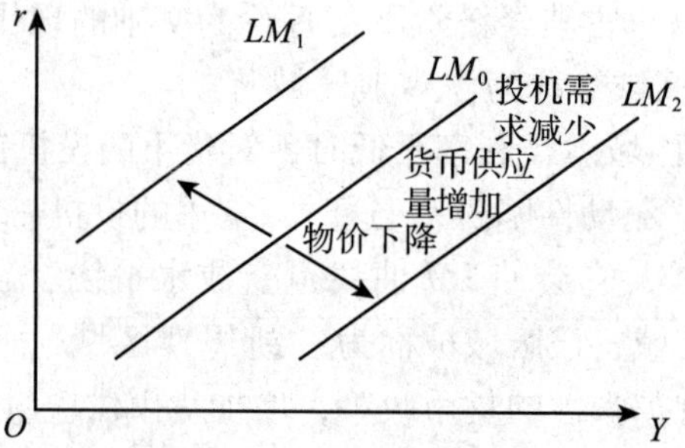

图 4.12　*LM* 曲线的移动

1. 货币需求曲线的移动

货币需求曲线的移动可以分为两类：一是交易与预防需求的移动；二是投机需求的移动。在其他条件不变的情况下，交易与预防需求曲线的移动会使 *LM* 曲线发生同向移动，即如果交易与预防需求增加，其曲线向右移动，相应地，*LM* 曲线也会向右移动。

投机需求曲线的移动则正好与之相反，即投机需求曲线的移动会使 *LM* 曲线发生方向相反的移动。在其他条件不变时，投机需求增加，投机需求曲线右移，会使 *LM* 曲线左移。这是因为，在相同的利率水平上，投机需求增加，交易需求就会相应减少，从而，必然要求收入水平下降。

2. 货币供给量的变化

当物价水平不变时，货币供给量的变动会引起 *LM* 曲线同方向变动。当货币供给量增加，如从 100 亿元增为 120 亿元时，*LM* 曲线会向右移动。反之，货币供给量减少，会使 *LM* 曲线向左移动。这是因为，在货币需求不变时，货币供给增加必然会使利率下降。而利率下降又会刺激投资和需求，从而使收入增加。

3. 物价水平的变化

在其他条件不变的情况下，物价水平的变化会引起 *LM* 曲线反方向变动。当名义货币供应量固定不变时，如果物价水平下降，则 *LM* 曲线相应地向右移动。这是因为价格下降意味着实际货币供应量增加，根据上述推理，收入必须相应增加，这意味着与任一给定的利率（r）水平相应的 Y 增加，这表现为 *LM* 曲线向右移动。反之，若货币供应量不变，物价水平上升，这意味着实际货币余额减少，表现为 *LM* 曲线向左移动。

在以上几个影响因素中，要特别重视货币供给量对 *LM* 曲线水平移动的影响。因为货币供给量是中央银行可以根据需要而进行调整的，通过这种调整可以对利率和国民收入进行调节，而这正是货币政策的重要内容。

第四节　产品市场、货币市场的同时均衡：*IS*－*LM* 模型

本章第二节推导产品市场供求平衡的 *IS* 曲线时，实际上假定总需求函数既定，即消费函数、投资函数以及政府开支与税收等已定，若利率为已知，则市场机制的作用将会给出一个相应的总供给与总需求达到均衡状态时的国民收入。利率越低，相应的国民收入越高，两者呈反方向变化。第三节推导货币市场供求平衡的 *LM* 曲线时，实际上假定货币总需求函数既定，并假定货币供给量固定不变，若国民收入已知，通过货币市场上人们适应利率的变化而调整其投机性货币需求，[①] 会存在一个利率，在该利率下，人们自愿持有的货币量恰好等于既定的货币供给量。国民收入的数量越大，相应的利率也越高，两者同方向变化。以上论述事实上意味着，为求得产品市场供求平衡时的均衡国民收入，必须假定货币市场供求平衡的利率已知；另一方面，为求得货币市场供求均衡时的均衡利率，又必须假定产品市场总供给等于总需求的国民收入为已知。这样，在逻辑推理中就出现了循环推理的矛盾。也可以这样认为，利率通过投资影响收入，而收入通过货币需求又影响利率；或者反过来说，收入依赖于利率，而利率又依赖于收入。这一矛盾是由希克斯解决的。

汉森在评论凯恩斯理论时指出，凯恩斯的分析包括了产品市场和货币市场所需要的一切因素（投资需求函数、储蓄函数、流动性偏好和货币量），但他没有把这些因素综合起来，形成一套完整的理论体系。这个工作是由希克斯完成的。[②] 希克斯把两个市场结合起来，建立了产品市场与货币市场的一般均衡理论，即 *IS*－*LM* 模型，从而解决了循环推论的问题。当然，希克斯的分析颇为简单，这里所介绍的 *IS*－*LM* 模型是在希克斯简陋分析的基础上发展起来的现代形式。

一、产品市场与货币市场的同时均衡

从前面的分析中我们已经知道，在 *IS* 曲线上有一系列利率和相应收入的组合可以使产品市场均衡；而在 *LM* 曲线上又有一系列利率和相应收入的组合可以使货币市场均衡。但能够使产品市场与货币市场同时达到均衡的利率和收入的组合却只有一个。该组合点就是 *IS*

---

① 交易动机货币需求只取决于国民收入的大小，短期内是稳定的，不随利率变化而变化。

② 汉森：《凯恩斯学说指南》，中译本，商务印书馆，1963 年版，第 129 页。

曲线与 LM 曲线的交点。可以通过图 4.13 来说明这一问题。

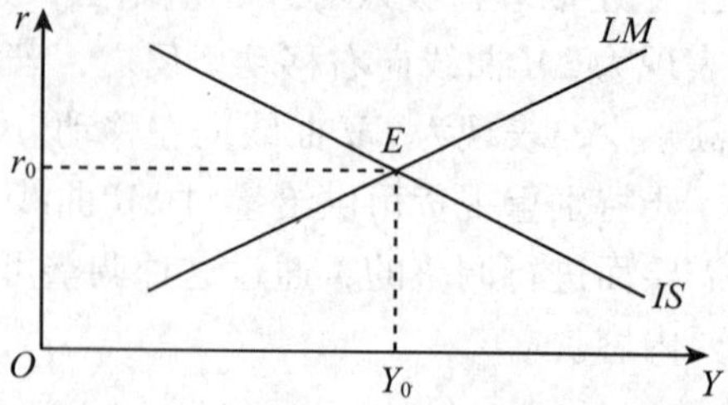

图 4.13　产品市场和货币市场的一般均衡

在图 4.13 中，IS 曲线与 LM 曲线相交于 E 点。E 点表示，产品市场的供求与货币市场的供求，在相互作用下两个市场同时达于均衡状态时可行的国民收入为 Y_0，利率为 r_0。因为 E 点既是 IS 曲线上的一点，也是 LM 曲线上的一点，因而表示在该点产品市场与货币市场同时达到均衡。IS 曲线上除 E 点以外的任一其他各点代表的 r 与 Y 的组合，虽然表示产品市场上总供给等于总需求（或储蓄等于投资），但货币市场上的供求并未达于均衡状态，因而利率还会继续进行调整；通过利率变动对产品市场的消费支出与投资支出的影响而使得社会经济的生产、交换与消费进行调整。同样，从货币市场来看，LM 曲线上除 E 点以外的任一点的 Y 与 r 的组合，虽然表示货币的总需求（交易需求加投机需求）恰好等于既定不变的货币供给量，但 LM 曲线上除 E 点以外的任一点的 Y 与 r 的组合不在 IS 曲线上，这表示产品市场处于失衡状态。所以，社会经济活动必将继续调整。微观的各经济行为主体会根据各自的具体情况而不断调整其生产、交换、消费，同时也调整其对货币的需求（持有货币或以货币换成证券），一旦调整到利率为 r_0，国民收入达到 Y_0，则调整就会结束，经济达到均衡。

二、从不均衡到均衡的调整

由于产品市场与货币市场都难于处于均衡状态，两个市场要同时实现均衡就更难。但是，可以通过政府的经济政策调控与市场机制自发调节，市场会由不均衡逐步趋向均衡。

（一）宏观经济的非均衡状态

1. 一个市场均衡，另一个市场不均衡

图 4.14 显示了一个市场均衡而另一个市场非均衡的情况。A 点位于 IS 曲线上，表示产品市场均衡而货币市场非均衡，此时，$L<M$，而 $I=S$。B 点位于 LM 曲线上，表示产品市场非均衡而货币市场均衡，此时，$I<S$，而 $L=M$。C 点也位于 LM 曲线上，同样是产品市场非均衡而货币市场均衡，但此时 $I>S$，而 $L=M$。D 点位于 IS 曲线上，表示产品市场均衡而货币市场非均衡，此时，$L>M$，而 $I=S$。

2. 两个市场同时非均衡

图 4.15 显示了两个市场同时非均衡的情况。除了 E 点之外，任何一点都不是一般

均衡点。

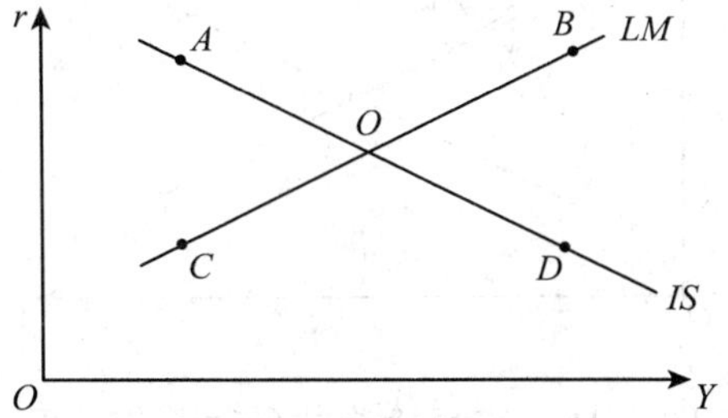

图 4.14　一个市场的非均衡

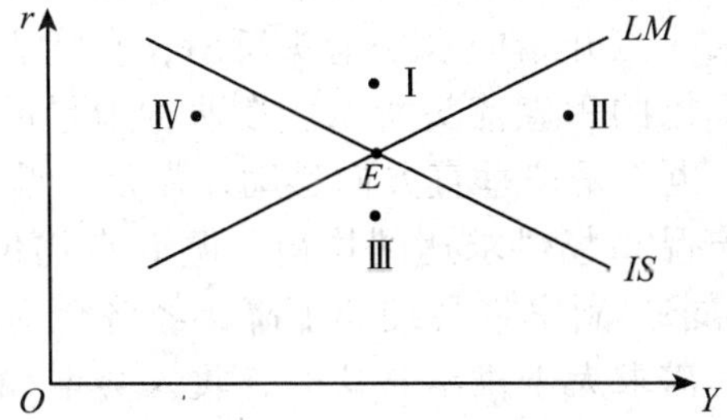

图 4.15　两个市场的均衡

可以将图 4.15 分为四个区域，并分别标为Ⅰ、Ⅱ、Ⅲ、Ⅳ。这四个区域所代表的产品市场和货币市场的供求关系都不一样。在 *IS* 曲线的右上方，储蓄大于投资；在 *IS* 曲线的左下方，投资大于储蓄；在 *LM* 曲线的左上方，货币供给大于货币需求；在 *LM* 曲线的右下方，货币需求大于货币供给。如区域Ⅰ中的任何一点，位于 *IS* 曲线的右上方和 *LM* 曲线的左上方，因而有投资小于储蓄的非均衡及货币需求小于货币供给的非均衡。可以将四个区域的非均衡情况归纳如表 4.1。

表 4.1　　产品市场和货币市场的非均衡

区域	产品市场	货币市场
Ⅰ	$I<S$ 有超额商品供给	$L<M$ 有超额货币供给
Ⅱ	$I<S$ 有超额商品供给	$L>M$ 有超额货币需求
Ⅲ	$I>S$ 有超额商品需求	$L>M$ 有超额货币需求
Ⅳ	$I>S$ 有超额商品需求	$L<M$ 有超额货币供给

（二）宏观经济非均衡状态的自我调整

产品市场和货币市场同时出于均衡状态是一种特例，不均衡是一种常见的现象。当一个经济处于失衡状态时，市场机制会自动进行调节。可以用图 4.16 来说明这个调节过程。

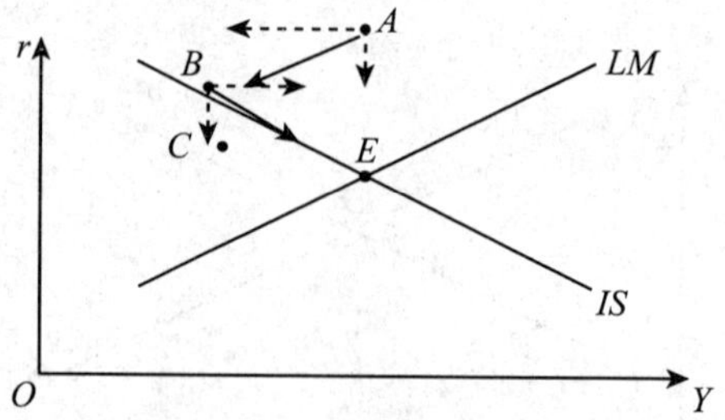

图 4.16　市场机制的自动调节过程

假定经济在某一时期处于区域 I 中的 A 点。这时，产品市场和货币市场都出现了供给大于需求的失衡现象。根据凯恩斯的有效需求理论，在产品市场上，供给大于需求会引起收入水平的降低，如从 A 点开始的水平箭头所示；在货币市场上，供给大于需求会导致利率降低，如从 A 点开始的垂直箭头所示。在两种力量的共同作用下，可以预测经济既不是按水平方向移动，也不是按垂直方向移动，而是按箭头所示的方向从 A 向 B 移动。当经济位于 B 点时，产品市场供求达到均衡。但 B 点仍位于 LM 曲线的左上方，因而，货币供给仍大于货币需求。利率将会继续下降，经济会沿着箭头所指的方向向 C 点移动。在 C 点，产品市场的需求大于供给，这时，收入会增加。而在货币市场上，货币的供给仍大于货币需求，利率将会继续下降，两种力量的合力将推动经济由 C 点向右下方移动。收入和利率的这种不断运动，图 4.16 中就是不断向 IS 曲线与 LM 曲线的交点收敛，最终会使经济达到均衡。

（三）宏观经济非均衡状态的政府调控

虽然市场机制的自动调节可以使经济实现均衡，但常常需要较长的时间，其成本也较大。因而，需要政府对宏观经济的非均衡进行调控。凯恩斯主义者认为，当国民经济处于失业或出现通货膨胀时，政府才有必要对经济进行干预。干预的目标是使均衡的国民收入（Y）水平尽可能保持在既无失业也无通货膨胀的水平上。政府主要利用财政政策和货币政策对经济进行调节。

三、*IS*－*LM* 模型的运用

（一）一般均衡的变动

虽然经济在 IS 曲线与 LM 曲线的交点实现了暂时的均衡，但当经济受某些因素的影响后会导致均衡发生移动。比如，LM 曲线不变，IS 曲线向右平行移动，均衡状态将随之向右上方移动；相反，如果 IS 曲线向左平行移动，均衡状态将随之向左下方移动。如果 IS 曲线不变，LM 曲线向右边水平方向移动，均衡状态也将随之向右下方移动；反之，LM 曲线向左边水平方向移动，均衡状态也将随之向左上方移动。如图 4.17 所示。

正因为均衡点在某些因素的影响下会发生移动，这就为政府调控经济提供了理论依据。比如，在国民收入的均衡水平低于充分就业时，政府可以增加政府开支或减少税收，从而提

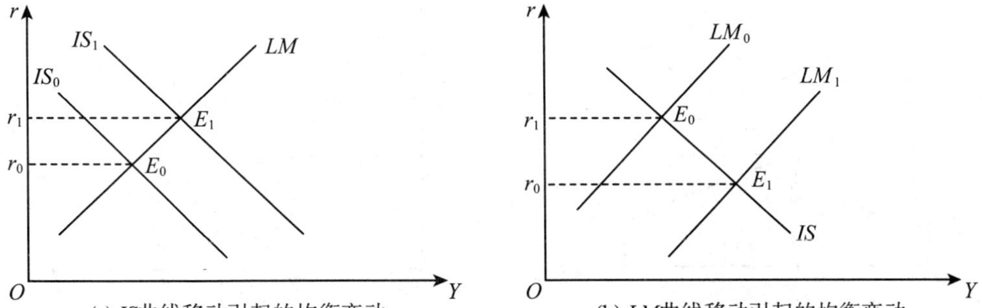

(a) *IS*曲线移动引起的均衡变动　(b) *LM*曲线移动引起的均衡变动

图 4.17　一般均衡的变动

高有效需求，消除失业，增加国民收入。这种方法被称为扩张性财政政策。主要的财政政策手段包括政府购买和税收，财政政策的变动主要反映在 *IS* 曲线的移动上。凡是扩张性的财政政策，包括增加政府购买和减税，都会使 *IS* 曲线向右上方移动；凡是紧缩性的财政政策，包括减少政府购买和增税，都会使 *IS* 曲线向左下方移动。当国民收入的均衡水平低于充分就业水平时，政府还可以实行扩张性的货币政策，即增加货币供给量、降低贴现率和法定准备金比率等，以刺激有效需求，增加国民收入。货币政策的变动主要反映在 *LM* 曲线的移动上。凡是扩张性的货币政策，都会使 *LM* 曲线向右边移动；凡是紧缩性货币政策都会使 *LM* 曲线向左边移动。

（二）财政政策效果

1. *IS* 曲线、*LM* 曲线的斜率与财政政策效果

尽管实行扩张性的财政政策和货币政策都会使国民收入增加，但国民收入增加的多少即政策效果的大小则会因 *IS* 曲线和 *LM* 曲线的斜率不同而不同。

财政政策的效果是指政府支出或税收变化对国民收入变动的影响。从 *IS* – *LM* 模型看，*LM* 曲线的斜率不变时，*IS* 曲线斜率的绝对值越小，*IS* 曲线越平坦，*IS* 曲线移动对国民收入变动的影响就越小，即财政政策效果越小；相反，*IS* 曲线斜率的绝对值越大，*IS* 曲线越陡峭，*IS* 曲线移动对国民收入变动的影响就越大，即财政政策效果越大。可用图 4.18 来进行说明。

图 4.18（a）和（b）中，假设 *LM* 曲线的斜率相同，初始均衡收入 Y_0 和利率 r_0 也相同。现在政府实行扩张性财政政策，使 *IS* 曲线右移，从而使国民收入增加。由于 *IS* 曲线斜率不同，国民收入增加的多少会有所不同。图 4.18（a）中，*IS* 曲线的斜率比较小，表明投资的利率弹性比较大。投资的利率弹性越大，利率变动一定幅度所引起的投资变动的幅度就越大，则扩张性财政政策使利率上升时就会使私人投资下降很多，即“挤出效应”比较大。也就是说，*IS* 曲线的斜率越小，*IS* 曲线越平坦，则政府实行扩张性财政政策时会挤出的私人投资就越多，国民收入增加得就越少，即政策效果就越小。图 4.18（a）中的 Y_1Y_2 为由于利率上升而被挤出的私人投资所减少的国民收入部分，Y_0Y_1 是实行扩张性财政政策所带来的收入。

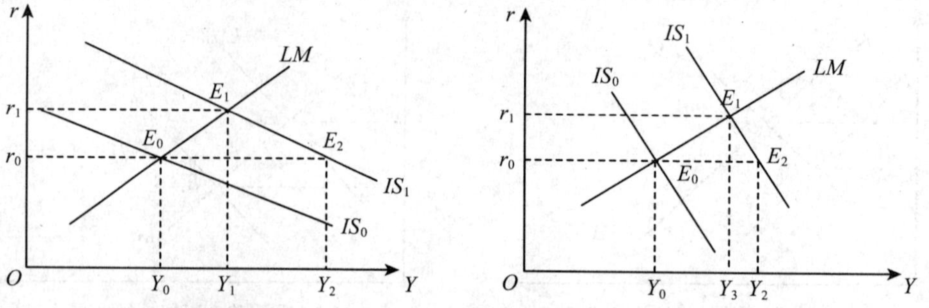

(a) 财政政策效果小 (b) 财政政策效果大

图 4.18 *IS* 曲线的斜率与财政政策效果

图4.18（b）中，*IS* 曲线的斜率较大，*IS* 曲线较陡峭，说明扩张性财政政策的挤出效应小，政策效果大。图4.18（b）中的 Y_3Y_2 为由于利率上升而被挤出的私人投资所减少的国民收入部分，Y_0Y_3 是实行扩张性财政政策所带来的收入。可以看出，$Y_1Y_2 > Y_3Y_2$，从而使 $Y_0Y_1 < Y_0Y_3$。

如果 *IS* 曲线的斜率不变，*LM* 曲线的斜率越大，*LM* 曲线越陡峭，则 *IS* 曲线移动对国民收入变动的影响就越小，即财政政策效果越小；相反，*LM* 曲线斜率越小，*LM* 曲线越平坦，*IS* 曲线移动对国民收入变动的影响就越大，即财政政策效果越大。可用图4.19来进行说明。

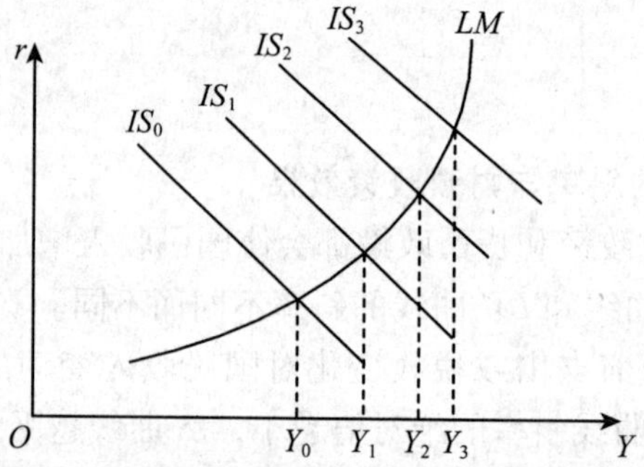

图 4.19 *LM* 曲线的斜率与财政政策效果

图4.19中，*LM* 曲线逐渐由平坦变陡峭，其斜率由小变大。*IS* 曲线的斜率不变，即假设 *IS* 曲线由 IS_0 平行向右移动到 IS_1、IS_2、IS_3；为了比较 *LM* 曲线斜率的大小对收入的影响，假设 *IS* 每次移动的数量相同，即由 IS_0 到 IS_1、由 IS_1 到 IS_2、由 IS_2 到 IS_3 的数量是相同的。由图中可以看出，在 *LM* 曲线比较陡峭的阶段如由 IS_2 到 IS_3 的阶段，扩张性财政政策使国民收入增加较少，说明财政政策效果较小；而在 *LM* 曲线比较平坦的阶段如由 IS_0 到 IS_1 的阶段，扩张性财政政策使国民收入增加较多，说明财政政策效果较大。这是因为，当 *LM* 曲线斜率较大即 *LM* 较陡峭时，货币需求的利率弹性较小，这意味着增加一定数量的货币需求将使利率上升较多，从而使挤出的私人投资较多，结果是使财政政策效果较小。相反，当 *LM* 曲线斜率较小即 *LM* 较平坦时，货币需求的利率弹性较大，这意味着增加一定数量的货币需求将不会使利率上升较多，从而不会挤出很多私人投资，结果是使财政政策效果较大。

由上可以看出，投资需求的利率弹性和货币需求的利率弹性会对财政政策效果产生影响。除此以外，支出乘数也会影响财政政策效果。

2. 凯恩斯主义极端

如前所述，如果 *IS* 曲线越陡峭或 *LM* 曲线越平坦，则财政政策效果越大，货币政策效果越小。而在 *IS* 曲线垂直或 *LM* 曲线为水平线的极端情形下，财政政策将十分有效，而货币政策则无效。这种情况被称为凯恩斯主义极端情况。如图 4. 20 所示。

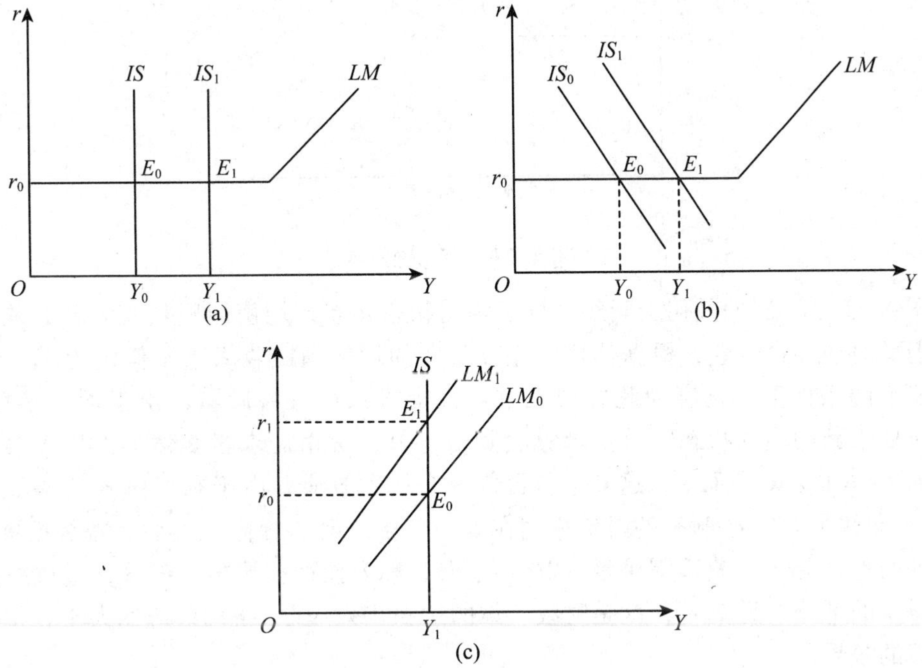

图 4. 20　凯恩斯主义极端

在图 4. 20（a）中，在 *LM* 曲线的水平线阶段，垂直的 IS_0 曲线与 *LM* 曲线相交于 E_0 点，决定了均衡收入水平为 Y_0，利率为 r_0。扩张性财政政策使 IS_0 曲线右移到 IS_1，IS_1 曲线与 *LM* 曲线相交于 E_1 点，决定了收入为 Y_1，利率为 r_0。这说明，扩张性财政政策的结果是使收入增加到 Y_1，而利率保持不变，仍然为 r_0。

这是因为，在 *LM* 曲线水平线阶段，说明当利率降低到 r_0 的水平时，货币需求的利率弹性已成为无穷大。这时，人们宁愿持有货币也不愿意进行任何投资，即对货币的需求无限大，因而即使政府增加货币供给量，也不会使利率降低、投资增加。而政府如果通过增加支出或减税的办法来扩大总需求，则不会使利率上升，从而不会挤占私人投资。也就是说，在 *LM* 曲线水平线阶段即“凯恩斯陷阱”中，即使 *IS* 曲线不垂直而向右下方倾斜，政府实行财政政策也十分有效。见图 4. 20（b）。

如果 *IS* 曲线为垂直线，说明投资需求的利率弹性系数等于零，则即使利率发生了变化，投资也不会发生变动。也就是说，即使 *LM* 曲线不为水平线，政府的货币政策能改变利率，收入也不会受到影响。如图 4. 20（c）所示。

3. 挤出效应

所谓"挤出效应"（Crowding out effect），就是指政府实行扩张性财政政策所引起的私人消费与投资减少的经济效应。可用图 4.21 来说明财政政策的挤出效应。

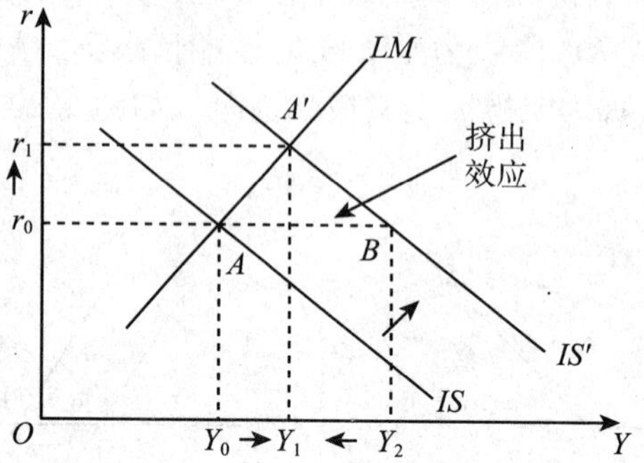

图 4.21　挤出效应

在图 4.21 中，假如最初宏观经济处于均衡状态 A 点，均衡国民收入为 Y_0，均衡利率为 r_0。但此时还存在失业，根据估算，充分就业的均衡国民收入水平假定为 Y_1，在货币供应量不变的条件下，政府为此要加大采购开支或采取减税政策，由于加大了总支出，宏观经济处于新的均衡状态，总需求就会随之上升，货币需求量必然加大，IS 会右移到 IS′，均衡利率也会攀升到 r_1。这其中包含着一个挤出效应，由于利率由 r_0 提高到 r_1，移动后的 IS′曲线上对应 r_0 利率的投资应当在 B 点，由于利率提高，人们会减少投资，B 点向新的均衡点 A′逼近，货币需求量（Md）上升，私人投资被挤掉一部分，造成投资（I）下降，减少的部分即为 Y_1Y_2，就是财政政策的"挤出效应"。挤出效应的大小直接影响到财政政策的效果。

挤出效应的大小取决于以下几个影响因素：

第一，支出乘数的大小。如果其他条件不变，乘数越大，利率提高使投资减少所引起的国民收入减少也越多，从而使挤出效应越大。相反，乘数越小，挤出效应也就越小。

第二，货币需求的利率弹性。货币需求的利率弹性越小，即货币需求函数中的 h 越小，说明一定数量的货币需求的变动会引起利率较大的变动。因此，当政府支出增加引起货币需求增加所带来的利率上升就越大，从而对私人投资的挤出也就越多，即挤出效应越大。相反，货币需求的利率弹性越大，即货币需求函数中的 h 越大，挤出效应就越小。

第三，货币需求的收入弹性。货币需求的收入弹性越大，即货币需求函数中的 k 越大，政府支出增加所引起的一定量产出水平增加所带来的对货币需求的增加也就越大，利率上升也就越多，从而使挤出效应越大。相反，货币需求的收入弹性越小，挤出效应也就越小。

第四，投资需求的利率弹性。投资需求的利率弹性越大，一定量利率水平的变动对投资水平的影响也就越大，挤出效应也越大。相反，投资需求的利率弹性越小，挤出效应也越小。

在上述四个因素中，货币需求的利率弹性和投资的利率弹性是"挤出效应"大小的决定性因素。在凯恩斯主义极端情况下，货币需求的利率弹性系数为无穷大，而投资需求的利率弹性系数等于零，因而政府支出的挤出效应等于零，财政政策的效果极大。而在古典主义极端情况下，货币需求的利率弹性系数等于零，而投资需求的利率弹性系数为无穷大，则政府支出的挤出效应等于1，即政府支出增加多少，私人投资支出就减少多少，因而财政政策无效。

（三）货币政策效果

1. *IS* 曲线、*LM* 曲线的斜率与货币政策效果

货币政策的效果是指货币供给量变动对总需求的影响。如果增加货币供给量能使国民收入增加较多，则说明货币政策的效果较大；如果增加货币供给量使国民收入增加较少，则说明货币政策的效果较小。货币政策效果的大小同样取决于 *IS* 曲线和 *LM* 曲线的斜率的大小。

LM 曲线斜率不变时，*IS* 曲线斜率越小，*IS* 曲线越平坦，*LM* 曲线移动对国民收入变动的影响就越大；反之，*IS* 曲线斜率越大，*IS* 曲线越陡峭，*LM* 曲线移动对国民收入的影响就越小。可用图 4. 22 来进行说明。

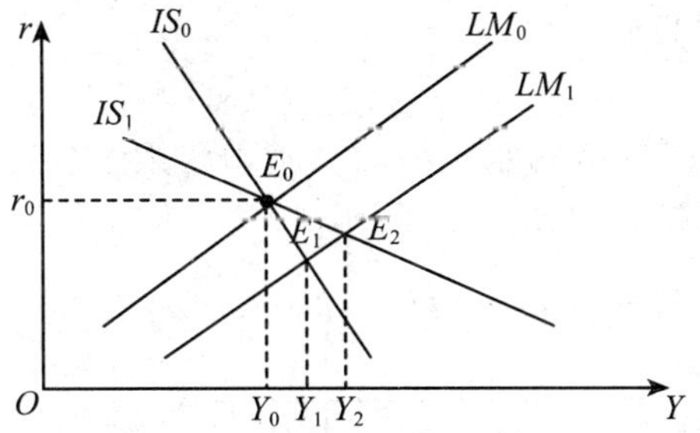

图 4. 22　*IS* 曲线的斜率与货币政策效果

图 4. 22 中，E_0 为初始均衡点。假设 *LM* 曲线的斜率不变，IS_0 曲线斜率的绝对值大于 IS_1，即 IS_0 曲线比较陡峭，而 IS_1 曲线相对比较平坦。现在政府实行扩张性货币政策，使 *LM* 曲线由 LM_0 右移至 LM_1。LM_1 分别与 IS_0、IS_1 相交于 E_1、E_2 点，决定了收入分别为 Y_1、Y_2。可以看出，$Y_0Y_1 < Y_0Y_2$。这说明，*IS* 曲线较陡峭时，国民收入增加较少，即货币政策效果较小；而 *IS* 曲线较平坦时，国民收入增加较多，即货币政策效果较大。这是因为，*IS* 曲线较陡峭，表明投资的利率弹性系数较小，因而当 *LM* 曲线由于货币供给量增加而右移使利率下降时，投资不会增加很多，从而国民收入也不会增加很多。相反，当 *IS* 曲线较平坦时，表明投资的利率弹性系数较大，因而当货币供给量增加引起利率下降时投资和收入都会增加很多。

如果 *IS* 曲线的斜率不变，*LM* 曲线的斜率越大，*LM* 曲线越陡峭，则货币政策效果越大；相反，*LM* 曲线的斜率越小，*LM* 曲线越平坦，则货币政策的效果越小。如图 4. 23 所示。

图 4. 23 中，*IS* 曲线的斜率不变，即 IS_0 与 IS_1 的斜率相同，*LM* 曲线逐渐由平坦变陡峭，其斜率由小变大。IS_0 曲线位于 *LM* 曲线斜率较小的阶段，IS_1 曲线位于 *LM* 曲线斜率较大的阶段。Y_0、Y_2 分别为在 *LM* 曲线不同阶段的初始均衡收入。现在假设政府实行扩张性的货币政策使 *LM* 曲线由 LM_0 右移到 LM_1。LM_1 与 IS_0 的交点决定的均衡收入为 Y_1，而与 IS_1 的交

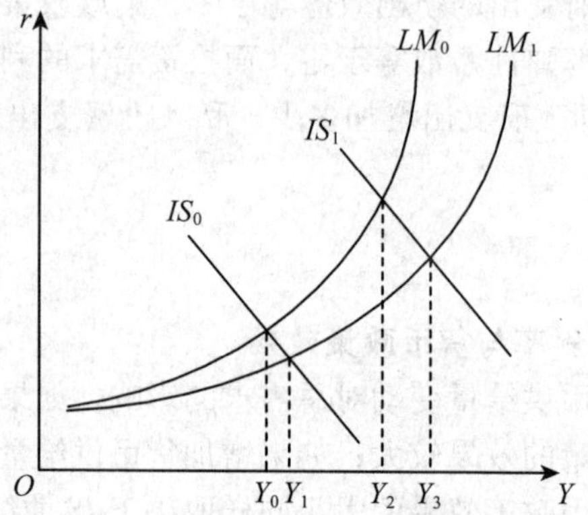

图 4.23　*LM* 曲线的斜率与货币政策效果

点所决定的均衡收入为 Y_3。可以看出，$Y_0Y_1 < Y_2Y_3$。这说明，如果 *IS* 曲线的斜率不变，*LM* 曲线的斜率越大，增加货币供给量所增加的国民收入越多，货币政策效果越大；而 *LM* 曲线的斜率越小，货币政策效果越小。

2. 古典主义极端

当 *LM* 曲线为垂直线、*IS* 曲线为水平线时，货币政策十分有效，而财政政策完全无效。这种情况被称为古典主义极端。如图 4.24 所示。

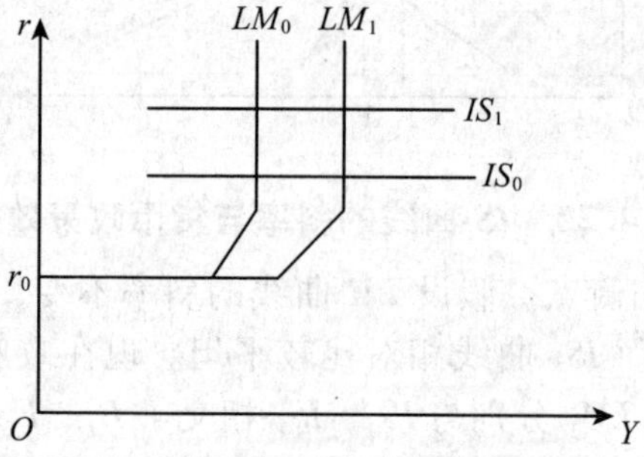

图 4.24　古典主义极端

在图 4.24 中，当 *LM* 曲线垂直时，说明货币需求的利率弹性系数等于零，人们不愿意为投机而持有货币。这时，如果政府实行扩张性财政政策，试图通过增加政府支出的办法来刺激总需求，由于私人手中已经没有闲置的货币，则只有当私人投资减少到等于政府支出增加的数量时，政府支出才能扩大。也就是说，在这种情况下，政府支出的增加会伴随着私人投资的等量减少，即政府支出的挤出效应等于 1，扩张性财政政策不会使收入有任何改变，财政政策无效。而当 *IS* 曲线为水平线时，说明投资需求的利率弹性系数无穷大，利率变动对投资的影响极大。这时，如果增加政府支出或减税使利率上升时，私人投资会大大减少，挤出效应会非常大。

这说明，在古典主义极端的情形下，财政政策完全无效。但是，如果实行扩张性的货币政策，则效果会很大。如当 *IS* 曲线为水平线时，只要货币供给量的增加使利率稍稍下降，就会使投资极大地增加，从而使国民收入有很大的增加。而如果 *LM* 曲线为垂直线，货币需求的利率弹性系数等于零，货币需求只与产出水平有关，而与利率无关，因此，货币供给量的增加会带来产出的极大增加。

实际上，无论是凯恩斯主义极端还是古典主义极端在现实生活中都是极少见的，常见的情形是 *IS* 曲线向右下方倾斜、*LM* 曲线向右上方倾斜。也就是说，财政政策和货币政策都对稳定经济具有一定的积极作用。货币政策总是与财政政策结合在一起使用，这样才能取得理想的政策效果。

（四）财政政策与货币政策的配合使用

如前所述，当经济中存在失业时，既可以实行扩张性的财政政策，也可以实行扩张性的货币政策，还可以将二者结合起来使用。

一般而言，只要中央银行在证券市场上购买债券，货币的供给量就会增加。如果在政府为弥补财政赤字而发行债券的同时，中央银行在证券市场上买进同样数量的已发行的旧债券，财政赤字就被货币化了，这时已不再是纯粹的财政政策，而是财政政策与货币政策相互配合的综合性宏观政策。由于中央银行购买的旧债券的数量恰好等于财政部新发行的债券数量，债券的总供给量不变，利率也会保持不变，私人投资也不会减少。中央银行购买的旧债券使货币总供给量增大，货币资金的可获得性与赤字开支一同增长，这就不会发生货币供给不变时政府与私人投资者争资金的情况，挤出效应就会因货币供给与赤字的同步增长而被完全消除。当然，如果政府开支引起的总需求增长速度超过了现有资源下生产力增长的速度，仍会发生通货膨胀；如果总需求的增长速度低于或等于生产力可能增长的速度，就只有总产量的增加而不会有通货膨胀。这就是说，财政赤字即使被货币化了，也不意味着必然会引起通货膨胀。可用图 4. 25 来进行说明。

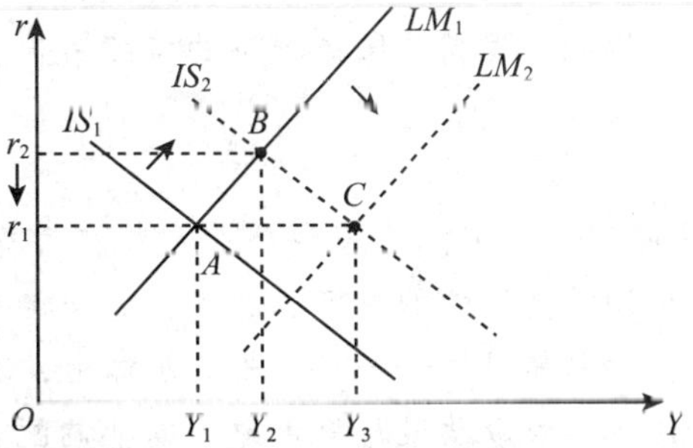

图 4. 25　财政政策与货币政策结合引起的均衡变动

图 4. 25 说明了在实行扩张性财政政策的同时中央银行采取使赤字货币化政策的影响。扩张性财政政策会使 *IS* 曲线由 IS_1 向右移动到 IS_2；中央银行购买等量债券的结果则会使货币供给量增加，*LM* 曲线向右移动，从 LM_1 移动到 LM_2。扩张性财政政策的影响是使产量从 Y_1 增加到 Y_2，利率从 r_1 上升到 r_2；扩张性货币政策则使总产品由 Y_2 进一步增加到 Y_3，而利率却下降到原来 r_1 左右的水平。在财政政策和货币政策的综合作用下，双重均衡点由 *A* 点几乎是向右平移到了 *C* 点。

案例 1 中国政府扩大需求的宏观经济政策

1998 年以来，随着改革开放的推进，日益显现的一些深层次问题不断地动摇着中国宏观经济稳定发展的基础。主要表现在以下几个方面：

第一，伴随着经济结构调整和企业改革，在我国告别了短缺而进入"过剩经济"时代的同时，经济也陷于了消费需求不足—商品库存增加—企业生产能力过剩—居民收入下降的恶性循环之中。

第二，物价持续低走，自 1997 年 8 月生产资料价格指数首次进入负增长时期之后，社会商品零售价格指数和居民消费价格指数又相继于 1997 年 10 月和 1998 年 3 月出现负增长态势。

第三，失业问题日益严重。一方面，在巨大的劳动力供给压力下，相对有限的经济规模和经济增长速度无法提供充足的就业机会，公开失业人数日趋增加。另一方面，作为体制转轨时期特殊失业现象的国有企业职工下岗问题也不断扩大。

第四，亚洲金融危机对中国的出口增长产生了重大影响，减缓了靠出口拉动的经济增长，限制了需求的扩大，减少了外国资本的投入。

针对上述经济形势，我国 1998 年以来的宏观调控明确提出扩大内需，促进经济快速增长的目标。1998 年开始，政府推出了一系列扩张性的财政政策措施，包括：(1) 通过减税措施，鼓励国内投资项目和国外投资项目；(2) 扩大政府支出，增加 9 亿元对农业的投资；(3) 提高出口退税率，支持外贸出口；(4) 大量发行国债，投资于基础设施建设；(5) 实施适当的货币政策，连续下调存贷款利率，改革商业银行体系等。这些政策措施使中国经济成功地应对了亚洲金融危机的挑战，保持了国民经济的持续增长。

分析：

1. 上述案例说明，1998 年以来，中国的宏观调控政策在目标、方式、手段等方面都表现出了与成熟市场经济的宏观调控更近似的特征。首先，它是在有效需求不足的前提下进行的，目标是控制通货紧缩，扩大总需求促进经济增长。总体上，需求是调控的对象，而且重点放在投资需求上。其次，注重了财政政策与货币政策的协调配合。事实上，从 20 世纪 80 年代末期以来，财政政策和货币政策在中国政府对宏观经济的调控中得到了充分实施，并取得了一定成效。从 1988 ~ 1992 年，中国政府一直采取的是财政政策与货币政策的松紧搭配，以解决中国经济过冷过热问题，而从 1993 ~ 1996 年，则改为适度从紧的财政政策与货币政策搭配，1998 年以来则采取的是适度的货币政策与积极的财政政策。这体现了中国政府在政策工具的配合使用方面更为成熟。

2. 上述案例还说明，在现实经济中，财政政策和货币政策总是结合在一起使用，这样才能取得理想的政策效果。因为，当经济中存在需求不足和失业，政府可以采取扩张性的财政政策（增加政府购买和减税等）来提高有效需求和消除失业，但这时候，随着总需求的增加（*IS* 曲线向右上方移动），货币需求量也必然会增加，这会引起利率的提高，从而产生对私人消费与投资的“挤出效应”，如果此时配合使用适度的货币政策来降低利率（*LM* 曲线向右下方移动），则可以减少这种“挤出效应”，使积极的财政政策收到较好的效果。

资料来源：陆百甫：《大调控：20 年宏观治理的经验与教训》，中国发展出版社，1999 年版。

案例 2　财政政策如何影响总供给

前面关于财政政策的分析强调了政府支出和税收的变动如何影响总需求。大多数经济学家认为，财政政策的短期宏观经济效应主要是通过总需求发生作用。但财政政策也会潜在地影响物品与劳务的总供给量。

例如，考虑税收变动对总供给的影响。当政府决策者减税时，工人从他们赚到的每一美元中得到的更多了，因此，他们就有工作和生产物品与劳务的更大的激励。如果他们对这种激励做出反应，在物价水平为既定时，物品与劳务的供给量就会增多，总供给曲线将向右边移动。被称为供给学派的一些经济学家认为，减税对总供给的影响是极大的。实际上，一些供给学派经济学家声称，减税的影响如此之大，以致降低税率实际上将通过提高工人努力程度而增加税收收入。但是，大多数经济学家认为，减税的供给影响是很小的。

与税收的变动一样，政府购买的变动也会潜在地影响总供给。例如，政府以政府提供的公路这类资本形式增加了支出。私人企业可以用公路来向顾客运送货物。公路量的增加提高了企业的生产率。因此，当政府对公路支出更多时，它就增加了在物价水平为既定时物品与劳务的供给量，从而使总供给曲线向右边移动。但是，在长期中，这种对总供给的影响也许比短期中更重要，因为政府修新公路并使之投入使用需要一段时间。

分析：

1. 西方经济学家将宏观经济政策分为需求管理政策与供给管理政策。财政政策是需求管理政策的工具之一。美国政府在 20 世纪 60 年代初大力推行凯恩斯主义的需求管理政策，通过减税和预算赤字对总需求产生影响，促进了美国经济的迅速增长。凯恩斯主义的需求管理政策产生背景是 19 世纪 30 年代资本主义世界的经济大萧条，凯恩斯认为经济萧条的主要原因是有效需求不足，从而提出刺激有效需求的宏观经济政策。然而，经济学家一直在争论 20 世纪 60 年代初这种迅速增长的源泉。其中，供给学派认为，经济增长是由于减税刺激了劳动与物品的总供给，政府政策能影响总需求，同时也能影响总供给。供给学派强调，税后工资和税后投资回报是刺激工作、储蓄和投资的重要力量。税率在供给分析中起着很重要的作用，削减税率是供给学派建议的政府政策的关键，税率下降提高就业，在给定资本存量下，就业增加就会提高生产能力。供给学派反对总需求决定整个经济产出、就业和价格水平的观点，而凯恩斯主义强调减税对总需求的影响。

2. 事实上，需求管理政策与供给管理政策是相互联系的。一项政策可以既是需求管理政策，又是供给政策。许多供给政策涉及政府增加支出，会引起总需求的增加；类似地，降低利率的需求管理政策可以促进生产能力的扩大，从而产生供给效应。一项政策的影响可以是多方面的，在分析政策效果时应考虑这点。

资料来源：曼昆：《经济学原理》（第三版），机械工业出版社，2003 年版。

[关键概念]

投资　交易性货币需求　预防性货币需求　投机性货币需求　*q* 值　资本的边际效率　投资边际效率　投资函数　重置成本　*IS* 曲线　流动偏好　流动性陷阱　古典区域　萧条区域　*LM* 曲线

[复习题]

1. 投资曲线在坐标系中水平移动的经济含义是什么？其主要原因是什么？
2. 用 *IS* – *LM* 模型说明如何弥补财政赤字。
3. 简述产品市场均衡的条件并加以简单的评论。
4. 投资的边际效率为什么会递减？随着投资规模的不断扩大，*MEI* 会趋于无限小吗？为什么？
5. 流动性陷阱是如何产生的？当货币需求处于流动性陷阱时会出现什么状态？
6. 简述货币市场的均衡条件并加以简要评论。

[补充阅读材料]

1. [美] 多恩布什、费希尔、斯塔兹：《宏观经济学》，中国人民大学出版社，2000 年版。
2. [美] 曼昆：《经济学原理》（第三版），机械工业出版社，2003 年版。
3. [美] 保罗 · 萨缪尔森、威廉 · 诺德豪斯：《经济学》（第十六版），华夏出版社，1999 年版。
4. [美] 弗兰克、伯南克：《宏观经济学原理》（第二版），清华大学出版社，2004 年版。
5. 凯恩斯：《就业、利息和货币通论》，商务印书馆，1983 年版。
6. 杰弗里 · 萨克斯等：《全球视角的宏观经济学》，上海三联书店、上海人民出版社，1997 年版。
7. N. Gregory Mankiw, Macroeconomics, Worth Publishers, 2000.
8. Oliver Blanchard, Macroeconomics, Prentice Hall, Qinghua University Press, 2002.

第五章

总需求－总供给模型

【学习目的和要求】

本章学习目的是在引入一般价格水平下，通过推导出总需求曲线和总供给曲线，考察产品市场、货币市场和劳动市场同时均衡时国民收入与价格水平的决定。要求掌握总需求曲线与总供给曲线的推导过程，理解影响总需求曲线与总供给曲线斜率与移动的因素，掌握新古典总需求－总供给模型与凯恩斯主义总需求－总供给模型的特点及二者差异，学会运用总需求－总供给模型分析均衡国民收入决定的不同情形，解释经济的动态调整过程以及分析宏观经济政策效果。

【内容提要】

1. 价格水平的变动会影响 *LM* 曲线的变动，因为实际货币供给量取决于名义货币供给量与价格水平。在名义货币供给量不变时，价格水平的变动会使实际货币供给量发生变动，从而影响总需求的变动。总需求曲线是反映产品市场与货币市场同时达到均衡时价格水平与产出水平组合的曲线。

2. 决定实际货币供给量对总需求影响大小的因素也是影响总需求曲线斜率的因素；财政政策通过使 *IS* 曲线的位置发生移动而影响总需求曲线的移动；货币政策通过使 *LM* 曲线的位置发生移动而影响总需求曲线的移动。

3. 由于对工资行为的假设存在着差异，新古典学派与凯恩斯主义的总供给曲线不同。新古典学派以工资有完全的伸缩性假设为基础，得出垂直的总供给曲线；凯恩斯主义在新古典总供给模型的基础上，提出工资下限假说，认为在存在名义工资下限时，在实现充分就业前，价格水平与总供给水平同方向变动，总供给曲线是一条向右上方倾斜的曲线；而在实现了充分就业的条件下，无论价格水平如何变化，总供给水平不变，总供给曲线是垂直的。

4. 总需求－总供给模型决定了均衡国民收入水平和价格水平，由于总供给曲线有不同的形状，均衡点具有不同的情形，政府的宏观经济政策也具有不同的效应。同时，由于总需求或总供给的变化会使均衡收入发生变化，该模型还可用于分析经济的动态调整过程。

IS－LM 模型具有两个局限性：一是没有分析劳动市场的情况，即只讨论了国民收入的决定，没有说明均衡国民收入是否是充分就业的国民收入；二是没有考察一般价格水平对均衡国民收入的影响。本章在收入、利率之外，再引入一般价格水平，考察产品市场、货币市场和劳动市场的同时均衡。

第一节　总需求

总需求 - 总供给模型是要将总需求与总供给结合在一起来说明国民收入与价格水平的同时决定。它是研究产量波动以及决定价格水平与通货膨胀率的基本工具。本章要说明总需求曲线与总供给曲线的决定，并在此基础上分析总需求曲线与总供给曲线的移动及其对国民收入与价格水平的影响。

一、总需求曲线

总需求是社会对产品和劳务的需求总量，它通常以产出水平来表示。总需求函数是指产出与价格水平之间的关系，它表示在某一特定价格水平下，社会对产出的需求。总需求曲线（Aggregate demand curve）则表示产品市场与货币市场同时达到均衡时的价格水平与产出水平的组合。

（一）总需求曲线的推导

产出与价格之间的关系相当复杂，其关键是，总需求取决于实际货币供给。实际货币供给是中央银行和银行体系提供的货币的价值。一般来说，当名义货币供给量不变而价格水平下降时，实际货币供给量水平会增加，从而利率下降，投资增加，并引起总需求增加。相反，如果价格水平上升，则会引起总需求减少。也就是说，总需求与价格水平呈反方向变动关系。可以利用 *IS - LM* 模型来推导总需求曲线。

在 *IS - LM* 模型中，一般价格水平被假定为一个常数。在价格水平固定不变且货币供给量一定时，*IS* 曲线与 *LM* 曲线的交点决定了均衡国民收入和均衡利率。现在假设其他条件不变，唯一变动的是价格水平，价格水平的变动不会影响产品市场的均衡，即不会影响 *IS* 曲线，但会影响到货币市场的均衡，即 *LM* 曲线会发生移动。这是因为，*IS* 曲线的变量被假定是实际变量而不是随价格变化而变动的名义变量，但 *LM* 曲线中的货币供给量则有名义货币供给量和实际货币供给量之分。

如果以 $\overline{m}$ 表示实际货币供给量，M 表示名义货币供给量，P 代表价格水平，则有：

$$\overline{m} = \frac{M}{P} \tag{5.1}$$

由（5.1）式可以看出，实际货币供给量取决于名义货币供给量和价格水平。当名义货币供给量不变而价格水平下降时，会使实际货币供给量增加。如果货币需求不变，则实际货币供给量的增加会使货币市场上的货币需求小于货币供给，从而使利率水平下降。利率水平的下降会使投资增加，从而使总需求增加。因此，价格水平下降的结果是使总需求增加。同样，如果价格水平上升，则会使总需求减少。在宏观经济学中，将价格水平变动引起利率同方向变动，进而使投资和产出水平反方向变动的情况，称为利率效应。另外，价格水平下降还会使人们所持有的货币及其他以货币固定价值的资产的实际价值增加，从而使人们变得相对富有，这又会使人们增加消费需求。这种效应被称为实际余额效应。而且，价格水平下降会使人们的名义货币收入减少，这会降低人们的纳税档次，并使人们的税负减少，可支配收入增加，从而增加消费需求。

可以用图形来说明价格水平变动对总需求的影响过程（见图5.1）。

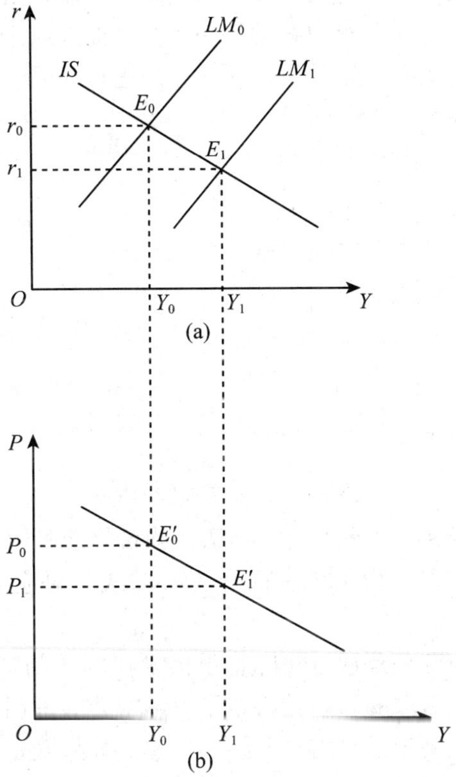

图5.1　总需求曲线的推导

图5.1分为上下两个部分，上图5.1（a）为 *IS-LM* 曲线图，下图5.1（b）表示价格水平与总需求之间的关系，即总需求曲线。在图5.1（a）中，假设初始价格水平为 P_0，此时，实际货币供给量为 m_0，货币市场与产品市场在 E_0 点实现均衡，E_0 点决定了均衡利率为 r_0，均衡国民收入为 Y_0。将 E_0 点所反映的货币市场和产品市场同时均衡时的价格水平 P_0 与国民收入水平 Y_0 标在下图5.1（b）中，得到了总需求曲线上的一点 E_0'。

现在假设价格水平由 P_0 下降到 P_1，这决定了实际货币供给量由 m_0 增加到 m_1。当实际货币供给量增加时，*LM* 曲线向右边移动，即由 LM_0 移动到 LM_1。这时，在图5.1（a）中，LM_1 与 IS_0 在 E_1 点相交，决定了均衡利率水平为 r_1（$r_1<r_0$），均衡国民收入为 Y_1（$Y_1>Y_0$）。将 E_1 点所反映的货币市场和产品市场同时均衡时的价格水平 P_1 与国民收入水平 Y_1 标在下图5.1（b）中，得到了总需求曲线上的一点 E_1'。

随着价格水平的变化，会有很多个反映价格水平与国民收入组合的均衡点，将这些点连在一起所得到的曲线就是总需求曲线。例如，将图5.1（b）中的 E_0' 点和 E_1' 点连接起来，就得到了表明总需求与价格水平反方向变化的总需求曲线 AD。在 AD 线上的任何一点都是货币市场和产品市场同时均衡时价格水平与国民收入相结合的点。

（二）总需求曲线的斜率

总需求曲线的斜率反映了既定的价格水平变动所引起的总需求与国民收入的不同变动情况。一般来说，总需求曲线的斜率越大，曲线越陡峭，一定的价格水平变动所引起的总需求与国民收入变动越小；相反，总需求曲线的斜率越小，曲线越平坦，一定的价格水平变动所引起的总需求与国民收入变动越大。可以用图 5.2 来进行说明。

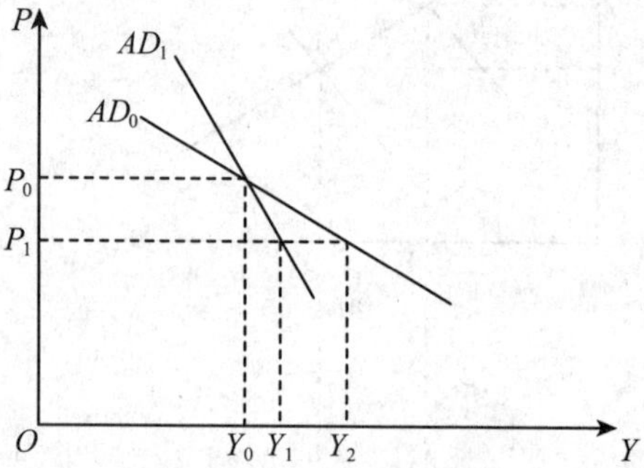

图 5.2　总需求曲线的斜率

图 5.2 中，总需求曲线 AD_0 的斜率小于 AD_1，当价格水平由 P_0 下降到 P_1 时，与 AD_0 曲线相对应的国民收入增加较多，为 Y_0Y_2，而与 AD_1 曲线相对应的国民收入则增加较少，为 Y_0Y_1，$Y_0Y_2 > Y_0Y_1$。

由前所知，价格水平的变动是通过实际货币供给量的变动来影响总需求水平的，因此，实际货币供给量的变动对总需求的影响就决定了总需求曲线的斜率，即决定实际货币供给量对总需求影响大小的因素也决定了总需求曲线的斜率。如果既定的实际货币供给量的变动所引起的总需求的变动大，则总需求曲线的斜率就小；相反，如果既定的实际货币供给量的变动所引起的总需求的变动小，则总需求曲线的斜率就大。

具体来说，影响总需求曲线斜率的因素主要有以下方面：

第一，货币需求的利率弹性。货币需求的利率弹性越大，表明一定利率变动所引起的货币需求变动越大，LM 曲线的斜率就越小，LM 曲线越平坦。这样，一定价格变动所引起的实际货币供给量的变动对总需求的影响就越小，总需求曲线的斜率就越大，AD 曲线越陡峭。相反，货币需求的利率弹性越小，表明一定利率变动所引起的货币需求变动越小，LM 曲线的斜率就越大，LM 曲线越陡峭。这样，一定价格变动所引起的实际货币供给量的变动对总需求的影响就越大，总需求曲线的斜率就越小，AD 曲线越平坦。

第二，投资需求的利率弹性。投资需求的利率弹性越大，表明一定利率变动所引起的投资需求变动越大，从而使总需求的变动越大，总需求曲线的斜率越小，AD 曲线越平坦。相反，投资需求的利率弹性越小，表明一定利率变动所引起的投资需求变动越小，从而使总需求的变动越小，总需求曲线的斜率越大，AD 曲线越陡峭。

第三，货币需求的收入弹性。货币需求的收入弹性越大，一定的实际货币供给量变动所引起的收入变动越小，总需求变动就越小，总需求曲线的斜率越大，*AD* 曲线越陡峭。相反，货币需求的收入弹性越小，一定的实际货币供给量变动所引起的收入变动越大，总需求变动就越大，总需求曲线的斜率越小，*AD* 曲线越平坦。

第四，乘数。乘数越大，一定实际货币供给量变动所引起的收入变动越大，总需求变动也越大，总需求曲线的斜率越小，*AD* 曲线越平坦。相反，乘数越小，一定实际货币供给量变动所引起的收入变动越小，总需求变动也越小，总需求曲线的斜率越大，*AD* 曲线越陡峭。

可以看出，总需求曲线的斜率与货币需求的利率弹性、货币需求的收入弹性呈同方向变化，而与投资需求利率弹性、乘数呈反方向变化。

根据影响总需求曲线斜率的因素，可以推导出两种极端的情形。一是古典特例。在这种情况下，货币需求的利率弹性为零，*LM* 曲线为一条垂线，实际货币供给量的变动对总需求的影响最大，总需求曲线的斜率最小，总需求曲线为一条水平线。二是凯恩斯陷阱。在这种情况下，货币需求的利率弹性无限大，即在既定的利率水平上，人们愿意持有任何数量的货币供给量，*LM* 曲线是一条水平线。因此，价格变动所引起的实际货币供给量的变动对总需求几乎没有什么影响，总需求曲线的斜率最大，总需求曲线为一条垂线，即总需求不会对价格变动作出什么反应。

二、总需求曲线的移动

总需求曲线是由 *IS*-*LM* 模型推导出来的，因此，*IS* 曲线、*LM* 曲线的移动会引起总需求曲线发生移动。而财政政策的变动会引起 *IS* 曲线的移动，货币政策的变动则会引起 *LM* 曲线的移动，因而财政政策和货币政策的变动会引起总需求曲线的变动。

（一）财政政策对总需求曲线的影响

财政政策影响产品市场而不影响货币市场，因而财政政策的变动会使 *IS* 曲线发生移动，而 *LM* 曲线则保持不变。也就是说，财政政策通过使 *IS* 曲线的位置发生移动而使总需求曲线的位置发生移动。

假设其他条件不变，扩张性财政政策会使 *IS* 曲线向右边平行移动，在价格水平不变的情况下，总需求曲线也会向右边平行移动。同样，政府的紧缩性财政政策则会使 *IS* 曲线向左边平行移动，进而使总需求曲线向左边平行移动。这说明，当采取扩张性财政政策时，在每一价格水平上，总需求都增加了；而当采取紧缩性财政政策时，在每一价格水平上，总需求都减少了。见图 5.3。

图 5.3（a）中，原来的 IS_0 曲线与 *LM* 曲线相交于 E_0，决定了均衡收入和均衡利率分别为 r_0 和 Y_0。图 5.3（b）中的 E_0 点表示产品市场与货币市场同时均衡时价格为 P_0、均衡收入为 Y_0 的结合点。与此相对应的总需求曲线为 AD_0。现在假设其他条件不变，政府实行扩张性的财政政策，结果使 IS_0 曲线右移到 IS_1，IS_1 曲线与 *LM* 曲线相交于 E_1，决定了新的均衡收入为 Y_1。在图 5.3（b）中 E_1 点表示产品市场与货币市场同时均衡时价格为所对应的 P_0、均衡收入为 Y_1 的结合点。与此相对应的总需求曲线为 AD_1。可以看出，当价格水平不变时，政府实行扩张性财政政策的结果是使总需求曲线向右平行移动。根据此方法可以说

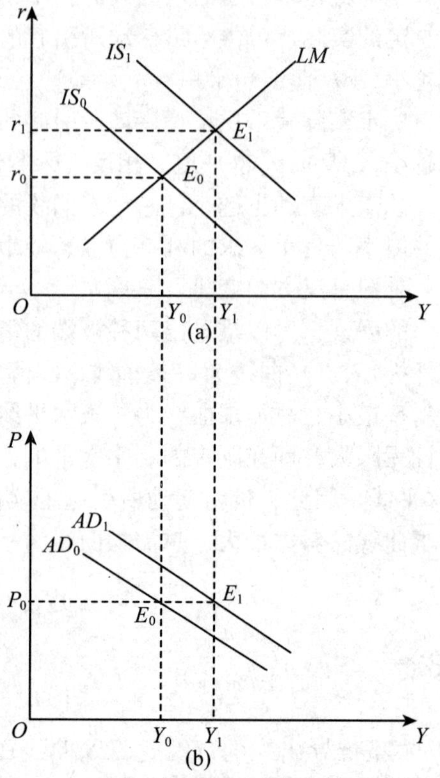

图 5.3　总需求曲线的移动

明，政府实行紧缩性财政政策会使总需求曲线向左平行移动。

（二）货币政策对总需求曲线的影响

货币政策影响货币市场而不影响产品市场，因而货币政策的变动会使 *LM* 曲线发生移动，而 *IS* 曲线则保持不变。也就是说，货币政策通过使 *LM* 曲线的位置发生移动而使总需求曲线的位置发生移动。

假设其他条件不变，扩张性货币政策会使 *LM* 曲线向右边平行移动，在价格水平不变的情况下，总需求曲线也会向右边平行移动。同样，紧缩性货币政策则会使 *LM* 曲线向左边平行移动，进而使总需求曲线向左边平行移动。这说明，当采取扩张性货币政策时，在每一价格水平上，总需求都增加了；而当采取紧缩性货币政策时，在每一价格水平上，总需求都减少了（见图 5.4）。

图5.4（a）中，原来的 LM_0 曲线与 *IS* 曲线相交于 E_0，决定了均衡收入和均衡利率分别为 r_0 和 Y_0。图 5.4（b）中的 E_0 点表示产品市场与货币市场同时均衡时价格为 P_0、均衡收入为 Y_0 的结合点。与此相对应的总需求曲线为 AD_0。现在假设其他条件不变，政府实行扩张性的货币政策，结果使 LM_0 曲线右移到 LM_1，LM_1 曲线与 *IS* 曲线相交于 E_1，决定了新的均衡收入为 Y_1。在图 5.3（b）中 E_1 点表示产品市场与货币市场同时均衡时价格为所对应的 P_0、均衡收入为 Y_1 的结合点。与此相对应的总需求曲线为 AD_1。可以看出，当价格水平不

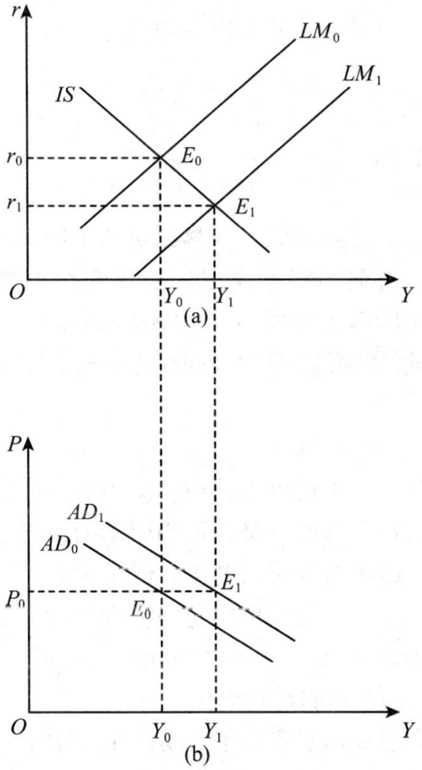

图 5.4　总需求曲线的移动

变时，政府实行扩张性货币政策的结果是使总需求曲线向右平行移动。根据此方法可以说明，政府实行紧缩性货币政策会使总需求曲线向左平行移动。

第二节　总供给

总供给是指一个社会的总产量（或总产出），它描述了社会的基本资源用于生产时可能有的产量。总供给曲线（Aggregate supply curve）反映了价格水平与产量的相结合，即在某种价格水平时整个社会的厂商所愿意供给的产品总量，表示的是总供给量与一般价格水平之间的关系。一般而言，总供给主要由劳动力、生产性资本存量及技术决定。一般价格水平通过影响实际工资、劳动市场供求关系及就业量而最终影响总供给量，其过程如下：

价格水平（P）→实际工资（W/P，假定名义工资率 W 不变）→劳动供给、劳动需求（N^s、N^d）→就业量（N）→国民收入。

可见，总供给曲线的推导涉及三个方面的关系：

第一，一般价格水平与实际工资的关系，即 $P \to W/P$；

第二，实际工资与劳动供求从而与就业量的关系，即 $W/P \to (N^s、N^d) \to N$；

第三，就业与总供给量的关系，即 $N \to Y_S$。

在总供给分析中，工资行为的决定具有十分重要的作用。但不同经济学家对工资行为的决定有着不同的解释，因而形成了不同的总供给曲线。本章主要介绍新古典总供给曲线和凯恩斯主义总供给曲线。

一、新古典总供给曲线

新古典总供给曲线是根据新古典学派经济学家对总供给的分析归纳出来的反映价格水平与总产出之间关系的曲线。新古典经济学家以工资有完全的伸缩性（弹性）假说为基础，因而该模型又被称为“无摩擦的新古典模型”（Frictionless neoclassical model）。在这一假说下，劳动市场上的均衡就业量是实际就业量，同时也是充分就业量。

（一）工资弹性假说

工资弹性假说的基本内容是：工资可以适应劳动力市场供求的变动而迅速变动，当劳动力市场上供给大于需求时，工资会迅速下降，而当劳动力市场上供给小于需求时，工资又会迅速上升，通过工资水平这种迅速而及时的变动，经济中就总是处于充分就业状态。

这一假说实际上是假设：第一，劳动市场是完全竞争的。即不存在工会对劳动供给的垄断及厂商对劳动力需求的垄断；劳动力的流动是完全自由的，信息是完全的，交易费用为0；厂商增加或减少劳动力也无须支付任何费用。

第二，劳动力的供求取决于实际工资水平。实际工资水平是决定劳动力市场供求的唯一因素，从而也是调节劳动市场使之实现均衡即使劳动市场出清的唯一因素。

第三，工资对于劳动力市场的调节是迅速的、及时的，没有时滞。

（二）劳动力市场均衡

劳动力市场均衡是通过分析劳动需求与劳动供给的决定，推导出劳动力市场均衡的条件，从而为确定总供给曲线奠定基础。

1. 劳动的需求函数

追求利润最大化的厂商使用劳动的原则是使劳动的边际收益等于劳动的边际成本。用公式表示为：

$$MPL = \frac{W}{P}$$

当劳动的边际产品为既定时，劳动的需求就取决于实际工资水平，是实际工资水平的反函数，即实际工资水平上升，劳动需求减少；实际工资下降，劳动需求增加。劳动的需求函数可以写为：

$$N^d = f\left(\frac{W}{P}\right) \quad (5.2)$$

劳动需求函数可以用图5.5来表示。

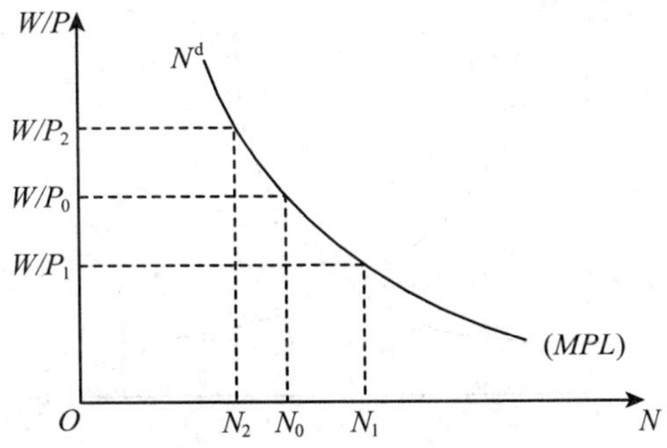

图 5.5　劳动需求函数 $N^d=f$（W/P）

图 5.5 中，横轴 N 表示就业量，纵轴 W/P 表示实际工资水平，N^d 为劳动需求曲线。当实际工资为 W/P_0 时，劳动的需求量为 N_0；而当实际工资下降为 W/P_1 时，劳动的需求量增加到 N_1；当实际工资上升为 W/P_2 时，劳动的需求量减少到 N_2。

2. 劳动的供给函数

劳动供给由劳动的边际负效用与工资的边际效用决定。当工资的边际效用大于劳动的边际负效用时，劳动者要增加劳动的供给，相反，则减少劳动的供给；当两者相等时，就决定了劳动者所提供的劳动量。

假设劳动的边际负效用为既定，工资的边际效用取决于实际工资量。这样就可以将劳动的供给函数写为：

$$N^s=f\left(\frac{W}{P}\right) \tag{5.3}$$

劳动供给函数可以用图 5.6 来表示。

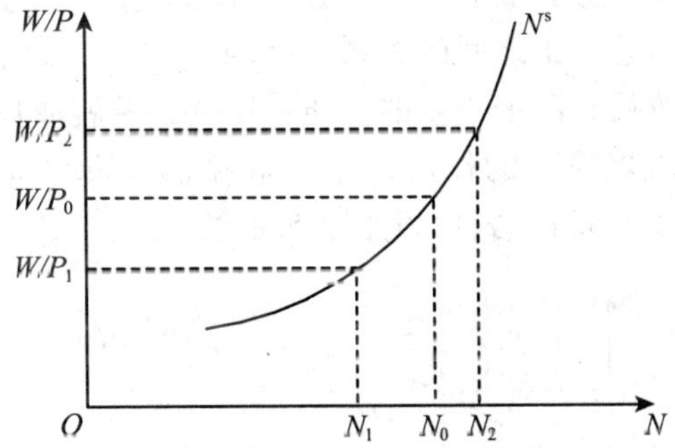

图 5.6　劳动供给函数 $N^s=f$（W/P）

图 5.6 中，横轴 N 表示就业量，纵轴 W/P 表示实际工资水平，N^s 为劳动供给曲线。当实际工资为 W/P_0 时，劳动的供给量为 N_0；而当实际工资下降为 W/P_1 时，劳动的供给量减少到 N_1；当实际工资上升为 W/P_2 时，劳动的供给量增加到 N_2。

3. 劳动力市场的均衡：就业量的决定

劳动力市场均衡条件是：$N^d=N^s$。可用图 5.7 来说明。

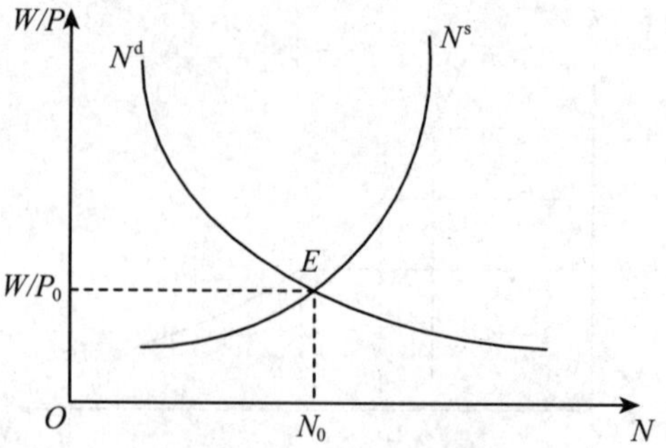

图 5.7　劳动力市场均衡

图5.7中，劳动需求曲线 N^d 与劳动供给曲线 N^s 相交于 E 点，决定了均衡实际工资水平为 W/P_0，均衡就业量为 N_0。根据工资弹性假说，E 点所决定的就业量 N_0 是均衡就业量。因为，如果劳动需求大于劳动供给，则实际工资水平会迅速上升，从而使厂商减雇工人，就业减少；而如果劳动供给大于需求，即存在失业，则实际工资水平会迅速下降，从而使厂商增雇工人，就业增加，失业减少。当劳动需求与劳动供给相等时，劳动力市场也就不再进行调整。也就是说，在实际工资的调整下，劳动供给与劳动需求相等时的就业量一定是均衡就业量，同时也是充分就业时的就业量。

（三）就业量与产量的决定

新古典学派认为，产量取决于就业量。这就是说，在假设资本数量与技术条件为既定的情况下，产量的大小只由劳动量决定。新古典学派的生产函数可以表示为：

$$Y = f(N) \tag{5.4}$$

生产函数有微观和宏观之分，宏观生产函数又称总量生产函数，是指整个国民经济的生产函数，它表示总量投入与总产出之间的关系。（5.4）式表示的是宏观生产函数。

新古典学派的生产函数具有两个重要的性质：第一，总就业量决定了总产量，而不是相反；第二，由于“报酬递减规律”的作用，随着总就业量的增加，总产量按递减的比率增加。新古典学派的生产函数（5.4）式可以用图5.8来表示。

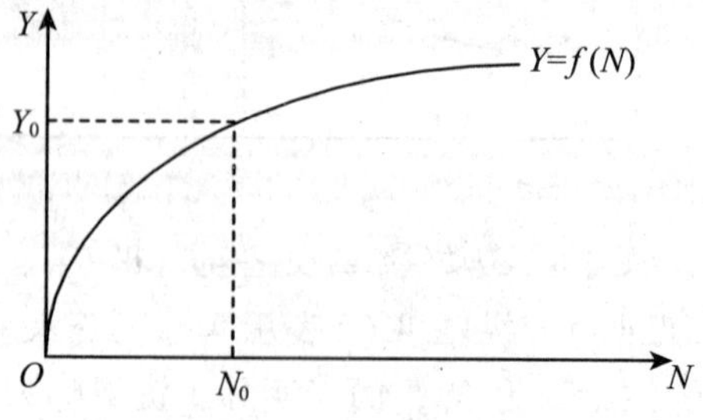

图 5.8　宏观生产函数

图5.8中，横轴 N 表示劳动的总就业量，纵轴 Y 表示总产量，曲线 $Y=f(N)$ 表示宏观生产函数。当总就业量为 N_0 时，对应的总产量为 Y_0。随着总就业量的增加，生产函数曲线

越来越平缓，表示总产量随总就业量的增加按递减的比率增加。

新古典学派的宏观生产函数说明了在技术水平既定及一定的资本存量下，总产量与总就业量之间的关系。也就是说，在一定时期和一定条件下，总供给主要由经济的总就业水平决定。

（四）新古典总供给曲线

新古典总供给模型关于价格与名义工资的决定以货币数量为出发点，认为，价格的变动最终并不影响实际工资水平，只影响名义工资水平，而且，价格的变动与名义工资的变动是同比例的。因此，价格的变动最终也并不影响劳动市场的均衡，不影响产量水平。货币是中性的。

根据以上假设，存在以下函数关系：

生产函数：$Y=f(N)$

实际工资水平：$w=W/P$

劳动供给函数：$N^s=f(W/P)$

劳动需求函数：$N^d=f(W/P)$

劳动市场均衡：$N_e-N^s-N^d-N_f$

可以用图5.9来说明总供给曲线的推导过程。

图5.9（a）是根据 $w=W/P$ 画出的工资曲线。由于实际工资与价格水平按反方向变化，所以，工资曲线向右下方倾斜。图5.9（b）表示劳动市场均衡条件下劳动需求与劳动供给均等的关系，函数 $N^d=N^s$ 是劳动市场的均衡条件。图5.9（c）表示宏观生产函数 $Y=f(N)$，总产出是总就业量的增函数，与总就业量按同方向变化。在图5.9（a）中，首先假设货币工资不变，为 W_0，如果价格为 P_0，则实际工资为 w_0。在图5.9（b）中，假设当实际工资为 w_0 时，劳动市场实现均衡，即劳动供给和劳动需求都为 N_0，经济中的充分就业量也为 N_0。根据生产函数，当就业量为 N_0 时，总产出为 Y_0，这一关系反映在图5.9（c）中。这样，可以在图5.9（d）中找到价格水平为 P_0、收入为 Y_0 时价格水平与总产出的结合点，即图5.9（d）中的 A 点。

当价格上升到 P_1 时，如果货币工资不变，仍为 W_0，则实际工资下降为 w_1，这时，$N^s<N^d$，从而使货币工资上涨，而且必须上涨到 W_1，使其实际工资恢复到 w_0，于是，就业量仍为 N_0，总产出为 Y_0。这样可以得到图5.9（d）中的 B 点。同样，当价格下降到 P_2 时，可得到 C 点。将 A、B、C 点连接起来就得到了一条垂直的 AS 曲线，这就是新古典总供给曲线。

AS 垂直的原因是：货币工资可以充分自由伸缩，因而任何价格水平的变化都会引起货币工资的方向相反但程度相同的变化，从而保持实际工资为均衡水平，就业、产量为充分就业均衡。

垂直的 AS 曲线表明，经济总是处于自然就业率的水平，从而不会出现长期的大量的失业现象。

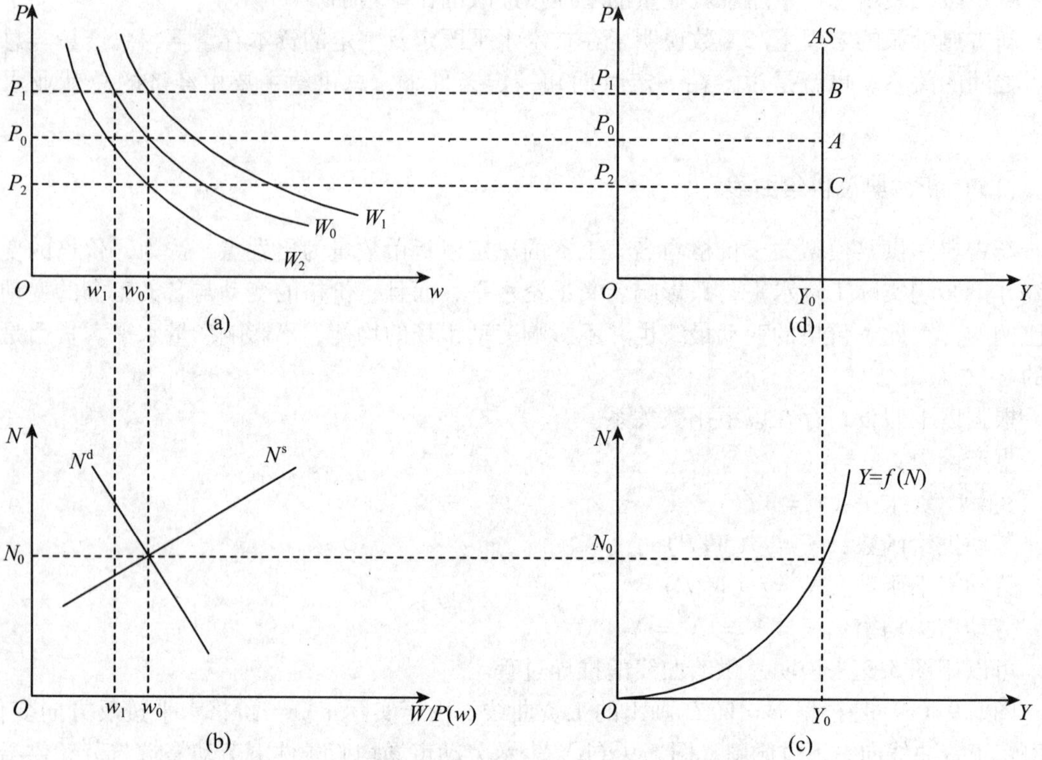

图 5.9 总供给曲线的推导

二、凯恩斯主义总供给曲线

凯恩斯主义总供给模型是对新古典总供给模型的发展。这两个模型的关键差别在于其工资行为的假说不同。新古典总供给模型以工资完全伸缩性假说为出发点，凯恩斯主义总供给模型则以工资下限假说为出发点。

（一）工资下限假说

工资下限（Wage floor）假说是指：在短期内，货币工资具有完全的向下刚性，但也具有完全的向上伸缩性。即工资有一个最低限度，无论劳动的供求如何变化，工资不会低于这一水平，从而具有不能向下变动的刚性，但在这一最低限度之上，工资则可以随劳动供求关系的变动而变动，从而具有向上的伸缩性。

这一假说与新古典工资完全伸缩性假说的差别在于：第一，承认工资的下降有一个最低限度，其根源在于劳动市场并不是完全竞争的；第二，决定劳动供求的不是实际工资水平，而是名义工资水平，因而这一假说强调的是名义工资。

（二）凯恩斯主义总供给模型中的劳动供给曲线

凯恩斯主义者将劳动供给量作为名义工资的函数。由于劳动者存在“货币幻觉”，劳动供给量不取决于实际工资，而取决于名义工资。而且，根据工资下限假说，可以将劳动供给曲线分为两种情况：

第一，当劳动供给小于充分就业水平时，劳动的供给只与工资下限即劳动者愿意接受的最低名义工资标准相关，而与价格水平无关。

第二，当劳动供给大于充分就业水平时，劳动的供给既取决于名义工资，也取决于价格水平，随着名义工资水平的上升，劳动供给量增加。

可以用图 5.10 来进行说明。

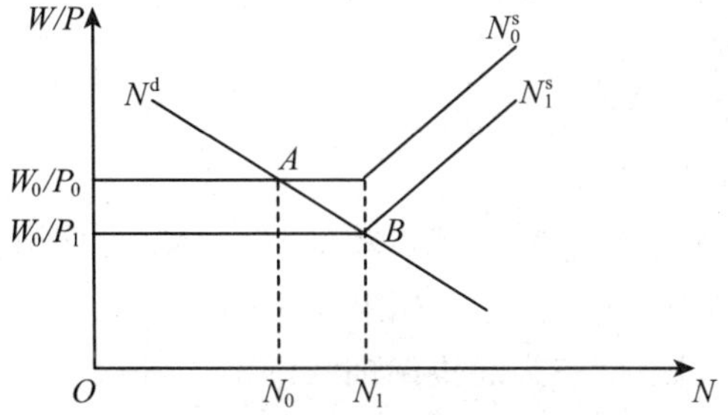

图 5.10 凯恩斯主义总供给模型中的劳动供给曲线

现在假设劳动者愿意接受的最低名义工资水平为 W_0，劳动需求曲线为 N^d。N_1 为充分就业水平。这样，无论价格水平是 P_0 还是 P_1（$P_0 < P_1$），劳动者都愿意提供从 O 到 N_1 的任何劳动量。当社会实现了充分就业以后，即在 N_1 点以后，只有当实际工资水平提高了，劳动者才愿意增加劳动供给量，因而劳动供给曲线向右上方倾斜。

具体来说，当价格水平为 P_0 时，实际工资水平为 W_0/P_0，劳动者愿意提供从 O 到 N_1 的任何劳动量。而根据劳动需求曲线 N^d，劳动者实际提供的劳动量为 N_0，$N_0 < N_1$，说明社会存在 N_0N_1 的非自愿失业。当价格水平为 P_1（$P_1 > P_0$）时，实际工资水平为 W_0/P_1。显然，实际工资水平下降了，但由于劳动者存在“货币幻觉”，仍愿意提供从 O 到 N_1 的任何劳动量。而根据劳动需求曲线 N^d，厂商愿意雇用的劳动量为 N_1。这样，劳动者实际提供的劳动量 N_1 就与厂商愿意雇用的劳动量 N_1 相等，劳动市场处于均衡状态。当名义工资水平低于最低名义工资水平 W_0 时，劳动者不愿意提供任何劳动量。但只要名义工资水平高于 W_0，在充分就业水平 N_1 点以前，劳动供给就只取决于名义工资水平 W_0。

图 5.10 中，B 点为劳动市场处于充分就业状态，N_0 是失业状态。如果名义工资能够随劳动市场供求关系的变动而变动，即具有完全伸缩性，在存在失业时，名义工资可以下降直至价格水平为 P_0 时的实际工资水平与价格为 P_1 时一样，劳动市场就可以实现充分就业均衡。但由于名义工资具有向下的刚性，劳动者不愿意接受低于 W_0 的名义工资，从而存在失业就是必然的。

凯恩斯主义者反对新古典经济学家通过降低名义工资从而降低实际工资来增加就业的做法，主张提高价格来降低实际工资以增加就业。从图 5.10 来看，当价格提高到 P_1，实际工资水平下降到 W_0/P_1 时，就实现了充分就业。

凯恩斯主义者之所以反对降低名义工资而主张提高价格水平主要有两点理由：第一，由于存在工资下限，降低名义工资必然引起劳动者的反对，因此，降低名义工资是行不通的；

第二，即使降低名义工资是可行的，这种做法也无法增加就业，因为名义工资降低会减少劳动者的购买力，从而无法使劳动者购买增加的产量，最终仍不能达到增加产量与就业的目的。

（三）凯恩斯主义总供给曲线

在凯恩斯主义总供给模型中，由于货币工资存在下限，通过以上分析，存在如下函数关系：

生产函数：$Y=f\ (N)$

实际工资水平：$w=W/P$

劳动供给函数：$N^s=f\ (W/P)$

劳动需求函数：$N^d=f\ (W/P)$

劳动市场均衡：$N^e=N^s=N^d=N^f$　　如果 $w=w_e$（w_e 为均衡实际工资）

$N^e=N^d<N^f$　　如果 $w>w_e$

可以用图 5.11 来说明凯恩斯主义总供给曲线的推导过程。

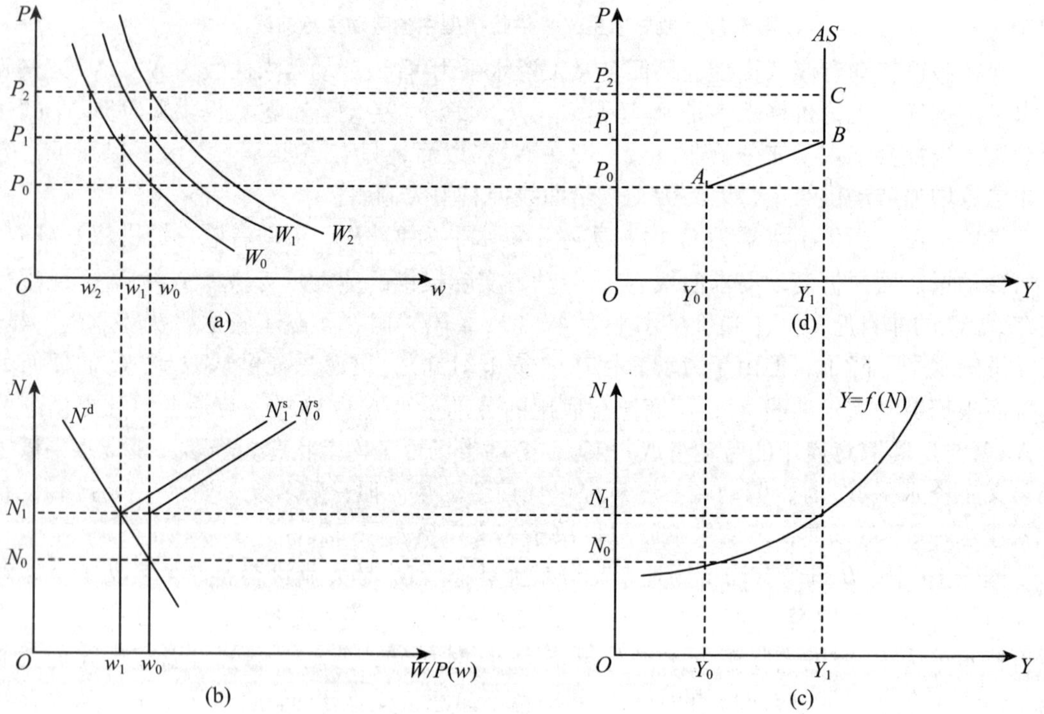

图 5.11　总供给曲线的推导

在图 5.11（a）中，假设劳动者愿意接受的最低名义工资为 W_0，此时价格为 P_0，实际工资为 w_0。在图 5.11（b）中，当实际工资为 w_0 时，劳动者愿意提供的就业量为 N_0，而劳动市场的充分就业水平为 N_1。这说明劳动市场存在失业。根据生产函数，当就业量为 N_0 时，总产出为 Y_0，这一关系反映在图 5.11（c）中。这样，可以在图 5.11（d）中找到价格

水平为 P_0、产出为 Y_0 时价格水平与总产出的结合点，即图 5.11（d）中的 A 点。

当价格上升到 P_1 时，如果货币工资不变，则实际工资会减少，由 w_0 减少到 w_1，由于劳动者存在货币幻觉，劳动者仍愿意提供从 O 到 N_1 的就业量，此时，收入为 Y_1，Y_1 为充分就业时的产量。这样可以得到图 5.11（d）中的 B 点。当价格再上升到 P_2 时，如果货币工资不变，则实际工资会减少到 w_2。此时，由于已经实现了充分就业，劳动需求大于劳动供给会使货币工资提高，假设货币工资提高到 W_1，从而使实际工资为 w_1。由于实际工资不变，收入也不变，仍为 Y_1，据此可以得到图 5.11（d）中的 C 点。

连接 A、B、C 三点就得到了凯恩斯主义总供给曲线 AS。该曲线分为两个部分：B 点以下，AS 是一条向右上方倾斜的曲线，表明在存在名义工资下限 W_0 时，随着价格水平的上升，实际工资减少，就业量与产量增加，价格水平与总供给水平同方向变动。B 点以上，AS 是一条垂线，表明在实现了充分就业的条件下，无论价格水平如何上升，总供给水平无法增加。

第三节　总需求－总供给分析

前面分别介绍了总需求和总供给曲线，本节则将两者结合起来分析均衡国民收入和价格水平的决定。

一、均衡国民收入和价格水平的决定

总需求曲线与总供给曲线的交点决定了均衡国民收入水平和价格水平。由于总供给曲线有不同的形状，因而均衡国民收入和价格水平的决定也可以分不同情况来探讨。

（一）货币工资弹性假设下均衡国民收入和价格水平的决定

假定货币工资弹性，则总供给曲线为垂直线。可用图 5.12 来说明国民收入和价格水平的决定。

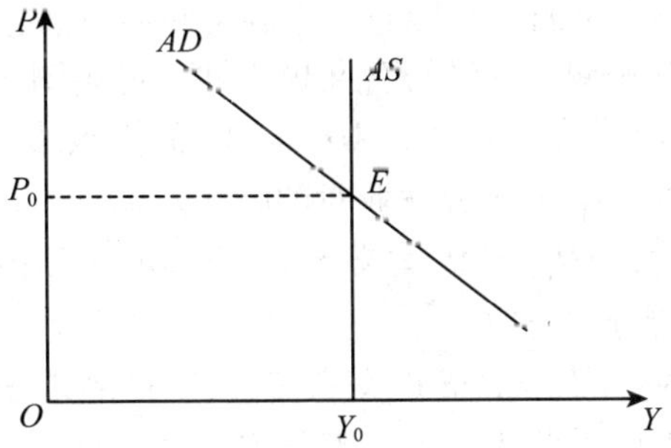

图 5.12　均衡国民收入的决定

图 5.12 中，总需求曲线 AD 与总供给曲线 AS 相交于 E 点，该点决定的收入 Y_0 为充分就业收入。这是因为，总需求曲线上每一点反映了在给定价格水平上的总需求量，而该总需求量又是由 IS 和 LM 曲线的交点决定的；总供给曲线上每一点反映了在给定价格水平上的总供给量，而该总供给量又是由就业量决定的，在货币工资弹性的假定下，就业量是均衡的、充分就业的就业量。因此，总需求、总供给的交点表明产品市场、货币市场和劳动市场同时达到均衡。这时的收入被称为充分就业收入。

该分析受到了两个方面的批评：第一，该分析依赖于货币工资弹性假定。而如果货币工资是刚性的，就有可能难以同时实现三个市场的均衡。第二，即使货币工资弹性成立，总供给曲线 AS 垂直，也可能出现总需求曲线不能够与总供给曲线相交，从而经济出现不确定状态（如图 5.13）。

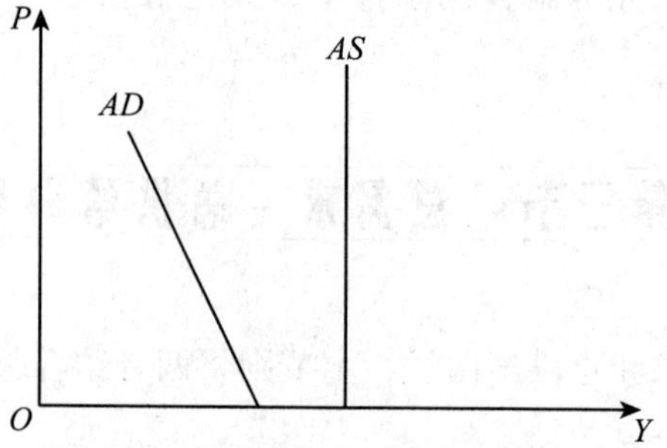

图 5.13　均衡国民收入的决定

图 5.13 中，AD 曲线比较陡，意味着总需求对价格的变化反应不大。这是因为，财富效应的影响小，而利率效应正常发挥作用要克服重重困难：价格下降引起实际货币供给量增加，必须能使利率降低，利率降低要能刺激投资。而由于流动性陷阱的存在，使投资曲线趋于垂直，即不管利率如何，投资量基本上固定。因此，总需求也不会发生很大的变化。由于整个经济中的总需求量不够大，且 AD 曲线比较陡，使得 AD 曲线无法与 AS 相交，从而经济不能够实现均衡。

（二）货币工资刚性下均衡国民收入与价格水平的决定

假定货币工资刚性，总供给曲线先向右上方倾斜然后垂直。由于 AS 曲线形状特殊，AD 与 AS 在 AS 曲线的不同位置相交，其经济含义也不同。可用图 5.14 来进行说明。

图 5.14 中，当总需求曲线为 AD_0 时，AD_0 与 AS 的交点 E_0 点表明产品市场、货币市场和劳动市场同时实现了均衡，Y_0 为充分就业时的收入。

当总需求曲线为 AD_1 时，AD_1 与 AS 的交点 E_1 点表明产品市场、货币市场实现了均衡但劳动市场失衡，Y_1 为低于充分就业收入。

当总需求曲线为 AD_2 时，AD_2 与 AS 的交点 E_0 表明产品市场、货币市场和劳动市场同时实现了均衡，Y_0 为充分就业时的收入，但一般价格水平过高。

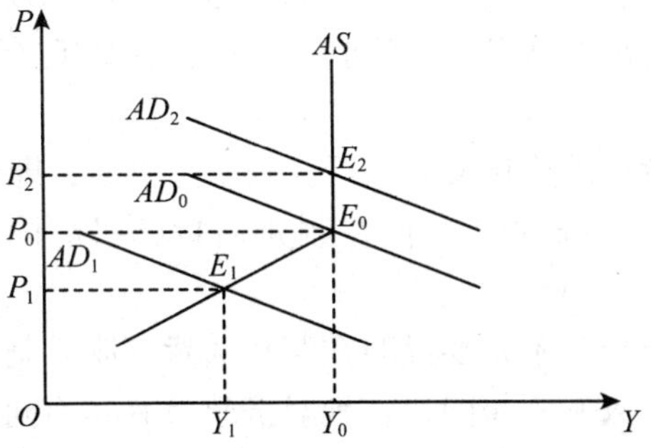

图 5.14 低于充分就业均衡

当经济处于低于充分就业均衡如处于 E_1 点时，可以增加支出、减少税收以增加总需求，使之移动到 AD_0 的位置，从而增加就业，增加国民收入。而当经济处于过高的价格水平如为 P_2 时，可减少支出，增加税收以减少总需求，将总需求曲线由 AD_2 移动到 AD_0，以减轻通货膨胀的压力。由于存在货币幻觉，刺激总需求，可以增加就业和收入。

该模型也受到了批评：由于人们能够合理预期，因而价格上升会引起货币工资上涨，从而使实际工资不变，这样厂商就不会增加就业，产量也不会发生变化，结果是使价格和货币工资上涨。

二、总需求－总供给模型的运用

在宏观经济分析中，总需求－总供给模型是一种十分有用的分析工具，它可以被用来分析宏观经济政策的有关问题。由于总供给曲线有不同的形状，因而在不同供给假定下政府的宏观经济政策具有不同的效应。

（一）一般情形

如果经济过热，要降低通货膨胀，政府可以紧缩总需求或刺激总供给。可用图 5.15 来进行说明。

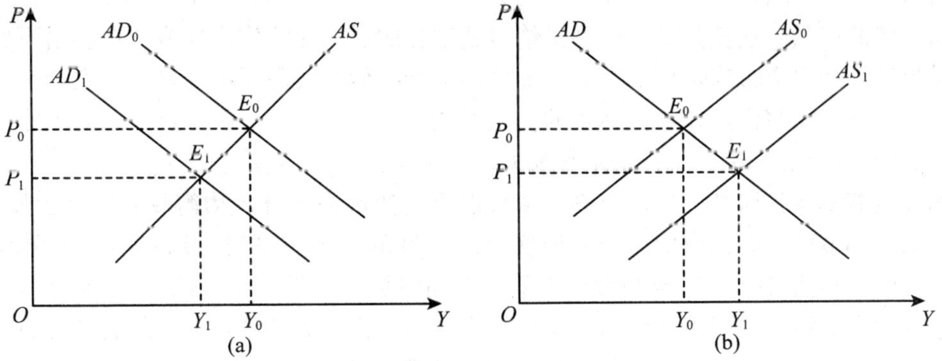

图 5.15 一般情形下总需求－总供给模型的运用

从图 5.15（a）可以看出，紧缩总需求的政策会较迅速地制止通货膨胀，如总需求从 AD_0 移动到 AD_1 可以使价格水平从 P_0 下降到 P_1，但也会引起严重的经济衰退，如使国民收入从 Y_0 减少到 Y_1。

图 5.15（b）是对刺激总供给政策的分析。刺激总供给，即使总供给曲线从 AS_0 移动到 AS_1，可以使价格水平从 P_0 下降到 P_1，但在制止通货膨胀的同时使国民收入从 Y_0 增加到 Y_1，从而促进了经济繁荣。

应该指出的是，以上分析并不是要说明在制止通货膨胀时刺激总供给比紧缩总需求政策好。因为引起通货膨胀的原因并不相同，各种经济政策有其不同的利弊。哪种政策好，哪种政策不好，必须根据具体经济情况来确定。

（二）古典情形

在古典情形下，总供给曲线在充分就业的产量水平上是垂直的。可以用图 5.16 来说明政府扩张性政策的效果。

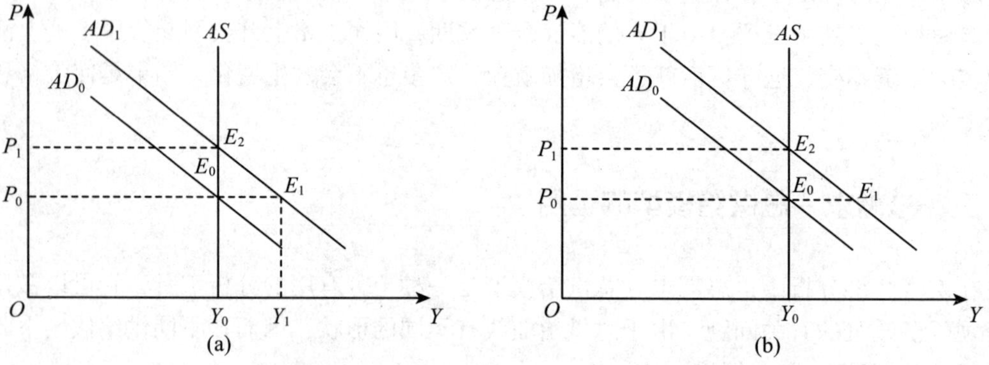

图 5.16　古典情形下的总需求－总供给模型

图 5.16（a）中，初始的总需求曲线 AD_0 与总供给曲线 AS 相交于 E_0 点，决定了均衡收入为 Y_0，价格水平为 P_0。现在假设政府实行扩张性的财政政策，结果是使总需求曲线向右移动到 AD_1。在初始价格水平 P_0 上，总需求达到 E_1 点。由于 Y_0 是一种充分就业的产量水平，因而当总需求增加时，厂商在原有的 P_0 价格水平上不可能获得更多的工人，因而不可能增加更多的产量。也就是说，产品供给对新增加的需求无法作出反应，在供给不变的情况下，需求的增加只会带来价格的上升。价格的上升降低了实际货币存量并导致利率上升和支出减少，因而经济将沿着 AD_1 曲线不断向上移动，直至 E_2 点。在 E_2 点，总需求曲线 AD_1 与总供给曲线 AS 相交，决定了价格水平为 P_1，均衡收入仍为 Y_0。

如果政府实行扩张性的货币政策，结果也只会使价格上升，均衡收入则不会发生变化。可用图 5.16（b）来进行说明。当政府实行扩张性的货币政策时，结果与实行财政政策一样，也会使价格上升到 P_1。与财政政策效果不同的是，在图 5.16（b）中，从 E_0 点到 E_2 点的调整过程中，没有产量的变化而只有价格水平的变化，而且价格上升与名义货币量的增加成同一比例。也就是说，在古典供给条件下，名义货币的增加将促使价格水平同比例上升，而利率和实际产出保持不变。在宏观经济学中，货币存量的变动只导致价格水平的变化而实际变量（如就业量、产量）不发生变化的情况称为货币是中性的。

（三）凯恩斯情形

在凯恩斯情形下，总供给曲线是一条水平线。可以用图 5. 17 来说明政府扩张性政策的效果。

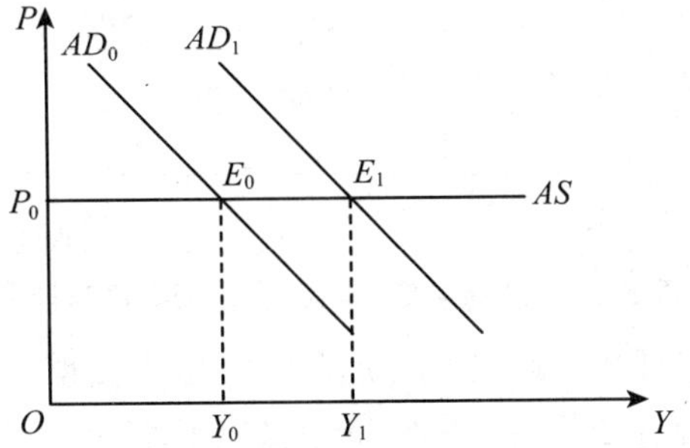

图 5. 17　凯恩斯情形下的总需求－总供给模型

图 5. 17 中，E_0 为初始均衡点。现在假设政府实行扩张性的财政政策，结果使总需求曲线 AD_0 向右移动到 AD_1，AD_1 与 AS 相交于 E_1 点，决定了均衡收入为 Y_1。由于 AS 是水平的，即在 P_0 价格水平上，厂商愿意提供任何数量的产品，因而不存在对价格的影响。由此可以看出，在凯恩斯供给条件下，政府实行扩张性财政政策的结果只是提高产量和就业，而不会影响价格水平。

同样，如果政府实行扩张性货币政策，结果也只会使经济中的均衡产量增加，而且也不存在对价格的影响。

三、总需求－总供给模型与经济的动态调整

如前所述，总需求与总供给共同决定了均衡收入和价格水平。而总需求的变化或总供给的变化则会使均衡收入发生变化。不同学派的经济学家运用总需求－总供给模型来解释经济的动态调整过程。由于现代凯恩斯主义在宏观经济学中占有十分重要的地位，因而这里重点介绍凯恩斯主义的总需求－总供给模型。

现代凯恩斯主义者主要探讨了总需求变动对经济的影响，因此，这里主要介绍总需求变动与经济的动态调整过程。动态调整就是考虑到时间因素的调整。由于时间有短期、中期和长期之分，因而经济的动态调整也有短期调整、中期调整和长期调整之分。下面以扩张性货币政策为例来分析总需求变动所引起的经济的动态调整过程。

（一）短期调整

如图 5. 18 所示。在图 5. 18 中，AD_0、AS、E_0、P_0 为初始状态，假设 E_0 点所决定的 Y_0 实现了充分就业，因而工资、成本与价格保持不变。如果这种均衡状态保持下去，则本期价格与上期价格相等，即 $P_t = P_{t-1}$。

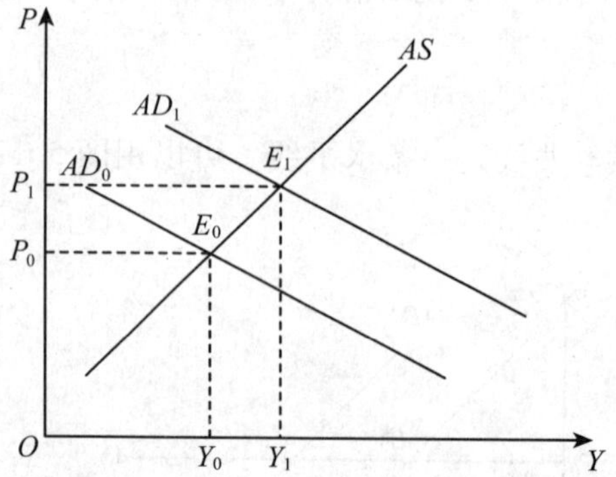

图 5.18　总需求变动与经济的短期动态调整

现在假设政府采取扩张性货币政策，增加名义货币供应量，则会引起经济的调整。当名义货币量增加而价格水平没有变化时，实际货币供给量增加，利率下降，总需求增加，从而总需求曲线从 AD_0 移动到 AD_1。在原来的价格水平 P_0 上，存在过度需求。这时厂商会增加产量，短期中 AD_1 与 AS 相交于 E_1，实现了均衡。在 E_1 点，国民收入增加了，价格水平也上升了，即国民收入增加至 Y_1，价格水平上升为 P_1，这时，$P_1 > P_0$。这就是说，在短期内，扩张性货币政策使国民收入增加，随着产量与就业的增加，工资提高，价格上升。

短期中，扩张性货币政策所引起的总需求变化对国民收入和价格的影响的大小取决于总供给曲线的斜率。如果总供给曲线的斜率小（平坦），则产量和就业变动对工资和价格的变动影响小，从而当总需求发生变动时，对国民收入的影响大，对价格的影响小。这种情况接近于凯恩斯主义总供给曲线的情况。相反，总供给曲线的斜率大（陡），当总需求变动时，对国民收入的影响小，对价格的影响大。这种情况接近于古典总供给曲线的情况。

（二）中期调整

短期中，扩张性货币政策的结果是在图 5.18 中的 E_1 点实现了均衡，但从中期看，调整过程并没有结束。因为价格的持续上升会影响下期供给，而总供给的变动又会影响到均衡状态的变动。如图 5.19 所示。

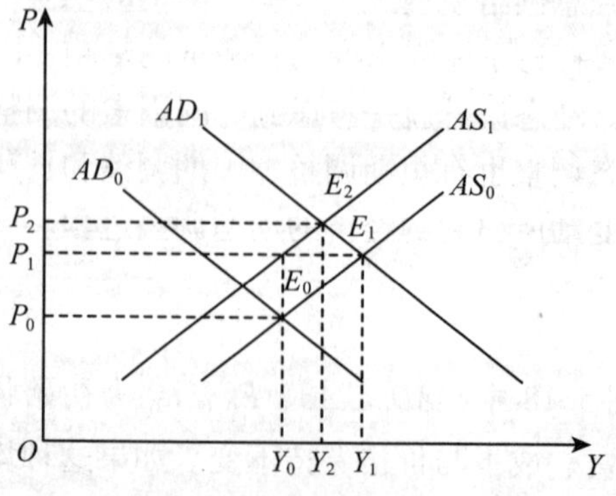

图 5.19　总需求变动与经济的中期动态调整

在图 5.19 中，短期调整的结果是价格上升为 P_1。在中期中，价格水平的上升会使产量减少，从而使总供给曲线向左移动，直至价格为 P_1 时实现充分就业 Y_0 的水平，即总供给曲线从 AS_0 移动到 AS_1。这说明，由于上期产量与就业增加，工资提高了，同样的充分就业产量（Y_0）时的价格水平也提高了。AS_1 与 AD_1 相交于 E_2 点，E_2 点是中期均衡点。

比较总需求变动引起的短期均衡点 E_1 与中期均衡点 E_2 可以看出，在中期中，产量水平下降了（为 Y_2），而价格水平进一步上升了（为 P_2）。这是因为，价格水平的上升减少了实际货币供给量，实际货币供给量的减少使利率上升，从而使总需求减少，进而使国民收入减少。这说明，在中期中，最初扩张性货币政策对增加总需求与国民收入的作用减弱了，而对提高价格的作用却加强了。也就是说，扩张性货币政策对增加国民收入的作用在短期中比在中期中大，而对提高价格的影响却是中期大于短期。

（三）长期调整

在长期中，只要产量与就业大于正常水平（即充分就业水平），价格和工资就仍然要上升，总供给曲线就要向上移动，直至形成新的均衡点使产量与就业回到原来的正常水平时为止。这就是长期调整过程。如图 5.20 所示。

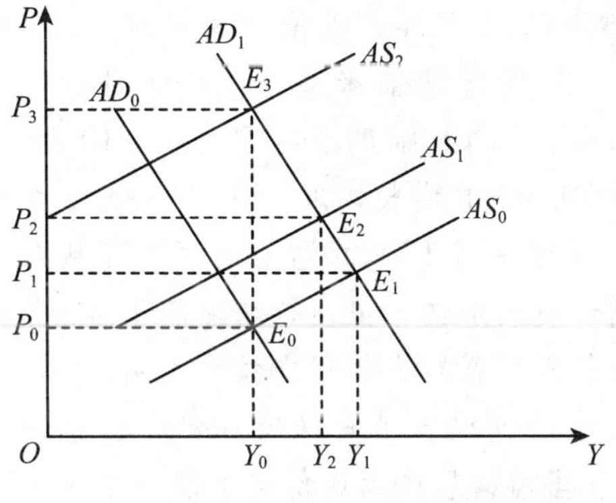

图 5.20　总需求变动对经济的长期动态调整

在图 5.20 中，E_2 点是中期均衡点，E_2 点决定的价格水平为 P_2，产量水平为 Y_2。由于 $Y_2>Y_0$，价格水平仍然要上升。由于价格水平上升，总供给曲线将继续向左移动，直至移动到 AS_2 时达到长期均衡。这时，AS_2 与 AD_1 相交于 E_3，决定了国民收入仍为 Y_0，即恢复到原来的充分就业水平，而价格上升为 P_3。这时，价格的上升与扩张性货币政策引起的名义货币量的增加比率相同，从而实际货币量、利率水平仍与采取扩张性货币政策之前一样，国民收入也就又回到原来的水平，即 Y_0。

长期中，工资和价格有进行充分调整的时间，从而其最后结果与古典总供给曲线下的情形相同。其差别在于调整过程。当总供给曲线呈古典总供给的垂直形状时，货币量的增加直接引起价格同比例上升，并没有影响实际产量的增加。而在现代凯恩斯主义总需求－总供给模型中，货币量的增加使短期、中期产量与价格都发生了变化，只有在长期中，货币量的增加才只影响价格而不影响产量。短期中调整的情况更接近于凯恩斯主义总供给曲线的情况，即产量变动大，价格变动小，而且，工资对就业量变动的反应越慢，即工资越富有粘性，产量变动就越大，价格变动就越小。

总需求变动所引起的调整过程的快慢取决于工资对就业量变动反应的快慢，即工资粘性的大小。由于工资粘性的存在，总需求变动所引起的短期与中期调整在经济中也是非常重要的。

案例1 中国的投资水平对总供求的影响

2007年，中国投资率继续走高，关于经济运行的走向受到广泛关注。最新统计资料显示，中国2007年前10个月的城镇固定资产投资同比增长26.9%；10月份实现贸易顺差270.5亿美元，再次创历史新高；居民消费价格总水准比去年同月上涨6.5%。就整体的经济形势而言，当前宏观经济运行中的突出问题是外贸顺差过大、货币投放过多、投资增长过高，即所谓“三过”，其背后的问题是流动性过剩。由于国际上石油涨价，国内粮油禽蛋肉涨价，造成了一定程度的通货膨胀。

亚洲开发银行驻华代表处高级经济学家庄健认为，目前的经济增速保持高位平稳态势。从全国规模以上工业企业增加值的增长速度看，尽管10月份单月的增长幅度略有回落（从9月份的18.9%回落至17.9%），但还是工业增长的高位，这样的高位运行，整体经济仍有从过快向过热转变的危险。从投资增幅来看，1～10月份城镇固定资产投资同比增长26.9%，高于1～9月份26.4%的增长幅度。特别是1～10月份房地产开发完成投资增长31.4%，也超过了前9个月30.3%的增长幅度。从消费需求的角度看，10月份社会消费品零售总额同比增长18.1%，高于9月17%的增长幅度。而从对外贸易看，尽管相比9月份出口增速有所放缓而进口增速有所加快，但出口增速高于进口增速的格局没有改变。这就预示着外需仍将对中国经济增长保持强有力的正向拉动作用。

另外，居民消费价格总水平连续三个月保持6%以上的高水准，显示通货膨胀压力的“韧性”和长期化趋势。尽管当前的居民消费价格上涨主要是来自于食品价格的持续居高不下，但不可忽视的是除食品之外其他产品和服务价格的上涨压力和变化趋势。如国内石油价格已在国际油价轮番上涨的压力下不得不提价，而大中城市商品房价格的居高不下已明显影响与居民居住有关价格的上涨。再加上流动性过剩和劳动力成本上升等多种因素的影响，当前的通货膨胀格局恐难在短期内消除。

毫无疑问，当前宏观经济的运行格局给下一步宏观调控带来相当的难度，许多地方为了加速发展，不断以各种理由和方式推出大规模的建设专案。尽管国家已采取了较为密集的宏观紧缩政策，如5次提高利率，9次提高存款准备金率，数次发行央行特别票据，大面积调整出口退税率等，但如何继续采取更有效的调控手段来抑制过热趋势，值得关注。

分析：

1. 投资增加会提高总需求水平，使总需求曲线向右移动。投资与各主要经济部门有着密切的关系。首先，投资的增加直接带动工业生产、建筑业、邮电运输业的扩张。其次，经过再生产环节，投资中有40%要转化为消费需求，从而引起消费需求的变动，对商业、饮食服务业和工业、农业、运输业等其他部门产生影响。增加投资是提高社会总供给能力的手段，从而也是影响社会总供给的因素，投资增加使总供给曲线向右移动。总需求与总供给同时移动，从而形成新的经济均衡水平，投资增加提高总需求与总供给水平，可以增加国民收入，解决失业等问题。

2. 虽然投资对总需求和总供给具有同向的影响，上述案例表明，投资需求并非越大越好。一方面，投资增加并不能在数量上和时间上对供给和需求双方带来完全同等的影响。投资增加总是先增加生产资料和消费资料的需求，直到投资项目建成后，才开始形成供给或供给能力。另一方面，也是更重要的一方面，投资在增加社会财富的同时，也要消耗社会财富，而且总是先发生消耗。一定时期的社会财富总是有限的，因此，投资必须保持一个合理界限，不能影响消费的正常增长。如果长期大量增加投资，而且投资效率不高，就会导致投资消耗社会财富多，但相应增加的社会财富少，造成社会总供求的失衡，严重时会带来经济结构的扭曲和较高的通货膨胀，这都最终会影响宏观经济的均衡发展。

资料来源：社评：中国遏投资过热 面对争议应果敢，中国评论新闻网：http：//www. chinareviewnews. com。

案例 2 粘性价格与需求经济学

在现代经济中，有些商品的价格是相当灵活的，而有些商品的价格却不具有伸缩性，即具有“粘性”。由于短期中价格与工资在某种程度上具有粘性，因而价格机制也就不可能完全协调经济活动。为了有助于经济活动的协调，企业与工人可以采用其他方法来协调他们的经济活动。

通常，在短期内工人与企业都是用需求来决定产量水平的。为了便于理解，可以设想一家在一个固定的钢铁公司采购原材料的汽车公司。两家公司已经做了多年的生意，并准备将这种关系继续保持下去，那么他们就会通过谈判拟订一个合同，将短期内的原材料价格固定下来。

现在，假定汽车公司突然发现自己的汽车十分畅销，那么它就需要扩大生产，同时需要大量钢材。在合同的约束下，钢铁公司不得不以不变的钢铁销售价格来满足汽车公司更多的需求。这时钢材的产量就全部是由汽车公司的需求来决定的，而不是价格。

另一方面，如果汽车公司发现它生产的汽车不受欢迎，它就要压缩计划产量，由此将导致钢材需求的减少。但在合同的约束下，钢铁公司只是减少钢材的供给量，而不必降价。这种情况再次说明短期内需求决定钢材的产量。

在经济生活中，无论正式还是非正式，类似上述事例中的合同随处可见。通常，企业在短期内主要是利用产量的调整和极小的价格调整来满足需求的变化。该原理同样适用于劳动力的雇用。假定汽车公司按固定工资的合同雇用工会工人。当经济景气时，汽车公司会雇用全部工人，甚至可能需要其中的部分工人加班工作。如果经济不景气，汽车公司会裁员，只使用部分雇用工人。但是，在合同的有效期内，工人的工资一般不会发生任何变化。

在长期内，价格会发生变化。假设汽车公司发现它的汽车长期以来一直深受大众喜爱，钢铁公司与汽车公司就会调整合同价格，使它真正反映需求的上涨。这种价格调整一般来说只会在长期条件下发生；在短期内，需求决定产量，而且价格具有粘性。因此宏观经济学中的短期是指价格固定的时期。

在长期中，价格在需求的作用下会得到充分调整。但是对于短期来说，正式合同和非正式合同的存在意味着需求的变化主要反映在产量上，而不是在价格上。

分析：

上述案例主要说明了凯恩斯的粘性工资理论和粘性价格理论。根据凯恩斯主义的粘性工资理论，工人的名义工资调整缓慢，或者在短期中是“粘性的”，其原因是由于工人和企业之间签订了固定名义工资的长期合约。假设企业根据所预期的物价水平事先同意向其工人支付某种名义工资，如果物价水平降到低于预期的水平而名义工资仍然在原来的水平上，那么实际工资就上升到企业计划支付的水平之上。由于工资是企业生产成本的主要部分，较高的工资意味着企业的实际成本增加，企业对这些较高成本的反应是少雇用劳动，并生产较少的物品与劳务量。换句话说，由于工资不能根据物价水平迅速调整，较低的物价水平对就业与生产不利，这就引起企业减少物品与劳务的供给量。

根据凯恩斯主义的粘性价格理论，一些物品与劳务的价格对经济状况变动的调整也是缓慢的。这种价格的缓慢调整的产生，部分是因为调整价格有成本，即所谓的菜单成本；部分原因是受合同的约束。这些菜单成本包括印刷和分发目录的成本和改变价格标签所需要的时间。由于这些成本或者合同的约束，短期中价格可能都是粘性的。企业不得不以固定的价格来满足需求的变动。假设经济中每个企业都根据它所预期的经济状况事先宣布了它的价格。在价格宣布之后，经济经历了未预期到的状况（如货币供给紧缩），导致物价总水平下降。虽然一些企业根据经济状况的变动迅速降低了自己的价格，但还有一些企业不想引起额外的菜单成本，因此暂时不调整价格。由于这些滞后，企业价格如此之高，使需求减少，从而销售减少。销售减少又引起企业削减生产和就业。换句话说，在短期，由于并不是所有价格都根据需求变动的状况而迅速调整，未预期到的物价水平下降使一些企业的价格高于合意水平，而这些高于合意水平的价格会压低销售，并引起企业减少它们生产的物品与劳务量。

资料来源：阿瑟·奥沙利文、史蒂芬·M·谢菲林：《经济学》（下册），北京大学出版社，2001 年版。

[关键概念]

总需求　总需求曲线　总供给　总供给曲线　工资弹性假说　劳动力市场均衡　宏观生产函数　工资下限假说

[复 习 题]

1. 影响总需求的因素有哪些？
2. 总需求曲线为什么向右下方倾斜？
3. 新古典总供给曲线与凯恩斯主义总供给曲线有什么不同？

4. 试述货币工资刚性下均衡国民收入与价格水平的决定。

5. 试用总需求－总供给模型分析经济的长期动态调整过程。

6. 凯恩斯情形及古典情形下宏观经济政策的效果会有什么不同？

7. 试比较 *IS*－*LM* 模型与 *AD*－*AS* 模型。

[补充阅读材料]

1. 多恩布什、费希尔、斯塔兹：《宏观经济学》，中国人民大学出版社，2000 年版。

2. 曼昆：《经济学原理》（第三版），机械工业出版社，2003 年版。

3. 罗伯特·E·霍尔、马克·利伯曼：《宏观经济学原理与应用》（第二版），东北财经大学出版社，2004 年版。

4. 保罗·萨缪尔森、威廉·诺德豪斯：《经济学》（第十六版），华夏出版社，1999 年版。

5. 戴维·罗默：《高级宏观经济学》，商务印书馆，1999 年版。

第六章

经济增长理论

【学习目的和要求】

本章的学习目的是学习运用现代经济增长理论与模型，分析经济增长的趋势和增长的源泉，解释不同国家经济增长存在差异的原因。要求掌握哈罗德－多马模型、新古典增长模型的基本思想，理解这些模型对经济稳定均衡增长条件和经济波动原因的分析，理解索洛、丹尼森、库兹涅茨等西方经济学家对经济增长因素的分析，了解新增长理论的产生背景以及该理论的基本思想。

【内容提要】

1. 根据哈罗德－多马模型，实现经济长期稳定均衡增长的条件是实际增长率、有保证的增长率和自然增长率相等，而现实中三者总是相互偏离。当实际增长率偏离有保证的增长率时，会出现经济短期波动；当有保证的增长率偏离了自然增长率时，会出现经济长期波动。

2. 新古典增长模型遵循哈罗德－多马模型的分析思路，在增长方程中考虑储蓄的作用。当人均储蓄在用于装备新工人和新增资本的折旧后的余额正好等于人均资本时，经济达到稳定增长状态。但在平衡增长的路径上，在技术水平不变的假设下，经济长期稳定均衡增长的条件是总资本、总产出增长与人口增长率相等。从长期来看，这一稳态增长率不受储蓄率的影响，而人口增长率直接影响资本、总产出、消费总额等总量增长率。

3. 对于经济增长的源泉和动力，索洛利用总量生产函数计算得出技术进步是经济增长的主要源泉和动力的结论；丹尼森通过对美国经济增长影响因素的计算分析，认为除了技术进步因素外，劳动、知识等也是经济增长的重要影响因素。库兹涅茨通过对各国生产总值及其组成成分的统计分析，发现影响经济增长的主要因素有知识存量的增加、劳动生产率的提高和结构方面的变化。

4. 针对新古典增长理论的缺陷，新增长理论将推动经济增长的技术进步内生化，认为经济长期增长的引擎和主要动力是技术进步，而技术进步的源泉来自于人力资本投资和人们有意思的研发投入，是由经济系统内部的储蓄和投资决定的，而不是由外部力量推动的。

前面各章主要采用静态或比较静态分析方法研究国民收入、利率、一般价格水平等宏观经济总量的决定以及各个经济总量之间的相互关系，分析的重点集中在短期的经济问题上，没有解释和说明长期国民收入的变动趋势和变动原因。本章和下一章将采用动态分析方法，研究国民收入变动的趋势及其变动的原因，即研究长期的经济增长和经济波动问题。

从17世纪开始，经济增长问题就已受到人们的重视，并逐步得到较为系统的论述。但真正把经济增长作为一个中心问题来分析和研究则始于20世纪中期。20世纪40年代末，英国经济学家哈罗德（Roy F. Harrod）和美国经济学家多马（Evsey D. Domar）几乎在同一年各自独立地提出了增长理论模型，引起了人们对长期经济增长问题的普遍关注和浓厚的研究兴趣，使这一领域的研究在主流经济学中沉寂一百多年之后又重新恢复了生机和活力。除两位现代经济增长理论的先驱——哈罗德和多马之外，还有许多仁人志士投身其中，如西蒙·库兹涅茨（Simon Kuznets）、罗伯特·索洛（Robert Solow）、西奥多·舒尔茨（Theodore W. Schultz）、罗伯特·卢卡斯（Robert Lucas）等诺贝尔经济学奖得主以及爱德华·F·丹尼森（Edward F. Denison）、戴尔·W·乔根森（Dale W. Jorgenson）、保罗·罗默（Paul Romer）等著名经济学家。经济学家对增长问题的研究和认识经历了一个不断深化的过程。从单要素的增长模型（如哈罗德－多马模型）到多要素增长模型（如索洛模型）；从外生的经济增长模型（如新古典增长模型）到内生的经济增长模型（如新增长理论）；从注重有形资本（即实物资本）到无形资本（如人力资本、社会基础设施、社会风尚和民族精神等），增长理论和模型也在不断地发展和完善。

现代增长理论力图回答两个关键的问题：第一，为什么现在人们的生活水平（特别是发达国家人们的生活标准）远远高于一百年或两百年前人们的生活水平？据西方经济学家测算，欧美国家人均收入大约是100年前的10～30倍，是200年前的50～300倍，人均收入为什么会有如此巨大的增长？第二，为什么在当今世界上发展中国家与发达国家存在着巨大的收入差距？据估算，最发达的国家（如美国、德国）和最不发达的国家（如孟加拉国、肯尼亚）相比，人均收入相差10～20倍，不同国家的人均收入为什么会有如此巨大的差异？

本章分三节展开讨论，分别介绍哈罗德－多马模型、新古典增长模型和新增长理论，分析和研究经济增长的动力、源泉和稳定增长的条件及状态，并力图回答上述增长问题。

第一节　哈罗德－多马模型

英国经济学家哈罗德和美国经济学家多马都注意到凯恩斯理论的严重缺陷——忽视了动态经济关系，并致力于凯恩斯理论的长期化、动态化，提出了一个大致相同的增长模型。相比较而言，哈罗德模型的内容更丰富一些，因此本节以哈罗德的增长理论为原型展开。

一、哈罗德－多马模型的基本假设

哈罗德－多马模型包括以下假设前提：

第一，假定整个社会只生产一种产品。这种产品既可以用作消费品（Consumer's goods），又可以用作投资的资本品（Capital goods）。

第二，生产者使用劳动（L）和资本（K）两种要素进行生产，并且按固定比例投入，两种投入不存在替代性。其生产函数所对应的等产量线呈“L”状。

第三，技术水平不变，即不存在技术进步。

第四，规模报酬不变，即生产一单位产品所需要的资本和劳动的数量都是固定不变的。

第五，人口（或劳动）的增长率为常数 n。

第六，储蓄是国民收入的函数，储蓄总额等于储蓄率与国民收入的乘积，即 $S=sY$。储蓄率[①] $s=S/Y$ 是一个外生变量，由消费者的消费选择行为决定。

第七，没有资本折旧，或者说，资本的折旧率为零，所以，社会总投资与净投资相等，资本增量等于投资。

二、哈罗德－多马模型的基本方程

（一）资本－产出比

资本－产出比（Capital-output ratio）是指资本存量与国内生产总值的比率，即每生产一个单位产品所需要使用的资本量。如果用 K 表示资本存量，用 Y 表示总产出，用 v 表示资本－产出比，则有：

$$v=\frac{K}{Y}$$

由于假定生产的规模报酬不变，所以当投入增加时，产出与投入等比例增长。资本的增量（ΔK）与产出的增量（ΔY）之比保持不变，增量的资本－产出比（Incremental Capital-Output Ratio，ICOR）与平均的资本－产出比相等。用公式表示如下：

$$\frac{\Delta K}{\Delta Y}=\frac{K}{Y}=v \tag{6.1}$$

既然假设没有折旧，则资本存量的增量等于当期的总投资。将上式两边同乘以 ΔY 可得到：

$$I=\Delta K=v\Delta Y \tag{6.2}$$

根据凯恩斯理论，宏观经济均衡的条件是 $I=S$。也就是说，当投资等于储蓄时，宏观经济达到均衡状态；当投资大于储蓄时，经济扩张；反之，当投资小于储蓄时，经济萎缩。

（二）经济增长率

哈罗德根据凯恩斯的均衡条件（$I=S$）进一步指出，在经济增长过程中，只有实现了 $I=S$，经济才能实现均衡增长。根据前面的分析可以得到：

$$v\Delta Y=sY$$

---

① 这里的储蓄率相当于凯恩斯模型中的平均储蓄倾向。由于储蓄率为常数，所以长期的平均储蓄倾向和边际储蓄倾向相等。

将上式两边同时除以 Y 和 v，得到均衡增长率为：

$$G=\frac{\Delta Y}{Y}=\frac{s}{v} \tag{6.3}$$

式（6.3）是哈罗德增长模型的基本方程。它表明，经济增长率等于储蓄率除以资本－产出比。在资本－产出比一定的条件下，增长率与储蓄率成正比，储蓄率越高，经济增长率越高；储蓄率越低，经济增长率越低。在储蓄率一定的情况下，经济增长与资本－产出比成反比。该公式是发展经济学中资本决定论（Capital fundamentalism）的理论依据之一。在过去的计划经济国家，决策者甚至根据计划确定的经济增长目标，运用这个简单的公式计算特定计划期内积累和消费的比例。

三、稳定均衡增长的条件

在哈罗德模型中，储蓄率是一个外生变量，由消费者的选择行为决定。消费者的实际消费是根据自身的意愿决定的，不受生产者或投资者选择行为的影响，所以，实际的消费额总是等于意愿的消费额，实际的储蓄额总是等于意愿的储蓄额。只是生产者或厂商可能由于宏观经济不稳定或判断失误而出现实际投资额偏离计划的投资（Planned investment）或意愿的投资（Desired investment），以致实际的资本－产出比（Actual capital-output ratio）不等于意愿的资本－产出比（Desired capital-output ratio）。正因为二者可能存在差别，哈罗德提出了与之相对应的两个概念："实际增长率"和"有保证的增长率"。为了说明经济增长的最优状态，他还提出了"自然增长率"的概念。

（一）有保证的增长率

实际增长率（Actual growth rate）等于储蓄率除以实际的资本－产出比。若用 G_A 表示实际增长率，v 表示实际的资本－产出比，则：

$$G_A=\frac{s}{v} \tag{6.4}$$

有保证的增长率（Warranted growth rate）是指"与人们想要进行的那个储蓄以及人们拥有为实现其目的而需要的资本货物额相适应的"增长率，或者说，是企业家感到满意的增长率。它等于储蓄率与合乎企业家意愿的资本－产出比的比值。所谓合乎企业家意愿的资本－产出比（简称合意的资本－产出比）是指全社会所有企业家为达到预期的产量水平所需的资本产出比。如果用 v_r 表示合乎企业家意愿的资本－产出比，用 G_W 表示有保障的经济增长率，则：

$$G_W=\frac{s}{v_r} \tag{6.5}$$

当实际的增长率等于有保障的增长率（即 $G_A=G_W$）时，实际的资本－产出比（v）就等于企业家合意的资本－产出比（v_r），与实际的经济增长相适应的实际资本增量就等于企业家感到满意的资本增量，或者说，经济增长所需要的资本投资正好等于企业家愿意进行的资本投资。如果经济增长率始终保持这一水平，那么企业家预期的投资需求（即预期下一期所需要的追加投资）恰好等于本期的储蓄（即人们现在手中已有的固定资本与流动资本的存量），储蓄可以全部转化为投资，在长期内实现储蓄与投资的均衡，达到稳定的增长状态。由于在这样一种稳定的增长状态下，实际的投资与企业家计划的投资相一致，所以这一增长率叫做“有保证的增长率”。

哈罗德提出“有保证的增长率”概念，实际上说明在现实经济中存在一条稳定的均衡增长路径。

在这样一条稳定的均衡增长路径上，是否能实现充分就业呢？哈罗德认为问题的关键就在于经济增长率是否与自然增长率相一致。

（二）自然增长率

自然增长率（Natural growth rate）是由人口、资源等自然因素决定的、社会在人口增长和技术进步允许的范围内所能达到的长期最大的增长率。它反映人口与劳动力增长、技术进步与劳动生产率提高和经济增长之间的关系。由于在哈罗德－多马模型中，没有明确区分劳动人口和总人口，劳动人口的增长率等同于总人口的增长率（n）。为了简单起见，我们暂时不考虑技术进步，假定技术进步率为0，因此，自然增长率等于人口增长率。如果用 G_N 表示自然增长率，则：

$$G_N = n \tag{6.6}$$

哈罗德认为，要实现充分就业的增长，就必须使得实际的增长率等于自然增长率（即 $G_A = G_N$）。这只是充分就业的必要条件。

如果实际增长率不等于有保证的增长率，或者是有保证的增长率不等于自然增长率，即使实际增长率等于自然增长率，也只能暂时地实现充分就业。从长期来看，由于实际增长率不等于有保证的增长率，实际增长率会不断地上升或下降，最终偏离自然增长率水平，所以，实现长期稳定均衡的充分就业增长的条件是实际增长率、有保证的增长率和自然增长率均等，即：

$$G_A = G_W = G_N \tag{6.7}$$

四、经济波动的原因

哈罗德虽然提出了稳定增长的条件，而他真正的用意却在于说明经济波动的原因。哈罗德认为实际增长率、有保证的增长率和自然增长率是由不同的彼此独立的因素决定的。如果它们相等，那可能是巧合。大多数情况下，它们不相等。三种增长率一旦出现偏差，就可能出现加速增长或加速下跌的变动趋势，因而出现波动。

（一）经济短期波动的原因

经济短期波动的原因在于实际增长率偏离了有保证的增长率。由于实际增长率取决于实际的储蓄和实际的资本－产出比，而有保证的增长率取决于储蓄率和企业家合意的资本－产出比，企业家合意的资本－产出比与企业家计划的投资相关。企业家计划的投资可能与实际的投资（或储蓄）不一致，以致实际的增长率偏离有保证的增长率。

当 $G_A > G_W$ 或 $\frac{s}{v} > \frac{s}{v_r}$ 时，实际的资本－产出比就会小于企业家合意的资本－产出比，即 $v < v_r$，也就是说，实际的资本存量小于企业家希望达到的资本存量。在此情况下，企业家将不断地追加投资，补充固定资产或存货。企业的投资增加，一方面增加总需求，另一方面形成新的生产能力，增加总供给，其结果将加快经济增长，使实际增长率 G_A 与有保证的增长率之间的差距更大，刺激进一步的投资。投资的不断增加，导致国民收入和实际增长率进一步地上升，出现经济加速增长和过热的局面。

当 $G_A < G_W$ 或 $\frac{s}{v} < \frac{s}{v_r}$ 时，实际的资本－产出比就会大于企业家合意的资本－产出比，即 $v > v_r$，也就是说，实际的资本存量大于企业家希望达到的资本存量。在此情况下，企业家将减少投资，以消除过剩的存货或资本。投资的减少将使国民收入和实际增长率下降，实际增长率与有保证的增长率之间的差距越来越大。实际增长率的下降会刺激企业家进一步减少投资。投资的不断减少则会使经济不断萎缩，出现萧条的局面。

由此可见，实际增长率一旦偏离有保证的增长率，经济增长就会加速（或减速），出现累积性的扩张（或收缩），就不会自动地恢复到稳定均衡增长的路径上来。经济活动不仅不会自我纠正，而且会产生更大的偏差，换句话说，现实的经济具有内在的不稳定性。这个结论被人们称为哈罗德"不稳定原理"。

（二）经济长期波动的原因

经济长期波动的原因在于有保证的增长率偏离了自然增长率。自然增长率是由人口、资源、技术决定的。在资源禀赋和生产技术既定的条件下，自然增长率等于人口增长率，而有保证的增长率是由企业家的预期投资和储蓄率决定的，因此，有保证的增长率和自然增长率可能不一致。即使实际增长率等于自然增长率，如果二者与有保证的增长率存在偏差，在企业家调整投资的过程中，实际增长率也会偏离自然增长率，出现长期波动。

当 $G_W > G_N$ 时，储蓄和投资的增长率超过了技术和人口增长所能允许的程度。这时，由于生产增长受到劳动力不足和技术水平的限制，将出现储蓄过度，引起经济长期停滞。

当 $G_W < G_N$ 时，储蓄和投资的增长率未达到技术和人口增长所能允许的程度。这时，资源过剩，生产有充分的扩展空间，企业家将增雇工人、扩大生产，从而出现长期经济繁荣的趋势。

当 $G_W = G_N$ 时，社会全部劳动力和生产设备在既定的技术水平下得到充分利用。与此同时，如果 $G_A = G_W$，则整个社会既可以保证充分就业，又可以实现稳定均衡的增长。所以，实现长期稳定均衡充分就业增长的充要条件是：$G_A = G_W = G_N$。

有人形容说，要实现哈罗德式的稳定均衡增长就像要人们在"刀刃"上行走一样地困难。任何冲击都可能导致不稳定增长。哈罗德认为，经济的不稳定增长和周期波动是自由放任资本主义的特征，只有通过国家干预才能实现长期稳定的充分就业的均衡增长，才能"熨平"经济周期。

第二节　新古典增长模型

自从哈罗德－多马模型提出来之后，引起了人们对增长问题的广泛关注和浓厚兴趣。20世纪50年代、60年代曾经一度出现了研究增长问题的热潮。正是在这样的背景下，美国经济学家罗伯特·索洛（Robert Solow）于1956年在《经济学季刊》上发表了“对增长理论的贡献”一文，阐述了与哈罗德－多马模型截然相反的观点。索洛提出了一个经济稳定增长的模型即索洛模型，奠定了现代经济增长理论的基础。他也因此于1987年获得诺贝尔经济学奖。本节主要介绍索洛模型。

一、基本假设

新古典增长模型的基本假设包括以下几个方面：

第一，整个社会使用劳动和资本进行生产，并且两种生产要素可以相互替代。

第二，人口的增长率 n 为常数。为了使问题简化，假设劳动人口与总人口同步增长，则

$$\frac{\Delta L}{L}=\frac{\Delta N}{N}=n$$

第三，社会总量生产函数为：

$$Y=AF(K,\ L) \tag{6.8}$$

式（6.8）中，Y 表示总产出；K 表示资本总量；L 表示劳动力总量；A 为常数，代表生产技术水平。

第四，总量生产函数为齐次型，规模报酬不变，总产出与生产要素等比例增长。在生产技术不变的条件下，如果生产投入增加到原来的 c 倍，则产出也增加到原来的 c 倍，即：

$$AF(cK,\ cL)=cAF(K,\ L)=cY$$

将式（6.8）两边同除以有效劳动 L，就可以得到一个简单形式的生产函数（The intensive-form production function）形式：

$$y=\frac{Y}{L}=AF\left(\frac{K}{L},\ 1\right)=f(k) \tag{6.9}$$

式（6.9）中，$y=Y/L$ 表示人均产出（Output per worker），$k=K/L$ 表示人均资本（Capital per worker）。式（6.9）表明：在生产技术不变的条件下，人均产出是人均资本量的函数。

第五，劳动和资本的边际产量递减，且大于零，即 $f(0)=0$，$f'(k)>0$，$f''(k)<0$。其生产函数所对应的曲线如图6－1所示。随着人均资本（或资本－劳动比率）增加，人均产出增加，但是人均产出增长的速度越来越小。

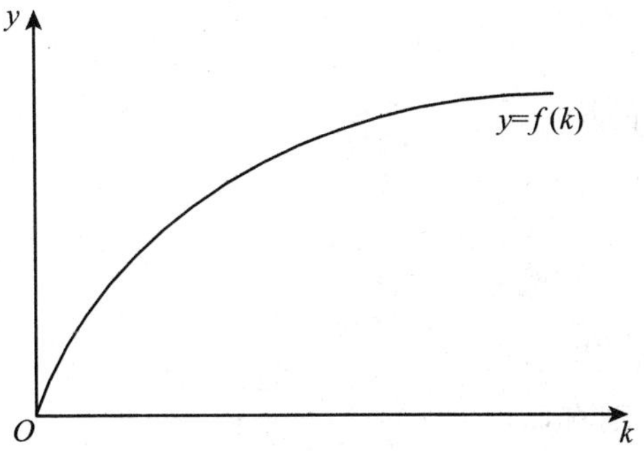

图 6.1　人均产出曲线

我们可以给出一个特定的柯布－道格拉斯生产函数（Cobb-Douglas production function）：

$$Y = AK^{\alpha}L^{1-\alpha}，\ 0 < \alpha < 1$$

$$y = \frac{Y}{L} = \frac{AK^{\alpha}L^{1-\alpha}}{L} \tag{6.10}$$

其集约形式为：

$$\begin{aligned} y &= A\left(\frac{K}{L}\right)^{\alpha} \\ &= Ak^{\alpha} \end{aligned} \tag{6.11}$$

该函数的一阶导数 $y' = \alpha Ak^{\alpha-1} > 0$，二阶导数 $y'' = -(1-\alpha)\alpha Ak^{\alpha-2} < 0$，完全符合前面的假设条件。

第六，储蓄率 s 和资本折旧率 δ 均为常数，则资本存量的增量等于总投资减折旧。在只有居民户和厂商组成的两部门经济中，储蓄恒等于投资，即 $I = S = sY$，所以：

$$\Delta K = I - \delta K = sY - \delta K \tag{6.12}$$

第七，生产技术为外生变量，且生产技术不变，即$\frac{\Delta A}{A} = 0$。

二、稳态

新古典增长模型强调只要全部储蓄转化为投资，经济就可以实现均衡增长，而这又要通过资本－产出比的改变来实现。

在只有居民户和厂商组成的两部门经济中，储蓄恒等于投资，即 $I = S = sY$，所以：

$$\Delta K = I - \delta K = sY - \delta K$$

即：

$$\Delta K = sY - \delta K$$

上式两边同时除以劳动数量 L，则有：

$$\frac{\Delta K}{L}=sy-\delta k \tag{6.13}$$

由 $k=K/L$ 可以得到 k 的增长率：

$$\frac{\Delta k}{k}=\frac{\Delta K}{K}-\frac{\Delta L}{L}=\frac{\Delta K}{K}-n \tag{6.14}$$

因此有：$\Delta K=\frac{\Delta k}{k}\cdot K+nK$

等式两边同时除以 L，则有：

$$\frac{\Delta K}{L}=\Delta k+nk \tag{6.15}$$

根据式（6.13）和式（6.15）可得到：

$$\Delta k=sy-(n+\delta)k \tag{6.16}$$

式（6.16）是新古典增长模型的基本方程式。它反映了人均资本量变化的规律。等式右边的第一项 sy 为人均储蓄或投资额。第二项 $(n+\delta)k$ 可以分解为两部分：一部分是为新增工人装备同样数量的资本品所必需的投资 nk；另一部分是补偿机器磨损或资本折旧所必需的投资 δk。二者之和 $(n+\delta)k$ 实际上是维持现有的人均资本量所必要的投资额，简称为必要投资额（Investment requirement）或持平投资额（Break-even investment）。

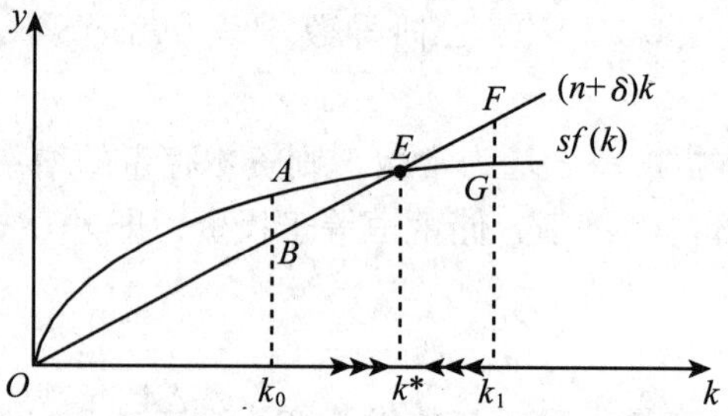

图 6.2　储蓄曲线和必要投资线

如图 6.2 所示，横坐标表示人均资本量 k，纵坐标表示人均产出。实际的投资曲线 $sf(k)$ 与必要投资线 $(n+\delta)k$ 相交于 E 点。在 E 点所对应的人均资本水平 k^*，经济达到稳定增长状态，与之对应的人均产出为 $y*$（如图 6.3 所示）。

当实际的人均资本低于 k^* 时，实际储蓄或投资大于必要投资额（即 $sy>(n+\delta)k$），人均资本量增加（$\Delta k>0$），如 $k=k_0$ 时，实际的储蓄位于 A 点的水平，维持现有人均资本水平所必要的投资为 B 点的水平，实际储蓄大于必要的投资，故人均资本上升；反之，当实际人均资本高于 k^*（如 $k=k_1$）时，实际投资小于必要投资额（即 $sy<(n+\delta)k$），人均资本量下降（$\Delta k<0$）；只有当实际投资等于必要投资额（即 $sy=(n+\delta)k$）时，人均资本量保持不变（$\Delta k=0$）。

三、稳态增长

从前面的分析我们了解到，当 $k=k^*$ 时，经济就进入稳定的平衡增长状态。在平衡增长路径上，人均资本达到均衡值并维持在均衡水平，如果不考虑技术变化，则人均产出也达到稳定状态。因此，在平衡增长路径上，k 和 y 都达到一个持久性的水平。但此时资本总量、总产出又如何变化呢？

（一）总量的增长率

1. 总资本的增长率

根据式（6.14）可知，当 $k=k^*$ 时，$\Delta k/k=0$，即 $\frac{\Delta k}{k}=\frac{\Delta K}{K}-\frac{\Delta L}{L}=\frac{\Delta K}{K}-n=0$，因此：

$$\frac{\Delta K}{K}=n \tag{6.17}$$

式（6.17）表明，在平衡增长路径上，资本总量的增长率等于人口增长率，即按固定的比率 n 增长。

2. 总产出的增长率

当 $k=k^*$ 时，人均产出 $y^*=f(k^*)$。如果 k 不变，则 y 也稳定在均衡值 y^* 的水平。

根据 $y=f(k)$，我们可以得到 $\frac{\Delta y}{y}=\frac{\Delta Y}{Y}-\frac{\Delta L}{L}$。在平衡增长路径上，$\frac{\Delta y}{y}=\frac{\Delta Y}{Y}-\frac{\Delta L}{L}=0$，所以有：

$$\frac{\Delta Y}{Y}=\frac{\Delta L}{L}=n \tag{6.18}$$

式（6.18）表明，在平衡增长状态下，总产出的增长率等于人口增长率，即按固定速率 n 增长。

3. 消费总额的增长率

消费总额（C）等于总产出减储蓄的差，即 $C=Y-S=Y-sY=(1-s)Y$。由于假定储蓄率 s 不变，所以消费总额将与总产出保持同步增长，即：

$$\frac{\Delta C}{C}=\frac{\Delta Y}{Y}=n \tag{6.19}$$

由此可以看出，当经济达到稳定增长状态时，总资本、总产出和消费总额的增长率与人口增长率相等。或者说，为使人均收入和人均产出经历人口增长而保持不变，产出与资本增长必须与人口增长率相等，即在平衡增长路径上，$\frac{\Delta Y}{Y}=\frac{\Delta L}{L}=\frac{\Delta K}{K}=n$。

（二）增长过程

如图 6.3 所示，$sf(k)$ 是人均储蓄曲线，$y=f(k)$ 是人均产出曲线，直线 $(n+\delta)k$ 为必要投资线。在稳态，$sy=(n+\delta)k$，因而储蓄线 $sf(k)$ 与必要投资线 $(n+\delta)k$ 相

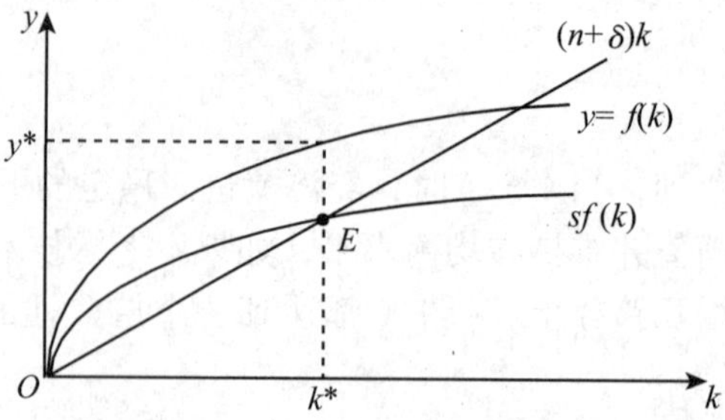

图 6.3　平衡增长的稳态

交，其交点 E 所对应的人均资本为 k^*，人均产出为 y^*。此时，人均储蓄正好能够为不断增长的人口提供资本设备和替换资本的折旧，即人均储蓄等于必要投资。如果经济中的人均储蓄大于必要投资，即位于 E 点的左边，则 k 会增加，经济加速增长，人均收入水平上升，一直到人均资本等于 k^* 为止。相反，如果经济中的人均储蓄小于必要投资，即位于 E 点的右边，实际的投资不能完全弥补资本折旧或为新增人口提供足够的资本，人均资本 k 就会逐步下降，经济萎缩，人均收入水平也随之下降。人均资本逐渐减少，直到 k^* 为止。调整过程最终会在 E 点停顿下来，在该点上，实际投资恰好等于必要投资，所有的储蓄和投资为新增劳动力配备同样数量的资本和补偿资本折旧，从而保持人均资本 k 不变，维持经济稳定增长。在保持人均资本不变的条件下，为新增劳动力配备资本品叫做资本的广化（Capital widening）。而人均资本量的增加叫做资本的深化（Capital deepening）。

从以上的分析我们知道，只要储蓄率、人口增长率和折旧率的因素保持不变，经济就会自动收敛于平衡增长点。索洛由此推导出一个重要结论：不同国家只要有相同的储蓄率、人口增长率和获取相同技术的渠道，无论初始的人均收入高低，最终都将收敛于同一水平。换句话说，只要落后国家与先进国家有相同的储蓄率、人口增长率和获取先进技术的渠道，落后国家的人均收入最终会赶上先进国家的收入水平。这一结论叫做无条件的收敛（Unconditional convergence）。

现实中的确有不少相对落后的国家或地区经济赶上了或接近发达国家，如 19 世纪的美国和德国，20 世纪的日本、韩国、新加坡、挪威、爱尔兰等国家逐步赶上了最发达的国家收入水平。但是我们同时也看到，发展中国家与发达国家的经济差距不但没有缩小，反而还在不断扩大。面对残酷的现实，经济学家又提出了“有条件的收敛”（Conditional convergence）论：假定科学技术知识可以在不同的国家自由地扩散，不同的国家有不同的储蓄率、人口增长率，由于储蓄率和人口增长率不影响人均收入水平的增长，所以各国经济收敛于各自的稳态水平，而人均收入的增长率趋同。

四、储蓄与经济增长

储蓄率变化对经济增长有何影响呢？不同的经济模型对此有不同的解释，这里我们将用索洛模型来分析。如图 6.4 所示，假设经济最初位于 E_1 点的稳定增长状态。假如储蓄率增加，从 s_1 上升到 s_2，储蓄曲线从 $s_1f(k)$ 向上移动到虚线位置的 $s_2f(k)$。储蓄的增加打破经济原有的稳定或均衡，储蓄或投资超过了必要投资，使得人均资本量 k 增加，从 k_1^* 上升到 k_2^*，相应地，人均产出将从 y_1^* 上升到 y_2^*。换句话说，平衡增长点从 E_1 点移动到 E_2 点。

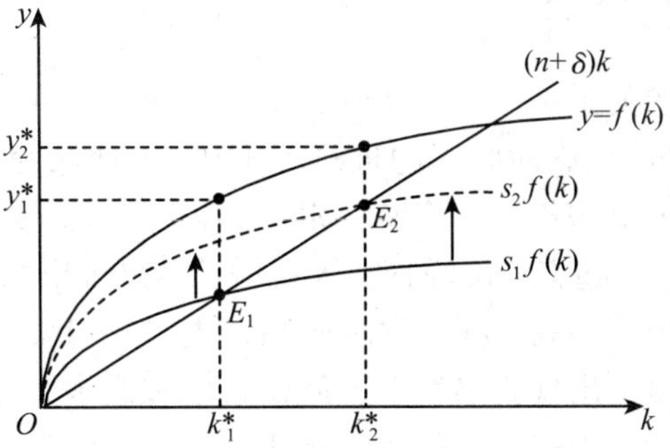

图 6.4 储蓄对平衡增长状态的影响

短期内，在经济从原有平衡态（E_1）向新的平衡态（E_2）过渡时期，总产出和资本加速增长，人均资本量和人均产出上升。在经过一段时间的加速增长之后，总产出和资本的增长率又将逐渐回落到平衡增长率水平，并最终到达平衡增长状态。

如图 6.5 所示，在 t_0 时刻突然将储蓄率从 s_1 提高到 s_2，投资增加，因此经济增长突然加速，经济增长率垂直上升到 n 以上，如图 6.5（b）所示。随着时间的推移，增长率又缓慢回落。与此同时，人均收入则逐步上升，直至达到 y_2^* 水平，如图 6.5（a）所示。

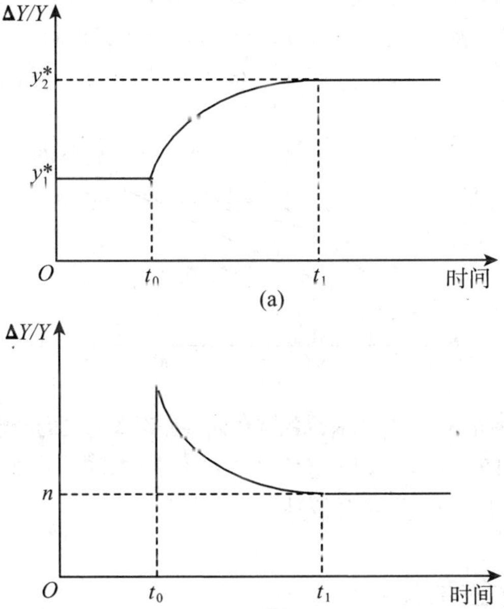

图 6.5 经济增长的调整

在新古典增长模型中，储蓄率的变化只有水平效应（Level effect），即可以提高人均资本和人均收入水平；而没有增长效应（Growth effect），即不能提高长期的经济增长率。新古典增长模型的这一结论与哈罗德－多马模型的结论相矛盾，也受到随后实证研究结论的挑战。

五、人口增长与经济增长

人口增长与经济增长的关系是一个古老的经济学话题。早在 1798 年英国经济学家马尔萨斯（Thomas Robert Malthus）就对此问题进行了论述①，他认为人口过快增长对人均收入将产生不利影响。其实，人口增长与经济增长相互影响、相互制约。人口转型（Demographic transition）理论告诉我们，随着经济增长，人口增长会呈现出三个阶段的变化：（1）在人均收入水平较低时，人口出生率高，死亡率也较高，人口的自然增长率较低；（2）当人均收入水平上升到一定程度时，出现高出生率、低死亡率和高人口增长率；（3）人均收入水平达到较高水平时，出现低出生率、低死亡率和低人口增长率，甚至出现人口的零增长或负增长（如发达国家）。由此看来，人口增长并不是外生变量，而是经济系统的一个内生变量，是人均收入的函数。不过在这里的分析中，我们仍然把它当作一个外生变量来处理。假设人口增长率从 n_1 上升到 n_2，在其他因素不变的条件下，人口增长率的变化将会影响经济平衡增长率和人均收入水平。

如图 6.6 所示，当人口增长率从 n_1 上升到 n_2 时，必要投资线以原点为圆心逆时针转动。平衡增长点从最初的点 E_1 移动到点 E_2。人均资本量从 k_1^* 减少到 k_2^*，相应地，人均收入也下降，从 y_1^* 下降到 y_2^*。也就是说，人口增长率的提高降低了人均资本水平和人均产出水平。由此可见，人口过快增长是不利于人均收入水平提高和人民生活改善的。发展中国家要想改变贫穷落后的面貌，提高人民生活水平，首先要实行计划生育政策，降低人口增长率；其次，要增加教育投入，积累人力资本，促进技术进步，提高劳动生产率。

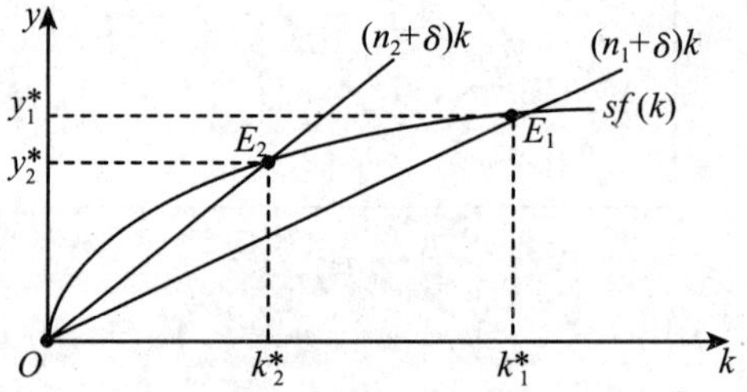

图 6.6　人口增长率的变化对平衡增长路径的影响

折旧率 δ 在方程（6.16）中与人口增长率 n 的作用相同，因此，折旧率变化对平衡增长的影响与人口的作用相类似，这里不再赘述。

六、资本存量的黄金律水平

从以上的分析我们已经知道，储蓄率变化将引起人均资本量的均衡值发生变动，而人均

---

① 马尔萨斯：《论影响社会未来发展的人口原理，兼评葛德文先生、康多塞先生和其他著书者的观点》，简称《人口论》，中国商务出版社，1959 年第 2 版。

资本量的变化又决定了人均产出水平。从全社会的角度来看，产出主要用于消费与储蓄两个方面，所以储蓄的变动势必引起消费变动。当产出一定时，消费多了，储蓄就少了，相反，消费少了，储蓄就多了。而经济增长是一个长期的动态过程，一国发展经济的根本目的是要提高人均消费水平。这里就存在一个如何处理消费与储蓄的关系问题。当储蓄率上升时，消费是增加还是减少呢？要回答这个问题，我们还必须深入探讨人均消费额和储蓄率的关系。

设人均消费额为 c，则：

$$c=y-sy=f(k)-sf(k) \tag{6.20}$$

在平衡增长路径上，$sf(k^*)=(n+\delta)k^*$，因而人均消费额又等于人均产出减去必要投资，即：

$$c^*=f(k^*)-sf(k^*)=f(k^*)-(n+\delta)k^* \tag{6.21}$$

要使平衡增长路径上的消费最大，可以对式（6.21）求关于储蓄率的一阶条件，然后令其等于0，从而得到：

$$f'(k^*)=n+\delta \tag{6.22}$$

式（6.22）中，$f'(k^*)$ 是平衡增长路径上资本的边际产品，$(n+\delta)$ 为人口增长率与折旧率之和。该式表明，要想在平衡增长路径上取得最大消费，就必须调整储蓄率，使得平衡增长路径上产出曲线的斜率等于必要投资线的斜率，或者说，在平衡增长路径上，产出曲线的切线与必要投资线平行，如图6.7所示。对应于最大消费的 k^*_{GR} 被称为资本存量的黄金律水平（The golden-rule level of capital stock）。资本存量的黄金分割律由经济学家费尔普斯于1961年提出，其基本内容是：如果要使平衡增长路径上的人均消费达到最大，平衡增长路径上人均资本量的选择应使资本的边际产品等于人口的增长率与折旧率之和。

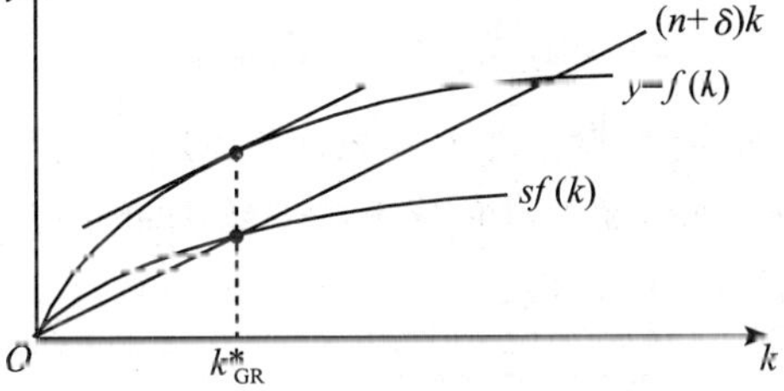

图6.7　资本存量的黄金律水平

显然，当 $k^*>k^*_{GR}$ 时，$f'(k^*)<n+\delta$，即 $\partial c^*/\partial s<0$，因此，在生产技术保持不变的条件下，提高储蓄率，人均消费下降；当 $k^*<k^*_{GR}$ 时，$f'(k^*)>n+\delta$，即 $\partial c^*/\partial s>0$，因此，在生产技术保持不变的条件下，提高储蓄率，人均消费增加；当 $k^*=k^*_{GR}$ 时，$f'(k^*)=n+\delta$，即 $\partial c^*/\partial s=0$。在既定条件下，人均消费达到最大，调整储蓄率已不可能获得更多的消费，因此达到了最优状态。

从资本存量的黄金律水平可知，如果一个经济在稳态时的人均资本量多于黄金律水平，则可以通过消费掉一部分资本使人均资本下降到黄金律水平，就能够提高人均消费水平；相反，如果人均资本量低于黄金律水平，则该经济能够提高人均消费的途径是在当前减少消费、增加储蓄，一直到人均资本达到黄金律水平。

第三节　经济增长因素分析

经济增长是一种复杂的社会经济现象，受多方面因素影响。为了正确地认识和估计各因素对经济增长的贡献，西方经济学家进行了不懈的努力和探索，提出了一套经济增长的核算方法（The growth accounting approach）。所谓经济增长的核算就是采用数学和统计分析方法，根据历史统计资料计算和度量各因素对经济增长所作贡献的大小。在这方面作出突出贡献的经济学家有索洛（R. M. Solow）、丹尼森（Edward Denison）、肯德里克（J. W. Kendrick）、库兹涅茨（Simon Kuznets）等人。他们所作的实证研究和定量分析结果大大加深了人们对经济增长源泉和动力的认识。

一、索洛对经济增长因素的分析

1957 年 8 月索洛在《经济学和统计学评论》上发表了“技术变化和总量生产函数”一文[①]，探讨了经济增长的源泉，利用总量生产函数计算了各因素对经济增长的贡献。

（一）增长核算的计算公式

索洛认为经济增长的源泉无非来自于两个方面：一方面是生产投入（劳动和资本）的增加；另一方面是生产效率的提高，即技术进步。用总量生产函数来描述为：

$$Y = AF(K, L) \tag{6.23}$$

其中，Y 表示总产出，K 表示资本投入量；L 表示劳动投入量，A 表示生产技术水平。式（6.23）表明总产出随资本、劳动投入量和技术水平变化而变化。

对生产函数（6.23）求全微分，得：

$$\mathrm{d}Y = \frac{\partial Y}{\partial K}\mathrm{d}K + \frac{\partial Y}{\partial L}\mathrm{d}L + F(K,L)\,\mathrm{d}A \tag{6.24}$$

微观经济学理论告诉我们，在完全竞争的市场经济中，收入按要素的边际生产力分配：资本的收益率（或实际利率）等于资本的边际产量，即 $r = MP_K = \partial Y/\partial K$；劳动的报酬率（或工资水平）等于劳动的边际产量，即 $w = MP_L = \partial Y/\partial L$。将它们代入式（6.24）后，再两边同除以 Y，得：

① Robert M. Solow, “Technical Change and the Aggregate Production Function”, *the Review of Economics and Statistics*, Vol. 39, No. 3. (Aug., 1957), pp. 312 – 320.

$$\frac{\mathrm{d}Y}{Y}=\frac{MP_K}{Y}\mathrm{d}K+\frac{MP_L}{Y}\mathrm{d}L+\frac{F(K,L)}{Y}\mathrm{d}A$$

$$=\frac{rK}{Y}\cdot\frac{\mathrm{d}K}{K}+\frac{wL}{Y}\cdot\frac{\mathrm{d}L}{L}+\frac{AF(K,L)}{Y}\cdot\frac{\mathrm{d}A}{A} \tag{6.25}$$

式（6.25）中，$\frac{rK}{Y}$为资本收入占国民收入的比例，即资本的收入份额，它又等于资本的产出弹性系数；$\frac{wL}{Y}$为劳动总收入占国民收入的比例，即劳动的收入份额，它又等于劳动的产出弹性系数。令$\alpha=\frac{rK}{Y}$，$\beta=\frac{wL}{Y}$，代入式（6.25）得：

$$\frac{\mathrm{d}Y}{Y}=\alpha\frac{\mathrm{d}K}{K}+\beta\frac{\mathrm{d}L}{L}+\frac{\mathrm{d}A}{A} \tag{6.26}$$

式（6.26）中，$\mathrm{d}Y/Y$、$\mathrm{d}K/K$、$\mathrm{d}L/L$分别为总产出、资本存量、劳动投入量的增长率，$\mathrm{d}A/A$为技术进步率或全员要素生产率（Total factor productivity）的增长率。式（6.26）表明经济增长率取决于资本的增长率、劳动的增长率和技术进步率。

根据历史统计资料，我们可以计算出经济增长率、劳动和资本的增长率以及劳动和资本在国民收入中所占的份额。在国民收入的增长中扣除资本和劳动增长对经济增长的贡献后，剩余部分即“索洛余值”（The Solow residual）就是技术进步对经济增长的贡献。用公式表示如下：

$$\frac{\mathrm{d}A}{A}=\frac{\mathrm{d}Y}{Y}-\alpha\frac{\mathrm{d}K}{K}-\beta\frac{\mathrm{d}L}{L} \tag{6.27}$$

如果总量生产函数是规模报酬不变的，即$\alpha+\beta=1$，那么，$\beta=1-\alpha$，代入公式（6.26），得：

$$\frac{\mathrm{d}Y}{Y}=\alpha\frac{\mathrm{d}K}{K}+(1-\alpha)\frac{\mathrm{d}L}{L}+\frac{\mathrm{d}A}{A} \tag{6.28}$$

移项整理得：

$$\frac{\mathrm{d}Y}{Y}-\frac{\mathrm{d}L}{L}=\alpha\left(\frac{\mathrm{d}K}{K}-\frac{\mathrm{d}L}{L}\right)+\frac{\mathrm{d}A}{A} \tag{6.29}$$

在式（6.29）中，$\frac{\mathrm{d}Y}{Y}-\frac{\mathrm{d}L}{L}$为人均收入的增长率，$\frac{\mathrm{d}K}{K}\ \frac{\mathrm{d}L}{L}$为人均资本的增长率，即$\frac{\mathrm{d}y}{y}=\frac{\mathrm{d}Y}{Y}-\frac{\mathrm{d}L}{L}$，$\frac{\mathrm{d}k}{k}=\frac{\mathrm{d}K}{K}-\frac{\mathrm{d}L}{L}$，将其代入式（6.29），移项整理得到另一种求余值的方法。

$$\frac{\mathrm{d}A}{A}=\frac{\mathrm{d}y}{y}-\alpha\frac{\mathrm{d}k}{k} \tag{6.30}$$

式（6.30）表明：技术进步率（或索洛余值）又等于人均产出的增长率减去资本的产出弹性和人均资本增长率的积。

(二) 定量分析结果

索洛使用方程 (6.28), 估算了 1909 ~ 1949 年间美国 GDP 的增长情况, 得出了以下结论:

第一, 技术进步大致是希克斯中性 (Hicks-neutral)[①]。

第二, 1909 ~ 1949 年, 平均每年 GDP 增长 2.9%, 其中 0.32% 归因于资本积累, 1.09% 来自于劳动投入的增加, 剩余的 1.49% 归因于技术进步或单位生产要素产出的增加。在总产出增长中, 技术进步的贡献占 51%。

第三, 在此期间, 人均产出增长 1.81%, 其中 1.49% 的增长来自于技术进步。技术进步对人均产出增长的贡献占 82.3%。[②]

肯德里克在 1961 年出版的《美国生产率发展趋势》一书中, 把产量与全部要素投入量之比称为"全员要素生产率" (Total Factor Productivity, TFP), 以此反映总体的生产技术水平。技术进步最终表现为全员要素生产率的提高。同索洛一样, 肯德里克将经济增长分解为要素投入的增长和要素生产率的提高。他根据 1889 ~ 1957 年间美国的统计资料计量分析发现: 美国年平均增长率为 3.5%, 其中, 资本和劳动对增长的贡献为 1.7%, 剩余的 1.8% 归因于技术进步 (即要素生产率的提高)。1971 年肯德里克又对 1948 ~ 1966 年美国的统计资料进行了分析, 发现这一时期美国私人经济的年均增长率为 4%, 其中要素投入增加对增长的贡献为 1.5%, 要素生产率提高对增长的贡献为 2.5%。[③]

索洛和肯德里克的增长核算结果都表明: 在促进经济增长的各因素中, 技术进步对经济增长的贡献最大, 换句话说, 技术进步在现代经济增长中起着决定性的作用, 是经济增长的主要源泉和动力。

二、丹尼森对经济增长的分析

索洛和肯德里克把经济增长中"尚未解释的余值" (The unexplained residual) 全部归结为要素生产率的增长或技术进步的贡献。至于"余值"中真正包括哪些因素, 他们并没有做过多的、详尽的解释。这项工作留给了丹尼森 (Edward Denison)。20 世纪 60 年代初, 丹尼森受美国经济发展委员会的委托, 对美国 1909 ~ 1929 年、1929 ~ 1957 年、1929 ~ 1969 年期间的经济增长作了深入细致的研究和分析。他把影响经济增长的因素分为两大类七小类: 一大类是生产要素投入量的增加, 其中包括就业人数与工时、就业者的年龄与性别结构、就

① 中性技术进步可以分为三种类型: (1) 希克斯中性技术进步是指不改变资本和劳动的边际产量之比率的技术进步, 即在技术进步中 MP_K/MP_L 保持不变, 生产函数可以写成 $Y = AF(K, L)$; (2) 哈罗德中性 (Harrod-neutral) 技术进步是扩大劳动使用量的技术进步 (Labor-augmenting technological progress), 其生产函数可写成 $Y = F(K, AL)$; (3) 索洛中性 (Solow-neutral) 技术进步是指增加资本使用量的技术进步 (Capital-augmenting technological progress), 其生产函数可写成 $Y = F(AK, L)$。

② Rudiger Dornbush, Stanley Fischer and Richard Startz, *Macroeconomics*, the seventh edition, The McGraw-Hill Companies, Inc., 1998.

③ 谭崇台主编:《发展经济学》, 山西经济出版社, 2001 年版, 第 116 页。

业者的受教育年限、资本存量的大小；另一大类是单位投入的产出量的增长，其中包括资源配置的改善、规模经济、知识进步。1985 年，丹尼森出版了《1929 ~ 1982 年美国经济增长趋势》一书，对以往的研究成果作了全面概括和总结。他的分析结果见表 6.1。

表 6.1　　1929 ~ 1982 年美国国民总收入增长的源泉

增长因素	增长率（%）	
生产要素的投入		1.9
劳动投入增加	1.34	
资本投入增加	0.56	
单位投入的产出		1.02
知识进步	0.66	
资源配置的改善	0.23	
规模经济	0.26	
其他	-0.03	
国民收入		2.92

资料来源：Edward Denison, *Trends in American Economic Growth* 1929 - 1982, Washington, D. C.: The Brookings Institution, 1985。

丹尼森计算的结果揭示美国的经济增长有以下几个显著特征：

第一，劳动增加对经济增长的贡献相当大。其主要原因就在于劳动的产出弹性大，在经济增长的核算中具有较大的权重。

第二，技术进步是经济增长的重要源泉。技术进步对经济增长的贡献主要来源于知识进展（Advances in knowledge），其次，来源于规模经济（Economies of scale）。除此之外，资源配置的改善（Improved resource allocation）也是要素生产率提高的一个重要源泉。资源配置的改善主要表现在资源从低效率的生产部门（或地区）转移到高效率的生产部门（或地区）。例如，在工业化过程中，大量的劳动力从农村转移到城市，就可以大大提高农村劳动生产率。

第三，资本积累对经济增长的贡献不到 20%，大大低于传统理论对资本作用的估计。这可能是由于资本收益在国民收入中所占的份额较低，有人认为可能是资本在生产中的作用存在外部经济效应，资本的私人收益小于资本的实际贡献。但到目前为止，人们还没有发现明显的相关证据。

总之，丹尼森的增长核算结果不仅验证了索洛的结论——技术进步是经济增长的重要源泉，而且更加深了我们对技术进步构成要素的了解——技术进步的作用主要来源于知识的进步。在现代经济增长中，知识进步的作用将越来越大、越来越明显。因此要促进经济高速增长，就必须大力发展教育，开发新技术，提高管理水平，促进知识进步。

三、库兹涅茨对经济增长因素的分析

库兹涅茨运用统计分析方法，对国民生产总值及其组成成分进行了长期的估量和对比分析，从各国经济增长的差异中，探索影响经济增长的因素。库兹涅茨发现：影响经济增长的主要因素有知识存量的增加、劳动生产率的提高和结构方面的变化。

（一）知识存量的增加

库兹涅茨认为，随着社会的发展和进步，人类社会迅速增加了技术知识和社会知识的存量，当这种存量被利用的时候，它就成为现代经济总量高比率增长和经济结构迅速变化的源泉。但知识本身不是直接生产力，由知识转化为现实的生产力要经过科学发现、发明、革新、改良等一系列中间环节。在知识的转化过程中，需要有一系列中介因素。这些中介因素包括对物质资本的大量投资、对劳动力的训练、企业家对一系列从未遇到的障碍的克服、知识的使用者对技术适用性的准确判断等。在这些中介因素作用下，经过一系列知识的转化过程，知识最终会变成为现实的生产力。

（二）劳动生产率的提高

库兹涅茨认为，现代经济增长的重要特征之一是人均产出的高速增长。为了弄清导致人均产出高速增长的主要因素，库兹涅茨对劳动投入和资本投入对经济增长的贡献进行了长期实证分析和研究。他得出了与索洛几乎相同的结论：在国民生产总值增长的结构中，25%归因于生产资源投入量的增长，75%归因于投入生产要素的生产率（效率）的提高，因此，经济增长主要是靠生产效率的提高，而不是靠资源投入数量的增加来推动的，而生产效率的提高又有赖于生产技术的不断进步。

（三）结构变化

库兹涅茨认为，发达国家在经济增长的历史过程中，经历了经济结构剧烈变化。从部门来看，先是从农业活动转向于非农业活动，后又从工业活动转移到服务性行业。从生产单位的平均规模来看，大多都是从家庭企业或独资企业发展到全国性甚至跨国性的大公司。从劳动力在农业和非农产业部门的分配来看，美国 1870 年全部劳动力的 53. 5%在农业部门，到了 1960 年则降低到 7%以下；在比利时，农业劳动力从 1846 年占全部劳动力的 51%减少到 1961 年的 7. 5%。以前，农业劳动力的比例降低 50 个百分点，需要几个世纪的时间；现在只经历了一个世纪，农业劳动力的比例就减少了 30 个到 40 个百分点，就业结构的变动充分反映了生产结构的迅速变化。库兹涅茨强调，发达国家在现代经济增长时期，总体增长率和生产结构转变的速度比它们现代化以前高得多。

库兹涅茨把知识存量因素、生产因素与结构因素联系起来，着重强调结构因素对经济增长的影响。不难看出，库兹涅茨与丹尼森对经济增长因素分析的一个不同之处就在于他重视结构因素对经济增长的贡献。库兹涅茨认为，发展中国家经济结构变动缓慢，结构因素对经济增长的影响比较小，主要表现在发展中国家传统的经济结构束缚着聚集在传统农业部门中的 60%以上的劳动力，而传统的生产技术和生产组织方式阻碍着经济的增长；同时，制造业结构不能满足现代经济增长对它提出的要求，需求结构变化缓慢，消费水平低，不能形成对经济增长的强有力刺激。

库茨涅茨通过对经济增长因素的分析，得到了与索洛、丹尼森等人几乎相同的结论，即科学技术进步是现代经济增长的主要源泉。

第四节　新增长理论

从20世纪50年代到80年代，新古典增长模型以其优美的数学形式和浪漫的经济学结论深深吸引着广大经济学者，并一直雄踞经济学的殿堂长达30年之久。然而，20世纪80年代之后，人们对新古典增长理论越来越不满意，主要表现在理论和实证分析结果两方面。从理论上讲，新古典增长理论认为长期的经济增长主要来自于技术进步，或者说，技术进步是人均收入长期增长的唯一源泉和动力。然而，在新古典增长模型中，用来解释经济增长的技术进步却是一个外生变量，就像“天上掉下的馅饼”（Like manna from heaven）。技术进步就像一个“暗箱”，人们并不知道技术进步究竟是由什么因素决定的。另一方面，在稳定增长状态，经济增长率与储蓄率无关，可是实证分析的结果表明经济增长率与储蓄率呈现出显著的正相关，也就是说，储蓄率高的国家经济增长快，储蓄率低的国家经济增长慢。经验事实验证了哈罗德－多马模型的预测结果，却与新古典模型的预言大相径庭。新古典增长模型假设资本的边际报酬递减，按理来说，在资本贫乏的国家资本的收益率较高，在资本丰裕的国家资本的报酬率较低，追求利益最大化的国际资本应该从发达国家流向最不发达国家，然而在现实世界中，我们既没有看到发展中国家的资本收益率明显高于发达国家，也没有看到大量的国际资本从发达国家流向最不发达国家。

面对这样一些新古典增长理论无法解释的经济现象，从20世纪80年代中期开始，经济学家对增长理论进行了深刻的反思，相继发表了研究经济增长的一系列论文，形成了目前流行于西方的新经济增长理论（New growth theory），其中最杰出的代表人物是斯坦福大学教授保罗·罗默（Paul Romer）和芝加哥大学教授、1995年诺贝尔经济学奖得主罗伯特·卢卡斯（Robert E. Lucas，Jr.）。

新增长理论强调指出：经济增长不是由外部力量推动的，而是经济系统内部力量作用的产物。技术进步不是“天上掉下的馅饼”，而是人力资本投资、研究开发、知识外溢、劳动分工和专业化、边干边学和合理的制度激励推动的结果。该理论借助于内生的知识积累模型、人力资本模型和内生制度理论，成功地解释了各国经济增长率和人均收入的巨大差异。新增长理论最重要的特征是试图使增长率内生化，因而新增长理论又被称为内生增长理论（Endogenous growth theory）。限于篇幅，本节将简要介绍两个内生增长模型。

一、AK 增长模型

在索洛增长模型中，只要实际储蓄或投资大于必要的投资额，人均资本和人均产出就会不断地增长，可是，随着人均资本的增加，资本的边际报酬递减，实际储蓄最终会等于必要的投资，人均资本和产出的增长会停止。如果我们改变索洛的假设，假定资本的边际报酬不变（Constant marginal product of capital），则储蓄曲线就不可能与必要的投资线相交，实际储蓄始终大于必要的投资，人均资本和人均产出就可以自动持续地增长，如图6.8所示。

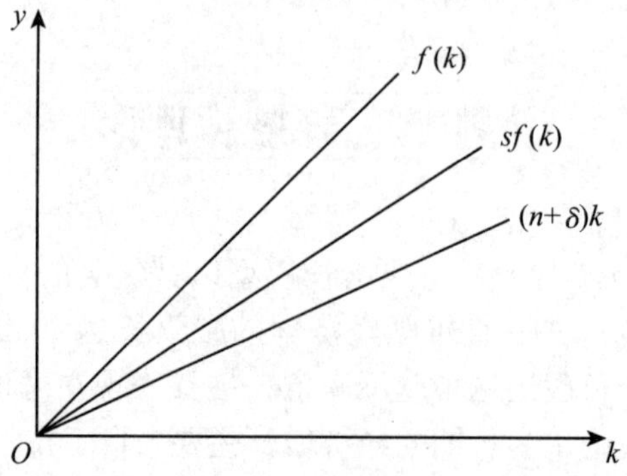

图 6.8　AK 增长模型

假设：（1）储蓄率为常数 s；（2）人口增长率和资本折旧率都为零；（3）资本是唯一的生产要素，包括实物资本和人力资本，并且资本的边际报酬不变，总产出是资本的正比例函数，用公式表示如下：

$$Y = AK \tag{6.31}$$

在生产函数（6.31）中，资本的边际报酬就是常数 A。

由于假定折旧率为零，所以全部储蓄都转化为新增资本。用公式表示为：

$$\Delta K = sY = sAK$$

因此，$\Delta K/K = sA$ （6.32）

式（6.32）表明，资本的增长率与储蓄率成正比。国民收入或总产出与资本总量成正比，因此，国民经济增长率等于资本的增长率，即：

$$\Delta Y/Y = sA \tag{6.33}$$

上式告诉我们，储蓄率越高，经济增长越快。经济增长率与储蓄率成正比。储蓄率是由经济系统内部因素决定的，只要储蓄率不为零，经济增长就可以自我持续下去。从这个意义上说，AK 增长模型是一个内生增长模型，它的形式和结论与哈罗德 - 多马模型相吻合。

二、人力资本与增长

为什么第二次世界大战后德国和日本能够迅速崛起，而其他发展中国家增长缓慢，还有些发展中国家与发达国家之间的差距不但没有缩小，反而越来越大？为什么国际资本不从资本富裕的发达国家流向资本贫乏的发展中国家？芝加哥大学教授诺贝尔经济学奖得主舒尔茨（Theodore W. Schultz）、贝克尔（Gary Becker）、卢卡斯等著名经济学家认为各国的经济表现和收入差距在很大程度上与人力资本有关。

所谓人力资本（Human capital）是指人们通过教育培训、医疗保健和迁移等方面的投资而获得的凝结在人身上的技能、健康的体魄或收入能力。卢卡斯认为人力资本具有内部效应和外部效应，其内部效应表现为提高劳动的生产效率，其外部效应在于提高其他生产要素的生产率。人力资本在生产中的积极作用导致生产的规模报酬递增。如果我们在生产函数中引入人力资本变量，即使不改变实物资本（Physical capital）边际报酬递减的假设，必要不断地进行人力资本投资和积累，就可以提高劳动、资本的生产效率和收益率。由于发达国家人口的平均受教育程度较高，人力资本丰富，所以发达国家资本的边际效率和收益率不但不会低于发展中国家，反而可能高于某些落后的发展中国家，因此我们看到，大量资本不是从发达国家流向最不发达国家，而是从许多发展中国家流向发达国家。当今世界头号经济大国——美国却成为世界上吸收外国直接投资最多的国家之一。

人力资本不仅是物质产品生产过程中的重要投入，而且是知识生产或技术研发（R&D）中的关键要素。如果一个国家重视教育和科学研究，不断增加科学教育投入和人力资本，就可以促进科技创新和技术扩散，推动技术进步和经济持续增长。无论是德国还是中国、韩国、日本、新加坡之所以能够创造经济奇迹，除了因为制定正确的经济政策和坚持对外开放之外，主要还是因为这些国家普遍重视教育和人力资本投资，积累了大量人力资本。

人力资本的形成主要来源于教育卫生投入，而教育的投入又取决于国民收入水平及其分配使用情况，是一个内生变量，因此含人力资本变量的增长模型是典型的内生增长模型。含人力资本的内生增长模型很多，限于篇幅，在此不一一介绍。

三、内生技术进步的增长模型

我们已经知道经济增长的主要动力来自于技术进步。如果说发展中国家可能通过与发达国家经济技术交流获得先进技术，进而带动经济增长，那么发达国家就很难从外部获得先进技术来推动经济持久增长了。发达国家的经济增长和技术进步只能来自于内部因素。斯坦福大学教授保罗·罗默（1986，1990）① 对此进行了创造性的研究，发表了一系列论文。他认为：新知识和技术进步是厂商或个人出于自利目的，理性投资于研发活动而获得的结果，是一个内生变量。他在传统的物质产品生产部门的基础上引入一个新的专门生产知识的研发部门，创造性地构造了一个知识外溢的内生技术进步的增长模型。

假定整个经济由两个部门组成：一个是传统的物质产品和劳务生产部门；另一个是知识生产部门，即研究开发部门（Research and development sector）。实物资本和人力资本在两个部门之间分配。

为了使问题简化，假设物质产品生产部门使用实物资本和人力资本进行生产，生产函数为：

$$Y = AK^{\alpha}(uH)^{1-\alpha} \tag{6.34}$$

Y 表示总产出；K 表示实物资本总量，并且全部用于物质产品的生产；H 表示人力资本总量；u 表示人力资本投入物质产品生产部门的比例，因而 $1-u$ 表示投入知识生产部门的人力资本所占比例，$(1-u)H$ 表示投入知识生产部门的人力资本量。

① Paul M. Romer, 1986, "Increasing Returns and Long-run Growth," Journal of Political Economy 94 (October): 1002 – 37. Paul Romer, 1990, "Endogenous Technological Change," Journal of Political Economy 98 (October): S71 – S102.

由于科学技术知识一般都具有非竞争性的特点，也就是说，一个思想或一项技术在某个地方被人们使用时，并不影响其他人或其他地方的使用，所以物质生产和知识生产两部门可以同时使用全部的科技知识存量（A）。

知识生产部门，同物质生产部门一样，也需要人力资本和实物资本等投入。为了简单化，假定知识增量是人力资本和已有知识存量的函数：

$$\Delta A = B(1-u)HA \tag{6.35}$$

ΔA 表示新知识或知识存量的增量；B 是一个大于零的常数，反映其他因素对知识生产函数的影响。根据式（6.35）我们可以得到知识增长率或技术进步率：

$$\frac{\Delta A}{A} = B(1-u)H \tag{6.36}$$

式（6.36）表明：知识的增长率是人力资本投入量等可再生资源的函数。只要不断地进行人力资本投资和积累，增加知识生产部门的投入，就可以推动科学技术的进步，科学技术的进步又可以带动经济持续增长。

总结这一章的论述，我们不难发现内生增长模型比新古典增长模型和哈罗德－多马模型具有更强的解释力。它包容了更多的内容和条件，可以解释世界各国纷繁复杂的经济情况。各个国家可能因为政策、制度和自然环境或经济条件的不同，而出现不同的经济增长。

内生经济增长理论将技术进步内生化，不仅提高了理论的解释力，而且为我们提出了具有很强操作性的政策建议，即一个国家如果希望促进长期的持续的经济增长，就应该制定一套有利于技术进步或知识增长的政策，如支持教育、保护知识产权、支持研究开发工作、实行有利于新思想形成的国内外贸易政策等。

当然，新增长理论也有自己的内在缺陷。正如马丁·魏茨曼（M. Weitzman）在“杂交的增长理论”一文中指出：新增长理论打开了“余值”这个黑箱，然而在打开的这个黑箱中又包含了另一个黑箱，即新思想的生产函数——新思想被简单地看做是外生“研究努力”的结果。但是，不管怎么说，新增长理论使我们对经济增长的认识又向前迈进了一大步。

案例 1　20 世纪最后 20 年中国经济的增长

1978 年以后，中国的工作重心向经济方面的转移，极大地促进了社会经济全面、快速的发展。1984 年和 1978 年相比，按可比价格计算，国内生产总值增长 66%，年均增长 8.8%。第一产业增长 52.6%，年均增长 7.3%；第二产业增长 66.9%，年均增长 8.9%；第三产业增长 78.3%，年均增长 10.1%。1985～1992 年，中国经济在波动中增长与发展。这一时期是经济增长最快速的时期，是人们收入与生活水平提高最快的时期，也是通货膨胀最为严重的时期。20 世纪 80 年代末期出现的市场疲软是新中国建立以来的新经济现象。按可比价格计算，中国国内生产总值 1992 年比 1985 年增长 77.7%，年均增长 8.6%。第一产业增长30.7%，年均增长3.9%；第二产业增长110.5%，年均增长11.2%；第三产业增长9.6%，年均增长8.7%。1992年，邓小平“南巡”讲话后，国民经济跃上新台阶，但同时开始出现高通货膨胀和经济过热现象。此后政府宏观调控措施成功实现经济“软着陆”。20世纪90年代中期以后，社会总供给和总需求的关系发生了根本性的变化，开始了由卖方市场向买方市场的转化，需求约束加强，政府适时采取了积极的财政政策等扩大内需的手段，保持了国民经济的持续稳定增长。1997年，国内生产总值超过7万亿元，按可比价格计算，1997年比1993年增长68.5%，年均增长9%。第一产业增长18.8%，年均增长4.4%；第二产业增长67.4%，年均增长13.8%；第三产业增长38.6%，年均增长8.5%。

分析：

本案例要求我们对中国经济增长的历史背景和特点有所了解。上述案例表明，自改革开放以来中国经济保持了高速的增长，但总体上，中国经济增长并不平稳，是在波动中增长和发展的。在改革开放初期，政府工作重心转移到经济建设上，随着固定资产投资的迅速增长以及被压抑的生产要素生产力的释放，经济增长取得了快速增长的成绩。但是，由于这一时期经济工作中“左”的思想的影响，出现了不顾国情盲目引进国外技术和设备、片面追求高指标和高速度的现象，结果导致货币投放过多，物价上涨过快，社会总供求失衡，国民经济比例严重失调，国民经济被迫调整。经过调整后，国民经济各项比例开始趋于协调，加上在广大农村推行的家庭承包责任制极大地调动了农民的积极性并释放出巨大的生产活力，从而有力地促进了经济增长。因此，在消费需求和投资需求的双重拉动下，经济增长率在1984年达到顶峰，同时，货币供应量也增长迅速，这引起物价上涨，国民经济被迫进行调整，经过1985年和1986年对国民经济进行的适度调整，在固定资产投资需求的拉动下，GDP增长率在1987年又迅速攀升，经济进一步趋热，物价大幅度上涨，为此，政府实施了财政与货币双紧的政策，致使投资增长率和消费增长率迅速回落，个别年份还出现了负增长，从而出现80年代末期的市场疲软。针对市场过度疲软的状况，从90年代初开始，政府适当放松了对货币供应量的控制，固定资产投资需求和消费需求从1991年开始出现恢复性增长，尤其是在1992年邓小平“南巡”讲话后，各地发展经济的热情高涨，固定资产投资需求和消费需求急剧上升，经济增长率也迅速上升。但由于缺乏有效宏观调控，社会总供求又出现严重失衡，货币供应量连续几年超常规增长，物价大幅上涨。针对经济过热现象，1993年，政府又采取了一系列旨在使经济“软着陆”的措施，有效地遏制了经济生活无序和过热的现象，经济增长趋向平稳。

从上述分析可以看出，相对于发达国家，中国政府的经济政策在稳定经济增长方面起着重要作用。此外，上述案例还说明，经济结构的变化，对经济增长起着重要的作用。根据库兹涅茨的研究，发达国家在经济增长的历史过程中，经历了经济结构的剧烈变化，而发展中国家经济结构变化缓慢，结构因素对经济增长的影响比较小。从三次产业增长率变化情况看，中国经济增长也伴随着经济结构的变化，但变化比较缓慢。

资料来源：根据国内外有关研究成果整理而成。

案例 2　来自“亚洲虎”的经验

香港地区、新加坡、韩国和台湾地区的经济增长曾是那样引人注目，以至于这四个国家和地区有时被称之为“亚洲虎”。它们已作为世界其他地方有效发展的范例。曾经有人，特别是这些地方的政治领袖，以为他们学到了值得效法的特殊诀窍。然而，最近的证据显示，首要的“特殊诀窍”无非是老生常谈的努力工作和奉献精神。换言之，这些国家和地区的全要素生产率并无显著提高；他们储蓄并投资，让更多的人去工作，重视教育以便增加人力资本。通过对“亚洲虎”经验的考察，我们能学到什么呢？

表 1 取自阿尔文·杨（Alwyn Young）对东亚经济增长的一项非常严谨的研究。这四个国家和地区都有引人注目的高增长，但它们的增长主要是靠增加投入，而非生产率的提高来推动。在香港地区、韩国和台湾地区，作为单位投入－产出度量的全要素生产率的增长较高，但是，并不显著。而新加坡的全要素生产率增长则明显较小。这四个国家和地区总人口中劳动人口部分都有急剧增加，主要是因为妇女加入使劳动力的比重提高。各国各地区也都极大地增加了人力资本，使其教育达到了接近领先工业国的水平。

表 1　**“亚洲虎”的增长**　单位:%

	香港地区（1966～1991 年）	新加坡（1966～1990 年）	韩国（1966～1990 年）	台湾地区（1966～1990 年）
人均 GDP 增长	5.7	6.8	6.8	6.7
全要素生产率	2.3	0.2	1.7	2.6
劳动力参与程度	38→49	27→51	27→36	28→37
中等或高等教育	27.2→71.4	15.8→66.3	26.5→75.0	25.8→67.6

“亚洲虎”们还具有几个共同的特征：这四个国家和地区都有着相对稳定的政府，都奉行外向型经济政策，鼓励其工业向国外出口，到世界市场中去竞争和学习，以求生存。

反倒是新加坡几乎为零的生产率增长值得注意。在一篇颇有影响的比较新加坡与香港地区的文章中，阿尔文·杨对于如下事实给予了关注：香港地区有一个基本上自由放任的自由市场体制下的政府；而新加坡政府则保持着对经济的严格控制，经济中大部分投资都由政府间接支配。他认为，新加坡政府试图依赖外国投资引入新技术，以强制加快发展节奏，但在本地企业家与工人还没有掌握当前技术时，就非常迅速地转向了越来越复杂技术生产的产品。

“亚洲虎”在人类历史上完成了某些异乎寻常的业绩，这已是不争的事实：它们的增长速度将使它们从世界上最贫穷国家的行列转变为富裕的工业国收入水平相当的国家。新加坡已经实现了这种转变，其他“亚洲虎”国家也很快将要实现这种转变。看到这一切都可以用古老的方式，通过储蓄、努力工作和竞争来完成，真令人宽慰。

分析：

对于“亚洲虎”取得的经济增长奇迹，一些评论家认为难以用新古典增长模型等基本模型解释，因为这些模型都认为技术是按一个不变的、外生的比率增长，而这些“亚洲虎”国家和地区通过引进和模仿国外技术，在相当短的时期内大大改善了它们的生产函数。按此推理，这些国家和地区的全要素生产率应该有很快的提高，但是研究资料表明，“亚洲虎”中没有一个国家和地区有过空前的全要素生产率的提高。因此，尽管“亚洲虎”经济增长迅速，仍可以用基本经济增长理论来解释。基本经济增长理论与模型以及发达国家的实证经验表明，消费、储蓄、资本、人力资本、知识进展、经济规模等均是经济增长的原因。这些因素对经济增长贡献的大小依不同国家的实践而不同。一般而言，发展中国家经济增长更多地依靠要素投入的增加。“亚洲虎”的经济增长，主要是这些国家和地区鼓励储蓄，增加对物质资本、设备投资和基础设施的投资以及教育投资。例如，1980～1994年中国台湾、中国香港、新加坡、韩国等国家和地区的储蓄占GDP的比例都在30%左右，而欧美发达国家在20%左右。根据新古典模型，在一个高储蓄率的国家，由于有充裕的资本供投资使用，故长期内会加速该国的资本积累。此外，从上述案例中，还要看到政府在经济增长中的作用，稳定而开放的政府和政策对经济增长有着不可忽视的作用。

资料来源：多恩布什、费希尔、斯塔兹：《宏观经济学》（第8版），中国财政经济出版社，2003年版。

[关键概念]

经济增长　资本－产出比　自然增长率　稳态　资本存量的黄金律水平　人力资本　内生增长　全员要素生产率　新古典增长理论　新增长理论　经济增长核算

[复习题]

1. 简述哈罗德－多马模型的基本思想。
2. 试比较哈罗德－多马模型与新古典增长模型。
3. 哈罗德－多马是如何分析经济波动的原因的？
4. 新古典增长理论具有哪些缺陷？
5. 西方学者关于经济增长因素的分析有哪些值得借鉴？
6. 简述新增长理论的基本思想。

[补充阅读材料]

1. 罗伯特·M·索洛等著：《经济增长因素分析》，商务印书馆，1991年版。
2. 罗伯特·J·巴罗、哈维尔·萨拉伊马丁著：《经济增长》，中国社会科学出版社，2000年版。
3. 多马著：《经济增长理论》，商务印书馆，1983年版。
4. 查尔斯·I·琼斯：《经济增长导论》，上海三联书店，上海人民出版社，2001年版。
5. D. W. 乔根森：《生产率第1卷：战后美国经济增长》，中国发展出版社，2001年版。
6. 西蒙·库兹涅茨著，戴睿、易诚译：《现代经济增长——速度、结构与扩展》，北京经济学院出版社，1991年版。
7. Arrow, K., the Economic Implications of Learning by Doing, *Review of Economic Studies*, 29 (3), 1962.
8. Barro, Robert and Xavier Sala-I-Martin, *Economic Growth*, MIT Press, 2003.

9. Domar, Evsey D., Expansion and Employment, *American Economic Review*, March, 1947.

10. Kregel, J. A., Economic Dynamics and the Theory of steady Growth: An Historical Essay on Harrod's knife-edge, *History of Political Economy*, Spring12, 1980.

11. Romer, P., Endogenous Technology Change, *Journal of Political Economy*, 98 (5), 1990.

12. Solow, Robert M., A contribution to the Theory of Economic Growth, *Quarterly Journal of Economics* 70, February, 1956.

13. Schultz, Theodore W., Investment in Human Capital, *American Economic Review* 51, March, 1961.

第七章

经济周期理论

【学习目的和要求】

本章的学习目的是通过对经济波动的根源和传导机制的认识，理解不同经济周期理论对现实经济波动的解释。要求掌握经济周期的概念及产生的原因和传导机制，了解经济周期的不同类型，掌握乘数－加速数模型的原理及其对经济周期波动的解释，理解实际经济周期理论的特征及其基本模型。

【内容提要】

1. 经济周期是指经济总量沿着经济发展的某种趋势所经历的有规律的扩张和收缩。对造成宏观经济周期性波动的内在原因，西方经济学家作了不同的解释，主要有：消费不足论、投资过剩论、纯货币危机论、创新周期论、心理理论、太阳黑子论和政治周期论等。西方经济学家根据一个经济周期时间的长短将经济周期分为长周期、中周期和短周期三种类型。

2. 萨缪尔森和汉森提出的乘数－加速数模型对经济周期性波动的传导机制做出了解释，模型原理表明：国民收入、投资和消费之间存在互相影响、互相调节的联系，通过加速数，收入和消费的增加会引致投资增加；通过乘数，投资又使收入进一步增长，如此循环作用形成累积性的经济扩张或收缩局面，从而造成整个国民经济的波动和周期性的循环。在这一过程中，投资变动处于传导机制的核心，其政策含义在于：只要政府对经济适当地干预，就可以改变或缓和经济波动。

3. 实际经济周期理论从微观的视角来解释经济周期性波动的传导机制，劳动跨期替代和选择问题是该理论模型的核心，实际周期经济理论通过个人对工作与休闲的替代选择和厂商的生产最优化决策来说明微观经济主体对宏观经济变动的反应，强调实际冲击（技术创新、战争、政策变动等）等实际因素变动对经济周期波动的决定作用。

经济周期理论是研究另一种长期宏观经济现象——经济波动的理论。对于经济波动问题，早在古典经济学发展时期，就有经济学家（如西斯蒙第（J. Simonde de Sismondi）、马尔萨斯）进行过研究，他们探讨了经济危机产生的根源。不过，真正专门研究经济波动问题，则始于20世纪20年代中后期，特别是30年代经济“大萧条”之后。现代经济周期理论以凯恩斯理论和熊彼特的创新理论的诞生①为标志，经过后凯恩斯主义者汉森、萨缪尔森（Paul A. Samuelson）和希克斯（John Hicks）的修正而得到发展。20 世纪 70 年代，凯恩斯主义理论因西方国家“滞胀”而遭到自由主义思潮（包括现代货币主义、供给学派和理性预期学派）的猛烈抨击，凯恩斯主义经济周期理论在 60 年代一统天下的局面也因此被打破。20 世纪 80 年代以后，经济周期理论进入了“群雄逐鹿”的时代，新的理论和实证分析对传统的凯恩斯主义提出挑战，他们对历史数据的精细分析发现：某些实际因素变动对经济的冲击不是短期的，而是具有长期影响。既然在经济波动中实际因素长期起作用，那么货币因素或总需求的变化对经济的冲击就无关紧要了。正因为如此，实际商业周期理论（The theory of real business cycle）运用新古典宏观经济学的均衡分析方法探讨了经济波动的原因和传播机制，形成了一个足以和凯恩斯理论分庭抗礼的颇具研究特色的理论。

本章分四节展开，第一节介绍经济周期的概念、类型和各种经济理论对经济波动根源的认识；第二节介绍凯恩斯主义经济周期理论，利用乘数原理和加速原理分析经济波动传导的机制；第三节是介绍随机游走模型，说明不同经济周期产生的根源的差异；第四节介绍新古典主义的实际商业周期理论，分析实际因素变动的冲击产生经济波动的机理。

第一节　经济周期的概念、类型及其原因

本节简要介绍经济周期的概念、类型，使我们对经济周期理论有一个整体的认识，为后两节进一步分析经济波动的原因和传导机制做准备。

一、经济周期的概念

关于经济周期（Business cycles，又译为商业循环）的含义，有很多种不同的说法，其中比较有代表性的解释要数英国经济学家凯恩斯和美国经济学家密切尔、伯恩斯。凯恩斯说：“循环运动是指当经济体系向上前进时，促使其上升的各种力量初则逐渐扩大，相互加强，继而逐渐不支，到某一点时，向下力乃代之而起，向下之力最初也是逐渐扩大，互相加强，发展到极致，又会逐渐衰退，最后也让位于相反的力量。”②

美国制度主义经济学家密切尔（Wesley Clair Mitchell）说：经济周期是以商业经济为主的国家总体经济活动的一种波动，一个周期是由很多经济活动的几乎同时扩张，继之以普遍的衰退、收缩与复苏所组成的，而且是重复地出现。③

由此看来，经济发展经常会出现一种开始向上，继而向下，再向上的反复的周期性运

① 现代经济周期理论产生于 20 世纪 30 年代，以 1936 年凯恩斯的《就业、利息和货币通论》和 1939 年熊彼特《经济周期》出版为标志。

② John Maynard Keynes, *The General Theory of Employment*, *Interest and Money*, Harvard University Press 1934, pp. 313 - 314. 参见凯恩斯的《就业、利息和货币通论》，商务印书馆，1983 年 3 月第 2 版，第 271 页；或《就业、利息和货币通论》（重译本），商务印书馆，1999 年 4 月版，第 325 页。

③ 密切尔：《经济周期问题及其背景》，美国国民经济研究所，1927 年，第 468 页。

动。早期研究经济周期的理论家认为，经济的周期性波动“在时间先后上及期限长短上”都具有“明显的规律性”。其实，现代经济学家的研究发现，经济波动在时间先后上和期限的长短上并不具有明显的“规律性”。因此，我们很难给经济周期下一个准确的定义。

古典的经济周期理论认为，经济周期是指经济活动沿着经济发展的总体趋势所经历的有规律的扩张和收缩。图 7.1 是一个典型的表示经济周期的曲线图。

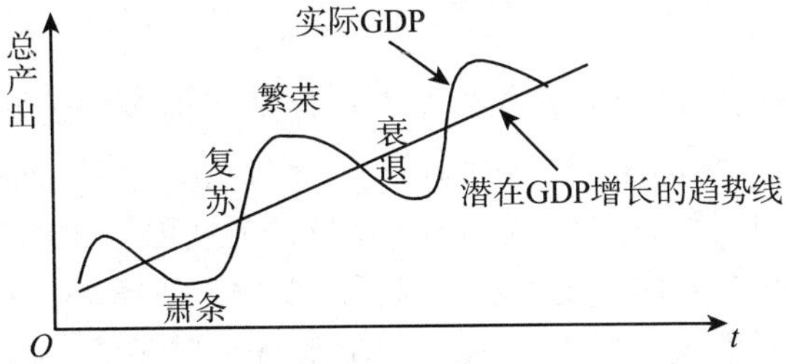

图 7.1　经济周期波动示意图

图 7.1 中，正斜率的直线是经济增长的长期趋势线。由于经济在总体上保持着或多或少的增长，所以经济增长的长期趋势是正斜率的。实际产出不可能沿着一条直线（即趋势线）增长，而是围绕趋势线上下波动式前进。从实际 GDP 曲线的波谷（或波峰）到紧挨的下一个波谷（或波峰）的区域为一个经济周期。一个经济周期通常分为萧条、复苏、繁荣和衰退四个阶段。在实际 GDP 曲线的波谷部分，实际产出低于潜在产出，意味着经济处于萧条（Depression）阶段；在实际 GDP 曲线的波峰（Peak）部分，实际产出高于潜在产出，意味着经济处于繁荣（Prosperity）阶段；从萧条到繁荣的过渡阶段谓之复苏（Recovery）；从繁荣到萧条的过渡阶段谓之衰退（Recession）。

萧条（又称谷底（Trough））阶段是指经济活动处于最低水平的时期。在这一阶段存在着大量的失业，厂房设备闲置，大批厂商亏损，甚至倒闭。但萧条时期不可能无限延长，随着时间的推移，随着现有设备的不断损耗，以及由消费引起的企业存货的减少，企业会考虑逐步增加投资，就业也随之开始增加，产量逐渐扩大，经济进入复苏阶段。

复苏阶段是指经济走出萧条阶段并转向上升的阶段。在这一阶段，生产和销售回升，就业增加，价格也有所提高，整个经济呈上升的势头。随着生产和就业的继续扩大，价格上升，整个经济逐步走向繁荣阶段。

经济处于繁荣阶段，这时经济活动处于高水平的时期，就业增加，产量扩大，社会总产出逐渐达到最高水平。繁荣阶段也不可能长期维持下去。当消费增长放慢，引致投资减少或投资本身下降时，经济就开始下滑而陷入衰退阶段。

在衰退阶段初期，首先是消费需求与生产能力的偏离，使投资增加的势头受到抑制，随着投资减少，生产下降，失业增加；另一方面，消费减少，产品滞销，价格下降，进而使企业利润减少，企业的投资进一步减少，相应的，收入亦不断地减少，经济最终会跌落到萧条阶段，从而开始经济周期的下一个循环。

二、经济周期的类型

西方经济学家根据一个经济周期时间的长短将经济周期分为长周期、中周期和短周期（或称长波、中波和短波）。

（一）长周期

长周期是指一个周期长度平均为50年左右。最早明确系统地探讨长周期的人是前苏联经济学家康德拉季耶夫（Nikolai D. Kondratieff），因此，长周期又叫做康德拉季耶夫周期（The Kondratieff wave）。康德拉季耶夫在1925年发表的《经济生活中的长波》① 一文中，根据美国、英国、法国一百多年内的批发物价指数、利率、工资率、对外贸易量、煤铁产量与消耗量等指标变动特点，发现有一种较长时间的循环，其平均长度大约为50年。他认为，从18世纪末到20世纪30年代，出现了三次长期波动。后来，美国经济学家罗斯托（W. W. Rostow）和戈登（Ian Gordon）等人对康德拉季耶夫周期进行补充和延伸，划分了四个长波，如表7.1所示，目前世界经济正处于第四个长波的衰退时期。②

表7.1　　康德拉季耶夫周期

波次	波谷	波峰	波谷	周期
第一次	1784	1819	1842	58年（上升35年，下降23年）
第二次	1843	1873	1896	53年（上升30年，下降23年）
第三次	1896	1929	1949	53年（上升33年，下降20年）
第四次	1950	2000	2010	60年（上升32年，下降28年）

资料来源：The Kondratieff Theory，http：//www. kwaves. com/kond_overview. htm。

（二）中周期

中周期是指一个平均时间长度为8～10年的周期。中周期是由法国经济学家朱格拉（Clément Juglar，1856）提出来的③，又名朱格拉周期，是经济学家最早提出来的一种周期。最初经济学家关注的并不是整个周期，而是衰退阶段所呈现出来的危机（Crisis）或恐慌（Panic），并且把恐慌当作一个独立的事件来加以研究。朱格拉经过细致的研究后认为：危机或恐慌并不是一种独立现象，而是经济社会不断面临的三个连续阶段之一。这三个阶段是繁荣（Prosperity）、危机、清算（Liquidation），它们依次反复出现便形成周期现象，其周期

---

① Nikolai Dmyitriyevich Kondratieff（1892 - 1938），"Long Waves in Economic Life"，http：//www. kwaves. com/kwave. pdf.

② Ian Gordon，Winter Warning，Vol. 1，Issue 1，Mar. 18 - 25，2008，http：//www. thelongwaveanalyst. ca/pdf/WinterWarning_Volume01_Issue01. pdf.

③ Clément Juglar，"Des crises commerciales"，*Annuaire de l'economie politique*，1856；1862年又以专著《论法国、英国和美国的商业危机及其发生周期》（Des Crises commerciales et leur retour periodique en France，en Angleterre，et aux Etats-Unis）出版。

平均为 9 ~ 10 年。

（三）短周期

短周期是指平均时间长度约为 40 个月的周期。它是由美国经济学家基钦（Joseph Kitchin, 1923）[①] 首先提出，故又称基钦周期。基钦根据美国和英国的详细资料研究发现，经济周期实际上有大周期（Major cycle）和小周期（Minor cycle）两种。小周期平均时间长度为 40 个月，大周期则是若干小周期的总和，一个大周期可能包括两个或三个小周期。他所说的大周期相当于前面讨论过的中周期。由此看来，一个长周期可能包括若干个中周期，而一个中周期又包括两到三个短周期。

除了上述三种周期外，著名经济学家库兹涅茨还提出了一种 20 年左右的长周期。库兹涅茨在 1930 年出版的《生产和价格的长期运动》一书中，考察了美、英、德、法和比利时等国从 19 世纪初到 20 世纪初 60 种工农业产品的产量和 35 种工农业主要产品的价格变动的时间数列。在着重分析了相关数列的长期变动过程之后，发现主要资本主义国家存在着从 15 年到 25 年不等，而平均长度约为 20 年的长波或长期摆动（Long swings），并且这些国家的产业增长呈现递减的趋势。人们根据库兹涅茨的论述，把这种 20 年左右的周期称为库兹涅茨周期（Kuznets cycles）。

由上可知，对于同一经济发展的历史过程，不同的经济学家从不同的角度划分出了不同的经济周期。鉴于这种众说纷纭的经济周期理论，美籍奥地利经济学家熊彼特（Joseph Alois Schumpeter）在 1939 年出版的《经济周期》一书中，对经济周期理论进行了概括和总结。他认为，在资本主义社会，长、中、短三种周期不是彼此独立的，而是相互联系、同时并存的；每一个长周期包括 6 个中周期，而每一个中周期又包括 3 个短周期，其中，短周期约为 40 个月，中周期为 9 ~ 10 年，长周期为 50 ~ 60 年。他以各个时期的“创新”为标志，划分了三个长周期：第一个周期是从 18 世纪 80 年代到 19 世纪 40 年代，即产业革命时期，以纺织工业的创新活动为主导；第二个周期是从 1842 年到 1897 年，即以“蒸汽机和钢铁工业的创新活动为主导的时期”；第三个周期是 1897 年到 1949 年，以“电气、化学和汽车工业的创新活动为主导的时期”。由此可以看到，熊彼特所划分的周期与康德拉季耶夫周期相吻合。沿着熊彼特的思路我们可以推断，第四个周期是 1950 年至今，以电子信息技术、航空航天技术和生物工程等高新技术创新活动为主导的时期。

三、经济周期的原因

经济周期的变动特征及其每一周期的长度是宏观经济波动的外部特征。造成宏观经济周期性波动的内在原因和传导机制是什么呢？对此，西方学者作了种种不同的解释。有人从需求方面解释波动原因，如需求不足论、储蓄或投资过度论、纯货币危机论、政治周期论等；也有人从供给的角度来解释波动的原因，如太阳黑子说、技术冲击论、实物投资过度论等。

根据他们对经济周期产生的根源来划分，可以大致分为“外因论”和“内因论”。外因

---

① Joseph Kitchin, “Cycles and Trends in Economic Factors”, 1923, *REStat.*

论认为，经济周期的根源在于市场经济体系之外的某些事件的变化或波动，如太阳黑子或星象的周期性运动、政治事件、战争、革命、人口和移民的增长、新疆域的开拓、新金矿或新资源的发现、科学发明和技术进步①、心理预期突然变化②等偶然事件对经济体系造成实际冲击而出现经济波动；内因论则从市场经济体系内部某些因素（如消费、储蓄、投资、货币供给和利率等变量）之间的相互关系或矛盾冲突来说明经济周期性波动。

根据他们的观点所属的理论派别来划分，周期理论又可以分为凯恩斯主义的经济周期理论（即乘数和加速数相互作用的原理）和非凯恩斯主义的经济周期理论（如实际经济周期理论、政治周期理论等）。

限于篇幅，这里只简要介绍几种典型的有关经济周期根源的理论观点，至于经济波动的传导机制则留待第二、三节讨论。

（一）消费不足论

消费不足理论（Under-consumption theory）把萧条产生的原因归结为消费不足。这种理论早期的代表人物是英国经济学家马尔萨斯（Thomas Robert Malthus）和法国经济学家西斯蒙第（J. Simonde de Sismondi），近代的代表人物是英国经济学家霍布森（J. A. Hobson），当代的继承者为数不少，杰出的代表有凯恩斯、罗宾逊（Joan Robinson）和激进经济学派。他们认为衰退的原因在于收入中用于储蓄的部分过多，用于消费的部分不足，以致社会对消费品的需求赶不上消费品供给的增长。这种消费不足的根源主要在于收入分配不均所造成的富人储蓄过度，所以，解决经济危机的办法就是实现收入分配的均等化。

在西斯蒙第看来，社会大生产破坏了以往存在过的生产与消费之间的自然联系，使得小生产者破产，财产集中到少数所有者手中，占国民大多数的劳动者收入不足，从而使国内市场越来越狭窄，使生产和收入之间合理的比例遭到严重破坏，阻碍了产品价值的实现，最终导致生产过剩的经济危机。同西斯蒙第一样，马尔萨斯认为：过快的资本积累势必造成商品生产增长的速度超过购买他们所必需的购买力的增长，引起“有效需求”相对不足而形成商品的“普遍过剩”。

从西斯蒙第和马尔萨斯开始，“消费不足论”朝着两个方向发展：一个是从西斯蒙第开始，经洛贝尔图斯、俄国民粹派，最后到激进经济学派（如斯威齐（Paul M. Sweezy）），他们共同的特点是从现存的分配关系出发，主张通过“第三者”即国家对收入分配作有利于劳动者的调节，最终解决收入分配不均和消费不足的问题；另一个从马尔萨斯开始，经凯恩斯和右派的后凯恩斯主义者的继承，发展成现代凯恩斯主义周期理论，他们把提高工资看做是对经济稳定的主要威胁，因此，反对调整收入分配结构，建议削减社会福利开支，冻结工资，主张通过政府增加非生产性消费，积极影响投资需求，扩大社会“有效需求”，减轻或消除经济危机。

总之，消费不足论认为消费不足是经济衰退和萧条的根源，主张通过各种手段增加社会

---

① 新增长理论已经把技术进步内生化了。参见第六章新增长理论部分。

② 如凯恩斯的非理性预期。参见约翰·梅纳德·凯恩斯著、高鸿业译的《就业、利息和货币通论》，商务印书馆，1999年版，第151～167页。

有效需求，避免经济周期性波动。

（二）投资过度论

投资过度论可以分为货币投资过度论和非货币投资过度论。前者的代表人物有奥地利经济学家哈耶克（Friedrich A. von Hayek）和密塞斯（Ludwig E. von Mises）；后者的代表人物有瑞典经济学家卡塞尔（C. Cassel）、威克塞尔（K. Wicksell）和德国经济学家斯皮托夫（A. Spiethoff）。二者的主要区别是：货币投资过度论认为货币金融当局的信用膨胀政策是引起投资过度扩张和经济繁荣，破坏经济体系均衡，最终导致经济危机或萧条的根本原因；非货币投资过度论着重从生产过程本身解释危机，没有把货币或信用扩张当作引起经济周期波动的最初动因，但是货币信用膨胀是经济扩张的必要条件，货币因素在投资扩张中处于从属的被动地位。

投资过度论认为，新发明、新发现和新市场的开发等因素会引发投资增加。投资的增加首先导致投资品需求增加和投资品价格上升，刺激生产资料和耐用消费品生产部门的扩张，而生产资料生产部门的扩张又进一步刺激投资增加，形成经济繁荣的局面。过度的投资带动资本品（和耐用品）生产部门的快速发展，而消费比较稳定，并没有大幅度增长，生产消费品的产业不可能得到重视，因此，经济扩张时，资本品生产部门的发展超过了消费品生产部门的发展。这种生产结构的失调最终会引起萧条和经济波动。

（三）纯货币危机论

纯货币危机理论（Pure money theory）把经济周期看做一种货币现象，认为经济波动是银行货币和信用波动的结果。这一理论的代表人物有第二次世界大战前英国财政部官员霍特莱（R. G. Hawtrey，1913，1926，1928，1933，1937）①、自由主义经济学家哈耶克（Friedrich A. Hayek，1929，1931，1939）②、美国经济学家哈伯勒（Gottfried von Haberler，1937）③ 和现代货币主义领袖弗里德曼（Milton Friedman）。

霍特莱认为，商业周期中的主角是主要依靠银行信贷经营的零售商和中间商，他们对利率的轻微变动非常敏感。当货币当局增加货币供应，银行体系降低利率时，商人就会增加向银行的借款，以增加其对生产者的订货，于是引起生产扩张和收入的增长，收入的增加引起对消费品需求的增加和物价上涨，企业存货减少。物价上涨、市场繁荣和企业家的乐观情绪促使投资需求和消费需求的兴旺，由此引起货币流通速度加快，造成累积性的信用扩张和经济高涨。然而，银行信用不可能无限扩张。当信用扩张到一定程度，银行就会发现信贷规模超过了自己的准备金可承受的额度，被迫停止信用扩张。货币当局一旦采取紧缩信用的货币

---

① Ralph G. Hawtrey, "Good and Bad Trade," 1913; "The Trade Cycle," 1926; "Trade and Credit," 1928; "The Gold Standard in Theory and Practice," 1933; "Capital and Employment" 1937.

② Friedrich A. Hayek, "The Paradox of Saving," *Economia*, No. 32, (May 1931), pp. 125 – 169; "Prices and Production," 1931, Augustus M Kelley Pubs; 2 Revised edition (June 1967); "Reflections on the Pure Theory of Money of Mr. J. M. Keynes," 1931 – 2, *Economica*.

③ Gottfried Von Haberler, *Prosperity and Depression: A Theoretical Analysis of Cyclical Movements*, League of Nations, Geneva, 1937, http://www.questia.com/PM.qst? a = o&d = 26119236.

政策，就会导致危机和接踵而来的累积性的衰退过程。

弗里德曼认为，货币信用的扩张或收缩起因于国家不正确的货币政策。现代货币主义者认为，私人经济本来具有某种内在的稳定性。当私人经济受到外来冲击时，不免会暂时偏离平衡状态，出现小幅的波动，但它会自我调节，恢复均衡。而凯恩斯主义者主张政府积极地使用财政和货币政策，干预私人经济生活，由于政策干预的时间选择上的错误和货币政策作用的滞后性，政府往往是在经济复苏时实行了扩张的货币政策，在经济衰退时使用了紧缩的货币政策，其结果是“斟酌”使用的货币政策不但没能稳定私人经济，反而推波助澜，使经济波动的幅度更大。

由此看来，纯货币危机理论认为，经济波动纯粹是一种货币现象。货币数量的增减是使经济周期性波动的唯一的充分的原因。

（四）创新周期论

创新周期论是由著名经济学家熊彼特（Joseph A. Schumpeter）在1939年出版的《经济周期》[①]一书中提出来的。熊彼特认为，经济发展的动力来自于企业家的“创新”。企业家之所以创新，是因为看到了盈利的机会。“创新”的结果又为其他企业开辟了道路，其他企业相继“模仿”，形成“创新浪潮”。创新浪潮的出现造成厂商对银行信用和生产资料的需求膨胀，于是出现经济高涨和繁荣。但是，当“创新”普遍化以后，盈利机会消失，对信用和生产资料的需求减少，经济不可避免地陷入衰退。如果排除影响经济活动的其他因素，经济发展就是由“繁荣”到“衰退”构成的周而复始的过程。

由于技术革新和发明不是一个均匀的连续的过程，而是时高时低，时而密集，时而稀疏。“创新”是多种多样、千差万别的。不同的“创新”，把新事物“引入经济”所需要的时间长度不同，对经济影响的范围和程度也各不一样。有的创新影响的范围大、涉及的领域广，需要的时间长；而有的创新则影响小、涉及的领域窄，需要的时间短。正是因为不同的“创新”产生了不同的经济周期性波动，影响深远的“创新”导致长期的经济繁荣，形成较长的经济周期，较小的技术创新只能产生短期的经济繁荣和波动。

总之，无论是长周期的经济波动，还是短周期的经济波动，其根源都在于“创新”活动的周期性。

熊彼特的“技术创新周期论”在沉寂40多年后，被基德兰德和普雷斯科特等人吸收、发展并模型化，形成了“实际经济周期”理论。

（五）心理理论

心理理论认为经济周期波动的原因在于公众心理反应的周期变化。其主要代表人物有英国著名经济学家庇古（Arthur C. Pigou）和凯恩斯（John M. Keynes，1936）。他们认为，当某种原因刺激了投资活动，引起经济高涨时，资本家对未来的乐观预期一般总会超过理性经济思考下应有的程度，导致过多的投资，形成经济繁荣。当这种过度乐观的情绪所造成的错

---

① Joseph A. Schumpeter, *Business Cycles: A Theoretical and statistical Analysis of the capitalist progress*, New York: McGraw-Hill, 1939.

误被觉察后，又会形成过度悲观的预期，进而导致投资大幅度减少，造成经济萧条。由于人们心理上的乐观预期和悲观预期的交替出现，所以经济的繁荣和萧条周而复始，形成经济周期性波动。

在凯恩斯和庇古看来，人们心理因素的变化是经济周期波动的根源。

（六）气候周期理论

杰文斯（William Stanley Jovens，1866，1875，1884）、莫尔（Henry L. Moore，1914），阿柯曼（Johan Henryk Akerman，1928，1932）等经济学家将商业周期和经济系统外部的周期如气候和星象的周期变化联系起来，创立了“外生周期论”。

他们根据历史统计资料研究发现：社会经济繁荣的时期，大都是农业丰收的年份，而经济危机常出现在农业严重歉收的年份，而农业的丰歉总是与气候的变化有关。1836 年、1847 年、1857 年和 1866 年曾出现经济危机，大约十年一次。根据当时自然科学的发现，太阳每十年半出现一次太阳黑子耀斑。杰文斯将这种自然周期现象和社会经济周期联系起来，解释经济波动。他认为，太阳黑子周期性地造成恶劣的气候，使农业收成下降，影响了工商业，从而使整个经济周期性地出现衰退。

在农业经济在整个国民经济中占有相当大比重的农业经济社会，在科学技术尚不发达、农业产量靠天收的时代，我们不能否认太阳黑子的周期性运动对农业生产和整个国民经济的影响。但是，在科学技术已经非常发达的今天，农业生产基本摆脱了自然条件或气候影响，太阳黑子对农业生产和整个国民经济的不利影响已经微不足道了，因此，太阳黑子论在经济周期理论中的地位也基本消失了。

（七）政治周期理论

政治周期理论是波兰经济学家卡莱茨基（Michal Kalecki，1943）[①] 提出来的。政治周期理论认为，政府交替执行扩张性政策和紧缩性政策，造成了扩张和衰退的交替出现。政府企图保持经济稳定，实际上却在制造不稳定。为了实现充分就业，政府实行扩张性财政和货币政策。但是，政治上，财政赤字和通货膨胀会遭到公众反对，于是政府又不得不转而实行紧缩性宏观经济政策，其结果是人为地制造经济衰退。这种由政府干预经济所造成的新型经济周期，原因在于充分就业和价格稳定之间存在着矛盾（如菲利普斯曲线所描述的经济关系）。

后来的经济学家（克雷默（Kramer），1971；诺德豪斯（Nordhaus），1975）还用民主国家总统选举和政党轮替执政来解释政治周期理论。他们认为，政府为了当选连任，往往在大选年份到来之前采取扩张的经济政策，刺激经济增长，增加就业机会，人为地制造经济繁荣的局面，以争取更多的选票。可是，大选过后，新当选的总统往往采取紧缩的宏观经济政策，造成经济衰退，并把经济困难的责任推卸给自己的前任，为以后自己竞选连任留下经济空间。总之，与总统选举相联系的扩张性政策和紧缩性政策的交替使用是经济周期产生的又一个重要根源。

---

① Michal Kalecki，“Political Aspects of Full Employment”，*Political Quarterly* 7，1943，322－31.

第二节　乘数－加速数模型

乘数－加速数模型就是运用乘数原理和加速原理交互作用的机制，解释经济周期性波动的理论模型。它是由美国著名经济学家汉森（A. Hansen）和他的学生1970年诺贝尔经济学奖得主萨缪尔森（Paul Samuelson）最先提出来的，因此这一理论模型在西方经济学界称为"汉森－萨缪尔森模型"。

一、加速原理

乘数原理是用来说明投资变动对国民收入的影响的。它表明当投资增加时，国民收入成倍增加；当投资下降时，国民收入则成倍下降。由于各个宏观经济总量是相互联系、相互制约的。不仅投资变化对收入有影响，而且收入变化也会影响到消费和投资。

根据总量生产函数，在生产技术一定和充分就业的条件下，总产出的增长有赖于生产要素（即资本、劳动等）投入的增加，也就是说，国民收入的增加需要相应地增加资本，而资本存量的变动来源于投资。由此可知，国民收入的变动必然带来投资的变动，换句话说，投资（I）是国民收入增量（ΔY）的函数。

我们通常用 ΔK_t 代表第 t 期资本增量，它等于第 t 期的净投资 I_t，即：

$$I_t = \Delta K_t = K_t - K_{t-1} \tag{7.1}$$

式（7.1）中，K_t 表示第 t 期的资本存量，K_{t-1} 表示第 $t-1$ 期的资本存量。

第 t 期的总产出或国民收入的增量（ΔY_t）等于本期的国民收入（Y_t）与上一期国民收入（Y_{t-1}）之差。用公式表示为：

$$\Delta Yt = Y_t - Y_{t-1} \tag{7.2}$$

平均每增加一个单位产量所需增加的资本存量叫做加速数（Accelerator）。若用 a 表示，则加速数 a 等于资本增量和产出增量的比率，用公式表示如下：

$$a = \frac{\Delta K_t}{\Delta Y_t} = \frac{I_t}{\Delta Y_t} \tag{7.3}$$

根据式（7.3）、式（7.2）可得到投资与总产出之间的关系式：

$$I_t = a\Delta Y_t = a\ (Y_t - Y_{t-1}) \tag{7.4}$$

式（7.4）表明，净投资是国民收入增量的函数。如果加速系数 a 保持不变，则本期的净投资与本期国民收入增量成正比。假定 $a=4$，若要增加200元的产量，则需要增加800元的资本。在加速系数为4的情况下，资本增加量是产出增加量的4倍。如果国民收入增量保持不变，则净投资额不变；如果国民收入增量上升，则投资加速上升；反之，若国民收入增量下降，则投资加速下降。①

总投资（Total investment）等于净投资与重置投资（或更新投资）之和，即：

第 t 期的总投资 $= a\ (Y_t - Y_{t-1})$ + 第 t 期的折旧

如果加速数 a 为大于 1 的常数，那么资本存量所需要的增加必须超过产量的增加。应当指出，加速原理发生作用的前提条件是：（1）资本存量得到了充分利用；（2）生产技术不变；（3）加速系数 a（即增量的资本－产出比）固定不变。

二、乘数与加速数的相互作用

乘数原理和加速原理告诉我们，国民收入和投资之间是相互联系的。这种联系意味着任何局部的或单方面的外来冲击都有可能传递到整个国民经济体系，造成整个国民经济的波动和周期性的循环。显然，在乘数原理和加速原理所描述的宏观经济体系中，投资变动处于冲击波传递机制的核心。

假设某种新发现或发明的出现使投资增长，投资增加又会通过乘数作用带动国民收入增加。当收入增加时，人们会购买更多的商品和劳务，从而整个社会的商品和劳务销售量增加，即国民收入增加。通过上面所说的加速数作用，企业销售额的增加会促进投资额以更快的速度增长，而投资的增长又促使国民收入增长以及销售量再次上升。如此循环往复，国民收入不断增大，投资不断扩大，并且二者相互加强，于是，整个社会进入经济周期的扩张阶段。

然而，在短期内，社会资源是有限的，经济不可能无限扩张，收入的增长迟早会达到资源所能容许的峰顶（Peak）。一旦经济达到经济周期的峰顶，收入便不再增大，从而销售量也不再增长。根据加速原理或式（7.4），一旦销售量停止增长，投资就会下降为零。而根据乘数原理，当投资下降时，国民收入会成倍减少，销售量也因之而减少。又根据加速原理，销售量的减少使得投资进一步减少，而投资的下降又使得国民收入进一步下降。如此循环往复，投资和国民收入会持续下降，这样，社会经济便进入了经济周期的衰退阶段。

收入的持续下降使社会最终达到经济周期的谷底（Trough）。在经济运行的低谷时期，由于企业不进行投资或负投资，资本设备逐年减少，资本存量最终会下降到与当时的国民收入相适应的水平。此时，虽然新增投资不会很多，甚至没有，但是总有部分企业会进行必要更新投资。由于边际消费倾向始终大于零，所以，一旦投资有所增加，就会出现乘数效应和加速效应的连锁反应，收入与投资将不断地上升，整个经济将随之逐步复苏，便开始一个新的经济周期。

三、乘数－加速数模型

萨缪尔森在 1939 年发表的“乘数与加速原理的相互作用”一文中，将时间因素引入总

---

① 根据式（7.4），相对于国民收入增量求一阶导数，得 $\frac{dI_t}{d\Delta Y_t} = a$。若 $a > 1$，则 $dI_t > d\Delta Y_t$，也就是说，投资变动的幅度大于国民收入增量的变动幅度。

量方程中，在不改变原有方程基本含义的情况下，得到了动态化的凯恩斯模型，并运用这一模型分析了长期的经济波动问题。萨缪尔森的乘数－加速数模型有以下三个基本方程：

$$\begin{cases} Y_t = C_t + I_t + G_t & (7.5) \\ C_t = \alpha Y_{t-1} \qquad 0 < \alpha < 1 & (7.6) \\ I_t = \beta\ (C_t - C_{t-1}) \qquad \beta > 0 & (7.7) \end{cases}$$

方程（7.5）实际上是产品市场的均衡公式，它表明第 t 期的国民收入（即总支出）等于当期消费、投资与政府购买之和；方程（7.6）为长期消费函数，它表明本期消费与上一期收入成正比，其中 α 为边际消费倾向；方程（7.7）反映投资与消费增量的关系，从而间接反映投资与国民收入增量的关系，其中 β 是一个大于零的常数，相当于加速系数。

如果将方程（7.6）、（7.7）代入方程（7.5），则可得到下式：

$$\begin{aligned} Y_t &= \alpha Y_{t-1} + \beta\ (C_t - C_{t-1})\ + G_t \\ &= \alpha Y_{t-1} + \beta\ (\alpha Y_{t-1} - \alpha Y_{t-2})\ + G_t \\ &= \alpha\ (1+\beta)\ Y_{t-1} - \alpha\beta Y_{t-2} + G_t \end{aligned} \qquad (7.8)$$

方程（7.8）是国民收入的一个二阶自回归的差分方程，其中二阶自回归变量 Y_{t-2} 前面的系数为负数（即 $-\alpha\beta<0$），表明方程（7.8）所描述的经济系统是一个在面临外来冲击的情况下能够自我恢复均衡的稳定系统。

假设边际消费倾向 $\alpha=0.5$，$\beta=2$，每期政府开支 G_t 为 1 亿元，根据式（7.8）、式（7.6）和式（7.7），我们可以计算出每期国民收入、消费、投资水平，如表 7.2 所示。

表 7.2　　乘数－加速数的相互作用

时期（t）	Y_t	C_t	I_t	经济变化趋势
1	1	0	0	
2	2.5	0.5	1	复苏
3	3.75	1.25	1.5	繁荣
4	4.125	1.875	1.25	繁荣
5	3.4375	2.0625	0.375	衰退
6	2.0313	1.71875	-0.6875	衰退
7	0.9141	1.01565	-1.4062	萧条
8	-0.1172	0.45705	-1.1172	萧条
9	0.2148	-0.0586	-1.0313	萧条
10	1.4394	0.1074	0.33200	复苏
11	2.9443	0.7197	1.22460	复苏
12	3.97705	1.47215	1.50490	繁荣
13	4.021275	1.988525	1.03275	繁荣
14	3.0548625	2.010638	0.044225	衰退

在第1期，政府增加1亿元购买支出，国民收入也为1亿元，而投资和消费均为零。

在第2期，国民收入为 $Y_2=0.5\times(1+2)\times1+1=2.5$ 亿元，消费 $C_2=0.5\times1=0.5$ 亿元，投资 $I_2=2\times0.5=1$ 亿元。

在第3期，国民收入为 $Y_3=0.5\times(1+2)\times2.5-0.5\times2\times1+1=3.75$ 亿元，消费 $C_3=0.5\times2.5=1.25$ 亿元，投资为 $I_3=2\times(1.25-0.5)=1.5$ 亿元……依此类推，我们可以求出各期的国民收入、消费和投资。

从表7.2中我们可以看出，尽管政府购买不变，但是国民收入、消费和投资均呈现出周期性的变化：

（1）从第1期到第4期，国民收入水平不断上升，并在第4期达到最高水平；随后又逐步下降，在第8期降到最低水平；从第9期到第13期，国民收入又逐步回升，在第13期达到最高水平，不过此次的峰值低于前一周期的峰值。

（2）从第1期到第5期，消费不断上升；从第5期到第9期，消费不断下降；从第9期到第14期，消费又逐步回升，进入第二个周期。

（3）投资变化比较快。在第3期就上升到最高水平；随后就迅速下降，第6期，投资为负数，在第7期，投资下降到最低点；在第8期，国民收入和消费仍在下降时，投资就开始回升，不过净投资仍为负数；在第10期，净投资才上升为正数，整个经济也因此开始复苏。

从以上的分析我们不难发现，在社会经济生活中，投资、收入和消费相互影响、相互调节。通过加速数，上升的收入和消费会引致新的投资，通过乘数，投资又使收入进一步增长。也就是说，投资影响收入和消费（乘数作用），反过来，消费和收入又影响投资（加速数作用），两种作用相互影响，形成积累性的经济扩张或收缩的局面。即便政府支出固定不变，经济依靠本身的力量自行调节，也会自发形成经济周期，经济周期中各阶段的依次更替循环正是乘数和加速数交互作用形成的。

以上乘数和加速数交互作用的原理就是凯恩斯主义者对经济波动作出的一种解释。他们认为，市场经济机制具有内在的不稳定性，任何微小的冲击都有可能被市场经济的内在机制放大，形成经济周期。不过，只要政府对经济适当地干预，就可以改变或缓和经济波动。例如，采取适当政策刺激投资，鼓励提高劳动生产率以提高加速数，鼓励消费等措施，就可以克服或缓和经济萧条。

第三节　随机游走理论

传统的经济理论认为经济周期是指总产出沿着一条平滑的趋势线上下波动。经济波动持续的时间通常是几个季度或几年。这种短期波动的主要原因在于总需求的变化或冲击。1982年纳尔逊（Charles Nelson）和普洛瑟（Charles Plosser）① 对传统的经济周期理论提出了挑

① Charles Nelson and Charles Plosser, "Trends and Random Walks in Macroeconomic Times Series: Some Evidence and Implications", *Journal of Monetary Economics*, September 1982.

战。他们通过仔细研究历史统计资料发现，经济增长的趋势线并不是一条平滑的直线，而是经常地受到外来巨大冲击的持久影响。换句话说，国民经济一旦受到外来巨大冲击，总产出水平就会受到这种冲击的长期影响而可能永久地偏离原有的趋势线，没有回复趋势线的倾向，形象地说，总产出是上下波动、随机游走的（Random walk）。

根据总需求－总供给模型我们知道，长期的总供给曲线是一条垂直线，总需求变化对国民经济造成的冲击会随着时间推移而逐步衰退或减弱，不会对长期的产出产生任何影响，因此，凯恩斯宏观经济学研究的核心变量——总需求的变化对于长期的经济波动来说是无关紧要的。如果外来的冲击效应是永久性的，那么这种冲击肯定不是来自于总需求的变化，而是来自于需求以外的其他因素（如技术进步等）。纳尔逊和普洛瑟认为，来自于供给方面的冲击具有持久的效应，它会改变总产出的波动轨迹和变动趋势。

一、随机游走模型

在经济波动的研究和分析中，总产出的波动通常可以分解为趋势成分和周期成分两部分（见图 7.1）：趋势成分是经济增长的结果；周期成分反映经济波动，是经济周期理论研究和关注的重点，因此，在经济周期分析中首先需要剔除时间序列数据中的趋势成分，以便获得一个平稳序列数据。纳尔逊和普洛瑟研究认为，模拟趋势的方法对于识别冲击类型具有重要影响。

假如总产出（Y_t）的变化趋势可以用以下方程描述：

$$Y_t = \alpha + \beta t \tag{7.9}$$

式（7.9）中，t 表示时间，α 和 β 为常数。它表明每一单位时间内总产出增加 β 个单位。根据式（7.9）可以得到：

$$Y_t = Y_{t-1} + \beta \quad 或 \quad \Delta Y_t = \beta \tag{7.10}$$

方程（7.9）和方程（7.10）是完全等价的。如果将外部冲击用一个随机变量来表示，引入到上述方程中，可以得到反映冲击效应的总产出方程。

在方程（7.9）中加入一个随机变量 u_t，就可得到：

$$Y_t = \alpha + \beta t + u_t \quad 或 \quad \Delta Y_t = \beta + u_t - u_{t-1} \tag{7.11}$$

在方程（7.10）中加入一个随机变量 u_t，就可得到：

$$Y_t = Y_{t-1} + \beta + u_t \quad 或 \quad Y_t = \alpha + \beta t + u_{t-1} + u_{t-2} + \cdots + u_0 \tag{7.12}$$

方程（7.11）表示冲击效应只持续一个时期，一个时期之后变化就会逆转，向趋势线回归。符合方程（7.11）行为的变量就是“趋势平稳”的（Trend stationary）。相反，方程（7.12）却表示对总产出（Y）的任何一次冲击都具有累积效应或持久影响。符合行为方程

(7.12) 的变量称为“差分平稳”的 (Difference stationary)①。差分平稳的过程受永久性冲击的支配；趋势平稳的过程主要受短期冲击的影响。

根据 *AD*－*AS* 模型我们知道，总需求波动造成的经济周期是短期的，通常只有几个季度或几年，而且是趋势平稳的；而来自供给方面的冲击（如技术进步）可能具有长久效应，由此形成的经济周期通常是十几年，甚至几十年，如熊彼特所说的康德拉季耶夫周期。纳尔逊和普洛瑟研究表明，总产出的波动既有来自持久性的冲击，也有来自短期的冲击，但是主要受持久性冲击的影响。长期的经济增长或发展就不是一个趋势平稳的过程，而是一个差分平稳的过程，具有随机游走的特征。

二、随机游走的实例

下面我们将考察一下中美两国的长期经济波动情况。图 7.2 描述了美国经济波动的情况。图中有三条曲线，其中弯弯曲曲的线是实际 GDP 随时间变化的曲线；原趋势线是根据美国 1947～1973 年的实际 GDP 回归分析并外推得到的一条潜在 GDP 曲线；新趋势线是根据 1973 年以后美国的实际 GDP 回归得到的一条潜在 GDP 曲线。原趋势线反映了第二次世界大战后和石油危机前美国经济增长的趋势。根据这样一条增长趋势线估算和预测美国 1973 年以后的 GDP 显然与实际的 GDP 有较大的系统误差。说明 1973 年以后美国 GDP 的波动已经偏离了原有的趋势，而是沿着一条新的趋势线上下波动。这一结果充分说明，实际 GDP 的增长不是一个趋势平稳的随机过程，而是一个差分平稳的过程。来自供给方面的巨大冲击具有长期的影响，它改变了美国经济增长的趋势和波动的路径。

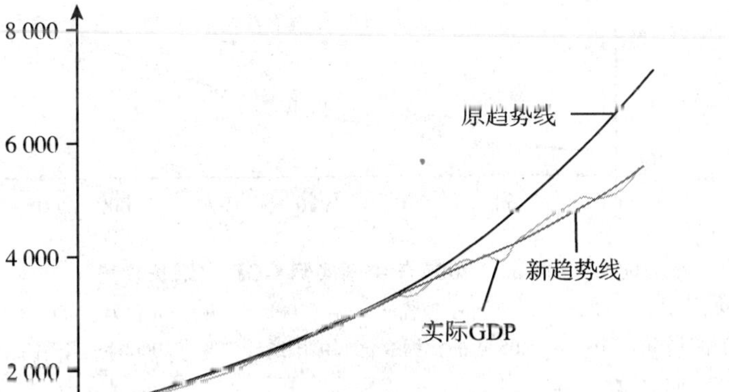

图 7.2　美国实际 GDP 变化的趋势线示意

① 进一步理解趋势平稳和差分平稳的概念，可以参考古扎拉蒂著、林少宫译的《计量经济学》，中国人民大学出版社，2000 年 6 月第 1 版，第 717 页。

中国同美国的情况相似，如图 7.3 所示，虚线是实际 GDP 随时间波动的曲线；黑色线是根据 1952 ~ 1980 年期间中国实际 GDP 数据作出的一条潜在 GDP 增长趋势线；灰色线是根据 1980 ~ 2005 年的实际 GDP 数据作出的一条潜在 GDP 增长趋势线。从图中我们可以看到中国经济的长期波动情况。中国的改革开放将中国的经济增长过程分成了改革前后两个鲜明对比的阶段：改革开放前，实际 GDP 沿着黑色的趋势线上下波动；改革开放后，实际 GDP 沿着灰色的趋势线波动。显然，始于 1978 年的中国经济体制改革和对外开放彻底地改变了中国总产出的运动轨迹或变动的方向，对中国经济增长产生了持久的影响。无论经济波动的幅度有多大，实际的 GDP 也不可能回复到黑色的趋势线上去。中国经济体制改革所造成的供给方面的冲击对总产出变动的趋势具有决定性的影响，它改变了中国经济波动的趋势和方向，明显提高了经济增长的速度。相对于供给冲击来说，总需求的冲击对总产出波动的影响，就显得无关紧要了。

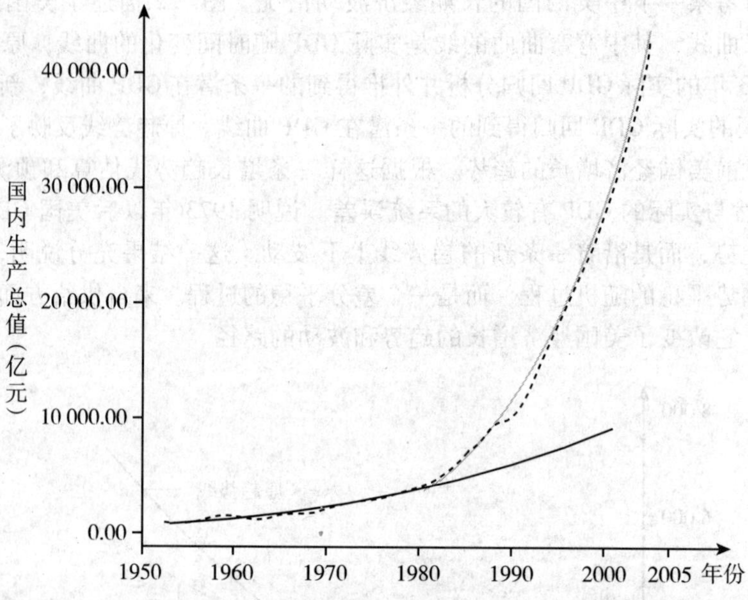

图 7.3　1952 ~ 2005 年中国实际 GDP 的增长趋势

资料来源：1952 ~ 1977 年是笔者根据《中国统计年鉴（1998）》第 55 页和第 57 页中的数据，以 1978 年的价格作为不变价格计算的；1978 ~ 2005 年的数据取自《中国统计年鉴（2006）》，中国统计局网站 http://www.stats.gov.cn/tjsj/ndsj/2006/indexch.htm。

波士顿大学教授皮埃尔·伯让（Pierre Perron，1989）[①] 认为：尽管巨大的供给冲击具有持久影响，但是发生的机遇很小，通常十几年或几十年发生一次。在大型供给冲击发生的间隙，宏观经济时常出现短期的波动，而这种短期的经济波动主要受总需求变化的影响。

总而言之，在短期内，总产出的波动是趋势稳定的；在长期中，总产出的变动是随机游走的，没有固定的始终如一的趋势。在研究和揭示经济波动时，我们首先要搞清经济波动的

---

① Pierre Perron，"The Great Crash，the Oil Shock and the Unit Root Hypothesis"，*Econometrica*，November 1989.

根源是持久性的冲击呢，还是暂时性的冲击？是供给方面的冲击呢，还是需求方面的冲击？对于需求方面的冲击造成的经济波动，我们可以用凯恩斯主义理论来解释，并用凯恩斯主义的政策措施来调节；对于供给方面的冲击造成的经济波动，就有必要用新古典宏观经济学理论（如实际经济周期理论）来解释。

第四节　实际经济周期理论

实际经济周期理论（The real Business Cycle Theory，通常简称为 RBC 模型）是新古典宏观经济学（New classical macroeconomics）在经济周期理论方面的新发展。它是在批判传统凯恩斯主义周期理论的基础上发展起来的，它实际上是一般均衡分析方法（The general equilibrium approach）在经济周期研究领域的应用。

实际经济周期学派的主要代表人物有芬恩·基德兰德（Finn E. Kydland）、爱德华·普雷斯科特（Edward C. Prescott）、查尔斯·普洛瑟（C. I. Plosser）、约翰·朗（J. B. Long）、罗伯特·金（R. G. King）和罗伯特·巴罗（R. J. Barro）等，其中挪威经济学家基德兰德和美国经济学家普雷斯科特因创立实际经济周期理论而获得 2004 年诺贝尔经济学奖。

一、实际经济周期理论的特点

在理论渊源上，实际经济周期理论采用了古典经济学的一般均衡分析框架，并“保留和精练了另外一些新古典大厦的砖石”，其理论特征有以下几个方面：

第一，强调经济行为人的目的是在现行资源约束条件下实现个人效用或利益的最大化，从微观个体的理性行为推导出集体总量的行为方程，因此这一理论具有坚实的微观基础。

第二，以完全竞争的市场经济作为研究对象，假设经济行为人掌握的信息是对称的，也是完全的，能够形成“理性预期”，或者说，他们接受了新古典宏观经济学的“理性预期”假说。

第三，价格可以灵活地调整，能够确保市场持续出清，因此，均衡是经济的常态，在经济中通常占统治地位，经济波动是理性经济行为人面对外来冲击自我调节，从一个均衡状态到达另一个均衡状态的过程。

第四，把实际冲击（如技术创新、政策变动、战争和自然灾害等）看做是经济波动的根源，强调技术冲击而非货币冲击、供给冲击而非需求冲击、实际因素而非名义因素在经济周期波动中的作用。他们认为总产量、就业的波动是由生产技术较大的随机变化引起的，是经济行为人面对技术冲击理性选择的结果。

第五，假定工作和闲暇时间具有高度替代性，就业波动反映了人们自愿工作时间的变化。

第六，货币是中性的，货币政策的变动对经济没有实际意义。

二、实际经济周期模型

在实际经济周期理论模型（the real business cycle model）中，假定厂商选择最优的投资和雇用方案，个人作出最优的消费和劳动供给选择，并且所有的选择都在动态的、不确定的环境中作出。由于实际经济周期理论总是从微观个体的最优化选择行为的假设中，推导出宏观经济总量波动的结论，所以建模的技术相当复杂。只有使用较为高深的数学方法（如高深的概率统计分析法、坎贝尔的待定系数法和基德兰德等人的模型校准法），结合计算机模型，才能对它们进行求解。

本节为了简单起见，通过一个简单的实际经济周期模型，分析和说明实际经济周期理论模型的核心传导机制——劳动跨期替代和选择问题。

（一）假设条件

简单的实际经济周期模型是建立在以下假设前提之上的。

第一，假设厂商在各个非连续的（Discrete-time）时期购买劳动、生产产品。以一个典型的社会成员作为代表分析个人的最优化选择行为，假定这个代表性的工人在每个时期出售劳动，获得工资收入。劳动收入的一部分用于购买消费品，另一部分用于储蓄，留待今后消费。

第二，厂商在生产中只使用一种生产要素即劳动进行生产，不使用资本。假设生产函数为一个简单的线性生产函数，如果用 Y_t 表示第 t 期厂商生产产品数量，则生产函数为：

$$Y_t = A_t L_t \tag{7.13}$$

其中，L_t 表示代表性厂商购买和使用的劳动量；A_t 表示第 t 期生产技术水平，反映当期的劳动生产率，也等于劳动的边际产量。

第三，假定我们所研究的经济是完全竞争的市场经济，收入按要素的边际生产力分配，即劳动的实际工资水平等于劳动的边际产量。

将生产函数（7.13）相对于劳动投入量求一阶导数，便可以得到工人的实际工资水平为：

$$w_t = \frac{\partial Y_t}{\partial L_t} = A_t \tag{7.14}$$

其中，w_t 表示工资水平，它不仅等于劳动的边际产量，而且等于劳动的平均产量或劳动生产率 A_t。显然，当我们考虑实际冲击时，技术的变化（或说技术的进步）就是指 A_t 的变化。

第四，在每个时期，代表性工人共有 $\bar{L}$ 小时的时间可以出售。其中劳动时间为 L_t，则闲暇时间为 $\bar{L} - L_t$。每个时期，代表性工人从其闲暇与消费 C_t 中获得消费，其效用取决于消费量的大小和闲暇时间的长短，也就是说，工人的效用是工人消费额和闲暇时间的函数。假设工人的效用函数为如下形式：

$$U_t（C_t，\bar{L} - L_t）= C_t^{\gamma}（\bar{L} - L_t）^{\beta} \quad \gamma > 0，\beta > 0 \tag{7.15}$$

式（7.15）中，U_t 表示工人在第 t 期的效用，C_t 表示第 t 期工人的消费支出，β 和 γ 都是大于零的常数。

工人一生中的预算约束表示其一生中消费的总和必然等于其一生中收入的总和，可以用公式表示为：

$$\sum_{t=1}^{\infty} C_t = \sum_{t=1}^{\infty} w_t L_t \tag{7.16}$$

（二）消费者的最优化条件

消费者要在方程（7.16）的预算约束条件下，使自己一生的效用总和最大化，即在预算约束条件下，求效用函数的极大值。

根据式（7.15）可求出 t 期闲暇的边际效用 MU_t 为：

$$MU_t = \frac{\partial U}{\partial(\bar{L} - L_t)} = \beta C_t^{\gamma} (\bar{L} - L_t)^{\beta-1} = \frac{\beta U_t}{\bar{L} - L_t} \tag{7.17}$$

工人怎样实现休息时间的跨期最优化呢？如果他在第 t 期减少 1 小时的闲暇，就意味着他在第 t 期多劳动 1 小时，多收入 w_t。工资就相当于闲暇的价格或成本。根据微观经济学的消费者均衡条件，工人在第 t 期闲暇的边际效用（MU_t）与第 $t+1$ 期闲暇的边际效用（MU_{t+1}）之比，应该等于第 t 期的工资与第 $t+1$ 期的工资之比，即在最优状态下，第 t 期闲暇的边际效用必定等于 w_t/w_{t+1} 乘以第 $t+1$ 期闲暇的边际效用。用公式表示为：

$$\frac{MU_t}{MU_{t+1}} = \frac{w_t}{w_{t+1}}$$

或

$$MU_t = \frac{w_t}{w_{t+1}} \times MU_{t+1} \tag{7.18}$$

闲暇的边际效用与未来闲暇的边际效用等值，则得到工人跨期的闲暇替代为：

$$\frac{\bar{L} - L_t}{\bar{L} - L_{t+1}} = \left(\frac{w_{t+1}}{w_t}\right)^{\frac{1-\gamma}{1-\gamma-\beta}} \tag{7.19}$$

方程（7.19）说明，如果 $t+1$ 期的工资增长 1%，而其他各期的工资保持不变，则 $t+1$ 期的闲暇时间会减少 $\frac{1-\gamma}{1-\gamma-\beta}$。闲暇对工资率的暂时性变动的弹性为 $\frac{1-\gamma}{1-\gamma-\beta}$。闲暇对工资率变动的反应既有可能非常强烈，也可能毫无反应，闲暇对工资率暂时性变动的反应程度取决于模型的参数 β 和 γ 的大小。

（三）模型的分析结论

这里我们主要分析影响劳动供给的因素和技术冲击对劳动供给、总产出的影响。

1. 劳动供给的决定

实际经验表明，永久性的工资变动，对劳动的供给的影响很小。我们的模型应符合这样的经验观察结果。我们可以运用模型计算和核实闲暇对永久性工资变动的长期反应。假定在整个时间内工资保持不变，假设为 w^*，则消费和劳动供给在整个时间内也会保持不变，假设为 C^* 和 L^*。从预算方程（7.16）来看，$C^*=w^*L^*$ 也应该是真实的。根据消费者的效用函数及其约束条件求消费者的效用最大化，可以得到 t 期内消费－闲暇的替代关系为：

$$\bar{L}-L_t=(\beta/\gamma)(C_t/w_t) \tag{7.20}$$

将 $C^*=w^*L^*$ 的假设代入（7.20）式就可以导出长期劳动供给，即：

$$\bar{L}-L^*=\frac{(\beta/\gamma)(w^*L^*)}{w^*} \text{或} L^*=\frac{\gamma}{\beta+\gamma}\bar{L} \tag{7.21}$$

方程（7.21）表明，劳动的最优供给取决于模型的设定参数，不受工资水平的影响。也就是说，劳动对工资率的长期反应为零，因为工资 w^* 在方程（7.21）中完全被削掉了。此模型得到的这一结论与经验事实是相吻合的。

2. 技术冲击对劳动供给和总产出的影响

现在设想劳动的跨期替代作为传播机制。假定在第 t 时期，有暂时性的技术冲击，从而使劳动的边际产量或劳动生产率增加一个百分点（即 $\Delta A/A=1\%$）。因此工资率也会随着 A 的增加而增加。由生产函数（7.13）我们可以得到总产出增长率的计算公式：

$$\frac{\Delta Y}{Y}=\frac{\Delta A}{A}+\frac{\Delta L}{L} \tag{7.22}$$

从方程（7.19）可知，工资随技术进步而增长 1%，闲暇将减少 $\frac{1-\gamma}{1-\beta-\gamma}\times\frac{\Delta A}{A}$。由于闲暇小时数约为劳动小时数的 3 倍。劳动供给的增长率大约为：

$$\frac{\Delta L}{L}=\frac{3(1-\gamma)}{1-\gamma-\beta}\times\frac{\Delta A}{A} \tag{7.23}$$

综合技术进步率和劳动供给的增长率，我们就可以得出总产出的增长率，即：

$$\frac{\Delta Y}{Y}=\left(1+3\times\frac{1-\gamma}{1-\gamma-\beta}\right)\times\frac{\Delta A}{A} \tag{7.24}$$

参数 β 和 γ 在有关实际经济周期理论的文献中被称为深层参数（Deep parameter）。实际经济周期理论家认为，他们的模型取决于能描述工人－消费者的偏好和厂商生产函数的参数。这些参数可以通过微观经济研究加以识别。在这个十分简单的模型中，如果 $\beta+\gamma$ 接近于1，那么闲暇的跨期替代会非常强，而方程（7.24）中的传播机制会将很小的技术冲击转变成巨大的产出波动。相反，如果闲暇的跨期替代很微弱，传播机制的作用就不那么重要了。对微观经济的经验数据进行分析的结果证明：闲暇跨期替代相对较弱。言外之意就是说，在现实经济中，任何微小的技术冲击都会被劳动的跨期替代机制放大成剧烈的经济波动。

（四）对实际经济周期理论的评价

综合前面的分析，我们发现实际经济周期理论就是通过个人对工作与消费的最优化决策和厂商的生产最优化决策来模型化宏观经济。该模型实际上是实际周期理论家建立的许多非线性动态模型的一个简单形式。

实际经济周期理论极力贬低名义波动和货币的作用，强调实际冲击（如技术冲击、政府购买冲击）等实际因素变动对经济波动的决定作用。

实际经济周期理论总是尽力识别可在微观经济研究中测度的深层参数，闲暇的跨期替代就是一个典型的例子。当然，测度这些深度参数得到的结论并非总是有利于实际经济周期理论的。

案例1 改革开放以来中国经济周期波动的特征

改革开放以来，根据我国GDP增长率的波动特征，可以将宏观经济周期波动划分为五轮：1978～1981年是第一轮周期，历时4年；1982～1986年是第二轮周期，历时5年；1987～1990年是第三轮周期，历时4年；1991～1999年是第四轮周期，历时9年；1999年至今为第五轮周期。表1列出了1978～2004年我国经济周期波动的状态特征。

表1 1978～2004年我国经济周期波动的状态特征

周期序号	1	2	3	4
峰顶年份	1978	1984	1987	1992
峰值（%）	11.7	15.2	11.6	14.2
谷底年份	1982	1986	1990	
谷值（%）	5.2	8.8	3.8	7.1
波动幅度（个百分点）	6.5	6.4	7.8	7.1
平均增长率（%）	8.1	11.5	7.7	10.4
标准差	2.690	2.788	4.334	2.529
波动系数（%）	0.333	0.242	0.563	0.244

说明：从1999年开始的第五轮还没有结束，因此本表只涉及前四轮。

资料来源：根据相关年份《中国统计年鉴》整理而得。

从1978年到2004年，我国27年间的GDP平均增长率达到9.4%。期间，宏观经济在某些时期出现过较大的波动，但是没有影响中国经济增长的长期趋势。改革开放激发了经济高速增长的潜能，而经济的周期性波动则是在经济的高速增长中表现出来的。中国经济周期波动主要表现出以下特征：

（1）周期类型为增长型。1978年以来，我国经济的扩张与收缩表现为经济增长速度的加快与减慢，尽管经济增长有起伏，但从未出现过负增长，表明我国自改革开放以来的周期波动是典型的具有现代经济特征的增长波动模式。

（2）周期长度不规则，发生频率高。在改革开放以来的27年中，我国共经历了五次经济波动，周期最长的达9年，最短的为4年，波动周期不规则。经济周期的平均长度为5.2年，既不同于一般国家出现的中周期（9～10年），也不同于平均3.3年的短周期，这体现了我国经济体制改革过程中经济波动的特殊性。

（3）不同阶段的经济波动状态有所差异。自1978年到1990年，我国共经历了三次周期波动，循环的平均长度为4.3年。在这三次周期波动中，经济波动主要表现为经济自身的固有机制和政策干预的交互作用过程，政府对经济的调控方式以直接调控为主，多采取行政手段。从当时的经济运行状态来看，我国经济总体上属于短缺经济，因此，“瓶颈”行业的周期性短缺及其基本建设投资的膨胀和压缩，是导致我国经济周期性波动的最主要原因。从1991年到1999年，我国经历了第四次经济周期波动，波动长度为9年。由于第四次波动发生在经济转轨时期，因此，它表现出一些独有的特征：波动的周期明显延长，收缩期为7年，远远长于前三次波动的任何一次收缩期，从而使得第四次波动成为改革开放以来最长的一次周期波动。

（4）经济波动的幅度基本上呈收缩趋势。1978~2004年间，各周期的平均波动幅度为6个百分点，虽然相对于西方发达国家的波动幅度仍然偏高，但波动幅度正在逐渐下降，说明经济扩张的持续性较强。这表明，改革开放以来，由于市场机制的导入和宏观调控的改善，我国经济增长的稳定性增强，波动幅度降低，周期逐渐拉长，经济波动由剧烈逐渐转为平缓。

分析：

我国宏观经济每一轮波动的背后，都有着深刻的经济社会原因，但从社会总供求关系对经济周期的影响来看，在市场经济条件下，经济增长始终伴随着社会总供给与总需求之间的矛盾运动。经济增长过程中的扩张与收缩是社会总供给和总需求之间均衡与失衡不断交替出现的结果。社会总供求矛盾有两层含义：一是总量矛盾，二是结构矛盾。二者均作用于经济周期。

20世纪90年代以前，社会供求总量矛盾的主要表现形式是总需求大于总供给。当总需求膨胀到一定程度时，经济增长率在总需求的拉动下达到高峰，此时，总供求严重失衡，“瓶颈”资源约束加剧，物价上涨，国民经济被迫进行调整，总需求被强制压缩，经济增长率下降，供求重新达到平衡。因此，社会总供求波动是经济周期波动形成的基本原因。社会总需求由投资需求和消费需求构成，从改革开放以来形成的四个经济周期来看，投资需求的大起大落是一个不断重复出现的现象，它形成社会总需求周期性膨胀的一个最重要的因素。社会总供求的总量矛盾对经济周期的影响表现在两个方面：第一，经济扩张依赖于总需求尤其是投资需求的拉动。投资本身既扩大需求，又增加供给，由于存在时滞，因此，总是扩大需求在前，增加供给在后。这样，如果投资增长过快，就会在拉动经济增长的同时加大供需缺口，而经济增长又能刺激更大的需求，从而形成需求膨胀与经济扩张的交互推动。第二，社会总供求的总量矛盾激化造成的高通货膨胀是导致经济周期性调整和经济收缩的重要原因。由于市场机制的作用，社会总供求的总量矛盾的激化表现为物价持续、全面上涨，过高的通货膨胀造成经济关系的扭曲和经济环境的恶化，经济最终被迫进行调整。

社会总供求矛盾除了总量矛盾之外，还表现为结构矛盾，即供给结构和需求结构之间的矛盾。由于供给结构和需求结构受诸多因素的影响，尽管两者具有相互依存关系，但难以保持平衡，这就形成了社会总供给与总需求另一层次的矛盾。

总之，我国的经济周期波动既影响着社会供求关系的变化，同时，又是供求总量矛盾和结构矛盾激化—缓和—激化交替再现的结果，经济周期波动的过程也就是社会总供给和总需求矛盾运动的过程。

资料来源：李晓西：《宏观经济学案例》，中国人民大学出版社，2006 年版。

案例 2 政治性经济周期

包括苏黎世大学的布鲁诺·弗雷（Bruno Frey）和耶鲁大学的威廉·诺德豪斯（William Nordhaus）在内的一些经济学家认为，选举过程和经济波动之间存在着密切的关系。

首先，他们注意到，选举对经济状况非常敏感。当失业率高时，人们把糟糕的经济状况归咎于在任者，并对他们投反对票。例如，政治学家和经济学家运用这些经济因素进行了细致的研究，以预测众院的席位比例会发生什么变化。

其次，这些经济学家注意到，这些政治家也认识到了这一点，由于政治家喜欢连选连任，所以在选举时他们设法使自己提出的经济政策讨人喜欢。

该理论的第三部分认为，选举目光短浅。这些经济学家认为，这使政治家在选举来临之际过分刺激经济，尽管这样做会（而且经常是）在选举后带来不利影响。过分刺激经济引起通货膨胀；选举以后为了制止通货膨胀，政府又使经济放慢，从而引起失业。但选民是健忘的，他们不记仇。只要在下一次选举时经济恢复，他们又会宽宏大量。根据这种观点，选举过程是经济波动的主要来源。

有趣的是，预测选举结果的经济模型在 1992 年和 1994 年的选举中却很糟。在 1992 年的选举中克林顿击败了布什，而在 1994 年共和党 40 年来第一次控制了众院和参院。1992 年，失业和通货膨胀的结合按历史标准来看是低的，根据大多数模型，布什应该连选连任。1994 年，按就业和价格水平这两个变量来衡量，经济状况是 30 年最好的，因此，现任政府官员应该极为有利。但在 1992 年和 1994 年，现任者都失败了。有时提出的一种解释是在这两个案例中，选民都是在发泄自己的不满。尽管宏观经济统计数据是有利的，但从 20 世纪 70 年代到 90 年代，许多美国人的实际收入停滞——甚至下降了。

分析：

政治性经济周期是指由政治过程引发的周期性的经济波动。传统的宏观经济学认为政府是理性的规划者，政府的任务就是消除经济波动的因素。政治性经济周期理论研究者把政府看成是经济中的一个内生变量，政府中的决策者不是独立于政策之外的。为了能当选，政治家会操纵宏观经济政策以最大化其当选的概率，从而引起经济周期性波动。早在 1939 年，熊彼特在对经济周期的研究中就认识到政治因素对经济波动的影响。卡莱斯基（Michal Kalecki）于 1943 年提出了早期的比较详细的政治性周期理论。20 世纪 70 年代以来，许多经济学家又开始重视对政治性经济周期理论的研究，较具代表性的理论模型有：诺德豪斯（William D. Nordhaus，1975）模型；党派模型，包括希布斯（Douglas Hibbs，1997）的党派模型和阿莱西纳（Alberto Alesina，1987，1988）的理性党派模型；理性机会主义模型，由罗格夫（Kenneth Rogoff，1988，1990）和希伯特（Anne Sibert，1988）提出；等等。经济不稳定并不必然与政治不稳定有关系，但关于政治经济周期理论的研究表明，大多数情况下，一个国家的政治不稳定，必然使其经济遭受不利影响。

资料来源：斯蒂格利茨著：《经济学》（下册）（第二版），中国人民大学出版社，2000年版。

[关键概念]

经济周期　政治性经济周期　加速数　实际经济周期　康德拉季耶夫周期　朱格拉周期　基钦周期

[复习题]

1. 经济周期可以划分为哪些类型？
2. 经济周期产生的原因有哪些？
3. 简述乘数-加速数模型的基本作用机理。
4. 实际经济周期具有哪些特点？
5. 简述简单的实际经济周期模型的基本思想。

[补充阅读材料]

1. 斯蒂格利茨：《经济学》（第二版），中国人民大学出版社，2000年版。

2. 布赖恩·斯诺登、霍华德·R·文：《现代宏观经济学发展的反思》，商务印书馆，2000年版。

3. 保罗·萨缪尔森、威廉·诺德豪斯：《经济学》（第十六版），华夏出版社，1999年版。

4. 古扎拉蒂著，林少宫译：《计量经济学》，中国人民大学出版社，2000年版，第717页。

5. 胡永刚：《当代西方经济周期理论》，上海财经大学出版社，2002年版。

6. 卢卡斯，朱善利等译：《经济周期理论研究》，商务印书馆，2000年版。

7. 黄险锋：《真实经济周期理论》，中国人民大学出版社，2003年版。

8. Clark, John M., Business Acceleration and the Law of Demand, *Journal of Political Economy*, 25, March, 1937.

9. Kydland, Finn and Edward C. Prescott, "Hours and Employment: Variations in Business Cycle Theory", *Economic Theory* (*January* 1991): 63-82.

10. Lucas, Robert E. Jr, An equilibrium model of the business cycle, *Journal of Political Economy*, December, 1975.

11. Mitchell, Wesley Clair, *Business Cycles*: *The problem and its setting* (1927), National Bureau of Economic Research, New York, 1954.

12. Mitchell, Wesley Clair, and Arthur F. Burns, *Measuring Business Cycles*, 1946.

13. Nelson, Charles, and Charles Plosser, "Trends and Random Walks in Macroeconomic Times Series: Some Evidence and Implications," *Journal of Monetary Economics*, September 1982.

14. Prescott, Edward C., and G. D. Hansen, "Recursive Methods for Computing Equilibria in Business Cycle Models," Chapter 2 in T. F. Cooley, ed., *Frontiers of Business Cycle Research*, (Princeton University Press, 1995), 39-64.

15. Perron, Pierre, "The Great Crash, the Oil Shock and the Unit Root Hypothesis", *Econometrica*, November 1989.

16. Schumpeter, Joseph A., *Business Cycles: A Theoretical and statistical Analysis of the capitalist progress*, New York: McGraw-Hill, 1939.

第八章

通货膨胀与失业

【学习目的和要求】

本章的学习目的是认识通货膨胀与失业产生的原因，学习运用通货膨胀理论与失业理论分析和解决现实问题。要求掌握通货膨胀与失业的含义及衡量方法，理解通货膨胀与失业产生的原因及其成本，理解经济学家对菲利普斯曲线的不同解释及各自的政策含义，掌握对付通货膨胀与失业的政策措施。

【内容提要】

1. 物价总水平的上涨被称为通货膨胀，其产生的原因主要包括货币量增长、需求拉动、成本推动和经济结构变动等。

2. 预期对通货膨胀成本会产生影响：完全预期的通货膨胀成本主要包括“皮鞋成本”和“菜单成本”；不完全预期的通货膨胀成本主要包括财富的再分配、投资匮乏、国际收支恶化和资源配置失误等。如果出现恶性通货膨胀，则会产生严重的经济社会后果。

3. 失业通常用失业者人数或者失业率来衡量。从失业产生的原因来看，失业类型主要包括周期性失业、季节性失业、摩擦性失业和结构性失业。此外，劳动力供求关系与失业的持续时间也与失业密切相关。失业成本主要包括失业者的私人成本和失业的社会成本。

4. 短期菲利普斯曲线说明，通货膨胀与失业存在着此消彼长的关系，政府可以通过需求管理政策使经济沿着菲利普斯曲线移动，进而影响产出和就业。货币主义将预期因素纳入菲利普斯曲线，认为总供给和菲利普斯曲线在长期是垂直的，因此，需求管理政策对长期产出和就业没有影响。理性预期学派认为，即使在短期，总供给曲线和菲利普斯曲线也是垂直的，政府的需求管理政策即使在短期也是无效的。现代凯恩斯主义在解释菲利普斯曲线时，强调成本推动因素和均衡失业的重要性，阐释了需求不足失业存在的合理性，吸收了预期理论。

5. 对付通货膨胀和失业的措施主要包括需求政策和供给政策。

价格水平和就业都是宏观经济学关注的重要问题。在市场经济中，价格水平的波动是很常见的现象。从较长时期看，价格水平呈上升的趋势。价格水平的上升对经济有何影响是一个复杂问题。但无论如何，价格水平大幅度提高即通货膨胀对经济发展是不利的。此外，在现代市场经济国家中，失业问题也存在普遍性。对市场经济而言，一个较小比率的失业或许是必要的。但实际失业超过这一比率就会给经济带来损害。大量的失业意味着大量经济资源未加利用而闲置。这对一国总产出会产生巨大的负面影响。因此，国内外学者对通货膨胀与失业的类型、产生的原因、影响及治理对策展开了广泛而深入的研究。这些系列研究构成本章的重要内容。

第一节　通货膨胀理论

一、通货膨胀的界定及衡量

在我们的经济中，大多数物品的价格倾向于一直在上升。这种物价总水平的上升被称为通货膨胀。如果仅有一种物品的价格上升，则不能认作通货膨胀。通货膨胀率（Rate of inflation）是指物价总水平的年度上涨百分比。如果所有的物品价格都按同比例上升，那么通货膨胀的衡量就很容易了。问题是不同物品的价格以不同比率上升，有些物品的价格甚至可能下降。

究竟如何衡量通货膨胀呢？经济学家通常用物价指数（Price index）来衡量价格上涨的幅度，为了便于比较，物价指数衡量任何一个既定年份相对于共同基年的价格水平。根据定义，基年的物价指数为100。任何其他年份的物价指数由该年价格水平与基年价格水平的比率乘以100计算而得。把大量的价格变动概括在一个指数之中为观察某一个时期的价格趋势提供了一个简单易行的方法。一旦有了任何一年的指数数值，我们就可以将它与其他任何一年相比较。有几种不同的物价指数可用于衡量通货膨胀：消费物价指数（Consumer Price Index，CPI）、生产物价指数（Producer Price Index，PPI）、GDP平减或折算指数（GDP deflator）。

消费物价指数是对普通家庭的支出来说，选择一组具有代表性的相对固定的商品和劳务，然后比较它们按当期价格购买的花费和按基期价格购买的花费。例如，假定1990年美国一个普通家庭每月支出1 000美元购买一组物品，到1996年购买同一组物品要花1 200美元。那么，1996年的CPI = 1 200/1 000 × 100 = 120。

生产物价指数是用来衡量生产者出售的物品的价格水平，是对给定的一组商品的成本的度量，包括原料和中间产品。生产物价指数使我们意识到不久的将来消费物价指数将发生的情况。正常情况下，如果生产者从把物品出售给批发商中获得了较高价格，那么零售商最终也要收取较高的价格。这使得PPI成为反映一般价格水平变化的一个信号，被当作经济周期的指示性指标之一，受到政策制定者的密切关注。

我们用来计算实际GDP的物价指数被称为GDP平减指数或折算指数。它表示购买今日经济中全部物品与劳务组合所需费用与基年购买这一组合所需费用之比。换句话说，GDP折算指数是不同物品与劳务价格的加权平均数，其中加权数代表每种物品与劳务在GDP中的重要程度。

借助价格指数，我们可以比较不同时期的价格水平的变化情况，即计算出一定时期的通货膨胀率（π）。通货膨胀率是指从一个时期到另一个时期价格水平变动的百分比。可以用公式表示为：

$$\pi_t = \frac{P_t - P_{t-1}}{P_{t-1}} \times 100\% \tag{8.1}$$

式（8.1）中，π_t 为 t 时期的通货膨胀率；P_t 和 P_{t-1} 分别为 t 期和（$t-1$）期的价格水平。假设一个经济的消费物价指数从去年的100上升到今年的120，那么，这一经济的通货膨胀率则为 $\frac{120-100}{100}\times 100\% = 20\%$。

二、通货膨胀的原因分析

关于通货膨胀的原因，经济学家提出了许多解释：有的以货币数量论为基础，认为通货膨胀是因为货币发行过多；有的用总需求与总供给来解释；还有的则从经济结构因素变动的角度来分析。

（一）古典通货膨胀理论

古典经济学家以货币数量论为基础分析通货膨胀，认为通货膨胀是一种货币现象，每一次通货膨胀的背后都有货币供给的迅速增长。

最简单的货币数量论形式表明，经济中的一般物价水平（P）取决于货币供给（M），用公式表示为：

$$M \times V = P \times Y \tag{8.2}$$

式（8.2）中，M 是货币数量；V 是货币流通速度（Velocity of money），通俗地讲，货币流通速度是指一单位货币每年用于购买构成GDP的商品和服务而花出去的次数。$P \times Y$ 是GDP的名义价值。

货币数量论者认为，货币流通速度一直是较为稳定的；由于货币流通速度稳定，当货币量（M）变动时，它就引起名义产值（$P \times Y$）同比例变动；产出水平完全是外生的，即不受货币因素和价格因素变动的影响，而是由要素供给（劳动、物质资本、人力资本和自然资源）和可以得到的技术决定的。因此，他们的结论是，在产量（Y）由要素供给和技术决定的情况下，当货币供给（M）发生改变，并引起名义产量价值（$P \times Y$）相应变动时，这些变动反映在物价水平（P）的变动上，即产生通货膨胀。如果货币供给迅速增加，则会出现高通货膨胀率。

根据这个理论，货币数量越多，物价水平越高。经济中所得到的货币量决定了货币的价值，而且，货币量增长是通货膨胀的主要原因。正如经济学家米尔顿·弗里德曼指出的："通货膨胀永远而且处处是一种货币现象。"

（二）需求拉动型通货膨胀

需求拉动型通货膨胀（Demand-pull inflation）是由于总需求增加（即 AD 曲线持续向右位移）超过总供给引起的一般价格水平的持续显著的上涨。总需求增加也许是由于消费者需求增加、政府支出水平提高所致，或许是由于企业投资增加、外国人对本国出口商品的需求增加所引起，或者是所有这四个因素共同作用的结果。很多经济学家认为，需求拉动型通货膨胀一般与经济繁荣有关。财政政策、货币政策、消费习惯的突然改变，国际市场的需求变动等都会冲击需求或使需求发生改变。

那么，到底是什么因素引起了总需求的增加？这个问题在经济学家之间一直争论很大。货币主义者把总需求的增加完全归咎于货币供给的增加。如果在经济中有更多的货币，就会有更多的支出。他们提出的治理通货膨胀的措施是，政府控制经济中的货币供给增长。

有些经济学家认为，货币与支出之间的联系非常脆弱。在他们看来，即使在货币供给没有增长的情况下，支出也可能会自发增加。例如，如果政府削减2%或3%的所得税率，或者如果企业信心以及投资信心高涨，消费者支出就会大大增加。

因此，人们在解释需求拉动型通货膨胀时，常常区分为货币性原因和非货币性原因。如果总需求增加，企业对需求增加将做出如下反应：一方面是提高价格；另一方面是增加产量。那么，它们到底会把价格提高多少？这取决于随着产量不断增加，它们的成本增加多少。换言之，这将取决于 *AS* 曲线的形状。图 8.1 说明了这种作用。

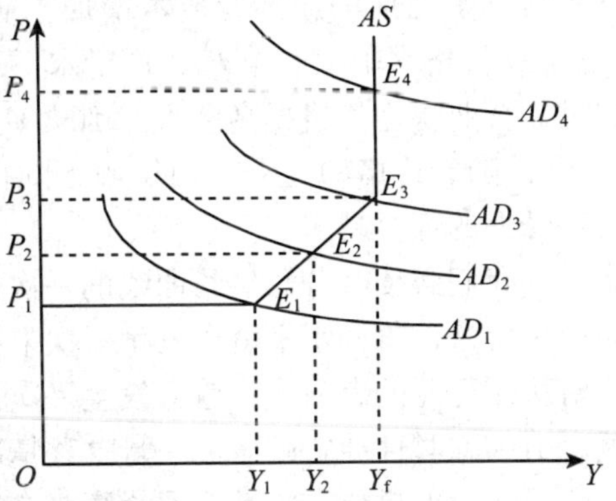

图 8.1　需求拉动型通货膨胀

图 8.1 中，横轴表示产量，纵轴表示价格水平。*AD* 为总需求曲线，*AS* 为总供给曲线。总需求的增加用总需求曲线向右位移来表示。当总产量较低时，总需求的增加不会引起价格水平的上涨。比如当产量从零增加到 Y_1 时，价格水平始终维持在 P_1 的水平。当总产量达到 Y_1 以后，如果继续增加总需求，如总需求曲线从 AD_1 位移至 AD_2，由于总供给曲线 *AS* 开始向右上方倾斜，因而使价格上升，从 P_1 上升至 P_2；同时，产量继续增加，从 Y_1 提高到 Y_2。如果总需求继续增加，在经济达到潜在产量 Y_f 以前，价格水平和产量都会继续上升。而在经济达到潜在产量 Y_f 以后，由于 *AS* 呈垂线，总需求的增加如从 AD_3 移动到 AD_4，只会使价格水平上升，如从 P_3 上升到 P_4，而产量保持不变，仍处于潜在产量 Y_f 的水平。这就是需求拉动的通货膨胀。

（三）成本推动型通货膨胀

成本推动型通货膨胀（Cost-push inflation）是指在没有超额需求的情况下由于供给方面成本的提高而引起的一般价格水平持续和显著的上涨。因此成本推动型通货膨胀与总供给曲线向左（向上）位移有关。当生产成本不是因为总需求变化而增加时，就会出现这种位移。

如果企业面临着成本增加，它们对此将做出反应：一方面是提高价格，把成本转嫁给消费者；另一方面是减少产量。这可以通过图 8.2 来说明。

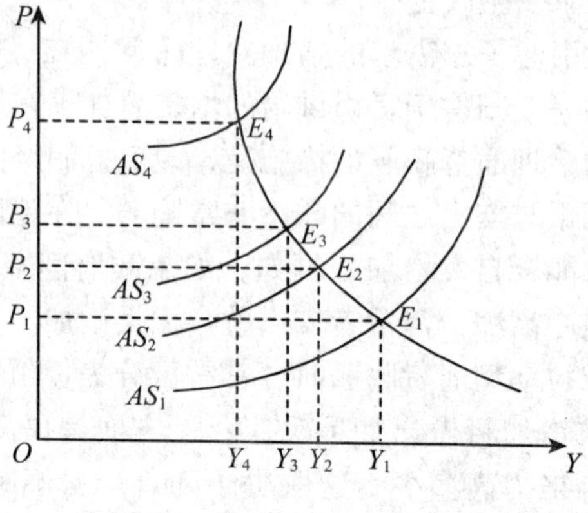

图 8.2　成本推动型通货膨胀

在图 8.2 中，总供给方面由于多方面的原因使成本增加，从而引起总供给曲线向左位移，如从 AS_1 位移至 AS_2。这引起价格水平上升至 P_2，产量水平下降至 Y_2。

当企业的生产成本增加时，企业将把价格提高多少？削减多少产量？这取决于总需求曲线的形状。AD 曲线的弹性越低，随着价格的上升，销售额下降得越少，企业以提高价格的方式能把其成本转嫁给消费者身上的部分越多。

在成本推动型通货膨胀下，我们必须区分总供给曲线的一次位移（即“供给冲击”）和持续位移。如果总供给向左一次位移，价格水平就会发生一次上升。例如，如果政府提高对石油课征的货物税，石油价格从而行业的燃料成本就会发生一次性上升。这种价格上升成为整个经济的普遍现象时，就会引起临时性通货膨胀。一旦这种情况发生了，价格将稳定在新的水平上，通货膨胀率又回落至零。如果成本推动型通货膨胀在很多年持续存在，总供给曲线肯定持续向左位移。如果成本推动型通货膨胀要上升，总供给曲线的这种持续左移肯定越来越快。如图 8.2 所示。

成本上升的原因有很多，从而我们可以区分不同类型的成本推动型通货膨胀：

1. 工资推动型通货膨胀

这是由工会推动工资增加造成的；工资的增加与劳动需求无关。在不完全竞争的劳动市场上，由于强大的工会组织的存在，工资不再是竞争的工资，而是工会和雇主谈判的协议工资。如果工资的增长率超过生产率的增长，就会导致成本的提高，最终导致一般价格水平上涨，即通货膨胀。

2. 利润推动型通货膨胀

这是由企业利用它们的垄断权力，通过提高价格赚取更大的利润造成的；这种价格的上升与消费者需求无关。在不完全竞争的产品市场上，垄断企业和寡头企业为了追求更大的利润，可以操纵价格，把产品价格定得很高，致使价格上涨的速度超过成本增长的速度。

3. 进口商品价格推动型通货膨胀

这是由进口商品价格上升造成的；进口商品的价格上升与总需求水平无关。石油国输出组织（OPEC）在 1973 ~1974 年将石油价格提高 4 倍，就发生了这种类型的通货膨胀。

在一些学者看来，成本推动型通货膨胀的发生都是由于一个集团或多个集团操纵经济权力所致。因此，如果随着时间的推移，经济权力越来越集中（比如企业或工会越来越大并更具有垄断性），或者如果这些集团更富于战斗性，那么，这个问题就很可能变得更糟。

这些原因很可能是相互作用的。企业和工会彼此之间为了争夺更大的国民收入份额而展开竞争。这会导致工资和价格轮番上涨。导致成本推动型通货膨胀的其他原因包括：

（1）税收推动型通货膨胀。这是由于税收增加导致生活费用增加所致。例如，当英国在 1979 年将增值税的税率从 8% 提高到 15% 时，价格上升了。

（2）自然资源的枯竭。如果非常重要的自然资源趋于耗尽，*AS* 曲线将向左位移，从而引起通货膨胀。例如，北海石油逐渐枯竭，海洋污染导致以捕捞业支撑的国家的收入下降，也许破坏性最大的就是撒哈拉沙漠以南非洲国家的“沙漠化”问题。由于短期供给问题，如歉收，也可能引起临时性通货膨胀。

（四）需求拉动型通货膨胀和成本推动型通货膨胀的相互作用

需求拉动型通货膨胀和成本推动型通货膨胀也可能一起发生，因为工资和价格上升可能是总需求增加和引起成本上升的各种独立因素共同作用的结果。即使通货膨胀过程始于需求拉动型通货膨胀或成本推动型通货膨胀，但也很难把这二者区分开来。最初发生的成本推动型通货膨胀会促使政府扩大总需求，以消除失业的增加。或者，最初的需求拉动型通货膨胀会加强某些集团的经济权力，它们反过来会利用这些权力驱使成本上升。图 8.3 说明了这两种原因的相互作用情况。

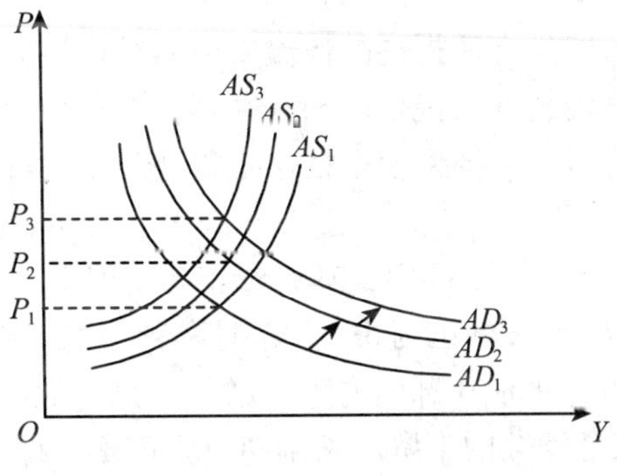

图 8.3 需求拉动型通货膨胀和成本推动型通货膨胀的相互作用

图 8.3 中，假设初始的价格水平为 P_1。现在假定实力强大的集团不断推动生产成本上升，使 *AS* 曲线不断向左位移。与此同时，政府为了防止失业增加，不断提高总需求水平（比如通过减税），从而使 *AD* 曲线不断向右位移。*AS* 曲线左移和 *AD* 曲线的右移同时进行对产出和就业的最终影响可能非常小，但价格可能会上升很大。如由 P_1 上升到 P_3。

如果 *AD* 曲线和 *AS* 曲线的这些位移越来越快，那么，就会出现工资—价格轮番上涨。工会要求越来越高的工资，以弥补越来越高的生活费用。企业把其价格提高得越来越高，以弥补越来越高的生产成本。政府通过印刷越来越多的钞票，适应这些价格和工资的上涨，以避免经济衰退。随着这些位移越来越快，工资和价格上涨加速，通货膨胀持续上升。

有时人们会产生“成本推动幻觉”，将需求拉动型通货膨胀与成本推动型通货膨胀混为一谈。通常，通货膨胀的压力似乎主要来自成本方面。店主把他们价格上升的原因归咎于批发商向他们收取的较高价格。而批发商把他们的价格上升原因归咎于各制造商向他们收取的价格。反过来，制造商又指责原材料成本、工资成本、租金成本等的不断上升。每个人都把他们的价格上升原因归咎于他们的成本上升。

这些成本为什么上升？这可能是由于总需求上升所致！由于失业不断下降以及劳动力短缺，工资就会上涨。企业为了招募或维持足够的劳动力，就必须支付更高的工资。由于需求高涨，租金也就会上涨。原材料也是这样：更高的需求就会拉动它们的价格上升。于是，我们就有了“成本推动幻觉”。成本上升，这是事实，但它们之所以上升，是因为需求增加。

那么，何时真正发生成本推动型通货膨胀？答案是，当生产成本的上升与需求无关时就发生了成本推动型通货膨胀。这通常涉及垄断权力使用的增加：工会的权力越来越大或战斗性越来越强，从而推动工资上涨；企业利用它们的垄断权力（寡头卖主垄断权力），推动价格上涨；商品生产者，例如石油输出国组织（OPEC）各国，形成卡特尔，推动它们的价格上涨。政府利用其权力，提高间接税（例如增值税）。

（五）结构性通货膨胀

结构性通货膨胀（Structural inflation）是指在没有需求拉动和成本推动的情况下，由于经济结构因素的变动而引起的一般价格水平的持续上涨。当经济中的需求（或供给）格局发生变化时，有些行业的需求将增加，而有些行业的需求将下降。如果价格和工资率在正在萎缩的行业中具有向下刚性，而在正在扩张的行业中上升，那么，总体价格和工资水平将上升。在这些位移中，供给越缺乏弹性，问题就越严重。

西方学者通常用两个部门生产率提高的快慢来说明结构性通货膨胀。由于生产率提高的快慢不同，两个部门的工资增长的快慢也应当有区别。但是，生产率提高慢的部门要求工资增长向生产率提高快的部门看齐，结果使全社会工资增长率超过生产率增长的速度，因而引起通货膨胀。

例如，假设全社会有A、B两个部门，其产量相等，但生产率提高的快慢有差异。部门A的生产增长率为5%，工资增长率也为5%。这时全社会的一般价格水平不会因A部门的工资提高而上涨。但是，如果此时B部门的生产增长率只有1%，而工资增长率因向A部门看齐也达到5%，这将导致全社会的工资增长率超过生产增长率：

全社会的生产增长率（$\Delta Y/Y$）=[A部门的生产增长率（5%）+B部门的生产增长率（1%）]÷2=3%

全社会的工资增长率（$\Delta W/W$）=[A部门的工资增长率（5%）+B部门的工资增长率（5%）]÷2=5%

显然，全社会的工资增长率超过生产增长率2%，从而导致一般物价水平上涨2%，即通货膨胀率为2%。因为，在劳动生产率、工资增长率和通货膨胀率之间具有以下数量关系：

通货膨胀率=货币工资增长率－劳动生产率的增长率

（六）预期和通货膨胀

近年来，经济学家越来越认识到，预期在解释现实通货膨胀率中非常重要。即工人和企业在做出决策时，会考虑预期通货膨胀率。

假设一个工会和一位雇主正在谈判工资增加问题。双方预期的通货膨胀率是5%。工会只要获得稍高于5%的工资上涨，就比较满意，因为工会会员的收入就会实际增加。雇主则只要支付稍低于5%的工资增加就比较满意。雇主可能把它们提高5%，因为他们知道他们的竞争对手大致也会这样做。因此，双方都同意的现实工资增加将在5%左右。

如果我们假定，预期通货膨胀率是10%。双方现在将以此为基点进行谈判，结果现实工资增加将在10%左右。因此，预期通货膨胀率越高，工资支付水平和价格水平增长的比率越大，由此导致的现实通货膨胀率也就越高。

三、通货膨胀的成本分析

通货膨胀并不带来直接的产量损失，其代价是较为隐约的。我们将分别讨论完全预期、不完全预期或未预期到的通货膨胀成本。

（一）完全预期的通货膨胀成本

如果人们能正确地预测到通货膨胀率，而且价格和收入都能考虑到通货膨胀率的变化而充分调整，通货膨胀的成本会比较小。假定某经济长期以来都经历着一给定比率（譬如说5%）的通货膨胀，且每个人都正确地预期通货膨胀率仍将继续保持在5%的水平上。在这样的一个经济中，所有的合同都将根据预期的5%的通货膨胀率来签订。

在这样的一个经济中，完全预期的通货膨胀成本将体现在两个方面：

1. "皮鞋成本"

"皮鞋成本"（Shoe leather costs）是由于通货膨胀侵蚀了你钱包中货币的实际价值，这意味着随着通货膨胀上升，持有现金的成本也随之上升。对个人而言，持有现金的成本就是因持有现金而未能持有生息资产所遭受的利息损失。当通货膨胀率上升，名义利率上升，从而持有现金的利息损失增加，现金持有成本乃上升。所以你可以通过减少持有货币来避免损失。这样做的一种方法就是更经常地去银行。通过更经常地到银行，把你的更多的财富放在你有利息的储蓄账户上。于是，人们对现金的需求下降，个人手持现金将减少，从而出门到银行去把现金换成生息资产的次数将增加。去银行的次数多了，鞋底也就磨得更勤，由此带来的成本被戏称为通货膨胀的"皮鞋成本"。当然，不能从字面上理解，这里是指你为了减少货币持有量必须牺牲的时间与方便。即当通货膨胀鼓励人们减少货币持有量时所浪费的资源。

2. 菜单成本

菜单成本（Menu costs）是指调整价格的成本。因通货膨胀人们不得不投入时间精力、实际资源改变价格标签，或价格目录或菜单上的价格，或调整投币自动售货机，由此造成的这些成本称为菜单成本。它包括印刷新清单和目录的成本、把这些新价格表和目录送给中间商和顾客的成本、为新价格做广告的成本、决定新价格的成本，甚至还包括处理顾客对价格变动的怨言的成本。

需要补充说明的是，这里说的通货膨胀率事先假设为一位数字或较低两位数字的合理通货膨胀率，它低到不足以破坏整个支付系统的程度。在这样低且温和的通货膨胀率下，完全预期通货膨胀的成本是小的。

（二）不完全预期或未预期到的通货膨胀成本

在现实中，人们在预测通货膨胀率时经常犯错误，且不能完全适应通货膨胀。这导致了下列成本，而且通货膨胀率越高，波动越大，其中的一些成本可能越大。

1. 任意的财富再分配

当通货膨胀的发生出乎意料时，还有额外的成本。未预期到的通货膨胀以一种既与才能无关又与需要无关的方式在人们中重新分配财富。这种再分配的发生是因为经济中许多贷款是按计价单位——货币来规定条款的。

通货膨胀改变了固定名义资产的实际价值。将财富从债权人或债券持有人手中转移到借款人（债务人）那里。再分配效应对所有固定名义资产都起作用，尤其是对货币、债券、储蓄存款、保险合同和一些养老金基金。这一效应意味着资产已实现的实际利率比其名义利率要低，甚至可能为负数。既然它可以把一个人用于养老的一辈子积蓄的购买力"一扫而光"，这个效应显然是极端重要的了。将收入固定的人和处于微弱谈判地位的人的收入拿走，再分配给能利用他们的经济权力获取大量报酬、增加租金和利润的人。通货膨胀把财富再分配给拥有在通货膨胀时期价值上升得特别快的资产（比如房地产）的人，而拿走了拥有各类储蓄的人的财富，因为支付给他们的利率低于通货膨胀率，这些储蓄的价值受到通货膨胀的侵蚀。

2. 不确定性和投资匮乏

通货膨胀往往引起商界的不确定性，特别是在通货膨胀率波动时更是如此（一般来说，通货膨胀率越高，它的波动越大）。如果企业难以预测它们的成本和收入，它们就不愿意投资，这会降低经济增长率。另一方面，正如下面所解释的，降低通货膨胀率的政策也许本身就会降低经济增长率，特别是在短期。这使得政府在制定政策时不知如何是好。

3. 国际收支的恶化

通货膨胀很可能会恶化国际收支。如果一国正处于比较高的通货膨胀，那么，该国的出口商品会在国际市场上失去竞争力。与此同时，进口商品将变得比国内生产的商品相对便宜，因此，出口将下降，而进口会上升。结果，国际收支将恶化或汇率下跌。无论哪种结果，都会成为问题。

4. 相对价格的变动与资源配置的失误

市场经济依靠相对价格来配置稀缺资源。消费者通过比较各种物品和劳务的质量与价格决定购买什么。通过这些决策，他们决定了稀缺的生产要素如何在个人与企业中配置。当通货膨胀扭曲了相对价格时，消费者的决策也被扭曲了，市场也就不能把资源配置到其最好的用处中。

额外的资源很可能要用来对付通货膨胀的影响。各公司不得不雇用会计师和其他财务专家，以帮助它们对付通货膨胀所引起的各种不确定性。

如果通货膨胀保持在一位数，通货膨胀的成本也许比较小。然而，如果通货膨胀失去控制，通货膨胀的成本可能就很大。如果通货膨胀发展到“恶性通货膨胀”，价格每年上涨百分之几百甚至百分之几千，那么，市场经济的整个基础将会被侵蚀。企业不断地提高价格，以弥补它们剧增的成本。工人要求大幅度提高工薪，以补足飞涨的生活费用。因此，价格和工资在持续急剧上升的通货膨胀中彼此追赶。人们不再想存钱，反而想在其价值进一步下跌之前尽快花出去。人们甚至也许借助易货贸易来避免使用货币。

四、恶性通货膨胀

前面我们已经分析货币供给增长的持续上升最终转化为通货膨胀的增加。但到底是什么决定了货币供给增长率仍然是一个悬而未决的问题，一个常见的观点认为货币供给增长是政府预算赤字的结果。在这里我们将研究预算赤字与通货膨胀之间的数种可能关系。

（一）赤字与货币供给

一般来说，各国政府都可以通过两条渠道对其预算赤字进行融资，它既可以发行债券，又可以“印钞”。当各国中央银行增加其高能货币的存量时，通常是通过公开市场购买财政部销售的部分债券时，货币就被“印刷”出来了。预算赤字和货币供给之间的关系可以用以下公式表示：

预算赤字＝债券的销售额＋货币基础的增加

在预算赤字和货币增长之间有两种可能的联系类型：第一，在短期中扩张性财政政策引起的赤字增加将趋于提高名义和实际利率。如果央行的目标是以任何方式来控制利率，它可能会提高货币供给增长率，试图以此来阻止利率上升。第二，政府会谨慎地增加货币存量，以此作为一种手段在长期中保证政府的收入。

货币当局购买财政部为对其赤字融资而售出的部分债务，就被称作货币化赤字。当政府通过创造货币来对赤字融资时，实际上它在一个时期接一个时期地持续印刷钞票，而这些钞票被用来支付它购买的产品和劳务，从而使这些钞票被公众吸收。假设没有实际收入的增长，长期中公众将持有固定不变水平的实际货币余额；但如果价格上升，给定数量的名义货币余额的购买力就要下降。为保持货币余额的实际价值不变，公众不得不以正好抵消掉通货膨胀影响的这样一种比率来增加其名义货币余额的存量。

由于人们被迫使支出少于收入，并把这一差额支付给政府以换取额外的货币，所以通货膨胀的作用就像税收一样。这样政府可以花费更多的资源，而公众花费的更少，就好像政府为额外支出融资而提高税收一样。当政府通过发行货币来对赤字进行融资，公众为保持其货币余额的实际价值不变而增加名义货币余额的持有时，我们就称政府通过通货膨胀税进行了融资。这种收入来源有时候被称为“铸造税”，它是指政府通过其创造货币的权力而增加收入的能力。通货膨胀税收入由下面的公式给出：

通货膨胀税收入＝通货膨胀率×实际货币基础

事实上，如果经济接近充分就业状态，货币化政策只能对通货膨胀“火上浇油”。

（二）恶性通货膨胀与货币供给

尽管没有恶性通货膨胀的精确定义，但当年通货膨胀率达到 1 000%，我们就称一国处于恶性通货膨胀状态。当通货膨胀变得非常高时，通货膨胀都不是按年率而是按月率来计算。当我们比较月通货膨胀率和相同比率的年率时，就能看到月率复利计算后的结果之大，力量之惊人。只要政府转向印刷货币为其大部分支出筹资，结果就是恶性通货膨胀。塞尔维亚的居民在 20 世纪 90 年代初就经历了“600 万第纳尔一个巧克力棒”的恶性通货膨胀。

在一个恶性通货膨胀经济中，通货膨胀是如此深入和普遍，以至于这一问题完全主宰了日常经济生活。人们耗费相当大的资源来使通货膨胀的损失最小化。他们不得不时常停下手里的活抢在价格上涨之前到商店去多买几件东西；他们在储蓄或投资时的主要考虑就是在反通货膨胀中保护自己的利益；他们将实际货币余额的持有减少到相当大的程度以逃避通货膨胀税，但代价是不得不更频繁——例如以每天或每小时来代替每周——跑银行去取钱。

经典的恶性通货膨胀都发生在战后。其中最著名的是 1922 ~ 1923 年间德国的恶性通货膨胀，这期间平均通货膨胀率为每月 322%。最高的通货膨胀率发生在 1923 年 10 月，恰好在恶性通货膨胀结束之前，那个月价格上升了近 29 000%，以美元衡量这意味着在月初值 1 美元的东西月末则会值 290 美元。最迅速的恶性通货膨胀发生在第二次世界大战后的匈牙利：从 1945 年 8 月到 1946 年 7 月平均每个月的通货膨胀率高达 19 800%，最高的月通货膨胀率达到 $41.9 \times 10^{15}\%$。①

恶性通货膨胀经济一般都以广泛的指数化为标志，而在外汇上的指数化比在价格水平上要更广更深。这是由于当价格变动太快时很难在现期基础上衡量价格。所以价格只能以美元来衡量确定，在每次交易后必须支付的本币（譬如说马克）实际数额都要以美元价格和汇率来计算。工资被频繁地支付，到德国恶性通货膨胀结束时已达一天数次。

与通货膨胀率相同，恶性通货膨胀期间货币供给增长率也非常高。货币供给的高增长率当然起源于对赤字的货币性融资。但当通货膨胀加速且税收体制崩溃时，政府可以通过比人们预期还要快地印刷钞票，从而可以暂时获得超过最大额的通货膨胀税收入水平的收入。这种货币供给增长的上升将引致通货膨胀率上升，且当政府持续地试图超过最大额的通货膨胀税收入水平花费支出时，通货膨胀率被持续地“火上浇油”。这样，随着人们努力逃避通货膨胀税，其持有的实际货币基础额变得越来越少，而政府为对其支出融资不得不更快地印钞，这一恶性循环最终将导致经济的崩溃。

总之，恶性通货膨胀经济都遭受到巨额预算赤字的困扰。在预算赤字与通货膨胀之间是一种双向的互动关系。通过迫使政府为赤字融资而发行钞票，巨额预算赤字可以导致快速的通货膨胀。高通货膨胀反过来又增加了可衡量的赤字。

---

① 转引自多恩布什：《宏观经济学》，中国人民大学出版社，1998 年版，第 482 页。

第二节　失业理论

一、失业的基本概念

（一）失业及失业的统计

对于失业者，经济学家最常用的定义是：正值工作年龄而没有工作，但在现行工资率下愿意工作的人。失业既可以用人数（如失业人口 1 250 万人）也可以用百分比（如失业率 8%）来表达。但是，我们不能把每一个没有工作的人都归结为失业，譬如儿童、领取养老金者，以及不愿找工作的那些人。

失业率（Unemployment rate）是指劳动力中失业者的百分比。劳动力（Labor force）总数等于就业人数加上失业人数。因此，如果就业人数为 2 250 万人，失业人数为 250 万人，那么，失业率就是：

$$\frac{250}{2\ 250+250}\times 100\% = 10\%$$

经济的自然失业率（Natural rate of unemployment）是指经济中正常情况下存在的失业量。自然这个词绝不意味着这种失业率是合意的或必然的。它仅仅是指，即使在长期中这种失业也不会自行消失。经济中总有某种失业，而且各年的失业量都在变动。失业率围绕正常失业率而波动，正常失业率称为自然失业率。失业率与自然失业率的背离称为周期性失业（Cyclical unemployment），即指失业量围绕其自然失业率的逐年波动。

失业的统计看来简单，实际上并非如此。区分全职工作的人和完全不工作的人容易，但区分失业者和不作为劳动力的人则要难得多。因为进入与退出劳动力市场是极为常见的，所以很难解释失业统计数字。一方面，一些报告认为失业者实际上并没有努力去找工作，他想使自己符合领取政府失业救济金的资格，或者他们实际上在工作但“暗中”获得报酬。因此把这些人作为就业者更为真实。另一方面，一些报告认为不是劳动力的人实际上想工作。这些人会努力去找工作，但在失败的寻职之后放弃了努力。这些人称为丧失信心的工人（Discouraged workers），尽管他们实际上是没有工作的工人，但并没有表示在失业统计中。

此外，失业统计数字并没有使我们了解到失业在社会各阶层之间的分布情况。因此在分析这一统计数字时还必须注意以下差异：

1. 地区性差异

失业率在各国之间的差异很大。不同的国家，劳动市场大相径庭，有关失业、培训计划、解雇等方面的政策也千差万别，企业对待工人的态度更是各有千秋。还有，各国在各自的经济周期中不可能处于完全相同的阶段。

就是在一国范围内，不同地区之间的失业情况也大为不同。如 1998 年，英格兰北部的默西赛德郡的标准化失业率为 11.3%，而东南部地区的标准化失业率仅为 4.3%。但是，失业的地区性差异并不只是一个地区性问题。在很多国家，市中心的失业率要比郊区或农村高很多。

2. 性别之间的失业率差异

事实上，在所有发达国家，女性的失业率都高于男性的失业率。这也许反映出下列情况：教育和培训方面的差异，雇主的歧视，女性的就业与临时性或季节性更相关，或其他社会因素。

3. 不同群体之间的失业率差异

25 岁以下群体的失业率高于平均水平，而且很多国家都大体如此。之所以会是这种情况，原因有很多，其中包括离校生的条件是否符合要求，雇主对待年轻人的态度，年轻人更愿意花时间寻找更好的工作或等待开始进一步深造。

除年龄外，不同种族群体之间的失业率也存在差异。在很多国家，少数民族成员的失业率高于平均水平。在英国，加勒比黑人的失业率要比白人的失业率高出 2.5 倍，巴基斯坦人和孟加拉人血统的人，失业率要高出 3 倍。

（二）失业的持续时间

一直都没有工作和从来都不愿意工作的失业者寥寥无几。对大多数失业者来说，失业只持续一个时期。对有些失业者来说，失业只是几天的事；对于其他失业者来说，失业可能持续几个月；而对另外一些长期失业者来说，失业也许持续几年。影响失业的持续时间有三个重要因素：

1. 失业人数（失业存量的规模）

失业是一个“存量”概念。它衡量的是在某一时点上的失业人数。失业存量越高，失业持续时间就会越长，因为竞争空缺工作的人越多。

2. 失业存量的流入速度和流出速度

构成失业总数的人总是不断在变化。在每一周里，有些人被解雇或辞去他们的工作，他们表现为失业存量的流入。有些人找到了工作，表现为失业存量的流出。

这种流入、流出被形象地喻为“失业者蓄水池”。如果流入到失业中的人数超过流出的人数，失业人数就会增加。失业的持续期间将取决于流入和流出的速度，这种速度可以用每时期的人数来表示。

这些流量占失业总人数的比例越大，失业的平均持续期间越短。这是因为，人们进入和离开失业者蓄水池的速度越快，因而他们的平均停留时间就越短。

3. 经济周期的阶段

失业的持续期间还取决于经济周期的阶段。在衰退开始的时候，失业将增加，但失业的平均时间很可能还是比较短。衰退一旦持续了一段时间，平均来看，人们失去工作的时间会比较长，而且，即使经济正在摆脱衰退，这种长期失业也可能持续下去。这种情况可以用英国的一个例子来说明。在 1992 年，英国已逐渐走向衰退，但失去工作一年以上的失业人数比例还只是 35.3%。可是，到了 1994 年，尽管经济还在扩张，总体失业水平在下降，但该数字已上升到 44.8%。

（三）失业的类型

不同的经济学家根据不同的标准区分了不同种类的失业。概括起来主要有以下几种类型的区分：

1. 周期性失业

周期性失业（Cyclical unemployment）是指在经济增长放慢时上升而在繁荣时下降的失业。随着经济逐渐走向衰退，企业早晚要削减产量，裁减它们所雇用的劳动力数量。经济衰退越严重，持续的时间越长，失业就会越严重。随着经济复苏并开始增长，失业也会开始下降。由于失业跟随经济周期而波动，故称之为“周期性失业”。

2. 季节性失业

季节性失业（Seasonal unemployment）是指随着季节变换而变化的失业。或者说是指随着一年当中的季节变化，特定类型的劳动需求发生变化所导致的失业。在建筑业、农业和旅游业工人有规律地面临季节性失业。例如，由于气候的原因，在许多地方，冬季建筑施工会放慢，对建筑工人的需求会减少。

3. 摩擦性（寻找）失业

一些处于正常地从一个工作转换到另一个工作的过程中暂时失业的人，被称为摩擦性失业（Frictional unemployment）。当人们离开他们的工作，或是自愿的或是由于他们被开除或被解雇，而在一段时间失业，在此期间他们正在寻找新的工作时，就发生了摩擦性（寻找）失业。

4. 结构性失业

结构性失业（Structural unemployment）是由经济结构的变化引起的失业。有些行业的就业也许在扩张，而有些行业的就业可能在收缩。

（四）失业的成本

失业的成本包括失业的金钱成本和人身成本、给亲属和朋友造成的成本以及给社会造成的成本（用税收收入损失、利润损失、其他工人的工资损失以及社会混乱来衡量）。

1. 失业者的私人成本

最明显的失业成本是给失业者自身造成的成本。他们所承担的直接金钱成本就是他们的收益损失，它等于他们以前的工资与任何失业救济之间的差额。不仅如此，失业还会造成人身成本：人们失业的时间越长，就越变得心灰意懒；他们很可能丧失自尊心，还有可能死于与压力有关的疾病。

失业给失业者的家庭和朋友带来成本。如人际关系可能变得紧张，家庭暴力事件增加，家庭破裂等。

2. 失业的社会成本

失业还会给整个经济带来更广义的成本。失业代表一种产出损失。根据奥肯法则，经济中失业率每超过自然率 1 个百分点，产出就将下降约 2 个百分点。换言之，现实产出低于潜在产出。除了失业者本身的收入减少外，失业还会使资源利用不足，并导致其他人的收入减少。主要有以下几个方面：

（1）政府损失税收收入。因为失业者不缴纳所得税和国民保险，而且在失业者花费少了的情况下，他们缴纳的增值税和货物税减少了。政府为了救济职员也要增加行政管理成本，还不得不增加保健、社会服务和警察等的开支。

（2）企业损失了在充分就业情况下本应赚取的利润。

（3）其他工人损失了在国民产出较高情况下本应挣得的额外工资。更为重要的是，人们的失业时间越长，他们的技能就会逐渐丧失殆尽，不仅会减少现实收入，还会减少潜在收入。

此外，年轻人长期失业不仅浪费了今天有价值的人力资源，而且降低了劳动力的未来生产率。长期失业的年轻人尤其易于变得与社会格格不入，并转向犯罪和吸毒这类反社会的活动。失业还可能加剧整个社会的种族隔阂，黑人的失业率一般是白人的两倍以上。

总之，失业对个人和家庭来说是悲剧，对社区来说是混乱与紧张之源，对整个社会来说是生产资源的浪费。

二、失业的原因分析

（一）失业和劳动市场

失业与劳动力供求密切相关，为了更清楚地识别失业的原因，我们有必要分析一下劳动市场的运作。图 8.4 阐释了劳动的总需求和劳动的总供给，即整个经济中的劳动总需求和总供给。

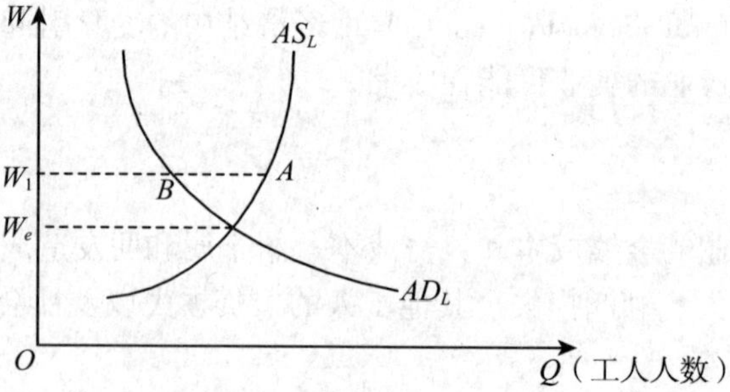

图 8.4　失衡失业

图 8.4 中，纵轴表示实际工资率（W），这是以其购买力表示的平均工资率，或者说考虑了价格之后的平均工资率。横轴表示工人人数（Q）。劳动的总供给曲线（AS_L）表明的是在每一工资率下，愿意接受工作的工人数量。这条曲线相对无弹性，原因在于：在任何某一时期，劳动力的规模不可能有明显变化。不过，它并非完全无弹性，因为：（1）较高的工资率将鼓励某些人进入劳动市场（如养育小孩的父母）；（2）失业者比较愿意接受所提供的工作而非继续寻找较高报酬的工作。劳动的总需求曲线（AD_L）向下倾斜，它意味着工资率越高，更经济地使用劳动的企业越多，企业将尽力以其他生产要素取代劳动。当工资率为 W_e 时，劳动市场将处于均衡状态，因为此时劳动的需求等于劳动的供给。如果工资率高于 W_e，劳动市场会处于失衡状态。当工资率为 W_1 时，劳动的供给过剩为 $A-B$。这就是所谓的失衡失业（Disequilibrium unemployment），即经济中的实际工资率超过均衡水平所导致的失业。

由此可见，发生失衡失业必须有两个条件：一是劳动的总供给必须超过劳动的总需求；

二是必须存在工资“粘性”。换言之，工资率必须不会立即下跌至 W_e。

然而，即使劳动市场的确处于均衡状态，也不是每位正在寻找工作的人都被雇用。有些人将推迟就业，希望能找到一份更好的工作。这种情况可用图 8.5 来说明。

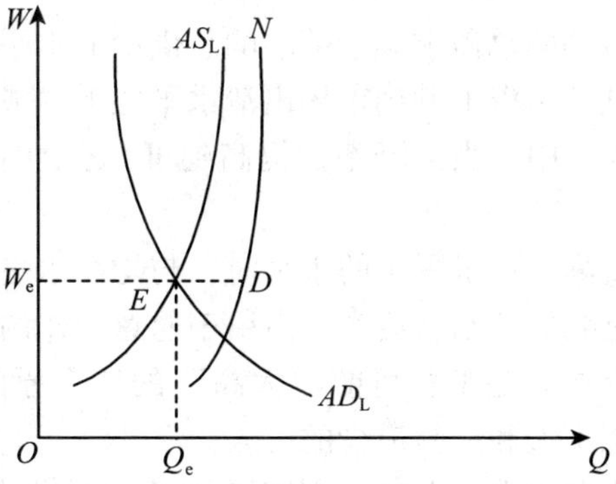

图 8.5　均衡失业

在图 8.5 中，曲线 N 代表劳动力的总数量。曲线 N 与劳动的总需求曲线（AD_L）之间的横向差额代表的是在特定的工资率下，正在寻找工作的人超过现实愿意接受工作的人的人数。Q_e 代表均衡就业水平，$D-E$ 的差额代表均衡（“自然”）失业（Equilibrium（“natural”）unemployment），即在现行工资率下愿意工作的人与愿意并能够找到工作的人之间的差额，有时也称之为自然失业水平。

需要指出的是，工资率越高，AS_L 曲线就越接近于 N 曲线。其中的原因在于，失业者能得到的工资率越高，就越愿意接受工作。

图 8.6 说明了总失业。当工资率为 W_1 时，失衡失业是 $A-D$，均衡失业是 $C-A$，故总失业是 $C-B$。

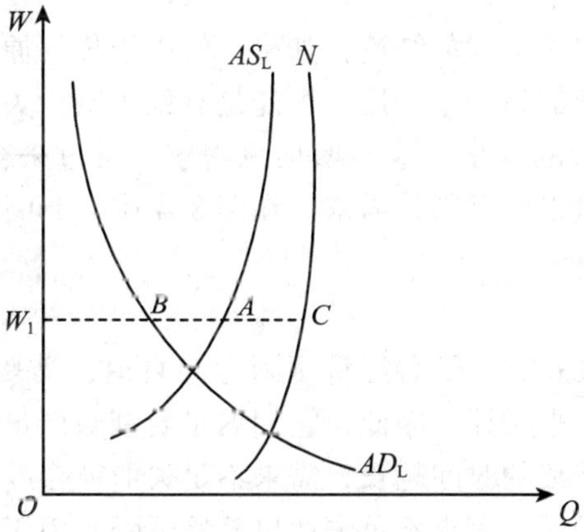

图 8.6　总失业

以上我们简要分析了劳动市场的运作，下面我们将依次讨论失衡失业的原因和均衡失业的原因是什么？

（二）失衡失业原因

一般认为，失衡失业的原因主要有以下几个方面：

1. 实际工资率的提高

当实际工资率超过使劳动的总需求等于劳动的总供给的水平时，就产生了失衡失业。这是指工会利用其垄断权力推动工资上升到市场出清水平之上，或者政府出台最低工资法也会产生这种情况。例如在图 8.4 中，当工资率被提高到 W_e 之上的 W_1 的水平时，便产生了失衡失业 $A-B$。

当最低工资法迫使工资高于供求平衡的水平时，与均衡水平相比，它就增加了劳动供给量而减少了劳动需求量，过剩的劳动就会产生。由于愿意工作的工人多于工作岗位，有一些工人成为失业者。最低工资法只是工资可能“太高”的一个原因。最低工资法通常主要是限制了劳动力中的最不熟练工人和经验最少的工人。

当工会把工资提高到均衡水平之上时，它就增加了劳动供给量，并减少了劳动需求量，引起了失业。当一个工会在与一个企业谈判时，它提出的工资、津贴和工作条件会比没有工会时企业提出的高。如果工会和企业没有达成协议，工会就会组织罢工。由于罢工减少了生产、销售和利润，所以，面临罢工威胁的企业可能同意支付比没有工会时更高的工资。

此外，根据效率工资（Efficiency wages）理论，如果工资高于均衡水平，企业的经营效率会更高。他们认为，工资的高低和工人健康、工人流动率、工人努力程度、工人素质之间有着密切的关系。企业发现，支付高工资，会给企业带来如下利益：第一，有更健康、生产率更高的工人比支付低工资、有不健康、生产率低的工人更有利。第二，企业通过支付高工资可以减少其工人的流动率，从而降低企业对新工人的培训成本和效率损失。第三，高工资使工人更渴望保住自己的工作，从而激励工人尽自己最大的努力。因此，企业把工资提高到均衡水平以上，引起失业，失业的威胁有助于加强对在业工人的纪律约束。第四，高工资可以吸引素质更好的工人来申请工作。

根据以上分析可以得出更一般的结论：如果工资由于任何原因高于均衡水平，结果就是失业。然而，高实际工资率的另一个作用，可能是有助于减少失业。因为增加仍在就业的人的工资，可能会增加消费者的支出。这会增加总需求，反过来会导致企业需求更多的劳动力，因为企业试图增加产量以满足额外需求。在图 8.4 中，AD_L 曲线将向右位移，就会缩小 $A-B$ 的差额。

2. 需求不足

这与经济的周期性特征相关。随着经济逐渐走向衰退，消费者的需求下降。企业发现，它们不能把其现有的产量水平卖掉。因此，它们迟早要削减产量，裁减它们所雇用的劳动力数量。经济衰退越严重，持续的时间越长，需求不足失业就会越高。

随着经济复苏并开始增长，需求不足失业也开始下降。由于需求不足失业随经济周期而波动，有时也被称为“周期性失业”或“凯恩斯失业”。可用图 8.7 来说明。

图 8.7 中，假设经济初始处于经济周期的高峰，劳动的总需求和总供给在现行工资率 W_1 下相等，不存在失衡失业。现在假定经济逐渐走向衰退，企业的劳动需求减少，劳动的需求曲线位移到 AD_{L2}。如果工资削减有阻力，致使实际工资率仍固定在 W_1，那么，就存在

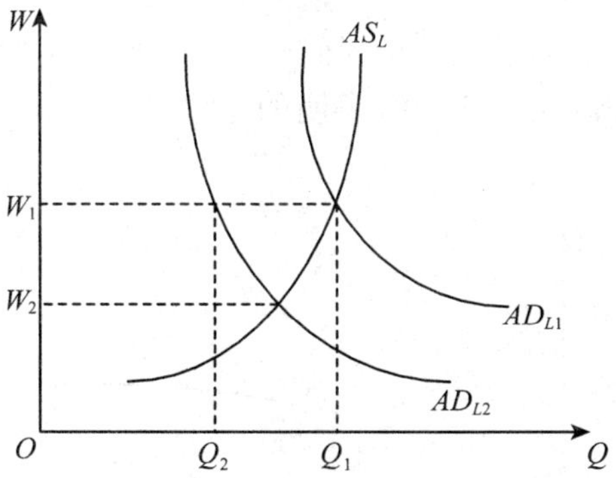

图 8.7　需求不足失业

着失衡失业 $Q_1 - Q_2$。

低水平的总需求所导致的商品市场的均衡，是在一个太低的以至于不能产生充分就业的产出水平上实现的。由于总需求很低，故企业的供给也很低（低于充分就业供给水平）。这种低水平的商品市场均衡以及相应的劳动市场失衡，可能会持续下去，这是企业方面缺乏信心的结果。倘若企业认为，经济衰退将持续下去，它们的销售将受到影响，那么，随着商品的总需求下降，劳动的需求会进一步减少，需求不足失业仍然会出现，经济仍停留在低产出均衡上。

3. 劳动供给的增加

如果劳动供给在没有相应的劳动需求增加的情况下上升，如离校生作为新工人每年都要涌入劳动市场，或者，有更多的女性寻求就业，那么，均衡实际工资率将下跌。如果实际工资率是"粘性"下跌的，失衡失业就会产生。

但是，这种趋势不会像需求不足对失业的影响那么严重，因为劳动供给的变化相对缓慢。加之在实践中，随着非全日制就业的迅速增长以及给女性支付较低的平均工资率，因而这不会成为超额劳动供给的主要原因。

（三）均衡失业（自然失业）的原因

从整体来看，劳动的总需求可能等于劳动的总供给，但在微观经济层次上，劳动的供给和需求可能不匹配。比如，在计算机技术员方面有空职，而在钢铁行业可能有失业，而失业的钢铁工人不可能马上就变成计算机技术员。即使在同一市场上，甚至也有空职和失业，但失业者不能、不愿意或不适合干这份工作，或干脆不知道有这份工作。这时，就会出现均衡失业。均衡失业的原因也是多种多样的。

1. 摩擦性失业的原因

寻找工作是使工人与适当工作相匹配的过程。由于工人的爱好与技术不同，工作的性质不同，加之劳动市场中的信息不完全，这些都将会引发摩擦性（寻找）失业。尽管有空职，但他们并没有得到他们所适合的一份工作。

信息的不完全。雇主对于可获得什么样的劳动力并不掌握充分的信息；工人对于能获得什么样的工作以及他们需要什么样的工作也不完全了解。因此，无论是雇主还是工人都必须寻找：雇主寻找合适的劳动力，工人寻找合适的工作。

寻找工作需要时间。人们寻找工作的时间越长，他们得到的工资报价可能越高。这一点可由图 8.8 中的曲线 W_0 来说明。该曲线表明的是典型工人在失业期间将得到的最高工资报价。

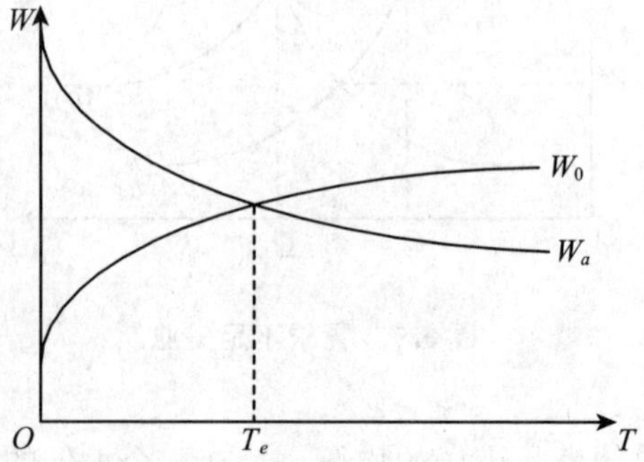

图 8.8　平均失业持续时间

当人们开始寻找工作时，对找到报酬更好的工作抱有很高的期望。而随着他们失业的时间延长，他们得到一份工作的渴望越强烈，因而准备接受的工资将越低。图 8－8 中，曲线 W_a 表明的是典型工人愿意接受的工资。失业的平均持续期间将是 T_e。也就是说，工人在找到一份工资可接受的工作之前一直保持失业状态。摩擦性失业通常是不同企业间劳动需求变动的结果。

此外，一些经济学家还认为，尽管失业保障（Unemployment insurance）减轻了失业的痛苦，但也增加了失业量。因为领取失业保障津贴降低了失业者找工作的努力程度。由于当工人找到一份新工作时，失业津贴才停止，所以失业者不会努力去寻找工作，而且更可能拒绝缺乏吸引力的工作。

2. 结构性失业的原因

结构性失业是由经济结构（需求或供给格局变化）的变化引起的失业。人们在经济中的某一部门被解雇，不可能立即在另一部门找到工作（即使有空职）。有些行业的就业也许在扩张，而有些行业的就业可能在收缩。其中的原因主要有两个：

（1）需求格局的变化。有些行业出现了需求持续下降的情况。这也许是由于消费者的嗜好发生变化的结果，因为有些商品可能过时了；或者是由于与其他行业相竞争的结果。例如，消费者需求可能从煤的需求转向其他燃料，这将导致采煤行业的结构性失业。

（2）生产方法的变化（技术性失业）。新的生产技术常常用较少的工人就可以生产相同水平的产量，这就是所谓的“节省劳动力的技术进步”。除非产量扩张足以吸收剩余劳动力，否则人们将被解雇，这就产生了技术性失业。

3. 季节性失业的原因

季节性失业是在一年当中的特定时间里，劳动需求下降的行业或地区发生的失业。这种失业在农业、旅游业及度假地区尤为严重。

第三节　通货膨胀与失业的关系

西方经济学家一般用菲利普斯曲线来描述通货膨胀与失业之间的关系。

一、菲利普斯曲线

（一）菲利普斯曲线的含义

通货膨胀与失业之间的短期关系通常被称为菲利普斯曲线（Phillips curve）。菲利普斯（A. W. Phillips）在1958年证明，英国从1861～1957年间，工资膨胀率与失业率之间存在着一种反方向变化的关系。即失业率上升时，货币工资率下降；相反，失业率下降时，货币工资率上升。菲利普斯曲线最初只是一个统计研究的结果，并没有理论依据。1960年，加拿大经济学家李普赛（R. G. Lipsey）发现通货膨胀率与失业率之间存在一种稳定的负相关关系后提出了菲利普斯曲线的原始模型。此后，凯恩斯主义学派、弗里德曼、理性预期学派等一批经济学家利用菲利普斯曲线对通货膨胀率与失业率之间的关系进行了进一步的研究，尤其是凯恩斯主义者更是将菲利普斯曲线当做政府进行需求管理的一个重要工具。

可以用图8.9来说明菲利普斯曲线。图中，纵轴表示工资膨胀率（W），横轴表示失业率（U），在坐标图中可得到各点的分布。每一点代表某一具体年份的观察值。把拟合最好的分布点连接起来的曲线就是著名的“菲利普斯曲线”，如图8.9所示。该图表明，通货膨胀与失业之间成逆相关关系（菲利普斯的估计方程式是 $W=-0.9+9.638U^{-1.394}$）。

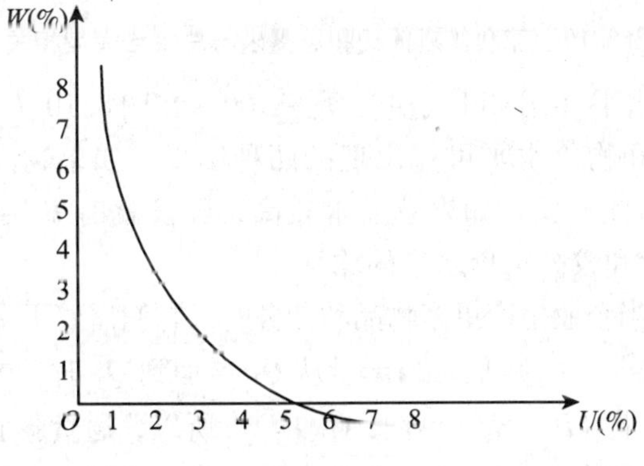

图8.9　菲利普斯曲线

菲利普斯曲线常常用来说明总需求变化的影响。当总需求上升时（相对潜在产出），失业率下降，沿该曲线向上移动；当总需求下降时，沿该曲线向下移动。

菲利普斯曲线凸向原点，对此一般的解释是，随着总需求的扩展，开始会出现大量的剩余劳动力，无需大幅度提高工资就可以应付劳动的超额需求。但是劳动力越来越少，企业为了获得所需的劳动力就不得不支付越来越高的工资，同时工会的地位也逐渐加强。这就是说，菲利普斯曲线说明了，低失业的年份往往有高通货膨胀，而高失业的年份往往有低通货膨胀。

菲利普斯曲线呈现在政府面前的似乎是一个很简单的政策选择。政府可以在通货膨胀与失业之间权衡取舍，以较高的通货膨胀率为代价实现较低的失业率；反之亦然。

（二）总需求、总供给和菲利普斯曲线

菲利普斯曲线简单地说明了，短期中出现的通货膨胀与失业的结合是由于经济沿着短期总供给曲线的总需求曲线移动。假设短期中物品与劳务总需求增加，产量越多，物价总水平越高；产量越多，意味着就业越多，失业率越低。此外，无论前一年的物价水平如何，当年物价水平越高，通货膨胀率就越高。因此，总需求移动在短期中使通货膨胀和失业呈反方向变化，即菲利普斯曲线所说明的关系。可用图 8. 10 来说明。

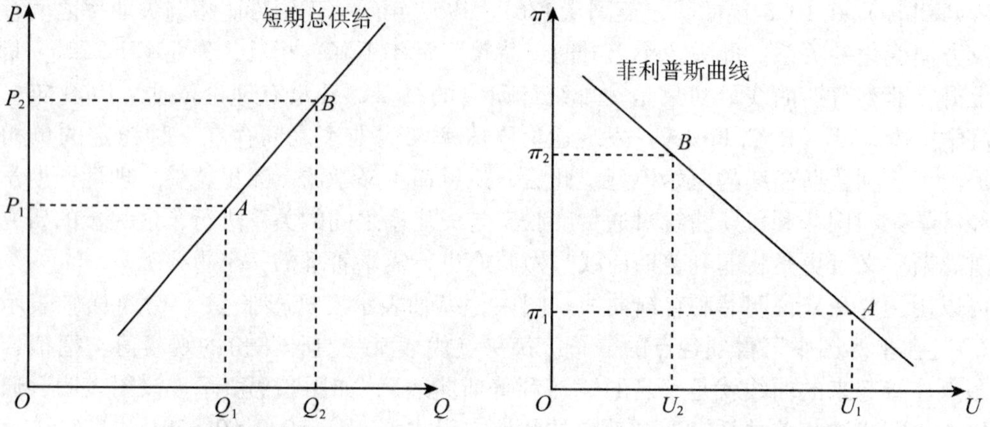

（a）总需求与总供给模型　　（b）菲利普斯曲线

图 8. 10　菲利普斯曲线和总需求与总供给模型相关

假设2000 年的物价水平（用 CPI 衡量）等于100。在图8. 10（a）中，用总需求与总供给模型表示 2001 年产量和物价水平可能出现的两种结果。如果物品和劳务的总需求较低，那么经济就有 *A* 结果。与此相反，如果总需求较高，经济就有 *B* 结果。可见，较高的总需求使经济变动到较高产量和较高物价水平的均衡。

在图 8. 10（b）中，当企业生产更多物品和劳务时，它们需要更多工人，所以在 *B* 结果时失业（U_2）比 *A* 结果时失业（U_1）低。当产量从 Q_1 增加到 Q_2 时，失业从 U_1 下降到 U_2。而且因为结果 *B* 时的物价水平（P_2）高于结果 *A*（P_1），所以，通货膨胀率也高（$\pi_2 > \pi_1$）。因此，我们既可以根据产量和物价水平（用总需求和总供给模型），又可以根据失业和通货膨胀（用菲利普斯曲线）来比较经济的这两种结果。

正如我们前面所说明的，货币政策和财政政策可以使总需求曲线移动，因此，货币政策和财政政策可以使经济沿着菲利普斯曲线移动。货币供给增加，政府支出增加或减税都扩大了总需求，并使经济移动到菲利普斯曲线的低失业和高通货膨胀的一点上。货币供给减少，政府支出减少或增税都紧缩了总需求，并使经济移动到菲利普斯曲线的低通货膨胀和高失业的一点上。在这种意义上说，菲利普斯曲线向决策者提供了一个通货膨胀与失业结合的选择。

二、附加预期的菲利普斯曲线

20世纪60年代末以来各国的实践经验表明，除了短期之外，失业和通货膨胀之间并不存在这种简单的此消彼长的关系。一些经济学家如弗里德曼等对菲利普斯曲线所表示的失业率与通货膨胀率之间的交替关系提出了疑问。菲利普斯曲线是一条稳定的关系曲线吗？在长期中失业率与通货膨胀率之间存在相互交替的关系吗？他们提出了附加预期的菲利普斯曲线，说明了短期菲利普斯曲线与长期菲利普斯曲线的不同。

（一）预期的菲利普斯曲线

货币主义对失业和通货膨胀理论的主要贡献是将预期因素纳入菲利普斯曲线。简单来说，这种增加预期的菲利普斯曲线可表达为：

$$\pi = f\left(\frac{1}{U}\right) + \pi^e \tag{8.3}$$

式（8.3）表明，通货膨胀率（π）取决于两个因素。首先，它是失业倒数（$1/U$）的函数。总需求增加将导致失业下降（即$1/U$上升）和通货膨胀上升。其次是预期通货膨胀率（π_e），预期通货膨胀率的上升将使菲利普斯曲线向上移动，预期通货膨胀率的下降将使菲利普斯曲线向下移动。

如果人们预期通货膨胀率为5%（$\pi_e = 5\%$），而超额需求正在引起3%的需求拉上型通货膨胀（$f(1/U) = 3\%$），则现实通货膨胀率为8%。

（二）适应性预期

货币主义者认为，预期通货膨胀率（π_e）取决于过去的通货膨胀率。这就是所谓的适应性预期假说，其意思是说人们会从过去的经历汲取经验。如果人们上一年低估了通货膨胀率，那么今年他们将向上修正其通货膨胀预期。

简单来说，适应性预期假说假定，今年的预期通货膨胀率 π_t^e 就是去年的现实通货膨胀率 π_{t-1}，即：

$$\pi_t^e = \pi_{t-1} \tag{8.4}$$

为了使分析简化，我们将在下面的分析中沿用这种适应性预期假说的简化形式。

（三）短期菲利普斯曲线的位移与加速主义理论

为了说明预期通货膨胀对菲利普斯曲线的影响，考察一个虚拟经济中通货膨胀和预期在若干年内的变化过程。为了简化分析，假定在该经济中没有增长。

第1年：假设第1年没有任何类型的通货膨胀，也没有任何预期，$AD = AS$，均衡失业率为8%。经济将处于图8.11中的a点和表8.1中的第一年。

表 8.1　　通货膨胀和通货膨胀预期的加速　　单位:%

年度	图中的点	π	=	$f(1/U)$	+	π_e
1	A	0	=	0	+	0
2	B	4	=	4	+	0
3	C	4	=	0	+	4
4	D	8	=	4	+	4
5	E	12	=	4	+	8
6	F	16	=	4	+	12

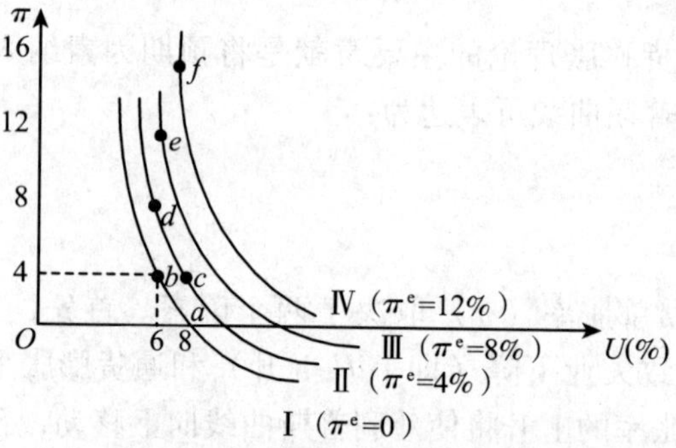

图 8.11　通货膨胀和通货膨胀预期的加速

第 2 年：现假设政府为减少失业而扩大总需求，失业率下降到 6%。经济沿Ⅰ曲线移动到 b 点。通货膨胀率上升到 4%，但人们基于其对第 1 年通货膨胀率的预期，仍然预期通货膨胀率为零。因此，菲利普斯曲线未发生位移，Ⅰ曲线与零预期通货膨胀率相对应。

第 3 年：现在人们依据第 2 年的通货膨胀率修正其通货膨胀预期。菲利普斯曲线向上移动 4 个百分点到曲线Ⅱ。如果需求持续以相同比率增长，整个增长都会被物价上涨所吸纳。实际总需求将回落至以前的水平，经济将移动到 c 点，失业率将恢复到 8% 的水平。现在，不存在需求拉上型通货膨胀（$f(1/U)=0$），但由于预期通货膨胀率为 4%（$\pi_e=4\%$），故仍有 4% 的通货膨胀率。

第 4 年：现假定政府对失业率又回升至 8% 感到不满，为使失业率再次降低到 6%，故再次扩大实际总需求。此时，政府必须使需求扩张的幅度比第 2 年还要大，因为此时除了要减少失业外，还要承认有 4% 的预期通货膨胀。经济沿曲线Ⅱ移动到 d 点，通货膨胀率现在为 8%。

第 5 年：预期通货膨胀率为 8%（即第 4 年的现实通货膨胀率）。菲利普斯曲线向上位移至曲线Ⅲ。与此同时，如果政府现在试图将失业率保持在 6%，就必须使货币总需求扩张再快 4%，以承认 8% 的预期通货膨胀。此时，经济沿着曲线Ⅲ移动到 e 点，通货膨胀率现在为 12%。

第 6 年以后：为使失业率保持在 6%，政府必须继续在上一年的基础上使货币总需求扩张 4%。由于预期通货膨胀率继续上升，菲利普斯曲线每年都会不断向上位移。

因此，为了使失业率低于初始均衡失业率水平，物价水平必须每年都要加速上升。

政府越要降低失业率，当年的通货膨胀率上升得越大，下一年和以后每一年的通货膨胀预期越高，物价上涨的速度就越快。因此，失业和通货膨胀上升速度之间的确存在着权衡取舍关系。

值得注意的是，如果预期并没有根据上一年的通货膨胀率进行充分调整，那么，菲利普斯曲线向上位移的速度就慢一些。如果预期根据上一年的通货膨胀上升速度进行调整，则菲利普斯曲线向上位移的速度要快些。

（四）长期菲利普斯曲线和自然失业率

只要存在需求拉上型通货膨胀压力（$f(1/U)>0$），通货膨胀率就会随着预期通货膨胀率（π_e）的上升而上升。因此，从长期来看，菲利普斯曲线在实际总需求等于实际总供给的失业率水平上是垂直的。垂直的菲利普斯曲线说明了这样一个结论：长期中失业并不取决于货币增长和通货膨胀。货币主义者把该失业率称为自然失业率（U_n），有时也称为非加速通货膨胀型失业率（NAIRU）。在图 8.12 中，$U_n = 8\%$。

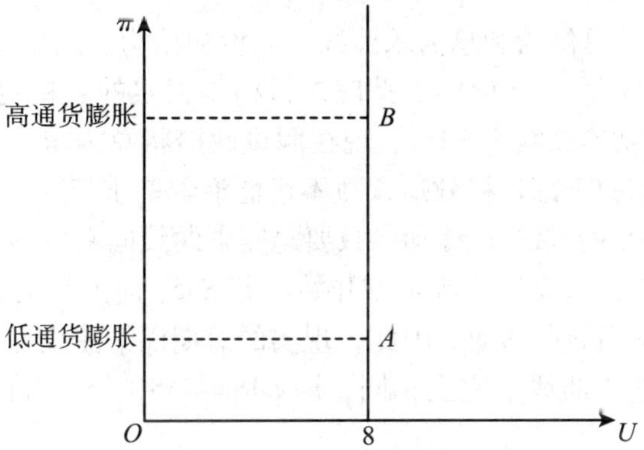

图 8.12 长期菲利普斯曲线

垂直的长期菲利普斯曲线在本质上是古典货币中性思想的一种表现。垂直的长期菲利普斯曲线意味着货币政策影响名义变量（物价水平和通货膨胀率），但并不影响实际变量（产量与失业）。无论当局采取什么货币政策，在长期中，产量和失业为其自然率。

其政策含义是：扩张性财政货币政策只能在短期使失业率降低到 U_n 之下；在长期中，其结果只能加剧通货膨胀。

三、理性预期的菲利普斯曲线

货币主义者认为，总供给和菲利普斯曲线在长期是垂直的。其政策含义是：需求管理对长期产出和就业没有影响。理性预期学派的经济学家所持的观点更为极端。他们认为：总供给和菲利普斯曲线即使在短期也是垂直的，因此，政府的需求管理政策即使在短期也是无效的，总需求增加唯一的作用只是抬高物价。

理性预期学派关于菲利普斯曲线的讨论以两个关键假设为前提：一是弹性工资和价格的假设。根据这一假设，市场几乎能立即出清，因此即使是在短期也不存在失衡失业。所有失业都属于均衡失业，或者“自愿失业”。二是理性预期的假设。理性预期不以过去的通货膨胀率为依据，而是以经济的现状和政府所实施的政策为依据。工人和企业通过各种渠道收集对他们有用的信息，如公布的各种经济预测、各种经济指标和各方面的评论以及政府的文件等，然后在这些信息的基础上，尽可能预测通货膨胀率。正是从这个意义上说，这种预期是一种“理性”预期，人们基于现有的信息来评估未来。由于信息是不完全的，因而人们的预期也可能出错，这对菲利普斯曲线无疑会产生不同的影响。

（一）预期正确时的总供给和菲利普斯曲线

如果人们的信息是正确的，他们就能理性地预测产出和就业将处于自然水平。他们预测到，需求的任何变化都会通过价格变化反映出来，同时还预测到，实际总需求保持不变。如果实际总需求保持相同，那么，劳动的供求和商品的供求都会保持不变。因此，即使在短期，产出和就业都会保持在自然水平。可用图 8.13 来说明正确的预期对菲利普斯曲线的影响。

图 8.13 使用了简单的总供给和总需求曲线。假设初始均衡点是 a 点，这是长期均衡点，总需求（AD_1）等于长期总供给（LAS）。此时，价格是稳定的且稳定在 P_1 水平上。当预期价格水平为 P_1 时，短期供给曲线为 SAS_1。现在假设政府将总需求提高到 AD_2。由于人们能正确地预测出总需求增加的全部价格效应，故不可能沿着基于某一特定价格的短期总供给曲线（比如基于价格水平 P_1 的 SAS_1）移动。只要总需求曲线向右位移，人们就会正确地预测到价格水平要上升。因此，只要经济从 a 点开始沿着 SAS_1 向上移动，整个 SAS 曲线就会向上位移。结果，经济直接向 c 点移动。因此，现实的短期供给曲线是垂直的，而且如果预期是正确的，该曲线与长期“曲线”完全相同，即 $LAS = SAS_2$（预期价格水平 $= P_3$）。

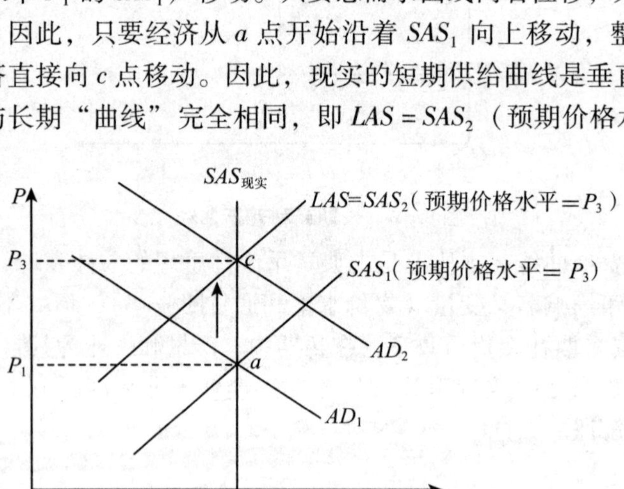

图 8.13　总需求增加的影响

（二）预期不正确时的总供给和菲利普斯曲线

尽管人们的预期在多数年份假定都是正确的，但是在某些年份可能是错误的。预期不正确对产品市场、劳动市场及菲利普斯曲线都会产生影响。

1. 预期不正确对产品市场的影响

如果政府此时出乎意料地刺激了需求，企业本以为政府对总需求的刺激会比实现所做得更大。在这种情况下，企业可能高估了通货膨胀，认为实际需求已经下降了，结果会削减其产量。可用图 8.14 来说明。

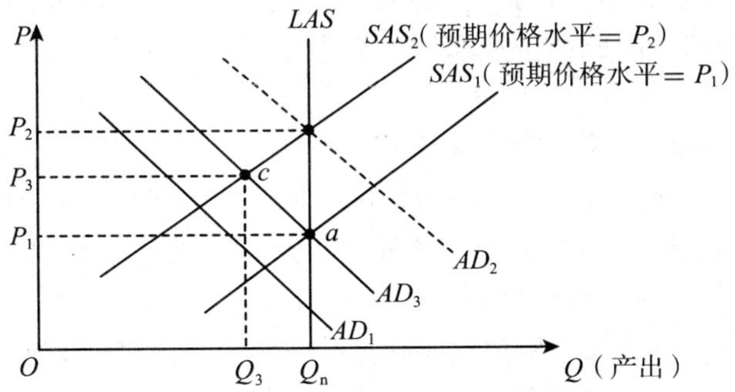

图 8.14 高估总需求增加对产品市场的影响

图 8.14 中，假设总需求最初为 AD_1，基于预期价格 P_1 的短期总供给曲线为 SAS_1。经济位于 a 点，长期总供给曲线在自然产出水平上是垂直的。企业预测政府将刺激总需求，使之达到 AD_2，故将其价格预期调整到 P_2：短期总供给曲线位移至 SAS_2。但是，事实证明，企业高估了价格的上升，总需求仅上升至 AD_3，价格水平也只上涨到 P_3。结果，产出下降到 Q_3。这说明，不正确的预期使产品产量下降。

2. 不正确的预期对劳动市场的影响

假定政府增加总需求且增加的幅度超过了人们的预期，即人们低估了通货膨胀率，这意味着工人将相信，他们正在获得的实际工资比他们实际获得的实际工资高，即：

$$\left(\frac{W}{P}\right)^{e} > \frac{W}{P}$$

于是他们将增加劳动供给。可用图 8.15 来说明。

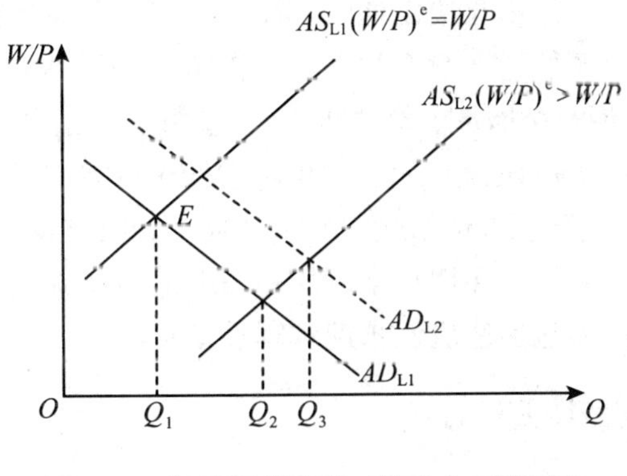

图 8.15 低估通货膨胀对劳动市场的影响

图 8.15 中，假设初始均衡点在 E。现在假设劳动供给增加，劳动供给曲线从 AS_{L1} 位移到 AS_{L2}，就业人数增加到 Q_2，高于自然水平 Q_1（此时预期是正确的）。如果只有工人（而

非企业）低估了通货膨胀率，则就业人数上升到 Q_2 只是短期效应。但是，如果企业也低估了通货膨胀率，对就业的影响就变得复杂了。一方面，如上所述，企业将打算增加生产，故对劳动的需求会增加。例如，劳动需求曲线可能位移至 AD_{L2}，就业增至 Q_3。另一方面，如果企业低估了通货膨胀率，它们会认为，任何既定的货币工资（W）水平所代表的实际工资 $(W/P)^e$ 水平都比实际获得的高。因此，它们会趋向于在每一工资率上雇用更少的工人，即劳动需求曲线将向左位移。因此，企业雇用的人数是多于还是少于 Q_2，取决于劳动需求曲线的位移方式。

如果人们高估了通货膨胀率，就业将下降，因为工人认为其实际工资比实际获得的要低，因而会减少工作；产量也会下降，因为企业认为产品的相对价格下降了。

这样，当人们作出了错误的通货膨胀预期时，产量和就业量就会偏离其自然水平。但是，短期 AS 曲线和菲利普斯曲线仍然是垂直的，因为这些错误都是随机的。这些预测错误只会位移这些曲线。低估通货膨胀使短期菲利普斯曲线向左位移（AS 曲线向右位移），因为失业率暂时低于自然水平（而产量则高于自然水平）。高估通货膨胀则使菲利普斯曲线向右位移（AS 曲线向左位移），如图 8.16 所示。短期菲利普斯曲线的平均位置为 U_n。

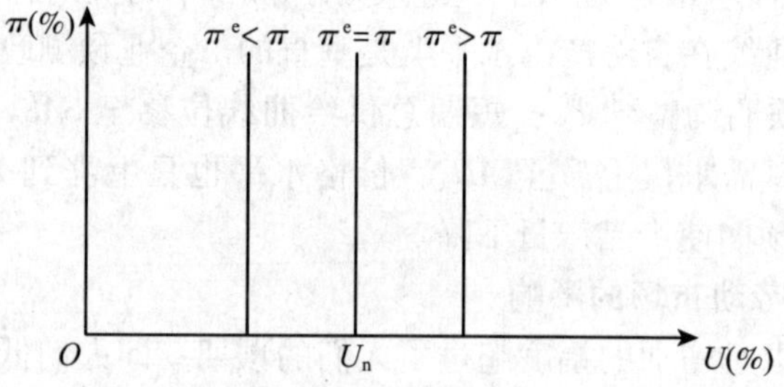

图 8.16　短期菲利普斯曲线

四、现代凯恩斯主义对菲利普斯曲线的解释

凯恩斯主义一直认为，总需求在决定通货膨胀、产出和就业等的水平中起至关重要的作用。他们反复强调，自由市场的运作没有效率：自由市场经常不能出清；价格信号受到经济权力的扭曲；大多数工资和很多价格具有“粘性”；最重要的是，自由市场不可能在充分就业时稳定下来。因此，他们坚持认为，为了防止需求低迷或需求过度扩张，政府积极干预是极其重要的。近几年来，由于通货膨胀和失业同时发生，凯恩斯主义的观点发生了一些变化，主要是强调成本推动因素的重要性；强调均衡失业的重要性；阐释了需求不足失业存在的合理性；吸收了预期理论，包括适应性预期和理性预期。

（一）成本推动使菲利普斯曲线右移

现代凯恩斯主义者认为，菲利普斯曲线之所以右移，一个重要原因是由于成本推动。

1. 权力的扩大

大多数凯恩斯主义者认为，20 世纪 60 年代末 70 年代初以来，权力的扩大导致成本增加，从而使价格水平上升，菲利普斯曲线右移。权力的扩大主要表现为：罢工和其他形式的行业行动次数增加，使行业动荡越来越频繁；大量的兼并和接管使得行业的垄断权力越来越集中。此外，石油价格和其他商品价格提高等也使成本增加（这也可能是由于垄断权力扩大所致）。

2. 目标实际工资

凯恩斯主义者利用经验证据表明，工会每年都企图要求一定的实际工资增长。如果经济的增长足以应付这种工资增长，就不会发生成本型通货膨胀。但是，如果工人开始企图要求更高的实际工资增长（也许是因为他们的垄断权力增加），或者如果经济增长速度放慢了，那么，由于实际工资增加的要求没有得到满足，成本压力就会增大。

当经济增长停滞时，工会要求工资增长越成功从而失业增加，通货膨胀随着失业增加而下降得越小，菲利普斯曲线越平缓。需求拉动型通货膨胀的下降被成本推动型通货膨胀的上升部分抵消。在极端的情况下，成本推动型通货膨胀上升得比需求拉动型通货膨胀的下降更大，从而使菲利普斯曲线向上倾斜。较低的产出和较高的失业，导致更高的通货膨胀。伴随着经济增长的速度放慢，工会坚持目标实际工资增长的力量越强，企业满足工资要求的能力越小，企业不得不以提高价格的方式转嫁工资增加的压力就越大，成本推动型通货膨胀上升得越大。

（二）均衡失业的增加

1. 较高的结构性失业

绝大多数凯恩斯主义者都将均衡失业的增加作为菲利普斯曲线向右位移的一个原因。他们尤其强调行业快速变化时期经济中出现的明显的结构刚性。这些变化包括：第一，技术变革。如微集成电路的革命淘汰了许多传统工作。第二，来自国外的竞争。国外新产品的引进，由于其质量比国内产品更优或成本更低，使许多老工业如纺织业江河日下。第三，需求结构的变化。需求从陈旧的劳动密集型行业的产品转向新型高科技的资本密集型产品。

由于劳动力缺乏流动性，缺乏教育和培训的投资，结果是劳动力不能灵活适应劳动需求的变化。

2. 滞后现象

如果经济衰退引起的失业增加在经济复苏时不能完全解决，就会出现滞后现象。20 世纪 80 年代和 90 年代初期的经济衰退，使既缺乏技能又变得消沉的人数越来越多。许多四五十岁的失业工人被认为年龄太大而找不到工作。许多找不到工作的年轻人，干脆靠社会保障生活或只是干临时工。更为重要的是，许多企业为了降低成本而削减了培训计划。在这种情况下，总需求增加仍然不能解决长期失业问题，而只能使菲利普斯曲线向右位移，从而增加了均衡失业。

衰退也会造成投资不足。对于很多企业来说，资本存量的减少意味着即使需求回升也不能大量增加产量、雇用更多的工人，最大的可能是提高价格。因此，失业只是有所下降，而通货膨胀却更加严重。菲利普斯曲线向右位移了，均衡失业增加。

（三）需求不足失业的持续存在

如果存在需求不足失业，为什么实际工资率不会长期下降从而消除过剩的劳动力？针对实际工资率持续高于均衡水平，凯恩斯主义者给出了两种解释：

1. 效率工资

凯恩斯主义者认为，工资率有两个功能。第一功能是传统意义上的功能，即平衡劳动供求。在此基础之上，凯恩斯主义者又增加了激励工人的功能。如果在有剩余劳动力（需求不足失业）时，实际工资率被降低，那么，在岗工人就会变得心灰意懒，不努力工作。相反，如果企业维持较高的工资率，就能保持对工人的激励，减少工人流失，也能更容易吸引高素质的工人，高素质的工人有利于企业生产效率的提高。因此，企业一般愿意维持比较高的实际工资，使实际工资率（即效率工资率）很可能高于市场出清的实际工资率，从而使需求不足失业持续下去。

2. 内部人权力

如果在岗工人（内部人）是工会会员，而非在岗工人（外部人）不是工会会员，或者，如果内部人拥有特殊的技能或知识，能增强他们与雇主谈判的能力，而外部人没有任何影响力，那么，就不会有剩余劳动力（外部人）拉低实际工资率、消除需求不足失业的机制。

（四）加入预期

凯恩斯主义者将预期纳入他们的模型，他们认为，价格和工资不具有完全弹性，各种刚性是各类市场的普遍特征；预期因素影响产出和就业决策，不影响定价决策。

由于价格和工资向下的刚性可能比向上刚性的可能性更大，因而有必要分别分析总需求的下降和总需求的上升的影响。

1. 总需求扩张

凯恩斯主义者认为，除非经济处于充分就业或非常接近充分就业状态，否则，总需求扩张将导致产出和就业增加，即使在长期预期已经完全调整后也是这样。可以用图 8.17 来进行说明。

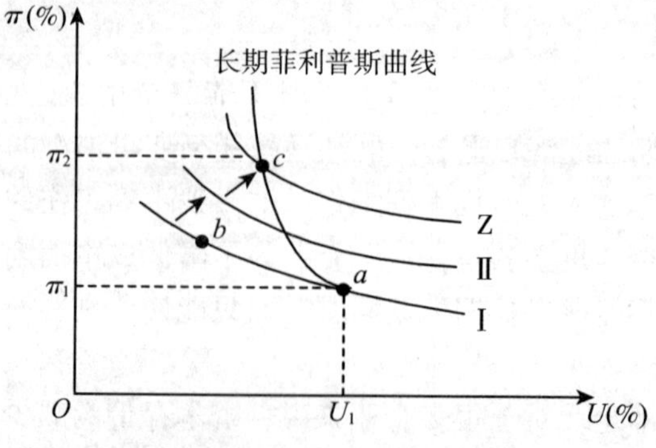

图 8.17　扩张性政策凯恩斯主义分析

在图 8.17 中，假设经济中存在十分高的失业率（U_1），同时还有一定程度的成本型通货膨胀。通货膨胀率恒定在 π_1，预期通货膨胀率也恒定在 π_1。此时经济处于 a 点。现在假设经济开始复苏，总需求增加。由于经济中存在着大量的闲置能力，产出增加，失业减少。表现在短期菲利普斯曲线Ⅰ上，经济由 a 点移动到 b 点。通货膨胀率上升会加剧预期，短期菲利普斯曲线将向上位移。如果是适应性预期，短期菲利普斯曲线开始向上位移，比如说位移到曲线Ⅱ。

如果总需求持续上升，企业发现经济正在扩张，自己的订单也在增加，就会增加投资，并制定增雇工人的长期计划。人们普遍预期产出水平将提高，这种乐观态度会使产量水平更高。换句话说，预期不仅影响价格，还影响就业和产出。菲利普斯曲线将向左下方位移，（部分、全部）抵消该曲线因较高的通货膨胀预期所出现的向上位移。

如果 U_1 包括大量的长期失业人员，那么需求扩张最初也许会引起通货膨胀，因为许多新雇用的工人需要重新培训（这是一项很费钱的事情）。但是，随着这些新工人的生产率逐渐提高，他们的劳动成本下降，可能抵消了需求扩张对工资上涨的压力。与此同时，新投资包含着新的、生产力更高的技术，也有助于防止成本进一步加速上升。

这些影响都十分可能防止通货膨胀的进一步上升。通货膨胀可能稳定在比如说 π_2，经济在 c 点上运行，短期菲利普斯曲线稳定在位置Ⅱ。因此，长期菲利普斯曲线通过 a 点和 c 点向下倾斜。

如果预期的形成是理性的而非适应性的，则将比较快地移动到这种长期均衡状态。如果人们理性地预测到，政府政策的影响将使经济移动到 c 点，那么，他们的预测就会使经济更快移到 c 点。

2. 总需求收缩

大多数凯恩斯主义者认为，短期菲利普斯曲线在当前实际总需求水平上是弯折的。由于实际工资具有向下粘性，所以实际总需求的下降只会对通货膨胀产生微弱的影响。工会在谈判时宁愿接受裁员，也不愿意降低实际工资。如图 8.18 所示。

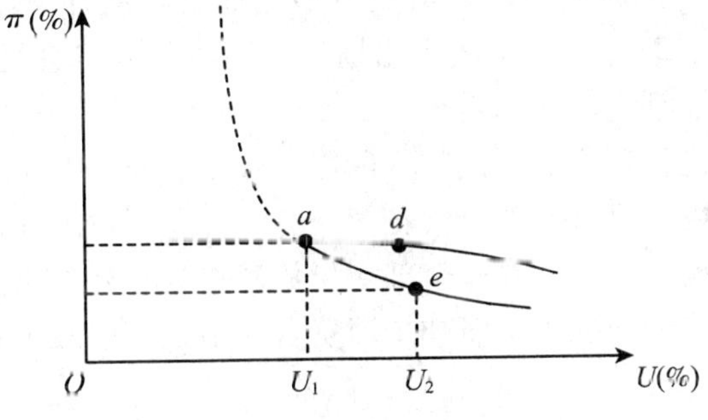

图 8.18 紧缩性政策的凯恩斯主义分析

在图 8.18 中，在 a 点的右边，短期菲利普斯曲线十分平缓。只要该曲线在 a 点的右侧不是完全水平的，随着人们逐渐预期到通货膨胀率会降低，预期纳入这种分析，就会引起短期菲利普斯曲线在长期向下位移（如果失业率保持在 U_1 之上）。

然而，在适应性预期情况下，菲利普斯曲线的确会非常缓慢地向下位移。如果从 a 点到

d 点的位移，只代表通货膨胀率下降1%，且如果这一过程要花费比如说两年时间才能在预期中完全反映出来，那么，如果失业率保持在 U_2，通货膨胀率每年只下降（即该曲线向下位移）0.5%。即使是在理性预期的情况下，这种反应也是很慢的。如果工会抵制所获得的工资增加低于当时的通货膨胀率，或者如果他们正在试图赶上其他工人的工资，那么，即使他们理性地预期到通货膨胀率下降的准确程度，通货膨胀也只会慢慢地下降。人们将理性地预测到对工资限制的抵制，因此通货膨胀肯定只会缓慢地下降。

最糟糕的情况是政府为了消除通货膨胀而在许多年内保持较高的失业率。由于长期失业工人的人数增加了，那些因缺乏技能而无法有效就业的工人越来越多。由于有效劳动供给减少，因此尽管失业率很高，但企业发现可雇用的剩余劳动力不多。长期均衡状态比如说在 e 点实现，但仍然有很高的通货膨胀。因此，长期菲利普斯曲线在 d 点的右边也比较平缓。

第四节　通货膨胀及失业的治理政策

各国反通货膨胀和失业的政策措施有许多，归纳起来看，这些政策把矛头指向总需求或总供给的控制，故我们将其分别称为需求政策和供给政策。

一、需求面政策

在对付通货膨胀和失业方面的需求政策主要有以下几个方面：

（一）财政政策

如果经济失衡，政府可以选择改变政府支出或税率水平。这就是所谓的相机抉择财政政策。如果存在需求不足失业问题，财政政策也可以用来刺激总需求。在这种情况下，政府可以增加政府支出和（或）削减税收。这就是所谓的通货膨胀性财政政策。如果政府用于商品和服务（修路、保健、教育等）上的支出增加，国民收入将会足额成倍增加。原因在于，所有货币都被花出去，故都会增加总需求。

与政府增加支出相比，减税对国民收入的影响较小。原因在于，减税增加人们的可支配收入，但在可支配收入中，只有一部分被花掉，有一部分通过增加储蓄、购买进口品以及缴纳其他税收而被撤出。换句话说，并非全部减税额都作为额外支出而在收入循环流中流动。

通过削减政府支出或增加税收从而减少消费者支出就可以减少总需求。这些政策措施称为通货紧缩性财政政策。

（二）货币政策

货币政策涉及经济中货币供给的改变或利率的操作。政府通过降低货币供给从而减少支出可利用的货币量，或通过提高利率从而使借款成本更大，就可以减少总需求，这就是通货紧缩性货币政策。

控制货币供给有两大方法：（1）改变银行体系中的流动水平，这是信用创造的基础。

(2) 通过改变存款准备金比率来改变银行的乘数的大小。具体来讲，主要是公开市场业务；增加中央银行对商业银行的贷款；债务转期；改变最低准备金比率。

在许多国家，目前比较普遍的货币控制方法是直接调整利率。一般来讲，中央银行先宣布变动利率，然后进行公开市场业务，确保货币供给的调整，使宣布的利率成为均衡利率。

(三) 指数化债务

在那些通货膨胀率很高且不确定的国家，运用通常的债务工具来进行长期借款已变得不可能——贷款人对到期后他们收回的还款的实际价值为多少心里没底。在这样的国家里，政府一般发行指数化债务。当利息或本金或两者都根据通货膨胀进行了调整时，债券就指数化了。

(四) 工资的指数化

某种形式的指数化是许多国家劳动力市场的普遍特征。指数化通过使实际工资基本固定不至于差得太离谱，而保持了长期工资合同的优势与工人和企业的利益之间的巧妙平衡。

工资制定并不是每星期或每个月都磋商一次，而往往采取 1 年或 3 年合同的形式。既然在工资合同期内价格会发生变化，就必须根据通货膨胀进行一些调整。从广义来说有两种调整的可能性：一种是根据 CPI（消费者价格指数）或 GDP 减缩指数来指数化工资，并基于周期性譬如说每季度的检查随该段时期内价格的上升而增加工资；另一种是基于价格上升的预期比率来安排周期性的事先公布的工资增加。如果通货膨胀能被确切地了解，这两种方法就会殊途同归。但既然通货膨胀可能和预期存在差距，所以两种方法的结果也可能会不一样。

在考虑到工资指数化效应的时候，我们必须区分两种可能性：需求冲击和供给冲击。在需求冲击的情况下只有“纯粹”的通货膨胀扰动，且企业能够支付起相同的实际工资从而也不会在乎 100% 的指数化。而在供给冲击的情况下，实际工资必须要下降，而完全的指数化会阻碍其下降。例如，假设实际原材料价格上升，厂商把成本的上升转嫁到最终产品的更高价格上，这样消费者价格会上升，且在工资指数化制度下，工资也会随之上升。而工资的上升又将引发更进一步的价格、原材料成本和工资的上涨。在这里，指数化措施反而加剧了通货膨胀的螺旋式上升。而相反，在预先固定的工资增加制度下，由于更高的原材料价格会导致实际工资的下降，却可避免这种恶性后果。

二、供给面政策

如同经济学家们对于通货膨胀的确切原因的意见不可能一致，他们在最适当的治理措施方面，意见也不可能一致。主要有以下几种代表性的观点：

(一) 货币主义的供给政策

货币主义者认为，从长期来看，需求政策（他们实际指的是货币政策）只能作为反通货膨胀的武器，不会影响经济增长和就业，而供给政策才是增加产出、降低失业水平的适当政策。

供给政策可以使总供给曲线向右位移，即提高企业在任何既定的价格下愿意提供的产量。在劳动市场上，供给政策能降低自然失业率，从而使垂直的长期菲利普斯曲线向左位移。供给政策的实质是：鼓励甚至奖励私人企业行为和创新行为，减少政府作用；更多地依赖市场力量和竞争，减少政府干预和管制。具体包括：（1）减少政府支出以释放更多的资源给私人部门；（2）减税以增加激励；（3）削弱工会的垄断权力以加大工资的灵活性并促使劳动市场出清；（4）降低某些福利救济金的自动享受资格以鼓励自立；（5）减少繁琐手续和其他对投资和承担风险的障碍；（6）通过放宽管制和私人化的政策来鼓励竞争；（7）废除外汇管制和其他对资本自由流动的阻碍。

（二）凯恩斯主义的供给政策

现代凯恩斯主义者并不仅仅提倡需求管理，也提倡供给政策，但通常更倾向于干预主义供给政策。干预的形式有：补贴、鼓励兼并和其他形式的重组、建议和劝告、提供信息和直接提供基础设施等。政府制定指导性计划，在这种计划下，政府试图与行业合作，共同协调经济中的投资决策。

（三）“第三条路”的供给政策

随着英国布莱尔政府的当选，提出了“第三条路”的供给政策。它既借鉴了“右派”倡导的各种激励、低税收和资本自由流动的思想，又借鉴了“左派”推崇的政府的政策措施能改善经济运行和为私人提供支持的观点。

其核心思想就是“让人们自己帮助自己”，主张有目标的政府干预、管制、福利和教育计划，使市场更有效率地运行。因此，失业政策应着重于帮助失业的人找到工作，失业救济金与积极寻找工作的义务相联系。经济增长政策应当是下列措施的混合体：强化市场激励、保持低税收、鼓励竞争、防止垄断权力滥用、改善基础设施、加强教育和培训等。

其实，不管哪类政策都会产生供给效应和需求效应。例如，许多供给政策都涉及增加政府支出，比如在再培训计划上的支出、在研究与开发项目上的支出、在工业重新布局方面的支出。因此，这些方面的支出都将使总需求增加（除非伴随增税）。同样，旨在加强激励的减税，也属于供给政策，也将增加总需求（除非伴随削减政府支出）。所以，在安排各种供给政策时，重要的是要考虑这种政策对需求的影响。

同理，需求管理政策也常常有供给效应。如果降低利率刺激了投资，会使国民收入成倍增加，而这是一种需求效应。但是，投资增加也会提高生产能力，这又是一种供给效应。

案例 1　中国的通货紧缩及其治理

在经济学中，持续的物价上涨称为通货膨胀，持续的物价下跌称为通货紧缩。我国曾长期处于总需求大于总供给的状况。但这一情况在20世纪90年代发生了从卖方市场到买方市场，从短缺经济到剩余经济，从通货膨胀到通货紧缩的三步曲式的根本性变化。

1997 年 3 月，尽管商品零售价格和居民消费价格的同比指数仍然正增长，环比指数却同时首次出现了负增长；1997 年 10 月，商品零售价格同比指数首次出现负增长；1998 年 2 月，居民消费价格的同比指数也首次出现负增长。因此不妨认为，在 1997 年，我国发生了从短缺经济到剩余经济的转变，即从总需求大于总供给转变为总需求小于总供给。

如果没有 1997 年下半年爆发的亚洲金融危机，而且措施得当，可以尽快回到总供求的大体平衡，短暂的剩余经济尚不是通货紧缩。由于我国的出口增长困难，使剩余经济的情况严重化，显露端倪的全球性通货紧缩波及我国。可以说，1998 年我国发生了从通货膨胀到通货紧缩的转变。

根据国家统计局的数据，截至 2001 年 6 月份，全国商品零售物价指数和居民消费价格指数已经分别连续下跌 21 个月和 16 个月；另根据中国人民银行的数据，生产资料价格指数和批发物价指数已经连续下跌 50 多个月（其中仅有几个月略有回升）。物价的下跌，使得企业亏损面扩大，失业率上升，居民收入水平下降，并最终导致全社会有效需求不足。

可见，通货紧缩就是货币供应量中用于购买商品和劳务的货币量不足，致使物价水平下降、失业率上升的现象。

一般认为，通货紧缩的原因主要有以下几个方面：

1. 流动性滞存

在现代市场经济中，通货紧缩只有和流动性滞存联系起来，才能得到较好的说明。流动性一词有两个含义：一是指一种资产在交易中能迅速变换为别种资产而不遭受损失的能力，货币是最富于流动性的资产；二是指货币与资金。凯恩斯在《就业、利息和货币通论》中所讲的流动性偏好，即指对货币的偏好。流动性滞存这一概念中的流动性，是指流动性的第二种含义，指货币与资金。

从社会总供求关系来看，社会总供求原生的相对数量关系，即 $C+S$ 和 $C+I$ 的相对数量关系，由经济体系的一对内生变量——投资和储蓄的相对数量关系决定。储蓄是可支配收入（即 $Y-T$）与消费之差。储蓄有多种形式，如在银行存款、购买债券和股票以及因非消费目的而持有现金等。如果储蓄不能及时地转化为投资，就会出现流动性滞存问题。

货币供给量可分为两部分：在观察期内购买商品和劳务的部分，如居民和企业留在手中用于日常商品和劳务交易的部分，各类储蓄形式中当期可转化为投资需求和消费需求的部分，政府收支部分等，称为购买货币量或交易货币量，以 Mp 表示。而在观察期内滞存于家庭、企业、银行等经济单位，当期不能用来购买商品和劳务的部分，如公众窖藏的部分、投入股票二级市场的部分、银行“存差”（即由存款量大于贷款量形成的差额）等，则称为滞存货币量，以 Mr 表示。若滞存货币量在货币总量中的比重变大，则货币总量的流通速度就会减慢。根据公式 $MV=PY$，在货币流通速度 V 变小时，货币供应量的增长率就应快于经济增长率和物价上涨率之和，以满足商品流通对货币量的需要。流动性滞存是指货币滞存于家庭、企业和银行等经济单位，使观察期内货币供给量中当期用于购买商品和劳务的部分比重下降。

流动性滞存使货币供给量中当期实际上用来购买商品和劳务的货币量减少，形成通货紧缩。形成通货紧缩的原因，或是货币供应量不足，或是流动性滞存使货币供应量中的 Mp 部分不足，或是二者兼有。在现代信用货币制度下，货币供给本质上是内生的，因此，通货紧缩的主要原因是流动性滞存。在极端情况下，当 *Mr* 无穷大时，经济就进入了流动性陷阱，流动性陷阱是流动性滞存的极端情况。

在我国，流动性滞存主要是由两个原因造成的：（1）由计划经济体制向市场经济体制的市场化改革，使经济生活中未来的不确定性增强，人们的收入预期下降，支出预期上升，经济安全感减弱。(2) 居民间收入差距拉大，高收入者把其收入中的较大比例用于储蓄。

基于上述原因，一方面使得居民储蓄倾向增强，国民总消费率（C/Y）下降，造成宏观意义上的消费需求不足。消费需求不足与企业生产经营中的外界不确定性结合在一起，使企业投资风险加大，资本边际效率降低，企业投资动机减弱，造成宏观意义上的投资需求不足。消费需求不足加上投资需求不足，就是社会总需求不足。

另一方面，储蓄率上升使居民和企业收入中的很大一部分变为窖藏现金和在银行的存款。可从银行贷款上看，消费者和企业缺乏信心导致民间资金需求不旺；而现有企业大面积效益不佳和与之相关的贷款的较大风险，又使银行产生"惜贷"、"慎贷"行为，这都使银行贷款量相对下降，导致银行出现巨额"存差"，并使中央银行通过贷款向商业银行投放基础货币的渠道阻滞。这样，在货币大量滞存于家庭、企业和银行等经济单位的同时，中央银行通过贷款渠道又难以有效地增加基础货币供应，结果使经济生活中实际上用来购买商品和劳务的货币量即 *Mp* 不足，*Mp* 不足加重了总需求不足，最后形成了物价水平下降、失业率上升的通货紧缩现象。

2. 国际性通货紧缩的影响

在互联网技术推动下的经济全球化和金融一体化中，目前全球存在10个带来紧缩的因素：技术进步的作用；发达国家营销模式改变，导致全球竞争加剧；经济进入后工业社会，能源和材料消耗降低，对资源的依赖性减弱；全球性的贫富差距扩大，导致总需求不足；全球股市泡沫成为资金黑洞；发达国家十分重视对通货膨胀的控制；美国通过强势美元和贸易逆差引入通货紧缩；电子商务的推广使市场竞争加剧价格下降；高科技泡沫导致上万亿元的无效投资；全球经济一体化对各国经济政策产生制约。

世界性的生产能力过剩，从半导体到汽车都存在着生产严重过剩问题，而全球化又意味着任何一个地区的生产过剩都会影响到其他地区，造成世界所有地区的价格下降，能源产品价格下跌，许多国家货币贬值等。

总之，通货紧缩是供求严重失衡的表现。商品供给大大超过需求，总需求持续不足，才会出现物价持续下降的情况。通货紧缩一旦形成，又反过来影响人们的心理预期，使通货紧缩更加严重，这就是所谓的"通货紧缩螺旋"。具体表现为市场萎缩，发展前景不明，投资风险加大，企业投资需求全面下降；产品销售不畅，企业利润降低以致亏损，劳动者收入下降，全社会的失业人数增加，使消费需求进一步不振；银行收入下降，不良资产增加，货币需求不足导致货币供给的不足，全社会通货紧缩更加严重。即需求不足、物价下降、经济衰退、个人收入减少、导致需求进一步不足和物价水平进一步下降等。

治理通货膨胀难，治理通货紧缩更难。治理通货紧缩的措施主要可以从治本和治标两个方面进行。

治本法就是从造成流动性滞存及通货紧缩的根本原因出发，采取切实有效的措施，使公众增强经济安全感，为消费和投资的增加，为减轻流动性滞存提供一个信心和心理基础。

具体有以下措施：(1) 因势利导，建立和完善社会保障制度，增强人们的经济安全感；(2) 健全法律体系，明确产权、交易和竞争规则，减少不确定性；(3) 实现公开、公平、公正的竞争，以充分发挥各经济活动主体的积极性、主动性和创造性，以创新来启动和发展经济；(4) 健全风险投资机制，建立投资保险制度；(5) 扶助弱势群体，增强其获得收入的能力，并使这些措施长期化、制度化；(6) 完善市场体系，强化市场对优化资源配置的基础性作用，并运用财政税收手段改善收入分配。

治标法就是运用扩张的货币政策和财政政策来消除通货紧缩。综观中国治理通货紧缩的经验，主要有：(1) 刺激国内需求的导向性政策——政府主导型投资。1998 年初，估计该年的对外贸易出口净额将与 1997 年持平（即预计出口净额对经济增长的贡献为零），我国适时地提出了刺激内需的政策思路。由于政府消费属于财政的经常性支出，不宜扩大。居民又普遍存在三个预期，预期价格还会下降、预期收入可能减少和预期支出将会增加，从而使得居民消费一时难以扩大。总投资中的库存增加，只能适应经济规模，不能盲目扩大。于是，刺激内需在当时成为如何扩大固定资产投资的问题，希望通过政府主导型投资（的增加），通过乘数作用，带动经济增长。而且，选择的投资方向是以前的薄弱环节，如国家粮库、防洪设施、农田水利、交通通讯、城市基础设施、城乡电网改造、环境保护等方面，以及支持高新技术产业和在建重点工程等。(2) 实行扩张性财政政策。1998 年 2 月，发行首期凭证式国债 1 250 亿元；4 月、5 月、6 月累计增发国债超过 1 000 亿元；8 月，鉴于投资乘数作用不明显，以及特大洪水的影响，国家财政再次向四家国有商业银行增发 1 000 亿元国债，分两年各 500 亿元打入财政赤字；10 月，继续发行 300 亿元凭证式国债；等等。(3) 配套的金融与外经政策。1998 年金融政策的主要措施有：降低法定存款准备金率；3 次降息；支持政府主导型投资的融资贷款等。外经政策的主要措施有：免征用于高新技术产业的进口设备的关税；扩大出口退税范围，提高出口退税率；打击走私等。直到 2003 年的上半年，我们仍继续执行积极的财政政策。除原来的内容外，为了带动全社会投资，与货币政策合作，并与经济结构调整相结合，采取财政贴息贷款方式，支持基础设施建设和技术更新改造项目，希望投资仍然有较快的增长。这期间，由财政支持，公务员和事业单位人员增加了工资，连同出台的关于社会保障等系列政策，改善居民的收入预期和支出预期，使居民，特别是中、低收入居民的消费有较快的增长。在货币政策方面，实际上也采取了扩张性政策，连续 7 次降息，货币供应量保持了一定的增长速度；比起前 6 次降息，第 7 次降息有明显的作用。

分析：

上述案例表明，我国通货紧缩形成的原因是多方面的，因而应采取综合治理政策。第一，实行松紧适度的宏观经济政策，但应注意政策之间的协调。通货紧缩表现为投资需求和消费需求不足，因此，适度刺激需求的政策是有益的，包括放松利率、适当下调法定存款准备金率、发行长期国债等。但是在运用宏观经济政策时，要加强财政政策与货币政策的协调，并根据运行情况进行调整。否则，挤出效应会自发增强，经济的波动性会增加。第二，加大国有企业投资体制改革的力度。如果财政扩张和货币扩张得不到微观主体的积极回应，政策效果就会大打折扣。我国国有企业改革取得了重大成果，但是，国有企业投资体制还存在诸多问题，需要进一步完善。第三，推行了扩大内需的供给政策。为了克服通货紧缩，不仅要采取凯恩斯的需求管理政策，从增加需求入手来拉动经济增长，还应恰当运用供给学派的政策，采取一切手段使供给方面的潜力得以发挥出来，改善经济结构和需求结构，形成供给扩张与需求增大相互促进的良性循环，包括大力发展非公有经济、改善产业结构等措施。第四，加大金融体制改革的力度。我国金融体制改革滞后是影响货币政策实施效果充分发挥的重要原因。因此，深化金融体制改革是当前的一个迫切任务。

此外，在上述案例中，尽管通货紧缩产生的原因很复杂，但仍可以将它看成是一种货币现象。第一，一般物价水平与货币的购买力是反向变动的关系，物价下降就是货币贬值。第二，价格是一切经济因素共同相互作用产生的合力，价格水平又是货币供求关系的产物，任何实物经济因素引发的通货紧缩总是表现为某种性质的货币供不应求。实物经济和货币经济是一个问题的两个方面。第三，货币市场本身的运行失调也是引发通货紧缩的重要因素。现实中，货币供给机制往往存在内在缺陷，例如中央银行的独立性差、经济体制转型的不协调、政策时滞等，这些缺陷会使货币流通出现扭曲，并对实际经济造成损害，出现通货紧缩。货币供给与需求的机制与规律也是认识通货紧缩的一个重要方向。

资料来源：根据国内外有关研究成果整理而成。

案例 2　为什么 20 世纪 90 年代末美国通货膨胀和失业如此之低

当 20 世纪结束时，美国经济在许多年中经历了某种最低通货膨胀率和失业率。例如，在 1999 年，失业率降到 4.2%，而通货膨胀仅为每年的 1.3%。按这两个重要的宏观经济变量来衡量，美国享有一个不常见的繁荣时期。

一些观察家认为，这种经历否认了菲利普斯曲线理论。的确，低通货膨胀和低失业的结合似乎表明，这两个变量之间不再有权衡取舍。但大多数经济学家采取了一种不太激进的观点。通货膨胀和失业之间的权衡取舍一直在移动。在 20 世纪 90 年代，这种权衡取舍向左移动，这使经济可以同时享有低失业和低通货膨胀。

什么引起短期菲利普斯曲线这种有利的移动呢？部分答案在于预期通货膨胀下降。在保罗·沃尔克和艾伦·格林斯潘领导下，美联储追求旨在降低通货膨胀并保持低通货膨胀的政策。随着时间的推移，由于政策的成功，美联储获得公众信任，认为它会在必要时继续反通货膨胀。信任的增加降低了通货膨胀的预期，这又使短期菲利普斯曲线向左移动。

除了这种预期通货膨胀下降引起的移动之外，许多经济学家认为，在这一时期美国经济经历了一些有利的供给冲击：

第一，商品价格的下降。在 20 世纪 90 年代末，世界市场上许多基本商品价格下降。商品价格的这种下降部分是由于日本和其他亚洲经济的严重衰退所引起的，这种衰退减少了对这些产品的需求。由于商品是重要的生产投入，它们的价格下降减少了生产者成本，并作为对美国经济有利的供给冲击而起作用。

第二，劳动市场的变化。一些经济学家认为，第二次世界大战后出生的大量婴儿潮一代的老龄化引起劳动市场的根本性变化。由于老工人比年轻工人的工作更为稳定，劳动力平均年龄的提高会降低经济的自然失业率。

第三，技术进步。一些经济学家认为，美国经济已经进入更迅速技术进步的时期。像互联网这样的信息技术进步是深刻的，而且影响到许多经济部门。这种技术进步提高了生产率，从而是一种有利的供给冲击。

分析：

西方经济学家一般用菲利普斯曲线来描述通货膨胀与失业的关系。短期菲利普斯曲线说明，通货膨胀与失业之间存在反向变化关系，即低失业的年份往往有高通货膨胀，而高失业的年份往往有低通货膨胀，因此，政府可以在通货膨胀与失业之间权衡取舍，以较高的通货膨胀率为代价实现较低的失业率，反之亦然。正如本案例所说明的，从20世纪60年代末以来各国的实践经验表明，除了短期之外，失业和通货膨胀之间不存在这种简单的此消彼长的关系。一些经济学家提出了附加预期的菲利普斯曲线，说明短期菲利普斯曲线与长期菲利普斯曲线的不同。根据货币主义者和理性预期学派的观点，由于预期的存在，政府对付通货膨胀和失业的政策措施可能无效。但如果打破人们对通货膨胀的心理预期，政府治理通货膨胀与失业的政策可以取得成功。一方面，如果人们相信政府所采取的治理通货膨胀的措施是成功的，这种预期本身有助于消除通货膨胀，即政府政策的成功部分得益于人们相信它可以成功。另一方面，如果人们的预期变化缓慢，在失业与通货膨胀之间就会存在一个替换关系，这种关系会持续相当长时间。由于人们的预期变化缓慢，使得政府更容易在不引发高通货膨胀的情况下降低失业。另外，根据西方经济学家对总需求和总供给动态调整理论，经济在受到一定的冲击（需求或供给冲击）之后，在向长期均衡的调整过程中，低通货膨胀与低失业并存或高通货膨胀与高失业并存现象会作为一种可能的中间现象而存在。

资料来源：曼昆.《经济学原理》下册，北京大学出版社，2002年版。

[关键概念]

通货膨胀　通货膨胀率　通货膨胀税　失业　失业率　失衡失业　均衡（自然）失业　均衡（自然）失业率　周期性失业　摩擦失业　结构性失业　季节性失业　菜单成本　需求拉动的通货膨胀　成本推动的通货膨胀　菲利普斯曲线　适应性预期　理性预期　通货紧缩　流动性滞存

[复习题]

1. 通货膨胀中，哪些人受损？哪些人受益？
2. 通货膨胀的经济成本是什么？
3. 在经济周期的哪一阶段上，失业的平均持续时间可能最长？
4. 失业为零可取吗？解决每种类型失业的最合适的政策是什么？
5. 如何评判某一特定时期的通货膨胀是由成本推动因素还是由需求拉动因素造成的？
6. 如何区别适应性预期和理性预期？
7. 垂直的短期总供给曲线对需求管理政策有何含义？

8. 治理通货膨胀和失业的政策有哪些？

[补充阅读材料]

1. 詹姆斯·K·加尔布雷思、小威廉·戴瑞提：《宏观经济学》，经济科学出版社，1997 年版。

2. 凯恩斯：《就业、利息和货币通论》，商务印书馆，1999 年版。

3. 曼昆著：《经济学原理》（第三版），机械工业出版社，2003 年版。

4. 保罗·萨缪尔森、威廉·诺德豪斯：《经济学》（第十六版），华夏出版社，1999 年版。

5. Lucas, Robert E. Jr, Expectations and the Neutrality of money, *Journal of political Economic Theory*, April, 1972.

6. Lucas, Robert E. G., An equilibrium model of the business cycle, *Journal of Political Economy*, December, 1975.

第九章

开放条件下的宏观经济均衡

【学习目的和要求】

本章的学习目的是通过分析经常账户、资本账户、固定汇率制度以及浮动汇率制度等问题掌握开放条件下的宏观经济均衡分析方法。要求了解什么是国际收支平衡表，区分经常账户与资本账户（项目），区分固定汇率制度、自由浮动汇率制度和肮脏浮动汇率制度，掌握汇率的有关知识，以及汇率变化对经济的影响，掌握内部均衡和外部均衡的概念及其影响因素，掌握开放条件下的 *IS* – *LM* 模型、*BP* 曲线的推导、*IS* – *LM* – *BP* 模型以及蒙代尔 – 弗来明模型，理解 *J* 曲线的含义，掌握固定汇率制度和浮动汇率制度下经济均衡分析，以及调整政策。

【内容提要】

1. 国际收支是指一国在一定时期内从国外收进的全部货币资金和向国外支付的全部货币资金的对比关系。一国国际收支的状况反映在该国的国际收支平衡表中，国际收支平衡表中的项目分为四大类：经常项目、资本项目、官方储备项目、差错和遗漏。

2. 在开放条件下，决定均衡国民收入水平的就不再是国内总需求（或国内总支出）而是国内产品总需求（或国内产品总支出）。国内总需求包括对国内产品的需求与对国外产品的需求（进口），而国内产品总需求则包括国内对国内产品的需求以及国外对国内产品的需求（出口）。开放条件下同样可以用 *IS* – *LM* 模型来说明产品市场和货币市场的同时均衡。但是，*IS* 曲线应该加以修正，而 *LM* 曲线不用修正。

3. *BP* 表示国际收支差额，*BP* 曲线上的每一点，都代表一个使国际收支平衡的利率和收入的组合。要使一国经济既实现内部均衡，同时又实现外部均衡，就必须将 *IS* 曲线、*LM* 曲线、*BP* 曲线等三条曲线结合起来进行分析，这就是 *IS* – *LM* – *BP* 模型。

4. 在固定汇率制度下，中央银行可以通过货币供给的扩张和收缩来维持既定的汇率水平，从而使国际收支处于平衡状态。开放条件下，一国经济政策的目的就是要在实现充分就业的内部均衡基础上，实现贸易收支平衡的外部均衡。在固定汇率制度下，政府可以运用财政政策和货币政策来实现内外部的均衡，可以结合利用汇率和国际收支调整的方法来补充应对调整时发生的冲突。

5. 在浮动汇率制度下，本国的货币政策具有独立性，外汇市场总是处于均衡状态，*BP* 曲线总是经过 *IS* 曲线和 *LM* 曲线的交点，政府同样可以运用财政政策和货币政策来进行调整。

6. 由于经常账户收支变动的轨迹呈英文字母“J”字形特征，称为J曲线或J现象。
7. 在长期内，当考虑到价格变动时，价格机制的作用会导致均衡的实现。

前面各章都是在封闭经济条件下分析宏观经济问题，即在不考虑对外经济活动的条件下分析国民收入的决定及其变动和调节。事实上，在当今世界中，完全封闭的经济是不存在的，任何一国的经济都是一定程度的开放经济。本章就是把影响总需求的第三个市场——国际部门，引入到宏观经济理论之中，探讨开放条件下的宏观经济均衡问题，从而构成完整的短期国民收入决定理论。

第一节 国际收支平衡表和汇率

一、国际收支平衡表

国际收支是一国与其他各国或地区之间经济往来的记录，也是国民收入核算的扩大与发展。在分析开放经济条件下的宏观经济均衡时，必须首先对国际收支的基本知识有一个基本了解。

国际收支（Balance of international payments）是指一国在一定时期内从国外收进的全部货币资金和向国外支付的全部货币资金的对比关系。一国国际收支的状况反映在该国的国际收支平衡表中。

国际收支平衡表是一定时期内一国与他国或地区之间所进行的一切经济贸易往来的货币价值流动加以系统记录的报表。根据国际货币基金组织的规定，国际收支平衡表中的项目分为四大类：经常项目、资本项目、官方储备项目、差错和遗漏。

应该指出，国际收支平衡表是一个“复式记账”的会计报表。所谓“复式记账”，就是报表有一个“信贷”入口，还有一个“借欠”入口。一个国家的任何交易，如果挣了外汇，那么在国际收支平衡表上就记入“信贷”入口，给一个正号（通常可忽略不写出来）。反之，如果任何交易是支出外汇，就记入“借欠”入口，给一个负号。在国际收支平衡表中，差错和遗漏是指国际收支统计上的误差和遗漏，该项作为补误的手段，用来填补统计报表的差额。对国际收支平衡的分析而言，该项并不重要。

经常项目主要记录当期产品和劳务在外国销售的收入和从外国购买的支出，即是指一定时期内经常发生的支付事项。它反映商品、劳务和单方向的转让的情况。经常项目包括货物的进口和出口、劳务项目和转移支付项目。劳务项目又可分为投资收入（利息、红利）、旅游收入以及交通业收入等。转移支付项目是指国际间的个人、企业、基金会或政府组织所提供的无须偿还的款项。由于同商品和劳务的进口额和出口额相比，投资收入和转移支付的数额一般都较小，因此，宏观经济学通常就用净出口来大致反映经常项目的情况。

资本项目主要是记录国际间的资本流动。资本的流动包括资本流入和资本流出。凡是外国对本国居民的贷款、外国购买本国的实物资产和金融资产的交易都是资本流入，或称资本输入。凡是本国居民对国外的贷款、购买外国的实物资产或金融资产的交易都是资本流出，或称资本输出。资本账户记录着一国资本的输入输出情况，如政府、国际金融机构、商业银行和跨国公司的投资等。资本流动又分为长期和短期两种。前者指一年以上到期的国际资本的流动，后者指一年或不足一年到期的国际资产和负债的变化。

官方储备项目是指本国金融当局就拥有的官方黄金和外汇储备进行买进和卖出，抵消对外汇的过量供求。官方储备，又可称为官方的黄金和外汇储备，是由一个国家官方的货币机构所持有的。黄金和外汇通常被称为储备资产。从宏观经济学的角度看，官方储备项目的作用在于使国际收支平衡表平衡。表 9. 1 简要描述了 1999 年美国的国际收支状况。

表 9. 1　　1999 年美国的国际收支账户　　单位：10 亿美元

项　　目	贷方（+）	借方（-）	净贷（+）或净借（-）
经常账户			-339
a. 商品贸易余额	683	-1 030	-347
b. 服务	277	-197	80
c. 投资收益	274	-299	-25
d. 单方转移支付			-47
金融账户（贷出（-）或借入（+））			339
a. 私人借贷	706	-381	325
b. 政府			
美国官方储备变动			8
其他国家官方储备变动			45
c. 统计误差			-39
经常账户与金融账户统计			0

资料来源：U. S. Department of Commerce，website，April 2000. 转引自［美］萨缪尔森、诺德豪斯：《经济学》（第十七版），人民邮电出版社，2004 年版，第 494 页。

表 9. 1 中，主要有经常账户和金融账户两个部分，原因是 1999 年美国修订了其国际账户以符合新的口径。原来的"资本账户"被更名为"金融账户"，包含了资本转移和非生产性的非金融资产的提取和处理，这样有助于强调该账户中金融资产的流动性和可靠性。在表中，如果某个项目能增加美国的外汇储备，就记在贷方栏；如果会减少美国的外汇储备，就记在借方栏。

根据表 9. 1，1999 年，美国的商品出口（贷方）额为 6 830 亿美元，但商品进口（借方）额为 10 300 亿美元，净借贷总额为借方 3 470 亿美元，即产生了 3 470 亿美元的贸易赤字。另外，服务一项产生了 800 亿美元的盈余，投资收益一项则产生了 250 亿美元的赤字，其结果，经常账户赤字在 1999 年为 3 390 亿美元。

美国为了解决这 3 390 亿美元的经常账户下的赤字，必须借款或者缩减其外国的资产。正如你从外面买入商品，要么你为它付款，要么你就得欠别人的钱。于是，金融账户上体现为 3 390 亿美元，整体上看国际收支的最终差额为零。我们从表 9. 1 中的金融账户栏中可以看出，美国在 1999 年从国外借的比借给国外的要多，是一个净借入国。

二、汇率及汇率制度

（一）汇率及其标价

汇率（Exchange rate）又称汇价（Exchange price），是一个国家的货币折算成另一个国家货币的比率，也是用一国货币单位所表示的另一国货币单位的价格。

汇率有多种标价方法，主要的有两种。一种是直接标价法。它是用一单位的外国货币作为标准，折算为一定数额的本国货币来表示的汇率。采用这种标价法，一单位外币折算的本国货币量减少，表示外汇汇率上升，即外国货币贬值或本国货币升值。反之，若一单位外币折算的本国货币量增加，表示外汇汇率下跌，即外国货币升值或本国货币贬值。

另一种是间接标价法。它是用一单位的本国货币作为标准，折算为一定数额的外国货币来表示的汇率。采用这种标价法，一单位本国货币折算的外国货币量增加，表示汇率上升，即本国货币升值或外国货币贬值。反之，如果一单位本国货币折算的外国货币量减少，表示外汇汇率下跌，即本国货币贬值或外国货币升值。

（二）汇率制度

世界上的汇率制度主要有固定汇率制和浮动汇率制两种。固定汇率制是指一国货币同他国货币的汇率基本固定，其波动限于在一定的幅度之内。在这种制度下，中央银行固定了汇率，并按照这一水平进行外汇买卖。中央银行必须为任何国际收支盈余或赤字按照官方确定的汇率提供外汇，以保证汇率的固定。实行固定汇率制有利于一国经济的稳定，也有利于维护国际金融体系的稳定与国际经济交往的正常进行。实行固定汇率制要求中央银行有足够的外汇或黄金储备。

浮动汇率制是指一国中央银行不规定本国货币与他国货币的官方汇率，听任汇率由外汇市场的供求关系自发地决定。浮动汇率制又分为自由浮动与管理浮动。自由浮动又称“清洁浮动”，是指中央银行对外汇市场不采取任何干预措施，汇率完全由外汇市场的供求力量自发地决定。管理浮动又称“肮脏浮动”，是指实行浮动汇率制的国家，对外汇市场进行各种形式的干预活动，主要是根据外汇市场的供求情况售出或购入外汇，以通过对外汇供求的影响来影响汇率。

从第二次世界大战以后的情况来看，西方各国在 20 世纪 70 年代之前实行的是固定汇率制，即按照以美元为中心的国际货币体系（又称“布雷顿森林体系”）所实施的固定汇率制。此后，由于美元危机，布雷顿森林体系崩溃，西方各国相继放弃了固定汇率制而采用了浮动汇率制。目前，世界上有 80 多个国家仍然采用固定汇率制，60 多个国家则采取了不同程度的浮动汇率制。

（三）自由浮动汇率制度下汇率的决定

汇率作为两种商品之间的兑换率，也是货币市场买、卖双方交易的市场价格。这一价格正好使货币市场上对货币的需求和供给达到均衡。这里以两个国家的两种货币为例，来说明自由浮动制度下汇率的决定。

假设货币市场上只有两个国家如美国和中国进行美元和人民币的兑换活动，可以用图9.1来说明美元和人民币之间汇率的决定。

图9.1给出了人民币换美元的需求曲线和供给曲线。

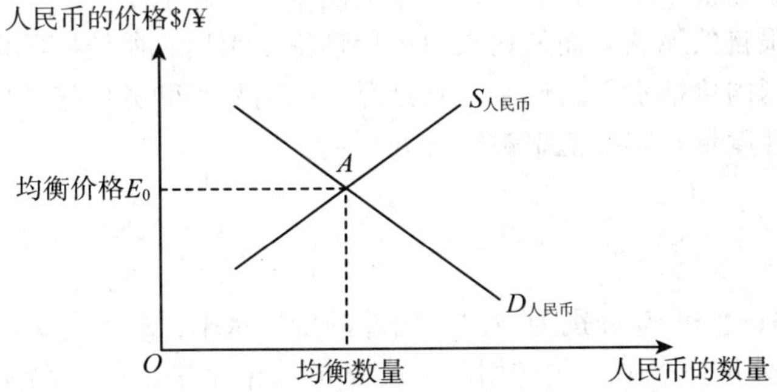

图9.1　自由浮动汇率制度下汇率的决定

图9.1中，人民币的供给曲线S向右上方倾斜。这说明，如果人民币的价格较高即人民币可以兑换更多的美元，就会有更多的人民币持有者愿意供给人民币，从而使人民币的供给增加。相反，人民币的需求曲线D向右下方倾斜，表明人民币的价格越低，就会有越多的美元持有者愿意将美元兑换成人民币。D和S的交点A即为市场均衡点。该点给出了供求双方在均衡时的人民币数量和人民币以美元表示出来的价格，即汇率E_0。

如果由于某种原因，对人民币的需求增加，即人民币的需求曲线D向右移动，而人民币的供给不变，则会使均衡汇率上升，人民币升值（或美元贬值）；另一方面，如果对人民币的供给增加，即人民币供给曲线S向右移动，而对人民币的需求保持不变，则均衡汇率会下降，这时人民币贬值（或美元升值）。

（四）购买力平价理论

平价（Parity）是国际金融中的一个术语，是指一国金融当局为其货币定的价值，经常用黄金或另一个国家的货币来表示。实行固定汇率制度的国家的货币都有一个平价。布雷顿森林体系就是一种典型的平价制度，美元的平价以黄金表示，其他国家货币的平价以美元来表示。

购买力平价理论认为，每一种货币在本国都有购买商品和劳务的能力，由于同一种商品在不同的国家的货币购买力应该相同（即同一价格定律），所以不同货币的购买力的比率就构成了不同国家相互间汇率的基础。又因为货币购买力与价格水平呈反向关系，因此，价格水平的变化就会导致汇率的变动。例如，如果1 000克小麦在美国的价格是2美元，在德国的价格是1欧元，那么，根据购买力平价理论，美元与马克的汇率应该是2（2美元/1欧元=2）。该理论认为，一国的价格水平上升，该国的货币就会贬值，反之则升值；或者说，通货膨胀率高的国家的货币会贬值，通货膨胀率低的国家的货币会升值。

购买力平价理论的一些假设在实际生活中是难以满足的，比如，经济中的变化并不一定来自于货币方面等。因此，很多西方学者认为该理论不能很好地解释短期汇率的波动。但是，这一理论仍然被认为是解释汇率应有的稳定趋势的理论，能够较好地解释长期汇率。

（五）实际汇率

在名义汇率和实际汇率之中，宏观经济学更注重于实际汇率。

实际汇率可以很自然地从上面的购买力平价理论中引出。所谓实际汇率，是用同一种货币来度量的国外与国内价格水平的比率。它是对一国商品和劳务价格相对于另一国商品和劳务价格的一个概括性度量。实际汇率被定义如下：

$$e = \frac{E \times P_f}{P} \tag{9.1}$$

式中，e 为实际汇率；P 和 P_f 分别为国内与国外的价格水平；E 为名义汇率。

由于 P_f 代表国外价格水平，例如用欧元衡量的价格水平，如果名义汇率是用欧元兑换多少美元来衡量，则（9.1）式的分子表示的是用美元衡量的国外价格水平。（9.1）式的分母是用美元衡量的国内价格水平。所以，实际汇率反映了国外价格水平与国内价格水平的相对比值。下面用一个数字例子说明实际汇率的含义。假设法国的一个基准商品篮子值 100 欧元（即 P_f = 100 欧元/一篮子法国商品），一个美国商品篮子值 50 美元（即 P = 50 美元/一篮子美国商品），设名义汇率 E = 0.5 美元/1 欧元，则美元对欧元的实际汇率为：

e = (0.5 美元 /1 欧元) × (100 欧元 / 一篮子法国商品)
÷ (50 美元 / 一篮子美国商品)
= (1 篮子美国商品)/(一篮子法国商品)

实际汇率的上升，或者说本币实际贬值，意味着国外商品相对于国内商品变得更加昂贵。在其他情况不变的条件下，这意味着国内和国外的人很可能会把他们的商品购买支出的一部分转移到国内生产的商品上，这通常被描述为该国自己产品竞争能力的上升。反之，当 e 下降，或者说本币实际升值，意味着该国的商品变得相对昂贵，换言之，该国产品竞争力下降。用上述例子说明，若美元名义贬值10%，即名义汇率由 E = 0.5 美元/1 欧元升至 E = 0.55 美元/1 欧元，则实际汇率上升到 1.1 篮子美国商品/一篮子法国商品，即美元对欧元实际贬值了 10%。根据（9.1）式，P_f 上升 10% 或 P 下降 10% 也会导致实际汇率发生同样的变化。这意味着美国商品和劳务相对于法国变得便宜了，从而美国产品竞争能力上升。

（六）净出口函数

一国的对外贸易分为出口和进口，出口是向其他国家销售产品和提供劳务，进口则是从其他国家购买产品和劳务。净出口被定义为出口与进口的差额。当出口大于进口时，即当净出口为正时，存在贸易顺差；反之，当出口小于进口时，即当净出口为负时，存在贸易逆差。

影响净出口的因素有很多，在宏观经济学中，汇率和国内收入水平被认为是两个最重要的因素。

对于出口，若实际汇率上升，则本国货币实际贬值，意味着国外商品相对于国内商品变得更加昂贵，这使本国商品的出口变得相对容易。一般来说，出口正向地受实际汇率影响。对于进口，若实际汇率上升，因国外商品相对于国内商品变得更加昂贵，故使进口变得相对困难，从而，进口反向地取决于实际汇率。由于净出口为出口与进口之差，故一般地说，净出口正向地取决于实际汇率。

除了汇率以外，进口还取决于一国的实际收入。当收入提高时，消费者用于购买本国产品和进口产品的支出都会增加。一般认为，出口不直接受一国实际收入的影响。因此，净出口反向地取决于一国的实际收入。

基于以上考虑，在宏观经济学中，常将净出口简化地表示为：

$$nx = q - \gamma y + n\frac{EP_f}{P} \tag{9.2}$$

（9.2）式被称为净出口函数，式中，q、γ 和 n 均为正参数。参数 γ 被称为边际进口倾向，即净出口变动与引起这种变动的收入变动的比率。

在以收入为横坐标，净出口为纵坐标的坐标系中，净出口函数可以用图形加以表示，如图 9.2 所示。

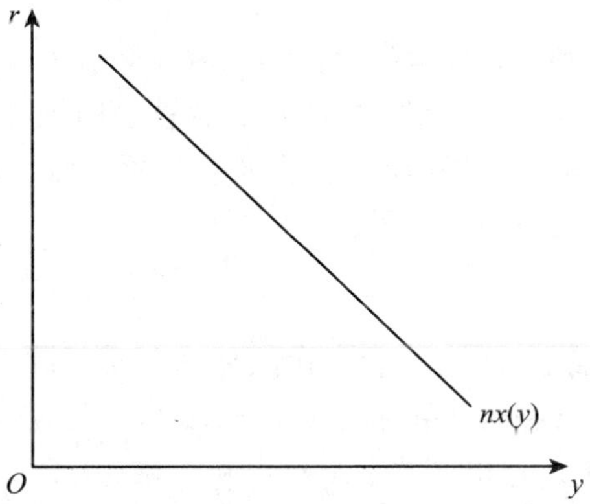

图 9.2 净出口函数

从（9.2）式中可知汇率上升会增加净出口。但汇率上升或者说本国货币贬值能在多大程度上增加出口减少进口，从而改变国际收支，取决于该国出口商品在世界市场上的需求弹性和该国国内市场对进口商品的需求弹性。先看出口，只有出口商品的需求弹性大，本国货币贬值所引起的商品出口增加的幅度才会大于外币价格下降的幅度从而使外汇收入增加。如果出口商品的需求弹性小，本国货币贬值（从而使出口商品便宜）所引起的出口增加幅度会小于本国货币贬值幅度，就只会使外汇收入减少。再看进口，本国货币贬值使进口减少，但如果国内市场对进口商品的需求弹性很小，则货币贬值（从而使进口商品价格上升）所引起的进口的减少幅度很小，这时外汇支出不仅不会减少，反而还会增加。因此，本国货币贬值能否改善一国贸易收支状况，取决于出口商品的需求弹性和进口商品的需求弹性。如果两者之和的绝对值大于1，则本国货币贬值可以改善一国贸易收支状况。这一结论首先由马歇尔提出，又经勒纳发挥，因此称为“马歇尔－勒纳”条件。

第二节 国际收支的平衡

一、净资本流出函数

资本账户主要记录国际投资和借贷。国际投资包括本国的个人、企业和政府在国外购买房地产、外国企业的股票、外国政府债券，同时也包括外国的个人、企业和政府购买本国房地产、企业股票和政府债券。国际借贷包括本国企业和政府从国外银行、基金会、政府所获得的贷款，同时也包括外国企业和政府从本国拆借的款项。从经济学的角度看，国际投资和借贷的目的都是盈利。追逐较高的利润回报的动机是形成国际间资本流动的根本原因。一般地说，国际资本的流向是由利率低的国家向利率高的国家流动。

为分析方便，将从本国流向外国的资本量与从外国流向本国的资本量的差额定义为资本账户差额或净资本流出，并用 F 表示。即：

F = 流向外国的本国资本量 - 流向本国的外国资本量

如果本国利率高于国外利率，外国的投资和贷款就会流入本国，这时净资本流出减少。反之，如果本国利率低于国外水平，则本国的投资者就会向国外投资，或向国外企业放贷，这时，资本就要外流，使净资本流出增加。一般地，净资本流出是本国利率 r 与国外利率 rw 之差的函数。假定这一函数是线性的，有：

$$F = \sigma(r_w - r) \tag{9.3}$$

式中，$\sigma > 0$ 为常数。根据（9.3）式，在国外利率水平既定时，本国利率越高，流出的资本就越少，流入的资本就越多，即净资本流出越少；反之亦然。故 F 是 r 的减函数。称（9.3）式为净资本流出函数。在以利率 r 为纵坐标，净资本流出 F 为横坐标的坐标系中，净资本流出函数的图形如图 9.3 所示。

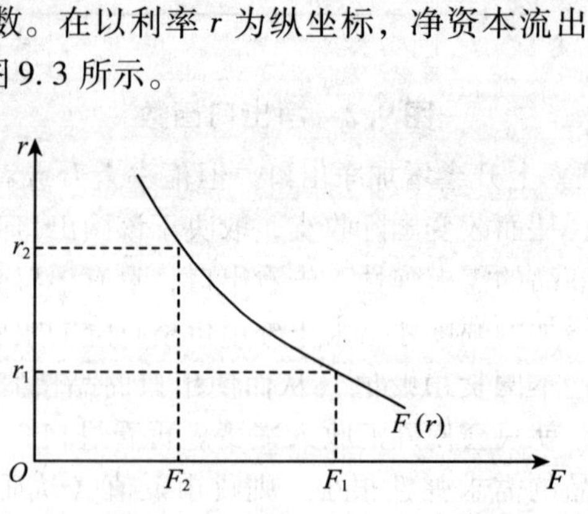

图 9.3 净资本流出函数

由图 9.3 可知，净资本流出与国内利率呈反向关系，当国内利率为 r_1 时，净资本流出额为 F_1，当利率上升为 r_2 时，净资本流出额减少为 F_2。

二、BP 曲线的推导

在开放经济条件下，假设资本可以自由流动，则各国各种金融资产的收益率是相当一致的，如果各国金融资产的收益率出现差别，资本就会迅速流动。资本流动的一般规律是：当一国的利率高于世界市场的利率时，资本流入该国；当一国的利率低于世界市场的利率时，资本流出该国。而资本的流动要影响一国的内在均衡与外在均衡。

一般情况下，各国每一年都可能产生经常账户的顺差或逆差以及资本账户的顺差或逆差。当然，这两个账户也可能分别出现平衡，但这是偶然的。将净出口与资本净流出的差额称为国际收支差额。即：国际收支差额 = 净出口 - 净资本流出。用 BP 表示国际收支差额，用 NX 表示净出口，用 F 表示净资本流出，则有：

$$BP = NX - F$$

由前面的分析可知，一国的净出口受收入的影响并随收入的变化而变化，而净资本流出则与利率呈函数关系，将 $NX = NX(Y)$ 和 $F = F(r)$ 代入上式即可得国际收支差额函数：

$$BP = NX(Y) - F(r) \tag{9.4}$$

根据式（9.4），西方经济学家认为，一国国际收支平衡也称外部均衡，是指一国国际收支差额为零，或者 $BP = 0$；如果国际收支差额为正，即 $BP > 0$，则称国际收支顺差，也称国际收支盈余；如果国际收支差额为负，即 $BP < 0$，则称国际收支逆差，也称国际收支赤字。

当国际收支平衡时，$BP = 0$，即 $BP = NX(Y) - F(r) = 0$，从而有：

$$NX(Y) = F(r) \tag{9.5}$$

式（9.5）表示当国际收支平衡时收入 Y 和利率 r 的相互关系，宏观经济学称之为国际收支均衡函数，简称国际收支函数。在以利率为纵坐标、收入为横坐标的直角坐标系内，国际收支函数的几何表示即为国际收支曲线或称 BP 曲线。BP 曲线向右上方倾斜，即具有正斜率。

BP 曲线可以用图形转换的方法推导出来。如图 9.4 所示。

图 9.4 中，图 9.4（a）为净资本流出的曲线，前面已说明它是向右下方倾斜的。9.4（b）是横纵坐标的转移线，即 45°线，它表示净资本流出额与净出口额相等，两个项目的差额正好互相补偿，国际收支达到平衡。图 9.4（c）为净出口曲线。

在图 9.4（a）中，当利率从 r_1 上升到 r_2 时，净资本流出量从 F_1 减少到 F_2。假如资本项目原来是平衡的，这时将出现顺差。为了保持国际收支平衡，根据 45°线，净出口必须从 NX_1 减少到 NX_2，按照净出口曲线，国民收入要从 Y_1 增加到 Y_2。这样，在保持国际收支平衡的条件下，利率和收入有两个对应点 C 和 D，同理也可以找到其他对应点，把这些对应点连接起来便得到国际收支曲线，如图 9.4（d）中的 BP 线所示。

BP 曲线上的每一点，都代表一个使国际收支平衡的利率和收入的组合。而不在 BP 曲线上的每一点都是使国际收支失衡的利率和收入的组合。具体而言，在 BP 曲线上方的所有

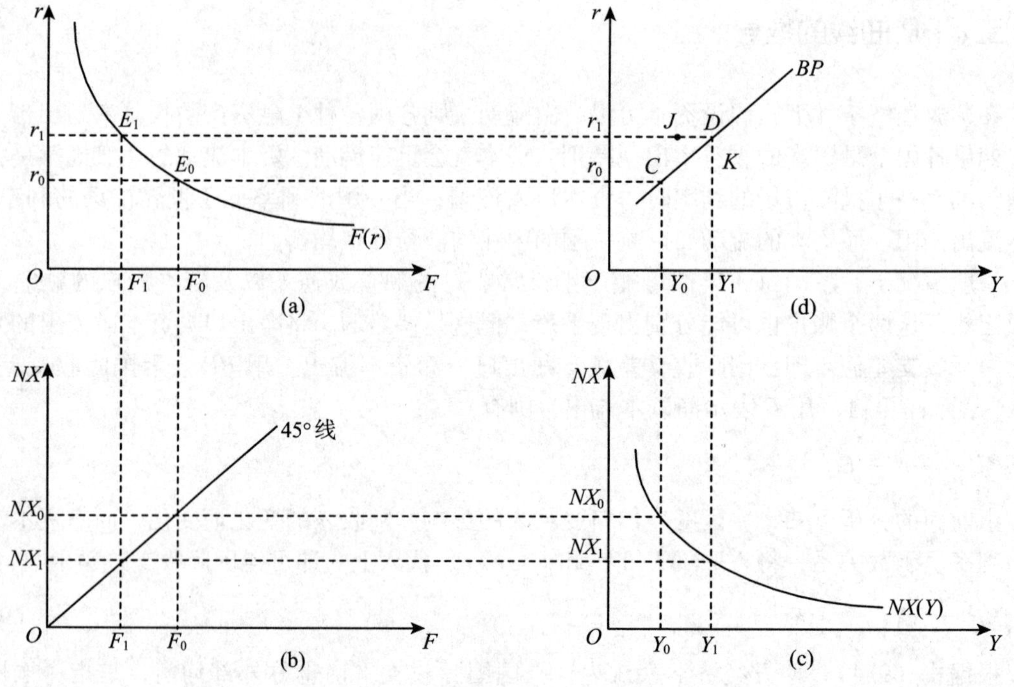

图 9.4　BP 曲线的推导

点均表示国际收支顺差，即 $NX > F$；在 BP 曲线下方的所有点均表示国际收支逆差，即 $NX < F$。例如，在 BP 曲线上方任取一点 J，J 与均衡点 D 相比，利率相同，收入较低。因此，其相应的净出口较高，即在该点 $NX > F$。在 BP 曲线下方任取一点 K，K 与均衡点 C 相比，利率相同，收入较高，故相应的净出口较低，即有 $NX < F$。

根据前面的分析，我们将国际收支保持不变时收入和利率组合的轨迹称作 BP 曲线。这条曲线的经济含义是：当国民收入水平提高时，进口增加，净出口减少，为使国民收入差额保持不变，资本的净流出应该减少，这要求利率水平上升；相反，当国民收入水平减少时，净出口减少，为使国民收入差额保持不变，资本的净流出应该增加，这又要求利率水平下降。因此，在国际收支差额保持不变的情况下，国民收入水平和利率之间存在着正相关关系，即 BP 曲线向右上方倾斜，其斜率为正。

三、BP 曲线的移动

在上面国际收支曲线的推导过程中，包含着若干简化的假定。在经常账户方面，我们实际上是假定净出口只受国民产出水平的影响，忽略了影响净出口的其他因素。在资本账户方面，则假定资本净流出只受国内利率的影响，同样忽略了影响资本净流出的其他因素。实际上，所有影响净出口和资本净流出的因素都会影响国际收支的均衡。这些被忽略的因素会使净出口函数和资本净流出函数发生变化，从而使国际收支曲线发生移动。

首先，本国产品和劳务与外国产品和劳务的相对价格对净出口具有重要影响。如果相对价格发生了变化，即使国民产出水平不变，净出口也会发生变化，从而会使国际收支曲线发生移动。当本国产品和劳务价格相对提高，或外国产品和劳务价格相对下降时，本国产品和劳务在国际市场上的竞争力相对下降，而外国产品和劳务的竞争力则相对提高，因而本国产品和劳务的出口会减少，外国产品和劳务的进口会增加。出口的减少和进口的增加意味着净出口的减少。此时，在同样的国民产出水平上，只能有较小的净出口额，即净出口曲线会向左移动。如果资本净出口函数不变，则国际收支曲线就会相应地向左移动。如图9.5中，从BP移至BP_1。

反之，当本国产品和劳务价格相对下降或外国产品和劳务价格相对上升时，本国产品和劳务在国际市场上的竞争力就会提高，从而会增加本国产品和劳务的出口，减少进口。此时，在同样的国民产出水平上，只能有较大的净出口额，这意味着净出口曲线会向右移动。如果资本净出口函数不变，则国际收支曲线就会相应地向右移动。如在图9.5中，从BP移至BP_2。

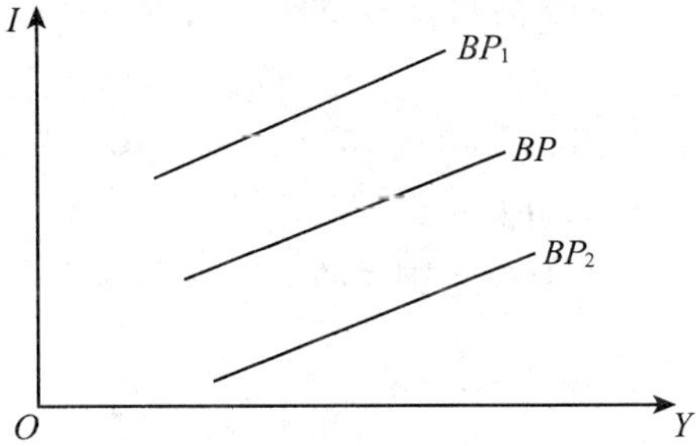

图9.5 BP曲线的移动

其次，在资本账户方面，除本国的利率水平之外，外国的利率也影响资本净流出。外国利率水平的变化同样会引起资本净流出的变化，从而会使国际收支曲线发生移动。在本国利率水平不变的情况下，当外国的利率水平提高时，实际上就意味着本国利率水平的相对下降。此时，外国对资本的吸引力会相对加强，而本国对资本的吸引力会相对减弱，在允许资本自由流动的情况下，会使资本流出增加，资本流入减少。在本国利率相同时，会有较大的资本净流出，这意味着资本净流出曲线向左移动。如果此时净出口函数不变，则国际收支曲线就会相应地向左移动。反之，在本国利率水平不变的情况下，如果外国的利率水平降低了，则会使本国的资本流出减少，资本流入增加，从而使资本净流出曲线和国际收支曲线相应地向右移动。

此外，不但本国利率水平的变化会通过影响资本净流出，使国际收支曲线发生移动；同时本国和外国相对价格水平的变化也会间接地影响资本净流出。例如，在其他条件不变的情况下，当本国价格总水平上涨时，虽然本国的名义利率不变，但实际利率却会有所降低，从而会引起资本净流出曲线向左移动，进而使国际收支曲线向左移动。反之，本国价格总水平的下降，会在名义利率不变的情况下，使本国的实际利率提高，从而会使资本净流出曲线向右移动，进而使国际收支曲线向右移动。

第三节 *IS-LM-BP* 模型

一、开放条件下的产品市场均衡

所谓产品市场的均衡，是指产品市场上总供给与总需求相等。我们曾用 *IS* 曲线说明了封闭条件下产品市场均衡的条件，同时用 *IS-LM* 模型说明了封闭条件下产品市场和货币市场的同时均衡。在开放条件下，由于国内部分产品要出口给外国，同时，国内居民与厂商的部分支出要购买外国产品，因而开放经济条件的总需求与封闭经济条件下的情况就有所不同。这时，决定均衡国民收入水平的就不再是国内总需求（或国内总支出）而是国内产品总需求（或国内产品总支出）。国内总需求包括对国内产品的需求与对国外产品的需求（进口），而国内产品总需求则包括国内对国内产品的需求以及国外对国内产品的需求（出口）。

如前所述，封闭条件下的国内总需求为 $AD=C+I+G$；而开放经济条件下的国内产品的总需求则为 $AD_1=AD+NX=C+I+G+X-M$。其中 $NX=X-M$，表示贸易收支盈余。

假设出口是既定的，进口仅仅取决于国民收入，并与国民收入同方向变动，则出口函数和进口函数可以表示为：

出口函数：$X=\overline{X}$

进口函数：$M=M_0+mY$

式中，X 代表出口，M 代表进口，$\overline{X}$ 和 M_0 分别表示自发出口和自发进口，Y 表示国民收入，m 表示边际进口倾向（Marginal propensity to import），即国民收入每变动一单位时进口变动的数量。

可以用开放经济条件下的 *IS* 曲线和相关方程来说明开放经济条件下产品市场的均衡。

均衡条件：$Y=C+I+G+X-M$

消费函数：$C=(\overline{C}+c\cdot\overline{TR})+c(1-t)Y$

投资函数：$I=I_0$

政府购买：$G=\overline{G}$

出口函数：$X=\overline{X}$

进口函数：$M=M_0+mY$

解上述联立方程组，就得到了开放经济条件下的均衡国民收入：

$$Y=\frac{\overline{C}+c\cdot\overline{TR}+I_0+\overline{G}+(\overline{X}-M_0)}{1-c(1-t)+m} \tag{9.6}$$

从（9.6）式可以看出，与封闭经济中的均衡国民收入不同的是，开放经济中的均衡国民收入不仅取决于原有的收入水平 Y，而且，还取决于贸易收支 NX 即（$\overline{X}-M$），NX 的增加会使均衡国民收入增加，相反，NX 的减少会使均衡国民收入减少。

二、开放经济条件下产品市场和货币市场的同时均衡

封闭经济条件下的产品市场和货币市场的均衡可以用 $IS-LM$ 曲线来说明。开放条件下同样可以用 $IS-LM$ 模型来说明产品市场和货币市场的同时均衡。但是，由于在开放经济条件下存在国际经济往来，IS 曲线应该加以修正。同时由于我们通常假定货币需求函数和国内货币供给量保持不变，因而 LM 曲线在开放条件下不用修正。

（一）开放经济条件下的 IS 曲线

开放经济条件下，本国和国外价格水平的相对高低除了受价格水平本身的高低的影响之外，还受国家之间货币比价即汇率的影响。假设用单位本国货币对应的外币数量来反映汇率的高低。所以，当汇率上升时，单位本国货币所能换得的外国货币数量会增加，本国商品价格相对于外国人来说上升，而外国商品价格对于本国居民来说则下降。这时，本国的出口就会减少，而进口则增加。当汇率下降时，单位本国货币所能换得的外国货币数量会减少，本国商品价格对于外国人来说下降，而外国商品价格对于本国居民来说上升。这时，本国的出口会增加，进口则减少。于是，可以写出出口函数和进口函数。即：

$$X = X(P,e) \qquad \frac{\partial X}{\partial P} < 0\ ,\ \frac{\partial X}{\partial e} < 0 \tag{9.7}$$

$$M = M(Y,P,e) \qquad \frac{\partial M}{\partial Y} > 0\ ,\ \frac{\partial M}{\partial P} > 0\ ,\ \frac{\partial M}{\partial e} > 0 \tag{9.8}$$

式（9.7）、(9.8）中，X 代表出口，M 代表进口，P 代表产品价格水平，e 代表汇率，Y 代表国民收入。

为了阐述开放经济对产品市场均衡的影响，这里不考虑消费的财富效应，也不考虑投资支出的收入效应，同时不考虑政府的转移支付。

根据前述产品市场均衡的分析方法和思路可以得到如下方程：

均衡条件：$Y = C + I + G + X - M$

消费函数：$C = C(Y - T)$

税收函数：$T = T(Y)$

投资函数：$I = I(r)$

出口函数：$X = X(P,\ e)$

进口函数：$M = M(Y,\ P,\ e)$

将上述方程结合在一起有：

$$Y = C[Y - T(Y)] + I(r) + G + X(P,e) - M(Y,P,e) \tag{9.9}$$

对方程（9.9）进行全微分，有：

$$\mathrm{d}Y = C' \cdot (\mathrm{d}Y - T' \cdot \mathrm{d}Y) + I' \cdot \mathrm{d}r + \mathrm{d}G + \frac{\partial X}{\partial P} \cdot \mathrm{d}P + \frac{\partial X}{\partial e} \cdot \mathrm{d}e - \frac{\partial M}{\partial Y} \cdot \mathrm{d}Y - \frac{\partial M}{\partial P} \cdot \mathrm{d}P - \frac{\partial M}{\partial e} \cdot \mathrm{d}e$$

因此有：

$$[1 - C'(1 - T') + \frac{\partial M}{\partial Y}]\mathrm{d}Y = I' \cdot \mathrm{d}r + \mathrm{d}G + (\frac{\partial X}{\partial P} - \frac{\partial M}{\partial P})\mathrm{d}P + (\frac{\partial X}{\partial e} - \frac{\partial M}{\partial e}) \cdot \mathrm{d}e$$

当利率、产品价格水平和汇率保持不变时，$\mathrm{d}r = \mathrm{d}P = \mathrm{d}e = 0$，所以，

$$\frac{\mathrm{d}Y}{\mathrm{d}G} = \frac{1}{1 - C'(1 - T') + \frac{\partial M}{\partial Y}} \tag{9.10}$$

当利率、政府购买支出和汇率保持不变即 $\mathrm{d}r = \mathrm{d}G = \mathrm{d}e = 0$ 时，有：

$$\frac{\mathrm{d}Y}{\mathrm{d}P} = \frac{\frac{\partial X}{\partial P} - \frac{\partial M}{\partial P}}{1 - C'(1 - T') + \frac{\partial M}{\partial Y}} \tag{9.11}$$

当利率、政府购买支出和产品价格保持不变即 $\mathrm{d}r = \mathrm{d}G = \mathrm{d}P$ 时，有：

$$\frac{\mathrm{d}Y}{\mathrm{d}e} = \frac{\frac{\partial X}{\partial e} - \frac{\partial M}{\partial e}}{1 - C'(1 - T') + \frac{\partial M}{\partial Y}} \tag{9.12}$$

在汇率、价格水平和政府购买支出保持不变的情况下，可以求出 *IS* 曲线的斜率，即当 $\mathrm{d}e = \mathrm{d}P = \mathrm{d}G = 0$ 时，有：

$$[1 - C'(1 - T') + \frac{\partial M}{\partial Y}]\mathrm{d}Y = I' \cdot \mathrm{d}r$$

因此，

$$\frac{\mathrm{d}r}{\mathrm{d}Y} = \frac{1 - C'(1 - T') + \frac{\partial M}{\partial Y}}{I'} \tag{9.13}$$

式（9.13）说明，由于进口的存在，*IS* 曲线的斜率的绝对值增大了。换言之，与封闭经济的情况相比，*IS* 曲线变得更加陡峭了。

事实上，开放经济条件下，不仅 *IS* 曲线的斜率会发生变化，而且由于出口和自发进口的存在，*IS* 曲线的截距也会发生变化。当出口大于自发进口时，*IS* 曲线的截距会上升，而当出口小于自发进口时，*IS* 曲线的截距会下降。

（二）开放条件下的 *IS*－*LM* 模型

如果假定自发进口和自发出口相等，则商品和劳务的国际交易不会影响 *IS* 曲线的截距。由于开放经济条件下的 *IS* 曲线变得比较陡直，与封闭条件下相比，均衡国民收入和均衡利率将会下降，如图 9.6 所示。需要强调的是，这时，虽然 *IS* 曲线变得比较陡直，并不意味着宏观经济政策乘数的增加，而是减少。

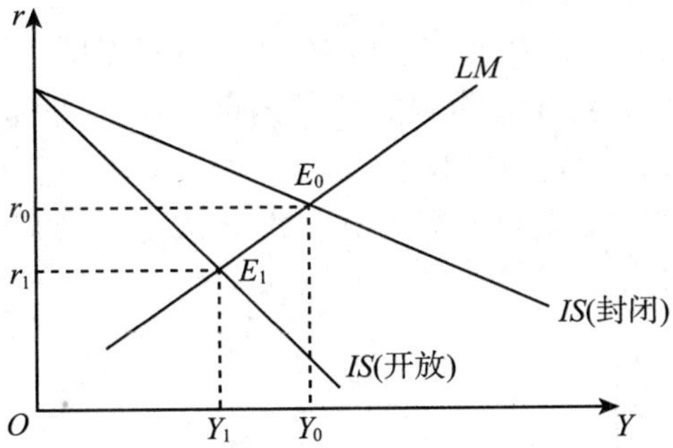

图 9.6　开放条件下的 *IS*－*LM* 模型

图 9.6 中，封闭经济条件下的 *IS* 曲线与 *LM* 曲线相交于 E_0 点，决定了均衡收入为 Y_0，均衡利率为 r_0；而开放经济条件下的 *IS* 曲线与 *LM* 曲线相交于 E_1 点，决定了均衡收入为 Y_1，均衡利率为 r_1。可以看出，$Y_1 < Y_0$，$r_1 < r_0$。

三、*IS*－*LM*－*BP* 模型

引入国际经济部门之后，宏观经济的管理更加复杂了。此时经济的理想状态是，国内实现充分就业的均衡，国际经济往来中也实现国际收支平衡即国外均衡。一国产品市场和货币市场的同时均衡是经济的内部均衡，该均衡是由反映产品市场均衡的 *IS* 曲线与反映货币市场均衡的 *LM* 曲线共同决定的。均衡国民收入和均衡利率是由内部均衡决定的。一国国际收支平衡是经济的外部均衡，即 *BP* 曲线上的点反映的是外部均衡情况。这样，要使一国经济既实现内部均衡，同时又实现外部均衡，就必须将 *IS* 曲线、*LM* 曲线、*BP* 曲线等三条曲线结合起来进行分析，可以用图 9.7 来说明三者的同时均衡。

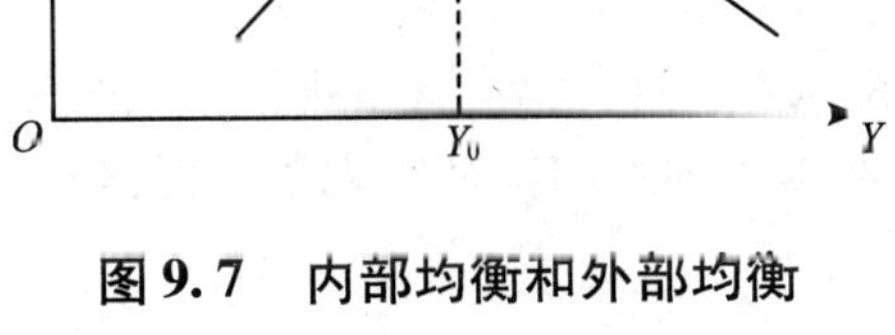

图 9.7　内部均衡和外部均衡

在图 9.7 中，*IS* 曲线反映的是产品市场的均衡条件，*LM* 曲线反映的是货币市场的均衡条件，*BP* 曲线反映的是国际收支均衡条件。*BP* 曲线的斜率可能大于 *LM* 曲线，也可能小于 *LM* 曲线。由 *BP* 曲线的导出过程可以看出，一个国家的边际进口倾向越小，或者资本净流出对利率越敏感，*BP* 曲线就越平缓；反之，一个国家的边际进口倾向越大，或者资本净流

出对利率越不敏感，*BP* 曲线就越陡峭。在资本的国际流动完全不受限制的情况下，*BP* 曲线将会成为一条平行于横轴的直线。*IS* 曲线和 *LM* 曲线的交点即内部均衡点处于 *BP* 曲线上，即三条曲线相交于 *E* 点，说明经济就同时实现了内部均衡和外部均衡，决定了内部均衡和外部均衡下的均衡利率为 r_0，均衡国民收入为 Y_0。

如果 *IS* 曲线和 *LM* 曲线的交点即内部均衡点处于 *BP* 曲线的上方，宏观经济中就出现了国际收支盈余，如图 9.8 所示。

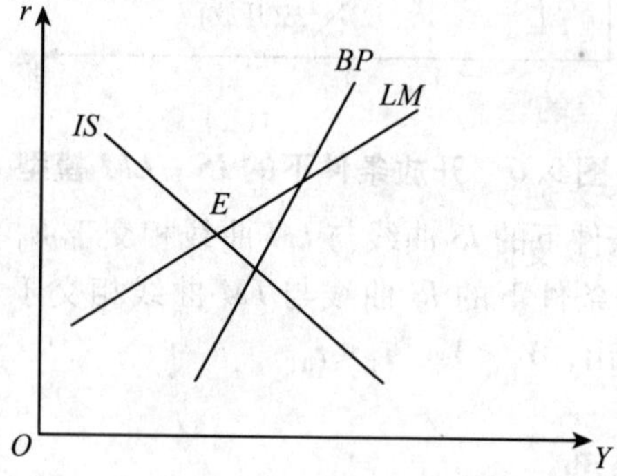

图 9.8　国际收支顺差下的内部均衡

如果 *IS* 曲线和 *LM* 曲线的交点即内部均衡点处于 *BP* 曲线的下方，宏观经济中就出现了国际收支赤字，如图 9.9 所示。

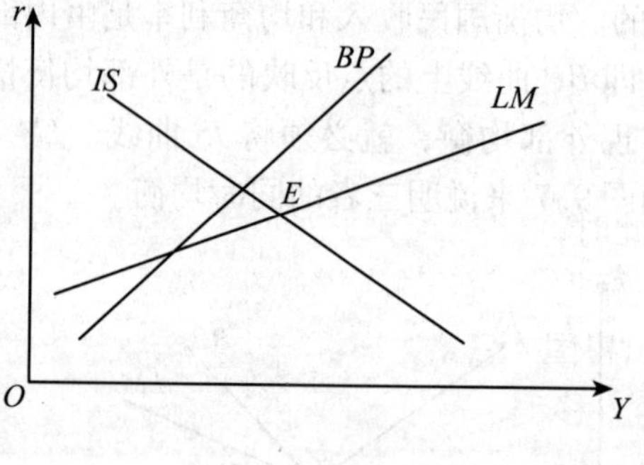

图 9.9　国际收支逆差下的内部均衡

如果一国经济没有同时实现内部均衡和外部均衡，或者说出现以下三种情况时，政府就需要采取相应的经济稳定化政策：（1）国内经济和国际收支都不均衡；（2）国内经济虽然均衡了，但国际收支却是失衡状态，这种情况又根据国内均衡是充分就业状态和非充分就业状态而分为两类；（3）国内均衡和国外均衡都实现了，但国内均衡不是理想的均衡，通常是小于充分就业的均衡。

第四节　固定汇率制度与经济稳定

一、国际收支的调整

国际收支的不平衡分为顺差和逆差两种。在固定汇率制度下，中央银行有义务通过货币供给的扩张和收缩来维持既定的汇率水平，从而使国际收支处于平衡状态。

（一）固定汇率制度下逆差的调整

当一国经济中出现国际收支逆差时，在固定汇率制度下，中央银行可以通过出售外国货币、收回本国货币来减少国际收支逆差，直至经济实现均衡，可用图 9.10 来说明。

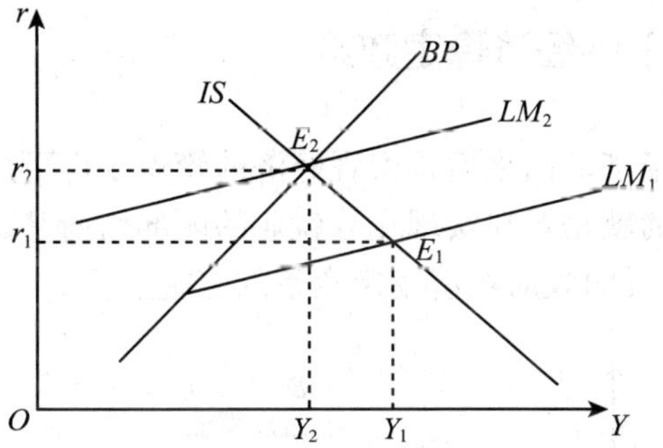

图 9.10　固定汇率制度下逆差的调整

图 9.10 中，横轴代表国民收入，纵轴代表利率。假定一国经济的初始位置处于 E_1 点即 IS 曲线与 LM_1 曲线的交点，此时，该国经济实现了内部平衡。但该点位于国际收支平衡曲线 BP 的下方，表明存在着国际收支赤字，本国货币面临贬值的压力。这时，为了维持既定的汇率水平，中央银行必须出售国外货币，收回本国货币，从而使本国货币供给减少。在图中，这表现为 LM 曲线向左上方移动，这一过程会持续下去，直至 LM_1 移动到 LM_2 为止，即移动到 IS 曲线、LM 曲线、BP 曲线三者相交的 E_2 点为止。结果，国际收支赤字消除，经济同时实现了内部均衡和外部均衡。

（二）固定汇率制度下顺差的调整

当一国经济中出现国际收支顺差时，在固定汇率制度下，中央银行可以通过购买外国货币、提供本国货币来减少国际收支顺差，直至经济实现均衡，可用图 9.11 来说明。

在图 9.11 中，假定一国经济初始位置处于 E_1 点即 IS 曲线与 LM_1 曲线的交点，该点是内部平衡点，但它位于国际收支平衡曲线 BP 的上方，表明存在着国际收支盈余，本国货币面临升值的压力。这时，为了维持既定的汇率水平，中央银行必须购买国外货币，提供本国货币，从而使本国货币供给增加。在图中，这表现为 LM 曲线向右下方移动，这一过程会一直持续下去，直至 LM_1 移动到 LM_2 时为止，即移动到 IS 曲线、LM 曲线、BP 曲线三者相交

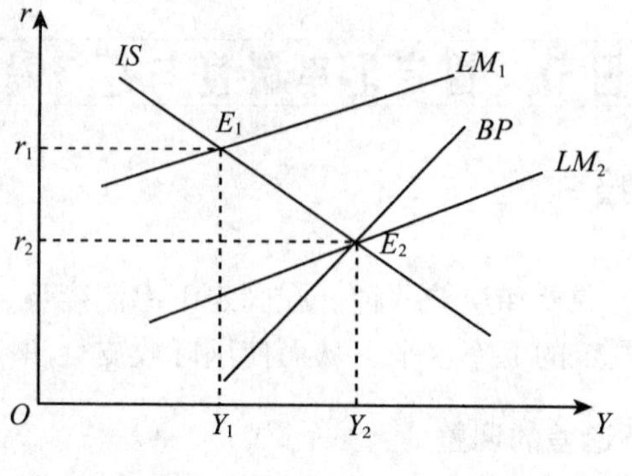

图 9.11　固定汇率制度下顺差的调整

的 E_2 点为止。结果，国际收支盈余消除，经济同时实现了内部均衡和外部均衡。

二、固定汇率制度下的经济稳定政策

一国经济中引入国际经济部门之后，宏观经济的管理变得更加复杂。如果考虑到进出口贸易，一国经济政策的目的就是要在实现充分就业的内部均衡基础上，实现贸易收支平衡的外部均衡，可用图 9.12 来说明政府经济稳定政策的实施过程。

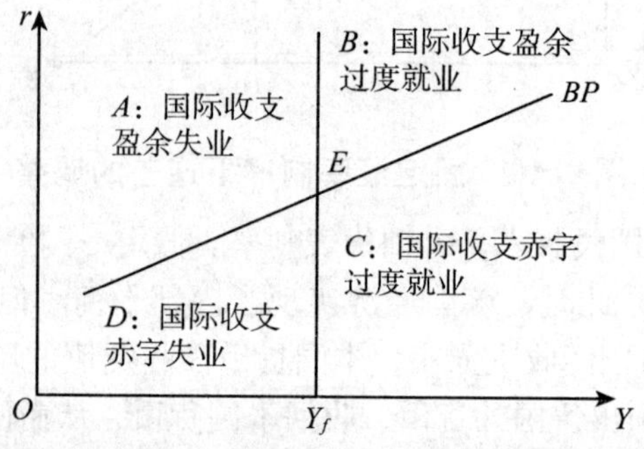

图 9.12　固定汇率制度下的经济稳定政策

在图 9.12 中，横轴代表国民收入，纵轴代表利率。Y_f 为充分就业的产出水平，它与国际收支平衡曲线 BP 把利率与收入空间划分为四个区域。显然，只有 E 点所代表的利率和收入的组合才是理想的均衡点，即内部均衡与外部均衡同时在充分就业的产出水平上实现。区域 A 中的任何一点说明该国既有国际收支盈余又有失业存在，区域 B 中的任何一点说明该国经济中国际收支盈余与过度就业并存，区域 C 中的任何一点所反映的情形是国际收支赤字与过度就业并存，而区域 D 中任何一点所反映的情形则是国际收支赤字与失业的并存。

假定现在经济处于区域 A，IS 曲线与 LM 曲线的交点位于 BP 曲线的上方，说明净出口超过了净资本流出，国际收支出现盈余。这时，为了把经济调整到 E 点，政府可以首先通过财政政策使 IS 曲线经过 E 点。在这一过程中，财政政策可能是紧缩性的，也可能是扩张性的，这决定于 IS 曲线的截距。具体来说，如果 IS 曲线的截距比较大，政府应该实行紧缩性的财政政策，相反，如果 *IS* 曲线的截距较小，就应该实行扩张性的财政政策。国际收支盈余意味着本国从国外得到的收入大于本国对国外的支出，本国的商业银行接收了超额的外币支票存款。这意味着在外汇市场上存在着对本国货币的过度需求，从而使本国货币面临升值的压力。为了避免本国货币升值，中央银行应该实施扩张性的货币政策，在外汇市场上购买外币的超额供给。这会引起本国名义货币供给的增加，从而使 *LM* 曲线向右移动，直至 *LM* 曲线经过新的 *IS* 曲线与 *BP* 曲线的交点 *E*，这时，内部均衡和外部均衡得以同时实现。

上述分析表明，当一国经济出现国际收支盈余与失业并存时，政府可以通过相机处置的财政政策和扩张性的货币政策实现内部与外部均衡。

假定现在经济处于区域 *C*，*IS* 曲线和 *LM* 曲线的交点处于 *BP* 曲线的下方，国际收支出现赤字。这时，为了把经济调整到 *E* 点，政府也可以首先通过紧缩性的财政政策或扩张性的财政政策使 *IS* 曲线经过 *E* 点。国际收支赤字意味着本国从国外得到的收入小于本国对国外的支出，这意味着在外汇市场上存在着本国货币的过度供给，从而使本国货币面临贬值的压力。为了避免本国货币贬值，中央银行应该实施紧缩性的货币政策，在外汇市场上出售外币，从而抵消本国货币的过度供给。这会引起本国名义货币供给的减少，从而使 *LM* 曲线向左移动，直到 *LM* 曲线经过新的 *IS* 曲线和 *BP* 曲线的交点 *E*。这时，内部均衡和外部均衡同时实现。上述分析表明，当一国经济出现国际收支赤字和过度就业并存时，政府可以通过相机处置的财政政策和紧缩性的货币政策实现内部与外部均衡。

同样，如果一国经济处于区域 *B*，即出现国际收支盈余和过度就业并存时，政府可以通过相机处置的货币政策和紧缩性的财政政策实现内部与外部均衡。而如果经济处于区域 *D*，即出现国际收支赤字和失业并存时，政府可以通过相机处置的货币政策和扩张性的财政政策实现内部与外部均衡。

需要强调指出的是，当政府运用财政政策和货币政策实现内部和外部均衡时，可能带来一个问题，即为了同时实现内部均衡与外部均衡，需求管理政策需要谋求一个既定的利率水平。而利率水平的变动会影响私人部门的投资支出，从而改变总需求和国民生产总值的构成。这意味着，如果这一既定的利率水平是不理想的，内部和外部均衡同时实现时的国民生产总值的构成也就是不理想的。于是，就需要政府采取政策组合。

三、存在政策冲突时的国际收支调整措施

一国在追求外部均衡的过程中，如果经常账户出现赤字而资本账户存在盈余，那么该国国际收支虽然处于平衡状态，但本国却承担着外债，存在将来还本付息的问题。这时，政府既要追求外部均衡，同时又要避免大规模外债的长期存在，因而需要对贸易赤字进行调整。

如果一国经济出现贸易项目盈余与经济衰退的并存，则可以实行扩张性的需求管理政策以降低失业、增加收入，进而增加进口，减少贸易项目盈余，最终实现经济的内部均衡和外部均衡。如果一国经济出现贸易赤字高涨的情况，则需要实行紧缩性的需求管理政策以降低价格水平、减少收入，进而减少进口，减少贸易项目的赤字，最终实现经济的内部均衡和外部均衡。在这两种情况下，都不存在政策冲突。

而当一国经济出现贸易赤字和经济萧条并存时，政府如果实行扩张性的需求管理政策，

则会降低失业，增加收入，提高价格，从而缓解经济萧条。但收入的增加又会增加进口，价格的上升使出口减少，从而使已经存在的贸易赤字进一步增加，经济无法实现长期的内部均衡和外部均衡，政策目标存在冲突。同时，当一国经济出现贸易盈余与经济高涨并存时，政府如果实行紧缩性政策会使收入减少、价格下降，而收入的减少会使进口减少，价格的下降则会使出口增加，从而使已经存在的贸易盈余进一步增加，经济也无法同时实现长期的内部均衡和外部均衡。

也就是说，政府的需求管理政策主要是财政政策和货币政策在对国际收支进行调整时会发生冲突，这时就需要寻找其他的政策措施来补充。在上述情况下，政府可以使用的国际收支调整的其他政策措施有以下两种。

（一）运用汇率进行调整

这是指政府首先使用普通的财政政策和货币政策实现长期的内部均衡。如果这时贸易项目存在盈余，政府可以采取措施使汇率上升，也就是使本国货币升值。于是，在各种价格水平上，都会出现出口减少，进口增加，从而使净出口减少，贸易盈余减少。这时，政府的货币升值政策可以使国际收支曲线向左下方平行移动，直至使国际收支曲线移动到经过理想的长期均衡点。反之，如果一国经济实现了内部均衡，但贸易项目存在着赤字，政府可以让汇率下降，也就是使本国货币贬值。于是，在各种价格水平上，都有出口增加，进口减少，从而使净出口增加，贸易赤字减少。这时，政府的货币贬值政策可以使国际收支曲线向右上方移动，直至使国际收支曲线移动到经过理想的长期均衡点。

（二）运用国际收支调整的直接措施

这也是指政府首先使用普通的财政政策和货币政策实现长期的内部均衡。为了实现外部均衡，如果政府不运用贬值或升值的措施来调整国际收支，还可以用关税、进口配额、税收或补贴等直接措施来影响经常账户的差额。这同样可以影响净出口，从而达到改变国际收支曲线位置的效果。

第五节　浮动汇率制度与经济稳定

一、浮动汇率制度下的经济均衡

在完全浮动汇率制度下，一国的货币当局不干预外汇市场，汇率由外汇市场上的供给和需求决定。如果国际收支出现盈余，本国的货币就会升值。反之，如果国际收支出现赤字，本国的货币就会贬值。汇率的持续变动能够使本国的国际收支总是处于平衡状态，即 *BP* 曲线总是经过 *IS* 曲线和 *LM* 曲线的交点，可以用图 9.13 来说明。

图 9.13（a）中，假定 E_0 点是一国经济的内部均衡点。E_0 点处于 BP_0 曲线的上方，表明国际收支出现盈余，这会引起本国货币升值，从而使出口下降，进口增加，进而使进出口减少。净出口的减少会使 *IS* 曲线向左移动如由 IS_0 移动到 IS_1，同时使 *BP* 曲线向上移动如

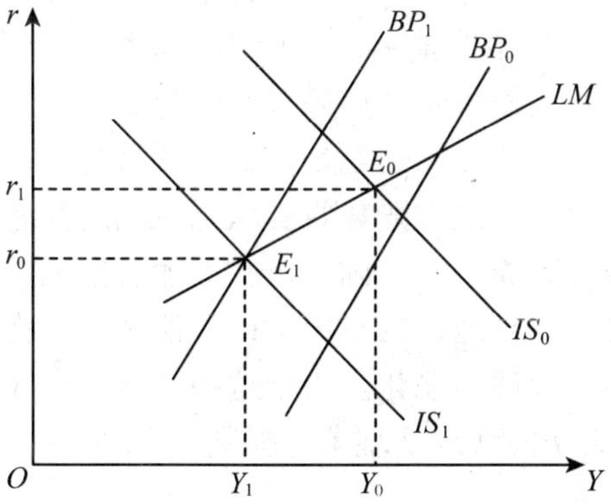

(a) 国际收支顺差的均衡调整

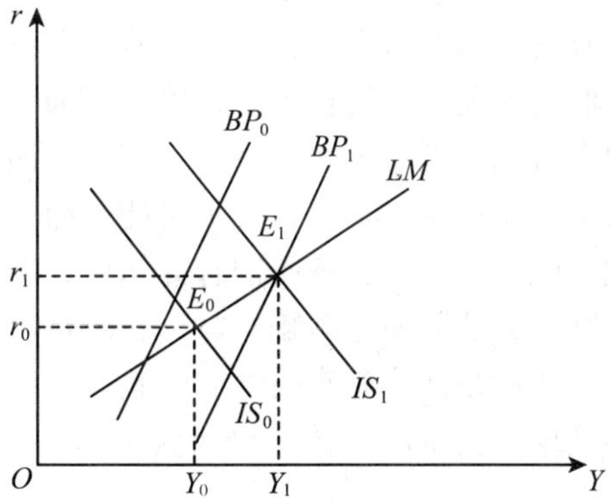

(b) 国际收支逆差的均衡调整

图 9.13 国际收支的均衡调整

从 BP_0 移动到 BP_1。新的 IS_1 曲线和 BP_1 曲线与 LM 曲线交于 E_1 点，内部均衡和外部均衡同时实现。

图 9.13（b）中，假定 E_0 点是一国经济的内部均衡点，E_0 点处于 BP_0 曲线的下方，表明国际收支出现赤字，这会引起本国货币贬值。结果是使出口增加，进口减少，净出口增加。净出口的增加会使 IS 曲线向右移动，如从 IS_0 移动到 IS_1，同时使 BP 曲线向右移动如从 BP_0 移动到 BP_1。新的 IS_1 曲线和 BP_1 曲线与 LM 曲线交于 E_1 点，内部均衡和外部均衡同时实现。

由此可见，在固定汇率制度下和浮动汇率制度下的国际收支调整机制是明显不同的。在固定汇率制度下，中央银行为了维持既定的汇率水平，要在外汇市场上购买或出售以外币标价的资产来平衡对本国货币的供求，从而使得本国的货币政策受到严重的制约。但是在浮动汇率制度下，中央银行没有义务维持某一个汇率水平，因此也就不需要在外汇市场上购买或出售以外币标价的资产来平衡对本国货币的供求，从而使得本国的货币政策具有独立性。

如果我们将外汇市场的均衡条件、产品市场的均衡条件、货币市场的均衡条件、劳动市场的均衡条件和生产函数结合在一起，就可以得到一个包括国民收入、就业量、价格水平、利率和汇率五个变量的瞬时均衡。外汇市场的均衡条件在几何上就是利率－国民收入空间上的 BP 曲线。在浮动汇率制度下，外汇市场总是处于均衡状态，BP 曲线总是经过 IS 曲线和 LM 曲线的交点。

二、J 曲线现象

一般认为，在浮动汇率制度下，当经常账户出现逆差时，如不考虑资本流动，本国货币就会贬值。于是，本国的出口就会增加，进口就会减少，直至贸易逆差消除。但实际上，一国货币贬值或升值时，该国贸易收支状况往往不能立即得到改善或恶化。这是因为，进出口变动的速度往往慢于价格变动的速度。例如，本国货币贬值时，出口并不会立即增加，进口也不会立即减少。因为在贬值之前，进出口合同在一般情况下早已签订完毕，进口或出口的数量一般都在事前规定好了。本国货币贬值后，在新的进出口合同签订之前，进出口数量仍按照原有的合同执行。这样，本国货币贬值即外国货币升值后，一国出口余额甚至会减少。例如，假定 1 美元从兑换 6 元人民币变为兑换 8 元人民币时，如果按照旧合同出口一定数量商品原来可以得到 4 万美元的话，现在只能得到 3 万美元。这就是说，在贬值初期，一国出口收入可能反而减少，进口支出可能反而增加，因而，经常账户收支状况可能反而恶化。只有经过一段时间之后，随着旧合同结束，新合同开始履行，一国出口收入才会增加，进口支出才会减少，从而使经常账户收支状况得以改善。同样地，当本国货币升值时，经常账户收支状况的变动则往往先有改善，随着时间的推移才会逐渐恶化。由于这种经常账户收支变动的轨迹呈现英文字母“*J*”字形特征，故一般称为 *J* 曲线或 *J* 现象，如图 9. 14 所示。

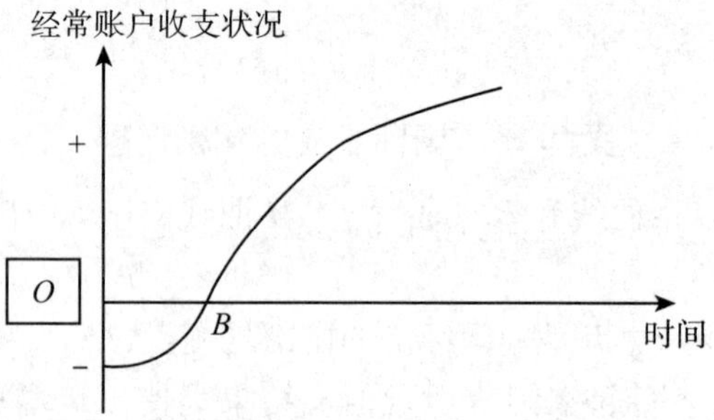

图 9. 14　*J* 曲线

三、浮动汇率制度下的汇率调整政策

在浮动汇率制度下，一国货币政策和财政政策对汇率的影响是有差别的。如果采用货币政策来调节汇率，可以取得确定的效果。当货币供给增加时，*LM* 曲线向右移动，这使得国内的利率水平下降，于是资本净流出增加。同时，收入增加，进而进口增加。这两个效果都使外汇市场上的本国货币供给增加，引起汇率下降，即本国货币贬值。相反，如果减少货币供给，则会使 *LM* 曲线向左移动，从而使国内的利率水平上升，于是资本净流出减少。同时，收入减少，进口减少。这两个效果都使外汇市场上的本国货币供给减少，引起汇率上升，本国货币升值。

而财政政策对汇率的效果则不如货币政策效果那么明确。例如，政府购买支出的增加会使利率上升，从而使资本净流出减少，外汇市场上的本国货币供给减少，这有助于汇率上升，即本国货币升值。但是，政府购买支出的增加也会使收入增加，从而使进口增加，外汇市场上本国货币供给增加，这又有助于汇率下降，即本国货币贬值。因此，财政政策到底是使汇率贬值还是使汇率升值，取决于这两种效果的相对大小，可用图 9. 15 来进行说明。

图 9. 15（a）中，E_0 点是一国经济的初始均衡点。由于 *BP* 曲线比 *LM* 曲线陡直，因而政府实行扩张性的财政政策会使新的内部均衡点即 E_1 点位于 *BP* 曲线的下方，从而引起国际收支赤字。在这种情况下，只有汇率下降即本国货币贬值才能引起 *BP* 曲线向右移动（如移动到虚线位置），恢复外部均衡。换言之，如果 *BP* 曲线比 *LM* 曲线更陡直，扩张性的财政

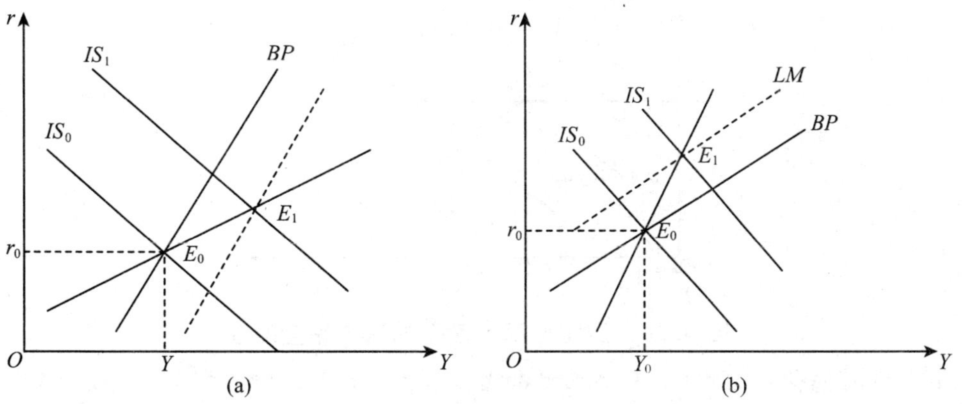

图 9.15　浮动汇率制度下财政政策对汇率的影响

政策将会引起汇率的下降，而紧缩性的财政政策将会引起汇率的上升。

图 9.15（b）中，E_0 点是一国经济的初始均衡点。由于 BP 曲线比 LM 曲线平缓，因而扩张性的财政政策会使新的内部均衡点即 E_1 点位于 BP 曲线的上方，引起国际收支盈余。在这种情况下，只有汇率上升即本国货币升值才能引起 BP 曲线向左移动（如移动到虚线位置），恢复外部均衡。换言之，如果 BP 曲线比 LM 曲线更平缓，扩张性的财政政策将会引起汇率的上升，而紧缩性的财政政策将会引起汇率的下降。

货币政策和财政政策对汇率水平影响的差异说明，为了维持内部均衡和外部均衡的同时实现，应该主要采用财政政策促进内部均衡，即用财政政策来谋求产出和就业目标；同时，用货币政策来消除可能受到的扰动，因为货币政策在调整汇率水平方面有明显的优势。

四、蒙代尔－弗莱明模型

蒙代尔－弗莱明模型建立于 20 世纪 60 年代。由罗伯特·蒙代尔（Robert A. Mundell）和马修斯·弗莱明（Marcus Fleming）各自所做的工作结合而成。蒙代尔在其 1968 年的《国际经济学》一书中将传统的 IS－LM 分析推广到开放经济条件中。弗莱明则在其 1962 年为世界银行所做的工作报告中分析了财政政策和货币政策在固定汇率制和浮动汇率制下的作用。

在资本完全流动条件下，把 IS－LM 模型扩展到开放经济中的分析在宏观经济学中被称为蒙代尔－弗莱明模型。

（一）固定汇率制度下的资本完全流动

在资本完全流动条件下，极小的利率差异也会引起巨大的资本流动。在固定汇率情况下，蒙代尔－弗莱明模型所演绎的一个结论是，一国无法实行独立的货币政策，可用图 9.16 来进行说明。

图 9.16 中，横轴表示收入，纵轴表示利率。由于资本完全流动，该国的 BP 曲线为一条水平线，这意味着，只有当利率水平等于国外利率，即 $r = r_w$ 时，该国才能实现国际收支

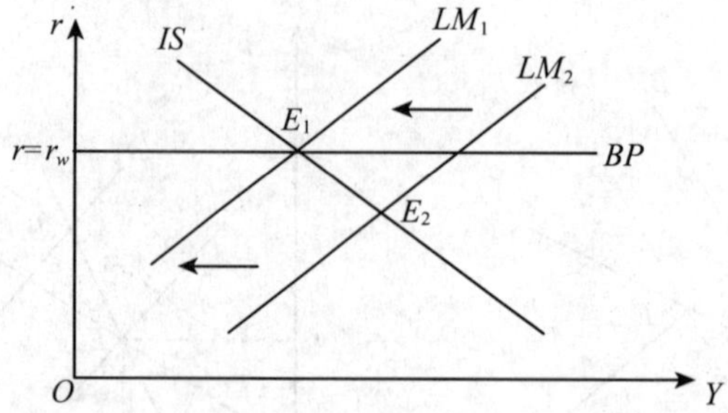

图 9.16　固定汇率制度下的资本完全流动

平衡。在任何其他利率水平上，资本流动都很剧烈，以至于该国的国际收支无法实现均衡，这又迫使该国中央银行不得不进行干预以保持原有的汇率水平。这种干预会使 *LM* 曲线发生移动。

图 9.16 中，假设一国经济最初在 E_1 点实现均衡，现在该国开始实行扩张性的货币政策，这使得 *LM* 曲线向右移动，由 LM_1 移动到 LM_2，这时内部均衡点移到 E_2 点。而在 E_2 点，存在大规模的国际收支赤字，因而存在使汇率贬值的压力。为了稳定汇率，中央银行必须实行干预，即出售外国货币，同时接受本国货币。因此本国货币供给减少，结果使 *LM* 曲线向左方移动。这一过程会持续下去，一直到最初在 E_1 点的均衡得到恢复。

同样，如果中央银行实行紧缩性的货币政策，则会导致大规模的国际收支盈余，因而存在货币升值的压力，这又会迫使中央银行进行干预以保持汇率稳定。中央银行的干预会引起本国货币量增加，结果是使最初的货币紧缩被抵消了，经济又回到原来的均衡点。

（二）浮动汇率制度和资本完全流动

在完全浮动汇率情况下，一国的货币当局不干预外汇市场，汇率必须调整以使外汇市场出清，以保持外汇的供求平衡。在浮动汇率和资本完全流动条件下，蒙代尔－弗来明模型可以用来考察出口需求变化的效应，可用图 9.17 来加以说明。

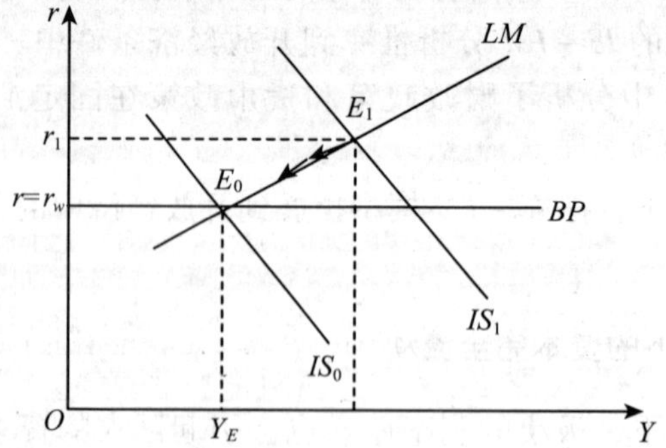

图 9.17　浮动汇率制度下的资本完全流动

图 9.17 中，E_0 点为一国经济的初始均衡点。现在假设出口需求增加，出口需求的增加使 *IS* 曲线向右移动如由 IS_0 移动到 IS_1。这时内部均衡点为 E_1 点。但在 E_1 点，本国的利率

超过了国外水平，即 $r_1 > r_w$。由于本国利率较高，资本将开始流入本国，从而会出现国际收支盈余并由此引起本国货币升值。升值意味着本国的竞争力下降，即进口品的价格水平下降，同时使出口下降，从而使净出口下降。所有这一切说明，升值意味着 *IS* 曲线从 IS_1 将会向左方回移。只要本国的利率水平高于 r_w，汇率就将保持升值，这意味着汇率升值必须持续到 *IS* 曲线一直移动到最初的均衡位置时为止。这种调整由沿着 *LM* 曲线的箭头来表示。因此，在资本完全流动和浮动汇率制度条件下，出口增加对均衡没有影响。由于资本的完全流动性，出口需求增加引起利率上升，进而使货币升值，因此最后完全抵消了出口的增加。一旦经济恢复到点 E_0，净出口就回到最初的水平。

五、价格调整与长期均衡

以上我们分析的是在价格水平不变的情况下内部和外部均衡的调整。在长期内，当考虑到价格变动时，价格机制的作用会导致均衡的实现，可用图 9.18 来说明价格调整与长期均衡。

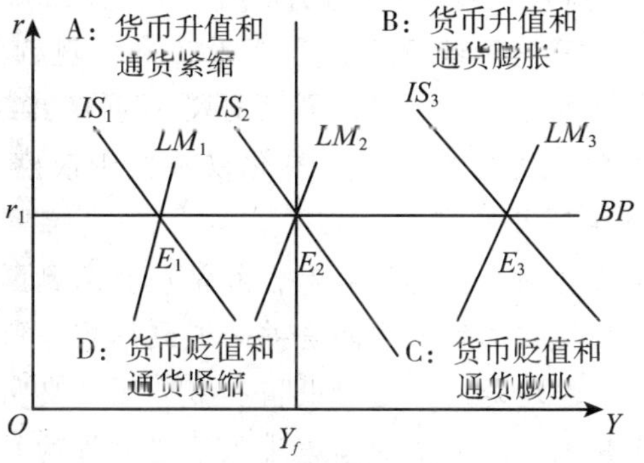

图 9.18　价格调整与长期均衡

图 9.18 中，横轴代表产出，纵轴代表利率。r_f 为国外的利率水平。如果资本可以完全流动，则国际收支平衡曲线 *BP* 是一条位于 r_f 上的水平线。处于充分就业产出水平上的 *LAS* 代表该国的长期总供给曲线，它和国际收支平衡曲线把利率和产出空间划分为四个区域。区域 *A* 所反映的情形是货币升值和通货紧缩并存，区域 *B* 所反映的情形是货币升值和通货膨胀并存，区域 *C* 所反映的情形是货币贬值和通货膨胀并存，区域 *D* 所反映的情形是货币贬值和通货紧缩并存。在浮动汇率制度下，内部均衡必然处于国际收支平衡曲线上。

假定经济在开始时处于 E_1 点，这时实际产出小于充分就业水平，经济中存在着失业。即使中央银行不增加货币供给，通货紧缩引起的价格水平下降也会使实际货币供给增加，从而引起 *LM* 曲线由 LM_1 向右移动。于是发生本国货币的贬值，从而使净出口增加。这将使 IS_1 也向右移动。价格变动引起的这种自发调整将持续下去，一直到经济在充分就业的产出水平上同时实现内部均衡和外部均衡，即达到图 9.18 中的 E_2 点时为止。但这一过程是缓慢的，它是一种长期变化过程。

如前所述，在浮动汇率制度下，当存在完全的资本流动时，货币政策能够有效地增加产出。但如果考虑到价格水平的变化，货币政策的效果就可能发生变动。假定经济已经在 E_2 点实现了充分就业均衡。这时，如果中央银行增加货币供给，LM 曲线和 IS 曲线都会向右移动，使经济达到 E_3 点，引起产出明显增加。但是这只是货币扩张的短期效应。在长期中，通货膨胀引起的价格上升会使实际货币供给减少，从而引起 LM_3 向左移动。于是发生本国货币的升值，净出口的减少，这使 IS_3 也向左移动。价格变化引起的这种调整会一直持续到经济在充分就业的产出水平上同时实现内部均衡和外部均衡，即达到图 9.16 中的 E_2 点时为止。由此可见，如果一国经济已经实现了充分就业，在浮动汇率制度下，货币扩张的长期效果是使产出水平恢复到充分就业水平，而货币供给和价格水平则等比例上升，以保持实际货币供给不变。汇率先贬值或升值，最终恢复到原来的水平。

案例 1　墨西哥的外部平衡

20 世纪 80 年代，墨西哥陷入一场深刻的危机中。由于该国在世界市场上借债过多，因此在 20 世纪 80 年代早期世界高利率状况下，墨西哥政府发现已经没有能力支付其外部债务，而且从国外借款也变得不再可能，所以，墨西哥必须重建其经济。从贬值其货币开始，通过采取减少进口关税和配额、将国有企业私有化以及减少政府对经济的管制等措施，到 80 年代末为止，墨西哥经济重新开始增长。

随着增长恢复，特别是随着国内投资的繁荣，经常项目急剧恶化。由于外国企业和投资者正在大量投资于墨西哥，为经常项目赤字融资并未遇到麻烦，所出现的问题是墨西哥政府是应该允许赤字持续甚而扩大，还是应该通过贬值和减少国内支出来削减赤字。表 1 显示了墨西哥的资本项目顺差是何其庞大。大量的顺差进入了墨西哥的私人部门，但是资本流入大大超过了墨西哥私人居民的借款，大部分资本流入是由墨西哥中央银行借来增加其外汇储备的。当外部世界认定一国存在突出的盈利机会从而其他国家投资于该国的股票市场或者高收益政府债券时，就有可能出现上述形势。墨西哥 1990～1992 年间提供了那样的投资吸引力，因而在吸收资本大规模流入上比较顺利。

表 1　　**墨西哥的外部平衡**　　单位：10 亿美元

年份	1989	1990	1991
经常项目	-6 050	-7 114	-13 283
贸易余额	-404	-882	-6 930
资本项目	6 050	7 114	13 283
私人*	5 564	3 881	5 777
储备增加	396	3 233	7 506

* 包括错误和遗漏。

当然，问题是从世界市场上借款过分容易时，一国有可能借款过多——墨西哥在20世纪70年代确实就出现了这样的问题。而在1992年面对着将近200亿美元的经常项目赤字时又出现了另一方面的问题：拒绝外国的投资者，通过收紧财政政策减少需求，甚至贬值比索以使墨西哥产品在世界贸易中更有竞争力而进口品在墨西哥更加昂贵，这是否是较明智的政策选择？

分析：

由于偏紧的政策在其变得不可避免以前在政治上是有一定困难的，各国很少能够尽早调整。在1982年就出现了这种情况。当外国贷款人和投资者失去了对墨西哥的信心而不再愿意购买墨西哥的资产、墨西哥的私人部门向国外转移其资本时，危机就发生了。此时出现了巨大的融资缺口，中央银行能够暂时通过消耗储备来弥合融资缺口，但是这一过程最后会以大幅度贬值和深刻的衰退告终。许多观察家在1992年已经意识到，再次经历同样的循环将会有什么样的危害效果。

反对贬值的理由是，贬值会破坏对资本市场的信心以及降低通货膨胀的努力。此外还有观点指出，经常项目的赤字主要反映了高水平的墨西哥投资，而这些投资将会产生能够用来偿还借款的收入。依据此观点的设想，经常项目的赤字在几年以后就会下降，在此期间可以依靠融资而不会造成严重危机。一个动听的故事，但是能够讲多久呢？

资料来源：[美] 多恩布什、费希尔著《宏观经济学》（第七版），中国人民大学出版社，2000年版，第483~484页。

案例2　人民币汇率形成机制的改革

中国人民银行关于完善人民币汇率形成机制改革的公告

为建立和完善我国社会主义市场经济体制，充分发挥市场在资源配置中的基础性作用，建立健全以市场供求为基础的、有管理的浮动汇率制度，经国务院批准，现就完善人民币汇率形成机制改革有关事宜公告如下：

1. 自2005年7月21日起，我国开始实行以市场供求为基础、参考一篮子货币进行调节、有管理的浮动汇率制度。人民币汇率不再盯住单一美元，形成更富弹性的人民币汇率机制。

2. 中国人民银行于每个工作日闭市后公布当日银行间外汇市场美元等交易货币对人民币汇率的收盘价，作为下一个工作日该货币对人民币交易的中间价格。

3. 2005年7月21日19：00时，美元对人民币交易价格调整为1美元兑8.11元人民币，作为次日银行间外汇市场上外汇指定银行之间交易的中间价，外汇指定银行可自此时起调整对客户的挂牌汇价。

4. 现阶段，每日银行间外汇市场美元对人民币的交易价仍在人民银行公布的美元交易中间价上下3‰的幅度内浮动，非美元货币对人民币的交易价在人民银行公布的该货币交易中间价上下一定幅度内浮动。

中国人民银行将根据市场发育状况和经济金融形势，适时调整汇率浮动区间。同时，中国人民银行负责根据国内外经济金融形势，以市场供求为基础，参考篮子货币汇率变动，对人民币汇率进行管理和调节，维护人民币汇率的正常浮动，保持人民币汇率在合理、均衡水平上的基本稳定，促进国际收支基本平衡，维护宏观经济和金融市场的稳定。

分析：

本案例主要考查的是结合中国实际对于汇率和汇率制度的理解。

汇率是一个国家的货币折算成另一个国家货币的比率。汇率主要有两种标价方法：一种是直接标价法，它是用一单位的外国货币作为标准，折算为一定数额的本国货币来表示的汇率。另一种是间接标价法，它是用一单位的本国货币作为标准，折算为一定数额的外国货币来表示的汇率。汇率制度主要有固定汇率制和浮动汇率制两种。固定汇率制是指一国货币同他国货币的汇率基本固定，其波动限于在一定的幅度之内。浮动汇率制是指一国中央银行不规定本国货币与他国货币的官方汇率，听任汇率由外汇市场的供求关系自发地决定。浮动汇率制又分为自由浮动与管理浮动，前者指中央银行对外汇市场不采取任何干预措施，汇率完全由外汇市场的供求力量自发地决定。后者指实行浮动汇率制的国家，对外汇市场进行各种形式的干预活动，主要是根据外汇市场的供求情况售出或购入外汇，以通过对外汇供求的影响来影响汇率。

自 2005 年 7 月 21 日起，我国开始实行以市场供求为基础、参考一篮子货币进行调节、有管理的浮动汇率制度。1994 年以前，我国先后经历了固定汇率制度和双轨汇率制度。1994 年汇率并轨以后，我国实行以市场供求为基础的、有管理的浮动汇率制度。企业和个人按规定向银行买卖外汇，银行进入银行间外汇市场进行交易，形成市场汇率。中央银行设定一定的汇率浮动范围，并通过调控市场保持人民币汇率稳定。

1997 年以前，人民币汇率稳中有升，但此后由于亚洲金融危机爆发，为防止亚洲周边国家和地区货币轮番贬值使危机深化，中国主动收窄了人民币汇率浮动区间。

推进人民币汇率形成机制改革，是缓解对外贸易不平衡、扩大内需以及提升企业国际竞争力、提高对外开放水平的需要。近年来，我国经常项目和资本项目双顺差持续扩大，加剧了国际收支失衡。2005 年 6 月末，我国外汇储备达到 7 110 亿美元。2007 年以来对外贸易顺差迅速扩大，贸易摩擦进一步加剧。适当调整人民币汇率水平，改革汇率形成机制，有利于贯彻以内需为主的经济可持续发展战略，优化资源配置；有利于增强货币政策的独立性，提高金融调控的主动性和有效性；有利于保持进出口基本平衡，改善贸易条件；有利于保持物价稳定，降低企业成本；有利于促使企业转变经营机制，增强自主创新能力，加快转变外贸增长方式，提高国际竞争力和抗风险能力；有利于优化利用外资结构，提高利用外资效果；有利于充分利用“两种资源”和“两个市场”，提高对外开放的水平。

2007 年人民币汇率形成机制改革的内容是，人民币汇率不再盯住单一美元，而是按照我国对外经济发展的实际情况，选择若干种主要货币，赋予相应的权重，组成一个货币篮子。同时，根据国内外经济金融形势，以市场供求为基础，参考一篮子货币计算人民币多边汇率指数的变化，对人民币汇率进行管理和调节，维护人民币汇率在合理均衡水平上的基本稳定。参考一篮子表明外币之间的汇率变化会影响人民币汇率，但参考一篮子不等于盯住一篮子货币，它还需要将市场供求关系作为另一重要依据，据此形成有管理的浮动汇率。

根据对汇率合理均衡水平的测算，人民币对美元即日升值2%，即1美元兑8.11元人民币。这一调整幅度主要是根据我国贸易顺差程度和结构调整的需要来确定的，同时也考虑了国内企业进行结构调整的适应能力。

人民币汇率改革的总体目标是，建立健全以市场供求为基础的、有管理的浮动汇率体制，保持人民币汇率在合理、均衡水平上的基本稳定。首先，汇率形成机制改革后，人民币不再盯住任何一种单一货币，而是以市场供求为基础，参考一篮子汇率进行调节。国际市场主要货币汇率的相互变动，客观上减少了人民币汇率的波动性。其次，随着汇率等经济杠杆在资源配置中的基础性作用增强，外汇供求关系进一步理顺，国际收支调节机制逐步建立健全，国际收支会趋于基本平衡，为人民币汇率稳定奠定了坚实的经济基础。第三，积极协调好宏观经济政策，稳步推进各项改革，为人民币汇率稳定提供良好的政策环境。最后，努力提高调控水平，改进外汇管理，保持人民币汇率在合理、均衡水平上的基本稳定。人民币汇率改革必须坚持主动性、可控性和渐进性的原则。主动性，就是主要根据我国自身改革和发展的需要，决定汇率改革的方式、内容和时机。汇率改革要充分考虑对宏观经济稳定、经济增长和就业的影响。可控性，就是人民币汇率的变化要在宏观管理上能够控制得住，既要推进改革，又不能失去控制，避免出现金融市场动荡和经济大的波动。渐进性，就是根据市场变化，充分考虑各方面的承受能力，有步骤地推进改革。

资料来源：根据新华网相关资料整理。网址：http：//finance. sina. com. cn/g。

[关键概念]

国际收支平衡表　经常项目　资本项目　官方储备　汇率　固定汇率制度　浮动汇率制度　国际收支均衡　BP曲线　内部均衡　外部均衡　*IS*－*LM*－*BP*模型　*J*曲线　蒙代尔－弗莱明模型

[复习题]

1. 什么是国际收支平衡表？国际收支平衡表主要包括哪些项目？
2. 什么是外汇、汇率、汇率制度、固定汇率制度和浮动汇率制度？
3. 在给定的实际汇率水平下，一国收入增加如何影响该国的净出口？一国实际利率的变化又如何影响该国的实际汇率？
4. 请说明开放经济下的 *IS*－*LM* 模型与封闭经济下的 *IS*－*LM* 模型有何不同？
5. 在固定汇率制度下怎样使内部均衡和外部均衡在充分就业的产出水平上同时实现？
6. 在蒙代尔－弗莱明模型中，国际收支曲线（*BP* 曲线）在什么情况下是水平的？为什么是水平的？
7. 如何解释 *J* 曲线表示净出口行为的变化？

[补充阅读材料]

1. 多恩布什、费希尔、斯塔兹著:《宏观经济学》，中国人民大学出版社，2000 年版。
2. 高鸿业主编:《西方经济学（宏观部分）》（第四版），中国人民大学出版社，2007 年版。
3. 曼昆著，梁小民译:《经济学原理：宏观经济学分册》（第 4 版），北京大学出版社，2006 年版。
4. 萨缪尔森、诺德豪斯著，萧琛主译:《宏观经济学》（第十七版），人民邮电出版社，2004 年版。
5. 宋承先、许强著:《现代西方经济学——宏观经济学》（第三版），复旦大学出版社，2004 年版。

第十章

宏观经济政策

【学习目的和要求】

本章的学习目的是通过学习宏观经济政策及理论的演变，财政政策与货币政策及其工具，加强对宏观经济理论运用的理解。要求了解宏观经济政策理论演变和宏观经济政策目标，掌握财政政策中各种政策的含义，了解财政政策实施中的问题，掌握货币政策的工具，了解货币政策的局限性，理解财政政策与货币政策的协调与配合，理解供给管理政策。

【内容提要】

1. 20 世纪 30 年代以前，在西方经济学界占统治地位的是新古典经济学。新古典经济学认为国家没有必要对经济生活进行干预。1929～1933 年资本主义世界经济大萧条后，凯恩斯主义经济学说占据主流地位，主张扩大政府的作用，对经济进行干预。后来又相继出现了货币主义学派、理性预期学派、新凯恩斯主义等不同的理论。

2. 宏观经济政策的目标有充分就业、价格稳定、经济增长和国际收支平衡。宏观经济政策就是为了达到这些目标而制定的手段和措施。

3. 财政政策是指政府通过课税以及支出的行为，来影响社会的有效需求，促进就业水平的提高，并避免通货膨胀或通货紧缩的发生，从而实现经济稳定增长的一种政策，主要包括政府的收入政策和政府的支出政策。

4. 货币政策是指中央银行通过改变货币供应量来影响社会总需求水平进而总产出水平的一种政策。一般性货币政策工具，即传统的货币政策工具有三种：公开市场业务、再贴现政策和法定存款准备金政策。选择性货币政策工具有消费信用控制、证券市场信用控制、不动产信用控制、优惠利率和进口保证金制度等。中央银行还可以采取直接或间接信用控制作为货币政策工具。

5. 财政政策和货币政策都有各自的局限性，因此，二者既不能相互取代，也不能各行其是，而必须相互配合。

6. 供给管理政策是指政府为了实现其政策目标而采取的影响总供给的政策。以市场为取向的供给政策是指通过增加市场自由竞争的程度而增加总供给的政策，其理论基础是以货币主义为代表的自由主义经济学。国家干预主义的供给政策是指政府为了矫正市场的低效率而采取的增加总供给的干预政策，其理论基础是后凯恩斯主义理论。

第一节 宏观经济政策概述

一、宏观经济政策及理论的演变

20 世纪 30 年代以前，在西方经济学界占统治地位的是以马歇尔和瓦尔拉斯为代表的新古典经济学。它以“萨伊定律”为理论基础，认为在完全竞争的市场上，商品供给会自动创造自己的需求，经济中不会出现生产过剩的危机，即使现实生活中由于某种原因出现了局部的或偶然的供求失调，也会通过市场机制的自动调节而使均衡很快得以恢复。因此，国家没有必要对经济生活进行干预，国家的作用至多只是充当私人企业的守夜人而已。

但是，1929 ~ 1933 年资本主义世界经济大萧条，彻底粉碎了新古典经济学自由竞争、自由放任以实现资本主义经济长治久安的梦想。在这场大危机中，资本主义世界生产水平大幅度下降，生产能力大量过剩，交易空前萎缩，失业人数猛增。凯恩斯主义经济学说在这种背景下应运而生。凯恩斯理论的核心是有效需求原理，有效需求包括消费需求和投资需求，其中消费需求取决于人们当前的收入量和边际消费倾向，投资需求取决于资本边际效率和利率。由于边际消费倾向和资本边际效率存在递减趋势，加之人们对未来预期的不确定性引起灵活偏好的加强，使利率经常居高不下，导致消费需求和投资需求都是不足的。所以资本主义社会的有效需求就是不足的，正是有效需求的不足，引起了就业不足和非自愿性失业的存在，促成了资本主义经济危机的爆发。而要解决就业不足和经济危机问题，就必须做到提高边际消费倾向，以便扩大消费需求；提高资本边际效率或降低利率，以便扩大投资需求。但是，上述两个方面仅靠私人力量不足以实现，只有扩大政府的作用，对经济进行干预，从这两方面提供足够的有效需求，失业和危机问题才能得以解决。为了提高消费需求和投资需求，凯恩斯主张调节总需求，即运用财政政策和货币政策进行总需求管理。不过，在财政政策和货币政策中，凯恩斯更注重前者的作用，认为后者只起辅助作用。在凯恩斯看来，货币政策是通过利率而间接起作用的，不如财政政策来得直接而有力。

凯恩斯经济学说产生之后，在西方经济学界引起了巨大的反响。正是在凯恩斯经济学说产生之后，西方国家政府对经济的宏观调控才成为经常化的事情，尽管此前也不乏政府对经济进行干预的例证，如经济大危机中的“罗斯福新政”，但这些干预都缺乏必要的理论根据。所以，从这个意义上说，凯恩斯经济学的产生也标志着西方宏观经济政策理论的形成。

凯恩斯经济学产生于 20 世纪 30 年代经济大危机时期，其经济政策主张也都是针对经济危机而提出的。但是，资本主义经济并不总是处于危机之中，特别是第二次世界大战以后，失业问题已不再像 30 年代那样严重。所以，许多经济学家提出，经济政策不能总是一个基调，而应当根据经济中繁荣和萧条的更替交替地使用紧缩和扩张政策，即“补偿性”财政货币政策。“补偿性”财政政策是由美国经济学家汉森最早提出的，其基本含义是：在经济萧条时期，政府可以有意识地增加财政支出，减少税收，以刺激总需求；在经济繁荣时期则要减少政府支出，增加税收，以抑制总需求，并求得繁荣与萧条时期的相互补偿。据此，政府在确定财政预算时，就不能把平衡财政收支这一传统信条作为准则，而要按私人支出的数量来安排政府的预算，使私人支出和政府支出的总额可以达到充分就业的水平，由此导致的财政赤字可以用繁荣时期政府紧缩开支所产生的盈余来弥补。换言之，只要萧条时期因扩大政府支出而发生的赤字能够被繁荣时期政府紧缩开支而产生的盈余所抵消，从而促进经济稳定增长和充分就业的实现，就不必强求财政预算年年平衡，只需在一个经济周期内达到收支平衡就可以了。但是，要想使资本主义经济能够实现既无失业又无通货膨胀的长期稳定增长，仅有“补偿性”财政政策是不够的。萨缪尔森根据 IS – LM 模型又提出了“补偿性”货币政策，其基本含义是：中央银行可以在经济萧条时期放松信用，增加货币供给，降低利率，以刺激投资和社会总需求的增加；在经济繁荣时期，则可以紧缩信用，减少货币供给，提高利率，以抑制投资和社会总需求。总之，所谓“补偿性”财政货币政策，就是要根据经济的一盛一衰，交替使用紧缩政策和膨胀政策，其特点是“逆经济风向行事”，即在萧条时期设法使经济繁荣，以消灭失业；在繁荣时期又要抑制过度繁荣，以控制通货膨胀，实现经济长期稳定的发展。

整个 20 世纪 50 年代，美国政府奉行的基本上是上述“补偿性”财政货币政策，其结果是使这一时期美国的经济波动比战前平缓得多。然而，这一时期美国的经济增长速度也很缓慢，1953 ~ 1960 年美国的实际国民生产总值每年只增长 2. 5%，明显低于其他国家，特别是低于当时的联邦德国和日本，出现了所谓“艾森豪威尔停滞”。为了克服“艾森豪威尔停滞”，加速经济增长，20 世纪 60 年代初期美国经济学家托宾、奥肯、海勒等人又提出了“增长性”财政货币政策理论，其主要内容是：不仅要在萧条时期实行膨胀性财政货币政策，即使是在经济回升时期，只要实际国民生产总值小于潜在的（即充分就业的）国民生产总值，也要通过膨胀性财政货币政策人为地刺激总需求，使实际国民生产总值达到潜在的国民生产总值，从而实现充分就业，促进经济增长。

“增长性”财政货币政策很快被当时的肯尼迪和约翰逊政府所采纳，他们不像其前任那样以消除经济波动为目标，而是以刺激经济增长为目标，无所顾忌地推行规模越来越大的赤字财政政策和膨胀性货币政策。上述政策的实施在 20 世纪 60 年代前半期的确较为有效地促进了美国的经济增长，但是好景不长，到 60 年代后期，由于把赤字财政当作常规手段，使得赤字规模越来越大，终于酿成了 70 年代初期严重的“滞涨并存”问题。

面对“滞涨并存”的严酷现实，凯恩斯主义并不认为这是 20 世纪 60 年代的“增长性”财政货币政策的失败，因为一种政策不能同时达到两个目标，它只是说明现在不能仅仅采取加速经济增长的膨胀性财政货币政策，而必须与此同时采取其他多种政策措施来治疗膨胀性政策的副作用。所以，20 世纪 70 年代以来，凯恩斯主义在基本执行宏观财政政策与货币政策的基础上，提出了下列经济政策主张：财政政策和货币政策的“松紧搭配”；财政政策和货币政策的“微观化”，即政府针对个别市场和个别部门的具体情况来制定区别对待的财政货币政策；收入政策，主要是指限制各种生产要素的收入增长率，使之与劳动生产率相适应，从而限制物价上涨的政策；人力政策，也叫劳工市场政策，是针对劳动市场的不完全性，解决失业和职位空缺并存的矛盾，从而增加就业机会的政策。

但是，凯恩斯主义的经济政策主张遭到各种非凯恩斯主义经济学家的批判。以弗里德曼为代表的货币主义反对国家干预经济，认为需求管理在短期内可能是有效的，可以降低失业率，但在长期中它不仅不能降低失业率，反而还会加剧通货膨胀。

关于财政政策，弗里德曼认为，第一，政府措施迟缓，不能适应经济瞬息万变的需要；第二，即使政府能适时推出某种财政政策，但财政政策起作用要有一个长而易变的滞后过程；第三，由于受财政支出的“挤出效应”和“自然失业率”的制约，财政政策必然难以取得预期效果。如果实行凯恩斯主义的货币政策，在短期内它可能会获得成功，但在长期肯定也是失败的。原因在于，货币数量和利率之间存在着变化不定的关系，货币数量的增加在开始时会使利率下降，从而刺激消费和投资的增加，但人们支出的增加又会引起物价上涨，并导致货币需求增加，进而引起利率的上升。同时，由于物价上涨使人们的通货膨胀预期也上升，这时存款人和放款人都要求更高的利率，从而进一步加速了利率的上升，其上升的幅度可能超过原来下降的幅度，这样，货币政策自然也难以收到预期的效果。正是基于对凯恩斯主义财政政策和货币政策效应的分析，货币主义反对需求管理政策。他们认为，市场经济有其内在的稳定性，国家干预与需求管理破坏了市场经济的正常运行，从而不是稳定经济的政策，而是使经济不稳定加剧的政策。但是，由于货币数量的变动可以直接影响名义国民收入，特别是在长期会造成物价上涨和通货膨胀，从而引起国民经济比例的失调，所以，货币当局必须发挥自主的作用，控制货币数量的变化，按照某一固定比率增加货币供给量，以稳定货币与物价，为市场经济的运行创造一个良好的环境。这是货币政策的主要目标，也是货币当局唯一能够做到的，因而称之为“单一规则”的货币政策。

以卢卡斯为代表的理性预期学派则认为，需求管理政策不仅在长期，甚至在短期也不会影响产量和就业量，从而是完全无效的。这主要是因为，各经济行为主体的预期是合乎理性的，他们会考虑到过去的失误，并在必要的时候修正自己的预期，以便在行为决策中成功地消除那些引起失误的因素。如果预期是理性的，政府政策就不会对经济产生真正的影响，因为只要各经济行为主体希望维持原先的地位，就必然会设法抵消这些政策的作用。例如，当政府为了减少失业而准备采取扩大货币供给量的措施时，人们会事先估计到这种做法会导致物价水平的相应上涨，从而引起实际工资的下降，于是就会在物价上涨之前要求提高货币工资。而只要工人的货币工资提高了，雇主就不会因需求的扩大而增加雇用工人，这样，原有的失业率即使从短期来看也不会得以下降。政府政策要想获得成功，只能通过采取随机行为，欺骗公众，使之无法作出理性预期。但欺骗是不能长久的，正如西方一句谚语所说：“你可以在一段时期内欺骗所有的人，或者是在所有的时期内欺骗一部分人，但是，你决不能在所有的时期内欺骗所有的人。”一旦人们了解到政策的真相，政策也就无效了。更糟糕的是，当人们搜集到错误的信息之后，会作出错误的反应从而使经济更加震荡。这说明随机政策行为的结果不是稳定了经济，而是加剧了经济的不稳定。既然需求管理政策是徒劳无功的，政府就应该尽量不使用经济政策去干预经济，而是尽可能多地发挥市场机制的自发调节作用。但是，理性预期学派也认识到，在当今现实社会中，要政府完全不介入经济活动事实上是不可能的，特别是在经济衰退时期，迫于选民的压力，政府必须采取一些行动来表示它是关心经济的。不过，政府在使用经济政策时一定要注意政策的“信誉”，也就是要公开自己的政策，让政策连续持久，避免政策的多变，以使人们能够与之配合。具体来说，政府的财政政策应该保持公开持久的税率，使税收所得刚好能支付政府的开销就行，尽量避免不停地增税减税，使人们无所适从。而货币政策则如同货币主义所建议的那样，保持货币供给稳定增长，以避免货币供给量突变所引发的经济波动。

传统凯恩斯主义在20世纪70年代西方各国普遍“滞涨并存”的困境面前，不是束手无策，就是解释乏力，所以在与非凯恩斯主义经济学的论战中一度处于劣势。不过，凯恩斯主义经济学家们从来不承认自己的失败，也不甘心于这种失败。20世纪80年代末90年代初，随着西方各国相继走出“滞涨并存”的局面，失业和经济停滞再次成为各国政府所面临的主要问题，凯恩斯主义出现了强劲的复兴势头：一方面，以萨缪尔森等人为代表的“新古典综合－后凯恩斯主流经济学”卷土重来，以“现代主流经济学新综合”的面目重新活跃起来；另一方面，一批年轻的凯恩斯主义者致力于为传统凯恩斯主义提供微观经济学基础，他们从市场的不完全竞争性推出工资和价格刚性以及非市场出清，重新得出适当的需求管理仍然有效的结论，从而给政府干预经济生活以新的理论支持。为了使之与萨缪尔森等人的理论相区别，一般称之为新凯恩斯主义。如前所述，在理性预期学派看来，由于公众的预期是合乎理性的，扩张性货币政策从而货币供给量的增加，只有在公众没有预期到的时候才会对产出的增加起一定作用，一旦公众改变预期，这种作用就不存在了。新凯恩斯主义则从不完全竞争和价格刚性出发，认为公众虽然能够进行理性预期，但却无法根据预期的物价调整其货币工资，从而总供给曲线就无法随预期物价的变动而充分移动，因此，可预期的扩张性货币政策仍然是有效的，只不过其效果不如非预期的那么显著而已。此外，新凯恩斯主义还通过对资本市场不完善，尤其是信贷市场不完善的分析，提出了不同于传统凯恩斯主义的货币政策传导机制。

在传统凯恩斯主义理论中，利率是货币政策的核心机制，货币当局增加货币供给量的结果使利率下降从而增加投资，并通过乘数效应引起总需求和国民收入的变动。但在新凯恩斯主义看来，由于资本市场的不完善而产生的股权配给和信贷配给，既限制了企业采用新股票融资的能力，又约束了企业采用举债融资的能力。对银行来说，银行也背负着很大的竞争压力，主要表现为储户和银行资产的安全以及破产的可能性。因此，银行也是厌恶风险的，在不良经济环境中，必然采取厌恶风险的行为，即选择能保证银行预期收益最大或破产机会最小化的最佳利率，而不管它是否能够影响投资水平。所以，在经济衰退时期，通常是银行贷款的意愿和能力，而不是居民对货币需求较高的利率弹性限制了货币政策发挥作用。换言之，只有通过改变银行的贷款意愿和能力影响信贷的可得性，扩张性的货币政策才能影响实际经济活动。新凯恩斯主义认为，使货币政策对产出有效的那些因素一般也会使财政政策有效，因为这些因素造成了价格刚性，而价格刚性会使任何影响总需求的政策变得有效。与货币政策不同的是，不完全竞争本身就足以使财政政策对产出起到明显的作用，原因在于：第一，需求弹性对不完全竞争市场上的工资和价格决定具有实质性的影响，从而政府影响需求弹性的政策就有潜力来改变相对价格；第二，不完全竞争影响了工资和利润之间的分配比例，在收入分配影响均衡的地方，竞争程度会改变政府支出冲击的大小。

最后，值得注意的是，近年来，随着适应性预期和理性预期理论的兴起，不论是凯恩斯主义经济学家，还是非凯恩斯主义经济学家，都不得不重新考虑预期在经济政策制定中的作用，由此产生了博弈论在宏观经济政策理论中的运用问题。根据博弈论，政府在制定政策时必须考虑到私人部门的反应，并对其作出反应，因为私人部门也在预期政府行为并对其作出反应。一般来讲，在这个政策游戏里面，一个反通货膨胀的政府要想使私人部门相信它的真实意图，将必然付出一个时期的相当高的代价，因为私人部门也许认为政府是一个赞成通货膨胀的政府。所以，政府的政策制定者要想解决这个问题，其可行办法要么是将政策立法，如将货币规则立法保证；要么是重新寻找取得私人部门信任的途径。但是，这一方法的运用必须具备两方面的条件，一是公众必须是会计算的理性人，二是政府必须是有信誉的政策制定者，否则公众根本不会相信。

二、宏观经济政策目标

经济政策是指国家或政府为了增进社会经济福利而制定的解决经济问题的指导原则和措施，它是政府为了达到一定的经济目的在经济事务中的有意识的干预。因此，任何一项经济政策的制定都是根据一定的经济目标而进行的。一般认为，宏观经济政策的目标有充分就业、价格稳定、经济增长和国际收支平衡。宏观经济政策就是为了达到这些目标而制定的手段和措施。

（一）充分就业

充分就业是宏观经济政策的第一个目标，它一般是指一切生产要素（包括劳动）都有机会以自己愿意的报酬参加生产的状态。但由于测量各种经济资源的就业程度非常困难，因此经济学家通常以失业情况作为衡量充分就业与否的尺度。

什么是充分就业呢？凯恩斯认为，如果“非自愿失业”业已消除，失业仅限于摩擦性失业和自愿失业的话，就是实现了充分就业。另外一些经济学家则认为，如果空缺职位总额恰好等于寻找工作的人数，就是充分就业。而货币主义者针对凯恩斯的“非自愿失业”，提出了“自然失业率”的概念。自然失业率是指在没有货币因素干扰的情况下，让劳动市场和商品市场自发供求力量作用时，总供给和总需求处于均衡状态的失业率。虽然对于充分就业存在不同的看法，但他们都认为充分就业不是百分之百的就业，充分就业并不排除像摩擦性失业这样的失业情况存在。在目前，大多数经济学家认为存在4% ~6% 的失业率是正常的，此时社会经济处于充分就业状态。也就是说，充分就业允许存在一定的失业率，但这一失业率一定要能为社会所接受。

（二）价格稳定

价格稳定是指价格总水平的稳定，它是一个宏观经济概念。一般用价格指数来表示一般价格水平的变化。价格指数是表示基于某种商品价格水平的指数，可以用一个简单的百分数时间数列来表示不同时期价格水平的变化方向和变化程度。

价格稳定成为宏观经济政策的目标，是由于通货膨胀和通货紧缩对经济有不良影响。为了控制通货膨胀与通货紧缩对经济的冲击，西方国家把价格稳定作为宏观经济政策的另一目标。值得注意的是，价格稳定不是指每种商品的价格固定不变，而是指价格指数的相对稳定，即不出现通货膨胀与通货紧缩现象。

（三）经济增长

宏观经济政策的第三个目标是经济增长。经济增长是指在一个特定时期内经济社会所生产的人均产量和人均收入的持续增长。通常用一定时期内实际国内生产总值平均增长率来衡量。战后西方国家的经济增长经历了一个从高速增长到低速增长的过程。经济增长和失业常常是相互关联的。如何维持较高的经济增长率以实现充分就业，是西方国家宏观经济政策追求的目标之一。

（四）国际收支平衡

随着国际间经济交往的密切，如何平衡国际收支也成为一国宏观经济政策的重要目标之一。国际收支对现代开放性经济国家是至关重要的。西方经济学家认为，一国的国际收支状况不仅反映了这个国家的对外经济交往情况，还反映出该国经济的稳定程度。当一国国际收支处于失衡状态时，就必然会对国内经济形成冲击，从而影响该国国内就业水平、价格水平及经济增长。

上述四种经济目标之间存在着矛盾。充分就业与物价稳定是矛盾的。因为要实现充分就业，就必须运用扩张性财政政策和货币政策，而这些政策又会由于财政赤字的增加和货币供给量的增加而引起通货膨胀。充分就业与经济增长有一致的一面，也有矛盾的一面。这就是说，经济增长一方面会提供更多的就业机会，有利于充分就业；另一方面经济增长中的技术进步又会引起资本对劳动的替代，相对地缩小对劳动的需求，使部分工人尤其是文化技术水平低的工人失业。充分就业与国际收支平衡之间也有矛盾。因为充分就业的实现引起国民收入增加，而在边际进口倾向既定的情况下，国民收入增加必然引起进口增加，从而使国际收支状况恶化。此外，在物价稳定与经济增长之间也存在矛盾。因为经济增长过程中，通货膨胀是难以避免的。

宏观经济政策目标之间的矛盾，就要求政策制定者运用的各种政策手段必须互相配合，协调一致。如果财政当局与货币当局的政策手段和目标发生冲突，就达不到理想的经济效果，甚至可能偏离政策目标更远。其次，政府在制定目标时，不能追求单一目标，而应该综合考虑，否则会带来经济上和政治上的副作用。此外，还要考虑到政策本身的协调和时机把握问题。这些因素都影响政策有效性，即关系到政府经济目标实现的可能性和实现程度。因此，政府在制定经济政策时应该做整体性的宏观战略考虑和安排，或者确定重点政策目标，或者对这些政策目标进行协调。政策制定者在确定宏观经济政策目标时，既要受自己对各项政策目标重要程度的理解，考虑国内外各种政治因素，又要受社会可接受程度的制约。不同流派的经济学家对政策目标有不同的理解。例如，凯恩斯主义经济学家比较重视充分就业与经济增长，而货币主义经济学家则比较重视物价稳定。这些对政策目标的确定都有相当的影响。从战后美国的实际情况来看，不同时期政策目标的侧重点也有所不同，例如美国 20 世纪 50 年代的政策目标是兼顾充分就业与物价稳定，在 60 年代则是充分就业与经济增长，在 70 年代之后则强调物价稳定和四个目标的兼顾。

三、宏观经济政策工具

宏观经济政策工具是用来达到政策目标的手段。一般说来，政策工具是多种多样的，不同的政策工具都有自己的作用，但也往往可以达到相同的政策目标。政策工具的选择与运用是一门艺术。在宏观经济政策工具中，常用的有需求管理政策与供给管理政策。

（一）需求管理政策

需求管理是通过调节总需求来达到一定政策目标的政策工具。这也是凯恩斯主义所重视的政策工具。

需求管理是要通过对总需求的调节，使总需求与总供给相等，达到既无失业又无通货膨胀的目标。当总需求小于总供给时，经济中会由于需求不足而产生失业，因而要运用扩张性的政策工具来刺激总需求。当总需求大于总供给时，经济中会由于需求过度而引起通货膨胀，因而要运用紧缩性的政策工具来压抑总需求。需求管理政策具体包括财政政策与货币政策。

（二）供给管理政策

供给管理是要通过对总供给的调节来达到一定的政策目标。供给即生产，在短期内影响供给的主要因素是生产成本，特别是生产成本中的工资成本。在长期内影响供给的主要因素是生产能力，即经济潜力的增长。因此，供给管理包括控制工资与物价的收入政策，指数化政策，改善劳动力市场状况的人力政策以及促进经济增长的增长政策等。

第二节　财政政策

财政政策是指政府通过课税以及支出的行为，来影响社会的有效需求，促进就业水平的提高，并避免通货膨胀或通货紧缩的发生，从而实现经济稳定增长的一种政策。为了便于了解财政政策的内容，本节首先介绍与政府预算有关的几个基本概念，然后概括分析财政政策的实施以及内在稳定器机制。

一、政府预算

政府预算是一国政府在一定时期内（通常为一个财政年度）的财政收支安排，它是以收支一览表的形式表现的、具有法律地位的文件，是国家财政实现计划管理的工具。政府预算由政府支出和政府收入两部分构成，其中政府支出包括政府购买和政府转移支付，而政府收入则包括税收和公债两部分。

（一）政府支出

财政支出是国家将通过各种形式筹集上来的财政收入进行分配和使用的过程，一般可以分为政府购买支出和转移支付。

1. 政府购买支出

政府购买是指政府直接在市场上购买进行日常政务或公共投资必需的商品和劳务而形成的开支。例如，政府的基本建设支出、国防支出、行政管理费支出等都属于政府的购买支出。

政府购买支出是一种实质性支出，具有真实的商品和劳务交易，因而能够直接形成社会总需求和购买力，是国民收入的组成部分。因为政府购买支出变化能引起社会总需求的变化，又是决定国民收入大小的主要因素之一，所以政府变动购买支出水平是实施财政政策的有力手段之一。

2. 政府转移支付

政府的转移支付是指政府把筹集到的财政资金无偿转移给企业或家庭，由他们再到市场上购买所需要的商品和劳务而形成的财政支出。例如，政府的社会保障支出、利息支出、企业补贴支出等。

政府转移支付是一种货币性支出，是一种不以取得本年生产出来的商品和劳务为报酬的支出，因而它不是国民收入的组成部分，它的作用只是通过国民收入在不同的社会成员之间进行转移和重新分配，全社会的总收入没有任何变化。

另外，政府支出当中还有比较重要的一项就是政府债务的利息支付，而且债务利息支付在某些国家政府的财政支出当中所占的比例有逐年增加的趋势。

（二）财政收入

财政收入是国家为了实现其职能而通过一定的形势和渠道组织起来的一定量的资金。它是以货币形式表现出来的一定量的社会产品价值。财政收入按其来源主要包括税收收入和公债收入。其中税收收入是财政收入的主要来源。

1. 税收

税收是国家或政府为了实现其职能，按照法律事先规定的标准，凭借手中的政治权力强制地、无偿地从企业和个人手中取得财政收入的一种手段。与其他收入形式相比，税收具有强制性、无偿性和固定性三个基本特征。强制性是指国家在取得收入时，凭借的是手中的政治权力，而不是产权或债权。纳税人不得违抗，否则就会受到国家法律的制裁。无偿性是指国家在取得税收收入的同时不需要向纳税义务人进行任何形式的返还。固定性是指国家在征税前要通过立法事先规定课税对象和税率，不得临时或任意变更征税的税率。

2. 公债

公债是指政府运用国家信用筹集财政资金时形成的对公众的债务。公债包括中央政府的债务和地方政府的债务两种。中央政府的债务又叫做国债，一般分为短期国债、中期国债和长期国债三种形式。

公债具有以下特点：一是公债的债务人是国家，而债权人是公众，双方并不是处于对等的地位；二是公债是一种国家信用，其基础是以国家的税收支付能力为保证的；三是公债的清偿不能由债权人要求法律强制执行；四是公债发行的信用是国家的政治主权和国民经济资源，所以公债发行的条件中不需要提供担保品。

二、自动稳定的财政政策和相机抉择的财政政策

根据财政政策具有调节经济周期的作用来划分，它包括自动稳定的财政政策和相机抉择

的财政政策。

（一）自动稳定器

自动稳定器也称为内在稳定器，是指经济系统本身具有的一种能够根据经济波动情况自动发生稳定作用的机制，能够在经济繁荣时期自动抑制膨胀，在经济衰退时期自动减轻萧条，而无须政府采取任何行动。财政政策的自动稳定性主要表现在以下几个方面：

1. 税收的自动稳定性

税收体系，特别是公司所得税和累进的个人所得税，对经济活动水平的变化反应相当敏感。如果当初政府预算是平衡的，税率没有变动，而经济活动出现不景气，国民收入就要减少，个人收入也会减少。在税率不变的情况下，政府的税收收入就会自动下降，居民手中的可支配收入也会自动减少，从而使消费和需求也自动地减少。如果政府预算支出保持不变，则由税收收入的减少而使预算赤字发生，这种赤字会“自动”产生一种力量，以抑制国民收入的继续下降。

2. 政府支出的自动稳定性

对个人的转移支付计划是普遍的自动稳定器。如果国民经济出现衰退，失业增加，就会有一大批居民具备申请失业救济金的资格，政府对失业者支付的津贴或救济金就会相应增加，这样就可以抑制人们收入特别是可支配收入的下降，进而抑制消费需求的下降。同样，如果经济出现繁荣，失业者可重新获得工作机会，失业救济和其他福利费支出也会自动减少，从而抑制可支配收入和消费的增长，使总需求不致过旺。

3. 农产品价格维持制度

当经济不景气时，国民收入水平下降，一般物价水平降低，农产品的价格也随之降低，这时政府根据农产品的价格支持制度，按照农产品的保护价格收购农产品，可使农民收入和消费维持在一定的水平上，从而抑制经济衰退。当经济过热时，国民收入水平上升，农产品价格随着一般物价水平的上升而上升，这时政府可以减少收购甚至抛售农产品，抑制农产品价格的上升，抑制农民收入的增加，从而减少社会总需求增加的幅度，抑制经济的繁荣。由此可见，农产品价格支付制度与政府税收和政府转移支付一样，都是宏观经济的自动稳定因素，都是财政制度的内在稳定器和对经济波动的重要防线。

（二）相机抉择的财政政策

相机抉择的财政政策意味着某些财政政策本身没有自动稳定的作用，需要借助外力才能对经济产生调节作用。一般来说，这种政策是政府根据当时的经济形势，采用不同的财政措施，以消除通货膨胀缺口或通货紧缩缺口，是政府利用国家财力有意识干预经济运行的行为。

按照早期的财政政策理论，相机抉择财政政策包括汲水政策（Pump priming policy）和补偿政策（Compensatory policy）。

1. 汲水政策

在20世纪30年代的世界性经济危机中，美国实施的罗斯福－霍普金斯计划（1929～1933年）、日本实施的时局匡救政策（1932年）以及纳粹德国实施的劳动振兴计划等，都是资本主义各国各自采取的独立的经济政策，即所谓的“汲水政策”。从字面上看，这种政策就是水泵里缺水不能吸上地下水，需要注入少许引水，以恢复抽出地下水的能力。按照汉森的财政理论，汲水政策是对付经济波动的财政政策，是在经济萧条时靠付出一定数额的公共投资使经济自动恢复其活力的政策。

汲水政策有四个特点：第一，汲水政策是一种诱导景气复苏的政策，是以资本主义所具有的自发恢复能力为前提的萧条政策。第二，汲水政策的载体是公共投资，以扩大公共投资规模作为启动民间投资活跃的手段。第三，财政支出规模是有限的，不用进行超额的支出，只要使民间投资恢复活力即可。第四，汲水政策是一种短期的财政政策，随着经济萧条的消失而不复存在。

2. 补偿政策

补偿政策是政府有意识地从当时经济状态的反方向调节景气变动幅度的财政政策，以达到稳定经济波动的目的。在经济繁荣时期，为了减少通货膨胀因素，政府通过增收减支等政策以抑制和减少民间的过剩需求；而在经济萧条时期，为了减少通货紧缩因素，政府又必须通过增支减收等政策来增加消费和投资需求，谋求整个社会经济有效需求的增加。

3. 汲水政策与补偿政策的区别

可以看出，补偿政策和汲水政策虽然都是政府有意识的干预政策，但其区别也是很明显的：第一，汲水政策只是借助公共投资以补偿民间投资的减退，是医治经济萧条的处方；而补偿政策是一种全面的干预政策，它不仅在使经济从萧条走向繁荣中得到应用，而且还可用于控制经济过度繁荣。第二，汲水政策的实现工具只有公共投资，而补偿政策的载体不仅包括公共投资，还有所得税、消费税、转移支付、财政补贴等。第三，汲水政策的公共投资不能是超额的，而补偿政策的财政收支可以超额增长。第四，汲水政策的调节对象是民间投资，而补偿政策的调节对象是社会经济的有效需求。

二、财政收入政策与财政支出政策

（一）财政收入政策

财政收入政策主要包括政府的税收政策和政府的公债政策。

1. 税收政策

税收既是当今世界各国财政收入的主要来源，又是各国政府实施财政政策和强有力的手段之一。税收政策具有乘数效应，即税收的变动对国民收入的变化具有倍增的作用，税收乘数有两种：一种是税率的变化对国民收入的影响；另一种是税收总量的变化对国民收入的影响。所以，税收作为财政政策工具时，既可以通过改变税率来实现，又可以通过变化税收总量来实现。对于第一种途径来说，主要是在经济衰退时，通过降低所得税税率来促使社会总需求增加和国民收入增加，从而抑制经济衰退；在经济繁荣时期，通过提高所得税税率增加税收来抑制社会总需求增加，从而降低通货膨胀。

具体来看，税收政策对整个宏观经济的作用主要有以下几点：第一，税收是国家筹集资金、组织财政收入的主要工具。税收作为一种收入手段，可以将民间的一部分资源转移到政府部门，从而实现资源的重新配置。政府有时需要利用税收手段强制改变资源的配置，以弥补市场机制的缺陷。

第二，税收是调节经济的重要杠杆。税收作为调节手段，一是调节社会总供给和总需求的关系；二是调节收入分配关系。调节社会总供求关系可以通过相机抉择机制和内在稳定机制两条途径来实现。例如，当经济处于繁荣时期，社会总需求大于总供给，国民收入增加，政府可以提高个人所得税税率，减少人们的可支配收入，从而降低消费需求，使社会的总供求趋于平衡；同时，对企业采取减税政策，刺激企业生产，增加社会总供给。这时候，累进的个人所得税可以发挥“内在稳定器”功能，个人的可支配收入自动减少，从而可以抑制总需求。反之，当经济衰退时，社会总供给大于总需求，政府可以相应降低个人所得税税率，增加居民可支配收入，刺激总需求。而这时候，由于累进的个人所得税的自动稳定器功能，税收收入随着国民收入的下降而有所减少，同时个人的可支配收入会自动增加。

税收调节收入分配关系主要是通过累进所得税制和财产税制来实现的。政府通过征收高额累进的个人所得税，可以调节高低收入阶层的收入与财富，为低收入阶层提供补助，从而达到在社会成员之间转移收入，实现社会公平分配的目的。20 世纪 60 年代后期，以弗里德曼为代表的美国经济学家就提出了一种“负所得税制”，即对那些收入低于一定水平的人们提供自动支付的制度。如果个人所得低于贫困水平，可以得到政府的救济金，即负所得税。

第三，税收是实现监督功能的重要手段。税收是政府部门和私人部门之间联系的一个重要渠道。通过征税，政府的税务部门可以深入到企业，了解企业的经济活动，生产经营状况和遵纪守法情况，从而为监督私人经济部门的遵纪守法，打击一切违法和犯罪活动提供了一条重要的监督渠道。

2. 公债政策

政府公债的发行，既能作为一种财政政策工具，增加财政收入，影响财政收支；又能对金融市场上的资金状况起到调节作用，从而调节社会的总需求水平。所以，公债是政府实施宏观调控的有力的经济政策工具。

公债政策作为一种有效的财政政策，其对经济活动的杠杆作用主要体现在它对经济的流动性效应和利率效应上。

所谓公债政策的流动性效应（Liquidity effect），是指通过改变公债的流动性程度来影响整个社会的流动性状况，从而对经济产生扩张性或抑制性效应。公债政策的这种影响主要通过以下两种措施来实现：一是调整公债期限构成。当经济处于萧条时，政府通过增加短期公债的发行，以提高整个社会的流动性状况，扩大社会总需求；当经济处于繁荣时，政府通过增加长期公债的发行，以减少公债的流动性，抑制社会总需求。二是改变公债资金来源。在经济萧条时，政府应增加银行系统持有公债的份额，以刺激投资和消费需求；在经济繁荣时，政府应尽量从非银行部门借入资金，以减轻通货膨胀压力。

所谓公债政策的利率效应（Interest effect），是指通过调整公债的利率水平和影响其供求状况来影响金融市场利率变化，从而对经济产生扩张性或抑制性效应。公债政策的利率效应是通过确定公债利率水平和改变公债价格来实现的。当经济萧条时，政府通过调低公债的发行利率，带动金融市场利率水平下降，以刺激投资需求和消费需求；当经济繁荣时，政府通过调高公债的发行利率，推动金融市场利率水平上升，以抑制总需求。公债价格与利率呈反向变化。在经济衰退时，政府可以大量买进债券，以刺激公债价格上升，使利率水平降低，产生扩张性效应；在经济繁荣时，政府可以抛售债券，以促使公债价格下跌，使利率水平上升，产生紧缩效应。

应该注意的是，公债政策是一种财政政策工具，同时又是一种货币政策工具。政府在实现财政政策的目标时，要注意不能与货币政策目标相矛盾，要使财政政策与货币政策协调搭配使用，才能实现共同的经济发展目标。

（二）财政支出政策

财政支出政策主要包括政府购买支出政策和政府的转移支付政策等。

1. 政府购买支出政策

根据凯恩斯学派的“需求管理”政策，政府购买整个社会的总支出水平具有十分重要的调节作用。当经济不景气时，社会的总支出水平过低，政府可以通过基础设施建设等政府购买政策来增加社会的总需求水平，以此同经济衰退作斗争，降低失业率；相反，当经济过热时，社会的总支出水平过高，政府可以采取减少政府购买支出的政策，来降低社会的总需求水平，以此来抑制通货膨胀。所以，政府购买支出政策是实现反经济周期、合理配置资源、稳定物价的强有力的工具。

从最终用途来看，政府购买支出可以分为政府投资政策和政府消费政策。

政府投资政策是政府支出政策的重要组成部分，其特点是：投资规模大；投资方向主要是基础设施、公用事业和经济中的“瓶颈”部门；投资目标主要是提高经济运行的整体效率，而不在于盈利；投资的资金来源主要是公债和税收收入。政府通过改变投资规模和方向，可以改变社会总需求，调整产业结构、资源结构、技术结构、劳动力结构以及国民经济部门间的比例关系，可以改善社会投资环境，刺激私人投资。

政府消费政策是指政府为了维持国防、文教卫生事业等一般行政以及其他政府活动所进行的商品、劳务的购买支出。政府通过改变消费政策，可以直接改变社会总需求，从而引导私人生产的方向，可以调节经济周期的波动。

2. 政府的转移支付政策

政府转移支付也是一种重要的财政政策工具，但其力度要小于政府购买支出。当经济萧条时，社会的总支出水平不足，失业会增加，政府可以通过增加社会福利保障支出，提高转移支付水平，增加私人的可支配收入和消费支出水平，从而使社会的有效需求增加，刺激经济走出低谷；当经济繁荣时，社会的总支出水平过高，通货膨胀率较高，政府可以减少社会福利保障降低转移支付水平，减少私人的可支配收入和消费支出水平，从而使社会的有效需求减少，使经济降温，通货膨胀率下降。所以一般将政府的转移支付政策作为实现收入公平分配和反经济周期波动等目标的主要政策工具。

从最终用途来看，政府转移支付政策可以分为两类，社会福利保障支出政策和财政补贴支出政策。

社会福利保障支出政策实际上是将高收入阶层的一部分收入转移到低收入阶层，从而缩小收入分配的不平等。

财政补贴支出政策包括生产性补贴和消费性补贴。生产性补贴的作用相当于对生产者实施减税政策，可以直接增加生产者的收入，提高生产者的投资和生产能力。消费性补贴主要是对人民日常生活用品进行价格补贴，其作用在于直接增加消费者的可支配收入，鼓励消费者增加消费需求。在社会的有效需求不足时，应主要增加消费性补贴；在社会总需求大于总供给时，应主要增加生产性补贴，这样就可以在一定程度上缓和社会的总供求矛盾。

四、财政政策实施中的问题

宏观财政政策是通过经济手段来间接调节经济，这种对经济的间接调节能否达到预期的最终目标？这就是政策效应问题。在政策的实施过程中有哪些因素会影响到政策的作用？这些问题对政策效应的大小是十分重要的。在财政政策的实施中应该注意到这样一些问题：

（一）政策效应的时滞

财政政策在完全发挥作用达到最终目标之前必定存在一定的时间间隔，这种时间间隔就称为“时滞”。一般把政策时滞分为内在时滞和外在时滞，前者是指决定并实施某项政策所需要的时间，后者是指政策发生效应所需要的时间。

任何一项财政政策，从对经济形势的分析决定采取政策到制定出政策，从政策的实施到完全发生效用达到预期的目的，都要有一定的时间间隔。政策时滞的长短对政策的制定与效果有重大的影响，并根据各种不同的政策而不同。在研究政策效应问题时必须了解这种时滞的长短与特点，这就正是我们现在所要研究的问题。

政策时滞的存在对制定财政政策是非常重要的。如果不存在这种时滞，则对经济中任何变动都可以采取相应的政策。但如果考虑到政策的制定、实施与发挥作用有一定的时滞，那么，就不是任何变动都应该采取一定的政策了。这也就是说，如果这种变动是暂时的，对经济的影响不是持久的，就不必采取任何政策，因为与其等政策过一定时期发生作用还不如让经济本身自行调节恢复到正常状态。如果经济中的变动是重大的，对经济的影响是长期的，尽管政策有时滞也必须采取相应的政策。这样，在存在政策时滞时，决策者就要考虑经济中的变动是暂时的还是重大的，考虑政策时滞的长短，否则就难以作出正确的决策，甚至会使稳定经济的政策变为加剧经济不稳定的政策。

（二）预期

无论是决策者还是公众都要对未来的经济进行预期，并根据这种预期来决定自己的经济行为。决策者的预期决定了所采取的政策措施，公众的预期决定了他们对政策的反应，这些都要影响财政政策效应。政策要受预期的影响，同时，政策本身也会影响预期。因此，在分析财政政策效应时，预期是一个十分重要的因素。

政府在进行决策时也要对经济形势以及政策效应作出预期。政府预期的方式也与个人相同。因此，影响政府预期的主要有以下因素：第一，所收集到的经济信息的完备性与准确性，特别是对一些突发性事件的信息；第二，对经济体系的运行规律与各种经济变量之间关系的了解程度，尤其是各种经济变量之间精确的量的关系（诸如，货币需求的收入弹性、利率弹性的精确数值）；第三，决策者本身的素质等。由于信息不可能是完备准确的，对经济规律的认识也总有限，加之，决策者并非全能的上帝。所以，政府对经济形势的判断，对政策效应的预期也与个人的预期一样难免出现失误，有时甚至是严重的失误。这样，就会使所制定出的政策并不一定完全正确。例如，也许经济中出现的是一次小的衰退，但由于预期失误而采取了强有力的措施，其结果则是适得其反，起到了相反的作用。

预期在决策中是重要的，但预期难以做到完全合乎理性，所以，预期的失误就会引起决策的失误。这也是政策运用中的困难。

预期要影响政策，政策也要影响预期。这就是说，财政政策效应如何要取决于公众的配合，公众的配合则取决于他们的预期，而公众的这种预期则在相当大的程度上受政府政策的影响。例如，假定政府采取了一项减税政策，希望达到刺激总需求的目的，但能否达到这一目的就取决于公众的配合。如果公众在减税增加可支配收入之后就增加消费，那么，就可以达到目的。但如果公众不予配合，政府减税，公众的可支配收入增加并不用于增加消费而用于增加储蓄，那么，减税就起不到刺激总需求的作用。公众是否配合则取决于他们对政策的预期。如果公众预期这种减税是暂时性的，并不会影响他们的持久收入，那么，他们就不会对减税作出增加消费的反应，而只会增加储蓄；相反，如果公众预期这种减税是持久性的，会使他们的持久收入增加，那么，他们就会对减税作出增加消费的反应。公众配合政策行事，政策才能达到预定的目的。

公众的预期主要取决于过去的经验，而这种经验相当大一部分来自政府政策行为。一般来说，如果政府的政策行为有规律性，则公众的预期易于合乎理性，如果政府的政策行为有突发性，则公众的预期是多变的。政府可以通过自己较长时期的政策行为来影响公众的预期，求得公众的合作。政府在作出决策时也要考虑公众对政策的预期与合作程度。公众的预期难以确定，这也是政策制定中的困难。

（三）财政政策实施中的实际问题

在财政政策实施中还存在许多实际问题，这些问题要影响到政策效应。

首先，任何一种财政政策都有其正效应与负效应，这就是说，在一项政策实现其最终目标时必然产生某些副作用。例如，扩张性财政政策在刺激经济的同时，也会导致通货膨胀加剧，实现充分就业的代价是通货膨胀；财政政策在刺激总需求的同时又会使利率上升，抑制投资，这就是财政政策的挤出效应，这种挤出效应减少了财政政策刺激总需求的作用。

其次，宏观经济学仅仅是从经济的角度来分析政策问题，实际上政策效应还要受到许多非经济因素尤其是政治因素的影响。国际上的政治斗争、国内的政治问题，都要影响政策效应。因此，仅仅从经济的角度来分析政策效应是不够的。实际上，决策者在决定政策时要对各种经济与非经济因素作出综合的分析，否则很难达到预期的政策效应。

最后，就经济因素而言，宏观经济学也并不一定能作出完全正确的分析。因为理论本身并不是十分完善的，信息也并不是完全的，这样，也就难免作出错误的决策，从而影响财政政策效应。

（四）政策的协调与配合

为了达到某种最终目标，往往不能只采用一种政策工具，为了实现最优的政策效应，必须把各种财政政策工具配合使用。如何使各项政策协调配合是决定政策中一个至关重要的问题。这种协调与配合包括各种财政政策工具的配合使用，也包括国内外政策的协调。只有政策的协调与配合得当，才能获得最理想的政策效应。这种协调与配合当然也有某种规律可以遵循，但更多的时候却是要根据具体情况相机行事。

财政政策实施中的这些问题，正是运用政策的困难所在。如何运用各种政策达到理想的政策效应是一门高深的学问，远非经济理论所能描述的。

第三节 货币政策

货币政策是指政府（中央银行）通过改变货币供应量来影响社会总需求水平进而影响总产出水平的一种政策。货币政策作为一国政府进行宏观经济管理的两大政策工具之一，对一国经济具有非常重要的影响。本节通过对商业银行、中央银行及其存款创造机制的分析，对货币政策的工具、传导机制等方面进行阐述。

一、商业银行、中央银行与存款创造

这里选用的货币供给定义为 M_1，即所有公众所持有的现金加活期存款的总和。虽然货币的供给受大众、商业银行和中央银行的影响，但货币供给的扩张和收缩，主要是由银行系统来实现的，各国的银行体系由于其社会制度和经济体制不同而有所区别，但一般由中央银行和商业银行两级金融机构组成，称为中央银行体制。

（一）商业银行与存款创造

商业银行在银行体系中占有重要的地位，它能够经营存贷业务，并从中创造货币，影响货币供给。商业银行创造货币是在它的资产负债业务中，通过创造派生存款形成。

商业银行主要是办理存款和贷款业务，在吸收企业和居民个人的存款后，除了保留一部分现金准备外，其余部分均可用来贷款或投资。银行库存准备金与银行存款的比率，称为银行存款准备率。各个国家一般对存款准备率都有法律上的规定。商业银行在进行存贷业务中，其存款准备率不得低于法定准备率。

在银行业务较发达的国家里，大部分交易不是用现金而是用支票来进行的。由于支票完全可以同现金一样成为交换媒介和支付手段在市场上流通，所以企业在得到商业银行的贷款以后，一般并不是立即取出现金，而是把这笔贷款作为活期存款又存入同自己有往来的商业银行，以便在需要支付款项时可以随时开支票使用。这样，银行贷款的增加，实际上就意味着活期存款的增加，也就是供给货币的扩大。因此，在金融体系中，商业银行具有创造存款的功能，而且只有商业银行才能创造存款，原因在于只有商业银行才可以接受活期存款，并可据以签发支票，从而具有创造存款的能力。

假定商业银行的法定存款准备率为20%，银行A吸收新存款为1 000万元，则必须要有200万元作为准备金，在此基础上，银行可以把新存款中的800万元用于放款。得到这800万元贷款的企业或个人把它作为活期存款存入与自己有往来的银行B中，银行B得到800

万元的新存款后，按照20%的存款准备率，留下160万元作为准备金，又可以放款640万元。得到这640万元的企业或个人，又将它作为活期存款存入银行C，再按同样的存款准备率，银行C又将其中的128万元留作准备金，其余的512万元同样用于放款。如此下去，每一笔新存款的形成，都会创造出该存款额80%的新贷款，这笔新贷款又形成一笔新的存款，如此反复。在这一创造存款的过程中，各商业银行的存款总额是：

$$
\begin{aligned}
1\,000+800+640+512+\cdots &= 1\,000\times(1+0.8+0.8^2+0.8^3+\cdots)\\
&= 1\,000/(1-0.8)=5\,000\ (\text{万元})
\end{aligned}
$$

最后各个银行创造出的新贷款总额为：

$$800+640+512+\cdots = 1\,000\times(0.8+0.8^2+0.8^3+\cdots)=4\,000\ (\text{万元})$$

在这个例子中，新增存款1 000万元会创造出新的贷款4 000万元。这就是所谓的“存款创造货币”，也简称“存款创造”。存款总额与原始存款和法定准备率之间存在一定的关系。设D表示存款总额（即最初新存款创造货币总额），R表示原始存款，r_d表示法定准备率，n表示银行级数，则上述变化过程可用公式表示为：

$$
\begin{aligned}
D &= R\cdot[1+(1-r_d)^1+(1-r_d)^2+(1-r_d)^3+\cdots+(1-r_d)^n]\\
&= R\cdot\frac{1}{1-(1-r_d)}=\frac{R}{r_d} \qquad (10.1)
\end{aligned}
$$

从公式（10.1）可以看出，银行体系所能创造的货币与法定准备率成反比，即法定准备率越低，银行存款的倍数增加就越大；法定准备率越高，银行存款的倍数增加也就越小。具体来说，银行体系中中央银行新增的这笔原始货币供给将使活期存款总和扩大为这笔新增原始货币供给量的$\frac{1}{r_d}$倍，该例中是5倍。$\frac{1}{r_d}$被称为货币创造乘数。所谓存款创造乘数是指增加一元存款所创造出货币的倍数，以K_m表示银行存款增加倍数，或货币创造乘数，则有：

$$K_m=\frac{1}{r_d} \qquad (10.2)$$

可以看出，存款创造乘数等于法定准备率的倒数。

将公式（10.2）代入公式（10.1），则有：

$$D=R\cdot K_m \qquad (10.3)$$

以上计算的银行的货币创造是一种理想条件下的货币供给，其前提条件是：第一，每一个银行吸收存款后是立即而不是延期贷款出去；第二，银行的实际存款准备率等于而不是高于法定准备率；第三，得到贷款的企业或个人是把贷款全部而不是部分作为活期存款再次存入银行。在现实中，实际情况与这些理想条件的要求有一些差异，因此，商业银行的货币供给一般都低于公式（10.1）或公式（10.3）计算的货币创造总额。

在现实经济生活中，每一个企业或个人都会考虑到日常生活中的零星支付而保留一部分现金；每一个商业银行考虑到要应付客户的经常性的提取现金而保留一部分超额储备，这样必定会使货币乘数下降。

首先考察现金漏损的影响。所谓现金漏损是指银行的客户得到贷款后并不是全部存入银行，而是提留一部分现金后再存入银行，从而使得存款创造的乘数下降。假定现金漏损率为 r_c，即每一所得贷款中按 α 的比率扣除后再存入银行，则存款创造的乘数为：

$$K_m = \frac{1}{r_d + r_c} \tag{10.4}$$

由式（10.4）可以看出，现金漏损的增加使银行创造存款的能力下降。在前例中，当没有现金漏损时，创造的存款为 5 000 万元。有了现金漏损（假设漏损率为 5%）后，创造的存款为 4 000 万元。

其次分析超额储备的影响。在现实经济中，各商业银行为了维持日常业务的正常进行，一般都保留有一定数额的超额储备金。这种情况也会使货币创造乘数进一步缩小。设商业银行的超额储备金率为 r_e，则存款创造的乘数为：

$$K_m = \frac{1}{r_d + r_c + r_e} \tag{10.5}$$

由以上可知，一笔新增加的原始存款，最终产生的存款总和为：

$$D = \frac{R}{r_d + r_c + r_e} \tag{10.6}$$

（二）中央银行与货币供给

中央银行是代表政府管理银行体系和货币与信贷供应的最高金融机构。它是货币发行的银行、政府的银行和银行的银行，在货币供给量的决定中，中央银行具有重要的作用。

1. 中央银行对货币供给的最终决定

通过公式（10.1）可知，商业银行创造存款的能力是由法定准备率和可能得到的最初新存款决定的。如果整个社会的现金均已存入商业银行，并且商业银行最大限度地将其运用出去，或者流通中非银行部门及居民的现金持有量不变，那么，商业银行增加贷款从而创造存款货币的决定性因素便是中央银行提供给商业银行的贷款。即只要中央银行不增加商业银行贷款，商业银行的准备金便难以增加，也就不能反复去创造存款。如果中央银行缩减或收回对商业银行等机构的信用支持，则必然引起商业银行准备金持有量的减少，并必将导致商业银行体系对贷款乃至存款的多倍收缩。可见，中央银行的信用规模直接决定着商业银行准备金的增减，从而决定着商业银行创造存款货币的能力。也就是说，在中央银行体制下，这两个决定因素，中央银行都能控制，从而使中央银行成为货币供给的最高控制者和最终供给者。

一方面，中央银行可以通过法定准备率来控制货币供给。这种对货币供给的控制流程大致是这样的：中央银行把法定准备率输入商业银行，而商业银行又是由众多不同级别的银行组成，通过各级银行的存款与贷款活动，商业银行就创造出了倍数的货币供给，特别是多倍扩大的银行活期存款。公式（10.2）清晰地反映出银行存款倍数增加与法定准备率的密切关系。因此，中央银行通过对法定准备率的控制，不仅控制了社会的货币供给量，而且控制了社会的货币供给量增长率。

另一方面，中央银行也可以通过发行硬币和纸币来增加货币供给。这种新增加的货币量是通过两级供给的方式来注入社会的。整个货币供给流程表现为：中央银行以再贷款或其他方式向商业银行提供新增加的货币量，构成商业银行向社会供给货币的基础，商业银行以此为最初新存款，从而数倍地扩大向社会供给现金货币和存款货币。因此，商业银行由于具备货币扩张机制，形式上充当着社会货币的直接供给者；而中央银行由于拥有货币发行权，则实际上成为社会货币的最终供给者。

中央银行提供的货币供给来源于基础货币。这种货币是指能创造存款货币的商业银行在中央银行的存款准备金与流通于银行体系之外的通货的总和。前者包括商业银行持有的现金、在中央银行的法定准备金以及超额准备金。

基础货币是商业银行存款的基础，当经济中原有的基础货币已最大限度地为商业银行所利用并创造出多倍存款货币但却仍然不能满足经济发展需要时，唯一的出路是靠中央银行创造、补足基础货币。新的基础货币被中央银行创造出来，又经商业银行体系多倍扩张后，不断创造出满足经济需要的追加货币供给。

2. 中央银行的存款创造

中央银行除了通过发行货币来直接增加货币供给以外，还可以通过公开市场业务来扩大货币供给。这种货币供给流程是：中央银行在公开市场上购进政府债券，但不直接用货币购买，而是开出支票，支票持有者再把支票存入与自己有往来的商业银行账户，商业银行以支票作为其准备金，从而就可增加现金准备，扩大信贷，从而倍数地创造出存款货币。

由上可见，银行体系供给货币是通过中央银行和商业银行来完成的。中央银行通过各种方式创造或收缩基础货币，用于增加或减少商业银行的准备金存款；商业银行在基础货币量的范围内，以发放贷款或投资证券等资产业务运用超额准备金，通过派生机制完成存款货币的创造过程，从而最终改变货币供给数量。

如果用 C_u 表示非银行部门持有的通货，用 R_d 表示法定准备金，用 R_e 表示超额准备金，用 H 表示基础货币，则有 $H = C_u + R_d + R_e$。这是商业银行得以扩张货币供给的基础。在这里我们考虑的货币供给（指 M_1）$M = C_u + D$，即为通货和活期存款之和，因此有：

$$\frac{M}{H} = \frac{C_u + D}{C_u + R_d + R_e} = \frac{\frac{C_u}{D} + 1}{\frac{C_u}{D} + \frac{R_d}{D} + \frac{R_e}{D}}$$

$$= \frac{r_c + 1}{r_c + r_d + r_e} \tag{10.7}$$

式（10.7）中，$\frac{M}{H}$ 就是货币创造乘数。比较式（10.7）与式（10.5）可以看出，这两个乘数的大小有所不同。这是因为，式（10.5）中仅将活期存款总和当成是货币供给量，而式（10.7）中则将活期存款和通货的总和看成是货币供给量。因此，银行存款的多倍扩大的连锁反应也会发生相应的变化。

例如，假定法定准备率为20%，且公众将一切来源的收入均存入银行体系。现在，中央银行在公开市场上向社会公众购进政府债券20亿元，以支票形式进行支付。债券出售者将此支票存入与自己有往来的商业银行，商业银行将收到的支票送至中央银行，并作为其准备金存入中央银行，于是其准备金增加了20亿元。商业银行新收存款为20亿元，按20%的法定准备率计算，只需增加4亿元的准备金就可以了，而现在新增的准备金却为20亿元，超过法定值16亿元。准备金资产没有任何利息，过多地持有此资产意味收益的损失，故商业银行必然设法将此多余的准备金充分利用，进行放款。于是，采用公式（10.2）计算，16亿元的多余准备金作为最初新存款，可使商业银行体系扩大营业量：16÷20% =80亿元。也就是说，商业银行可利用此多余准备金进一步吸收公众活期存款80亿元。为此，商业银行在市场上购买债券80亿元，以其支票支付，出售债券者收到支票后又将其存入商业银行体系，作为活期存款。

通过以上两次市场业务，它使社会公众减少了100亿元的债券资产，但增加了100亿元的活期存款，这意味着货币供给增加100亿元，中央银行仅购买了20亿元债券，但却使货币供给增加了100亿元。由此看来，中央银行的公开市场业务经过商业银行体系的传递，大大扩大了货币供给。

二、货币政策工具

中央银行通过控制货币供应量来调节利率进而影响投资和整个经济以达到一定经济目标的行为就是货币政策。当然，这主要是凯恩斯主义者的观点，他们认为，货币政策和财政政策一样，也是调节国民收入以达到稳定物价、充分就业的目标，实现经济稳定增长。两者不同之处在于，财政政策直接影响总需求的规模，这种直接作用是没有任何中间变量的，而货币政策则还要通过利率这个中间目标的变动来对总需求发生影响，因而是间接地发挥作用。

货币政策一般也分为扩张性的和紧缩性的。前者是通过增加货币供给来带动总需求的增长。货币供给增加，利率会降低，取得信贷更为容易，因此经济萧条时多采用扩张性货币政策。反之，紧缩性货币政策是通过削减货币供给的增长来降低总需求水平，在这种情况下，取得信贷比较困难，利率也随之提高，因此，在通货膨胀严重时，多采用紧缩性货币政策。

（一）一般性政策工具

中央银行所采用的用来控制货币供应量的一般性货币政策工具，即传统的货币政策工具有三种：公开市场业务、再贴现政策和法定存款准备金政策。

1. 公开市场业务

所谓公开市场业务，是指中央银行在公开市场上买进或卖出政府债券以控制货币供给和利率的政策行为。公开市场业务是中央银行稳定经济的最经常使用的政策手段，也是最灵活的政策手段。

公开市场业务是逆对经济风向行事的。当经济风向显示出总支出不足因而失业有持续增加的趋势时，中央银行在公开市场买进政府债券，从而使流通中的货币供给量增加，利率下降；同时买进政府债券还会使政府债券价格上升，而债券价格的上涨就等于利率的下降。利率的下降会引起投资上升，从而引起收入、价格与就业的上升。反之，当经济风向显示出总支出过大因而价格水平有持续上涨的趋势时，中央银行就在公开市场卖出政府债券，从而使流通中的货币供给量减少，利率上升；同时，在公开市场上卖出政府债券时，会使政府债券价格下降，而债券价格的下降就等于利率的上升。利率上升会引起投资下降，从而引起收入、价格和就业下降。

2. 改变贴现率

通常把中央银行给商业银行的贷款叫做贴现，把中央银行对商业银行的贷款率叫做贴现率。改变贴现率是美国中央银行最早运用的货币政策工具。

中央银行逆对经济风向改变贴现率。当货币当局认为总支出不足因而失业有持续增加的趋势时，就降低贴现率，扩大贴现的数量以鼓励商业银行发放贷款，刺激投资。反之，当货币当局认为总支出过大因而可能出现通货膨胀时，就提高贴现率，收缩贴现的数量，以限制商业银行发放贷款，抑制投资。贴现率降低时，股票和债券的价格一般都会提高；贴现率提高时，股票和债券的价格一般都会降低。贴现率政策和公开市场业务政策通常是相互配合的。中央银行在公开市场买进或卖出政府债券使利率降低或提高时，就必须相应地改变贴现率，使贴现率和利率大致相适应。中央银行的贴现率的变动成了货币当局给银行界和公众的重要信号：贴现率的下降表示货币当局要扩大货币和信贷供给，贴现率的上升表示货币当局要收缩货币和信贷供给。

3. 改变银行准备率

银行准备率是银行准备金对存款的比例。由于这一比例是法定的，因而又称法定准备率。改变法定准备率被认为是一项强有力的货币政策手段，由于影响太强烈而不常使用。

中央银行逆对经济风向改变银行准备率。货币当局认为总支出不足因而失业有持续增加的趋势时，可以降低银行准备率。如果有必要，中央银行可以将准备率一直降到法定的最低限。准备率的下降，使商业银行能够按更低的准备率也就是按更多的倍数扩大贷款。而且在一般情况下，准备率的下降还会使商业银行形成超额准备金。超额准备金扩大了商业银行扩张信用的基础，增大了贷款能力。反之，货币当局认为总支出过多因而价格水平有持续增长的趋势时，可以提高银行准备率，直到法定最高限。准备率的提高，使商业银行必须按更高的准备率较低的倍数扩大贷款。准备率的提高，还使商业银行准备金不足。准备金不足缩小了商业银行扩张货币和信用的基础，减少了贷款能力。

在上述各种货币政策手段中，公开市场政策则被认为是最重要的政策手段。银行准备率具有法律效力，能对银行信用产生直接影响，这不同于公开市场业务的贴现率对银行信用产生的间接影响。银行准备率的变动能直接造成超额准备金或准备金不足，从而可以增强公开市场业务和贴现率政策的效果。因此，法定准备率政策既能独立起作用，又能作为公开市场业务和贴现率政策的补充。一般地说，以上三项主要手段既可以单独运用，又可以配合使用。在通常情况下，中央银行通过公开市场业务和贴现率的配合来调节宏观经济活动水平。

只有在特殊情况下，才运用准备率政策。

（二）选择性货币政策工具

中央银行除了运用三大传统的货币政策工具来调节社会货币供给量以影响经济外，还可以选择对某些特殊的领域进行信用调节。

1. 消费信用控制

这是指中央银行对不动产以外的耐用消费品购买时的第一次付款规定最低金额。例如，对分期付款购买耐用消费品时的第一次付款规定最低金额；对消费信贷的借款最长期限做出限制；对能够以消费信贷方式购买的消费品的作类作出规定；对不同的耐用消费品规定不同的贷款期限；等等。

2. 证券市场信用控制

它是指中央银行对有关证券交易的各种贷款进行控制，目的是抑制证券交易中的过度投机行为。例如，规定以贷款方式购买证券时的第一次付款金额；根据金融市场的具体情况，随时调整保证金率。

3. 不动产信用控制

这是指中央银行对金融机构在房地产方面贷款的限制性措施。

4. 优惠利率

这是指中央银行对国家重点扶持的产业，实行贷款利率优惠政策。

5. 进口保证金制度

这是指中央银行要求进口商按进口商品总额的一定比例，缴纳进口保证金，以抑制进口的过快增长。

（三）直接信用控制和间接信用控制

直接信用控制是指中央银行以行政命令或其他方式，直接对商业银行的信用活动进行控制。直接信用控制工具有利率最高限额、信用配额、流动性比率和直接干预等方式。

利率最高限额是中央银行依据法令规定商业银行的定期和储蓄存款所能支付的最高利率水平；信用配额是指中央银行根据金融市场的具体情况和客观经济需要，权衡轻重缓急以后，对商业银行的信用规模加以合理分配与限制；流动性比率是指中央银行规定商业银行全部资产中流动性资产的比重，借以限制商业银行信用扩张的规模；直接干预是指中央银行直接对商业银行的信贷业务、放款规模等加以干预。

间接信用控制是指中央银行采取的一般性货币政策工具、选择性货币政策工具和直接信用控制以外的其他措施，主要有两种方式：道义劝告和窗口指导。间接信用控制使用起来比较灵活，而且有利于中央银行与一般金融机构保持密切的合作关系。

道义劝告是指中央银行在必要时利用其在金融领域中的特殊地位和威望，对商业银行和其他金融机构发出口头或书面劝告，从而影响金融机构的放款与投资数量和方向，使其符合金融调控的目的。窗口指导是指中央银行根据市场状况、物价变动趋势和金融市场的动向，对商业银行每季度的贷款变动额作出规定，并要求执行。

三、货币政策传导机制理论

中央银行所以能够运用货币政策工具对宏观经济进行调节，是由于货币政策工具的变动能够对经济生活中的某些变量产生影响。货币政策的传导机制是指运用一定的货币政策工具引起经济活动的变化，从而实现货币政策最终目标的渠道和机理。货币政策的传导机制是一个非常复杂的过程，对这一过程的分析有很多争论。在这里主要介绍凯恩斯主义和货币主义的观点。

（一）凯恩斯主义的货币政策传导机制理论

凯恩斯主义认为，中央银行实施货币政策后，首先通过商业银行存款准备金的变化引起货币供给量的变化，再通过货币供给量的变化，引起市场利率的变化，利率的变化又通过资本边际效率的影响引起投资的增减，而投资的增减又会以乘数的方式影响总支出与总收入。用符号表示为：

存款准备金→货币供给量→利率→投资→总支出→总收入

在这个传导机制发挥作用的过程中，主要环节是市场利率，因为货币供给量的变化首先影响的是利率的升降，然后才是投资和总支出的变化。中央银行货币政策效应的大小，主要取决于三个因素：一定的货币供给量的变化能使利率发生多大的变化；一定的利率变化对投资的影响程度；货币乘数的大小。

上述分析只显示了货币市场对商品市场的影响，没有表现货币市场和商品市场之间循环往复的相互作用过程，因此属于局部均衡分析。一些学者对局部均衡分析进行了补充并发展成所谓的一般均衡分析。其基本观点是：当中央银行采取扩张性的货币政策使货币供给量增加时，如果总需求不变，利率会相应下降，利率的下降会刺激投资，并引起总支出和产量的增加。同时，由于产量的增加使货币需求增加，当货币需求超过货币供给时，会使利率有所回升，这是商品市场对货币市场的作用。接着，利率的回升又使总需求减少，产量下降，进一步导致货币需求下降，利率又会回落。这个过程循环往复，最终达到一个均衡点，这一点同时满足货币市场与商品市场供求两方面的均衡要求。

凯恩斯主义的货币政策传导机制理论的特点是特别强调利率这一环节。

（二）货币主义的货币政策传导机制理论

货币主义学派认为，利率在货币政策传导机制中不起重要作用，他们更强调货币供给量在整个传导机制中的直接效果。用符号表示如下：

货币供给量→总支出→总收入

该理论认为，当中央银行采取扩张性的货币政策时，商业银行的存款准备金增加，基础货币增加，所以货币供给量增加。由于货币需求函数具有稳定性，这样利率就会下降。但这只是暂时的，利率下降后会刺激投资，使产出量增加。随着产出量的增加，货币需求也会增加，从而利率开始回升，又可能恢复到原来的水平。

由此可以看出，货币政策的传导机制主要不是通过利率间接地影响总支出和总收入水平，而是通过货币供给量的变化直接影响社会的总支出与总收入水平。

尽管上述两种理论在具体分析时存在分歧，但也存在着一些共性：货币供给量变化以后，会引起市场利率的变化，由于利率发生了变化，才进一步刺激了企业的投资和消费者个人的消费欲望。当投资和消费发生变化后，社会总支出和总收入水平也会相应发生改变。这也是货币政策传导机制的一般模式。

四、货币政策的局限性

货币政策在实践中也存在一些局限性：

第一，由于存在所谓流动性陷阱，在通货膨胀时期实行紧缩的货币政策可能效果比较显著，而在经济衰退时期，实行扩张的货币政策效果就不明显。那时候，厂商对经济前景普遍悲观，即使中央银行松动银根，降低利率，投资者也不肯增加贷款从事投资活动，银行为安全起见，也不肯轻易贷款。这样，货币政策作为反衰退的政策，其效果就甚微。

进一步说，即使从反通货膨胀看，货币政策的作用也主要表现于反对需求拉上的通货膨胀，而对于成本推进的通货膨胀，货币政策效果就很小。因为物价的上升若是由工资上涨超过劳动生产率上升幅度引起或由垄断厂商为获取高额利润引起，则中央银行想通过控制货币供给来抑制通货膨胀就比较困难了。

第二，从货币市场均衡的情况看，如果要使增加或减少货币供给影响利率，必须以货币流通速度不变为前提，如果这一前提不存在，货币供给变动对经济的影响就要打折扣。在经济繁荣时期，中央银行为抑制通货膨胀需要紧缩货币供给，然而，那时公众一般说来支出会增加，而且物价上升越快，公众越不愿把货币持在手上，从而货币流通速度加快，这时候，即使中央银行减少货币供给，也无法使通货膨胀率降下来。反之，当经济衰退时期，货币流通速度下降，这时中央银行增加货币供给对经济的影响也就可能被货币流通速度下降所抵消。如果货币供给增加量与货币需求增加量相等，则LM曲线就不会移动，因而利率和收入也不会变动。

第三，货币政策作用的外部时滞也影响政策效果。中央银行变动货币供给量要通过影响利率，再影响投资，然后再影响国民收入，因而，货币政策作用要经过相当长一段时间才会充分得到发挥。尤其是，市场利率变动以后，投资规模并不会很快发生相应变动。利率下降以后，厂商扩大生产规模需要一个过程，利率上升以后，厂商缩小生产规模更不是一件容易的事，已经上马在建的工程难以下马，已经雇用的职工也不能轻而易举地被解雇。总之，货币政策即使在开始采用时不要花很长时间，但执行后产生效果却要有一个相当长的过程，在此过程中，经济情况有可能发生和人们原先预料的相反变化。例如，经济衰退时中央银行扩大货币供给，但未到这一政策效果完全发挥出来经济就已转入繁荣，物价已开始较快地上升，则原来扩张性货币政策不是反衰退，却为加剧通货膨胀起了“火上加油”的作用。

货币政策在实践中存在的问题远不止这些，但仅从这些方面看，货币政策作为平抑经济波动的手段，作用也是有限的。

第四节 财政政策与货币政策的协调与配合

一、财政政策与货币政策相互配合的必要性

财政政策与货币政策是政府对国民经济进行宏观调控的两大手段，二者之间既有配合的可能性，又有配合的必要性。其可能性主要体现在：二者都是国民经济货币收支体系的重要组成部分，都与社会其他货币收支体系有密切联系，且二者之间也存在着密切的资金往来关系，这为二者的配合提供了坚实的基础。另外，财政政策与货币政策的运作主体均是国家，二者的最终目标也是一致的，都要服从于国家调节宏观经济的总体目标。

财政政策与货币政策相互配合不仅有其可能性，更有其客观必要性。财政政策与货币政策虽然都能对社会总供给与社会总需求的平衡状况进行调节，但无论是在调节目标的确定、调节方式和手段的选择、调节作用的发挥机制上，还是在调节的侧重点、调节的效果等方面，二者之间均有很多差别，而且在许多差别上，又往往具有很大的互补性，由此决定了二者既不能相互取代，也不能各行其是，而必须相互配合。具体地讲，财政政策与货币政策配合的必要性主要体现在以下几方面：

（一）二者的调节目标有所不同

从最终目标上说，财政政策与货币政策的目标是一致的，都是以经济稳定发展为其最终目标。但在具体的财政政策与货币政策的实施过程中，二者的直接目标仍有一些区别。财政政策往往以促进经济发展为首要目标，货币政策则往往以货币稳定为第一目标。而经济发展和货币稳定目标之间往往是相互矛盾的。要促进经济发展，就必须扩大投资规模，企业增加投资，就必然会扩大贷款规模，而贷款规模的扩大，就很有可能引起流通领域货币流通量增加，超过经济对其的客观需要量，从而引发通货膨胀。反过来，货币稳定的政策目标很可能对企业的投资需求产生抑制作用，从而使经济发展速度放缓。政府决策部门必须正视二者之间在调节目标上的这种差异，协调二者之间的关系，把握好经济发展与货币稳定的“度”，避免财政政策与货币政策之间发生冲突现象。因此，财政政策有必要与货币政策相协调、相配合。

（二）二者的作用机制不同

财政政策可以从收入和支出两方面影响社会总需求的形成。通过税收政策，如税种的选择、课税对象的确定以及税率的确定，财政政策可以直接对微观经济组织以及居民等经济主体的收入水平进行调节，从而可以对社会总需求的形成产生作用。银行信贷虽然也是对货币资金所进行的一种再分配活动，但它并不直接参加国民收入的分配。信贷资金是以有偿方式集中和使用的，主要是在资金盈余部门和资金短缺部门之间进行余缺的调剂。由此决定了货币政策主要是通过规模的伸缩来影响消费需求和投资需求的形成。

（三）二者的功能不同

财政政策与货币政策在调节供给与总需求平衡上的功能存在一些差异。财政政策对供求总量和供求结构均有较强的作用，但相对而言，对供求结构的调节较灵活，社会和政府所付出的代价也比较小。例如，通过税收优惠、财政补贴等手段支持短线产品的生产，所涉及的只是社会经济的局部，不会对直接对社会经济的运行产生很大的影响，由此所造成的财政收入损失数量也不是很大。而财政对供求总量的调节，会对整个社会经济的运行产生很大的影响，并且对财政本身的影响也很大。例如，在经济危机时期，政府实行赤字财政政策，导致政府财政支出规模的非正常化扩大，其结果往往是使政府背着沉重的债务负担。而当经济出现转机，需实行盈余性财政政策时，却由于难以压缩已形成的支出规模，再加上偿还债务的需要，致使盈余性财政政策无法推行。因此，财政政策的功能偏重于调节供求结构。相反，货币政策在供求结构的调节上，几乎是无能为力的，它的调节功能侧重于供求总量的调节。中央银行扩大或缩小货币供应量，只会导致需求总量的扩大或缩小，而不会引起需求结构的改变。就货币政策而言，欲改变需求结构，只能通过政府开设的政策性银行向国民经济紧缺部门提供优惠利率贷款等手段来实现，这种手段的适用范围往往很小，其调节范围和力度都很有限，对于绝大多数经济组织来说，融资是在市场上进行的，在条件相同的情况下，贷款利率对所有企业都是一视同仁的，不可能厚此薄彼，因而也就无法通过货币政策对供需结构产生调节作用。

（四）二者均具有局限性

财政政策的局限性表现在政策实施结果与目标之间的差距和受政策时滞的影响。货币政策也同样存在着多方面的局限性，其中有与财政政策相类似的地方，也有不同的地方，而这些不同之处，具有互补性。一方面，货币政策在实际调节效果与预期目标之间也存在着差距甚至背离的问题。例如，在经济危机时期，与财政政策一样，中央银行也多采用扩张性货币政策，如实行降低法定存款准备金率、降低再贴现利率等政策，其目的是扩大向商业银行贷款规模，刺激社会的投资积极性。但此时由于贷款风险较大，商业银行往往会“惜贷”，从而使中央银行的扩张性货币政策的实施效果大打折扣。而在经济过热时期，中央银行的紧缩性货币政策又往往由于与商业银行扩大贷款规模，追求利润最大化的经营目的相左而受挫。另一方面，在政策的时滞上，货币政策受到的局限与财政政策有所区别，且二者具有一定的互补性。

二、财政政策与货币政策协调配合的内容

财政政策与货币政策是国家集中掌握的两种最重要的经济杠杆，两者之间既有密切联系，又各有特点。这就决定了两者在国民经济的宏观调控中、必须协调配合，以发挥聚合效应和互补效应。

（一）政策目标的协调配合

政策目标是政策的第一要素，也是政策调控的依据和归宿。财政政策、货币政策都要服从和服务于国家的政治目标、社会目标和经济目标，发挥财政政策和货币政策的聚合效应。同时，还要根据财政政策、货币政策各自的特点，发挥各自的优势，突出各自的政策目标重点，充分发挥各自的政策调控功能。

财政政策目标的重点是通过税收、政府预算和社会保障等手段调节国民收入分配，实现社会总供给与总需求的平衡；通过结构调控以优化资源配置，实现生产结构与消费结构、供给结构与需求结构的协调。

另一方面，财政的一收一支乃至全社会的货币收支都要通过银行信贷收支反映到货币流通上，而中央银行则是控制货币供应量从而也是控制社会总需求的总闸门，因此货币政策目标的重点是通过调控货币供给量和货币需求量来实现社会总需求与社会总供给的平衡。

通过发挥财政政策和货币政策的互补效应，实现各自的重点目标，最终全面实现宏观经济调控的总体目标。

（二）政策方向的协调配合

财政、货币政策的调控方向应是反经济周期的逆向调节，以熨平经济周期。当社会总需求明显大于社会总供给、经济处于高峰期时，应实行紧的财政政策与紧的货币政策搭配（财政政策与货币政策同向但与经济周期逆向），以抑制社会总需求和通货膨胀；当社会总需求明显小于社会总供给、经济处于低谷期时，应实行松的财政政策与松的货币政策搭配（财政政策与货币政策同向但与经济周期逆向），以刺激社会总需求，抑制通货紧缩；在经济的平稳发展时期或在经济高峰期与低谷期之间的过渡时期，则可根据社会总供求的具体情况相机抉择，实行总体上中性的财政政策和货币政策。

总体而言，财政政策与货币政策的方向搭配，主要有以下几种方式，即双紧政策、双松政策和双中性政策。

财政政策和货币政策被人们称之为拉动经济的两套“马车”，两者同向而行将对经济产生极大的调控效应，二者背道而驰，则作用力相互抵消。因此，在一般情况下，宁可使一种政策不发挥作用，也不能使其与另外一种政策的作用力方向相反。

（三）政策力度的协调配合

在政策方向正确的前提下，政策力度即“松紧度”的强弱是否恰当以及是否随着经济运行情况的改变而适时予以调整，决定着政策调控成效的大小。财政政策与货币政策在政策力度上的协调配合主要表现在以下两个方面：

第一，在新一轮经济周期的起始阶段，财政政策与货币政策应加大“收紧”或者“放松”的力度，足以克服上一轮经济周期过热或者过冷的运行惯性，从而有效抑制经济过热、通货膨胀或者有效遏制经济下滑、通货紧缩。

第二，在经济运行中，应根据经济走势的变化适时调整财政、货币政策的“松紧度”，以避免矫枉过正而导致负效应。一般地，在抑制通货膨胀的宏观调控中，当经济走势开始出现由扩张转向收缩的变化时，就应逐步调整“双紧”财政、货币政策的紧缩力度，避免因紧缩过度而使经济持续下滑并面临通货紧缩的压力；随着经济的回升，逐步调整“双松”财政、货币政策的放松力度乃至政策方向，以避免出现新一轮的经济过热和通货膨胀。

第五节 供给管理政策

供给管理政策是指政府为了实现其政策目标而采取的影响总供给的政策。

一、供给管理政策与经济政策的目标

供给管理政策与宏观经济政策目标密切相关。借助于供给方面的政策，政府也可以在一定程度上实现充分就业、价格稳定和经济增长等目标。

（一）供给政策与失业

在经济处于充分就业均衡状态时，经济中仍然会有一定数量的失业，例如摩擦性失业和结构性失业等。这类失业并非由于总需求不足，而是因为职业或地域上缺乏流动性等问题所致。劳动市场上的这种不完全性，是不能通过总需求政策来解决的，只能依靠供给政策。

供给政策的目标是通过使得工人对工作职位作出更积极的反应而影响劳动供给，例如对失业者提供职业培训。同时，政府也采取更为积极的措施，促使雇主愿意接受或雇用现有技能的工人，以突破他们对劳动就业的限制。此外，政府也试图寻求减少工会等垄断组织对增加就业的制约。

（二）供给政策与通货膨胀

如果通货膨胀是由成本推动所引起的，那么供给政策有助于降低通货膨胀。具体的政策措施包括：第一，通过反垄断法等手段减少工会和企业的垄断力量，鼓励劳动市场和产品市场上的竞争；第二，通过价格和收入政策限制人们增加工资或物价；第三，通过职业培训、投资优惠等措施促进生产率水平的提高。

（三）供给政策与经济增长

传统的凯恩斯主义倾向于假定经济中存在既定的潜在国民收入，因而政策的重点是总需求。供给方面的经济学则侧重于对潜在国民收入的分析。供给政策的目标是增加潜在的国民收入（或者说把凯恩斯模型中的潜在国民收入量向右移动）。为此，供给政策措施包括鼓励人们的劳动积极性和资本积累的政策，以便最大限度地扩大生产要素的总量。

以上说明了供给政策对实现宏观经济政策目标的作用。在实践中，由于作为政策指导思想的经济理论之间存在差异，因此，供给政策的取向并不尽相同，因而具体的政策措施也有所不同。

二、以市场为取向的供给政策

以市场为取向的供给政策是指通过增加市场自由竞争的程度而增加总供给的政策。以市场为取向的供给政策的理论基础是以货币主义为代表的自由主义经济学。依照货币主义的观点，总需求政策只能用于对付通货膨胀，而不能影响长期的经济增长和就业，供给政策是增加产出、减少失业的有效方式。货币主义者强调经济自由的优越性，建议采取以市场竞争为取向的政策，其中包括：取消管制、推进自由化和国有企业私有化、削减政府官僚机构、降低政府支出和税收、建立更具伸缩性的市场其中也包括劳动市场等。20 世纪 80 年代英国的撒切尔政府和美国的里根政府在一定程度上执行了这种以市场为取向的供给政策。

（一）减少政府支出

以市场为取向的供给政策支持者认为，削减政府支出并不只是减少货币供给的需要，而且也是促进供给的一项策略。

此外，作为政府支出的一个重要组成部分，各国的社会福利开支巨大。因此，以市场为取向的供给政策也包括降低社会福利开支。

（二）减税

以市场为取向的供给政策主张大幅度减税，以提高人们的劳动积极性和投资积极性。在减税的同时，主张税收的公平，反对各种税收优惠。因为过多的税收优惠政策不仅扭曲了价格作为资源稀缺性的信号，也增大了政府的管理成本。

（三）降低劳动市场的垄断力

在劳动市场上，工会的作用往往使得工资（至少是工会会员的工资）高于劳动市场的均衡工资率，导致失业增加。同时，较高的工资率也是成本推动的通货膨胀的原因之一。降低劳动市场的垄断力从而降低工资率，不仅是增加就业的措施，而且也有利于企业降低成本从而增加利润，促进投资。因此，以市场为取向的供给政策包括降低劳动市场的垄断力量的措施，比如制定工资上限。

（四）鼓励市场竞争

这方面的政策包括公共部门的私有化和引入市场关系、取消管制、推行更为自由的贸易如资本流动政策等。

总之，以市场为取向的供给政策侧重于通过市场竞争提高潜在产出水平，而尽可能地减少政府对经济活动的干预。

三、国家干预主义的供给政策

国家干预主义的供给政策是指政府为了矫正市场的低效率而采取的增加总供给的干预政

策。其理论基础是后凯恩斯主义理论。依照凯恩斯主义的理论观点，在总需求不足导致失业的情况下，通过增加总需求可以增加就业和产出。但在充分就业状态下，只有通过增加总供给才能促进产量增加和经济增长。此外，支持干预主义供给政策的经济学家关注市场缺乏效率的方面，强调政府在弥补市场不足方面的作用。因此，他们主张国家应发挥更加积极的作用，其中包括对教育、培训、基础设施、研究与开发、新技术的资助和投资，规范行业行为和对行业进行重组等。

（一）对教育和培训的投资

对教育和培训的投资不仅是维持较高需求的需要，而且也是促进总供给的有效方式。从长远来看，劳动力素质的提高是潜在产出水平提高的重要方式，只有增加生产要素的总量，才能最终增加总产出。从短期来看，结构性失业与工人不能适应新工作职位有关。因此，通过教育和培训可以促进就业，并增加总供给。

（二）提供基础设施

良好的基础设施是增加投资的一个重要条件。但是，基础设施因其公共物品特性而不能完全由市场供给。政府的一个重要作用在于供给公共物品，以便公共物品的数量能达到有效率的水平。

（三）为研究与开发的新技术提供资助或进行直接投资

作为人类的一种知识，研究和开发的成果具有广泛的外在性，即对其他企业具有外部影响。这时，如果单独依照市场供给，其数量必然不足。同时，作为一种投资，研究和开发具有高投入和高风险的特征，而使用新技术也面临着市场不确定的影响，单个企业或者小企业无力承担也不愿承担这种风险。因此，干预主义的供给政策包括对研究开发、新技术产业等提供资助或由政府直接投资。

（四）规范行业行为，进行行业重组

行业中的垄断和不正当竞争是造成失业增加的一个原因，因而干预主义的供给政策建议采取限制垄断的措施。但另一方面，在某些行业中又存在着过分竞争的现象，使得行业没有达到规模经济所要求的程度。因此，干预主义的供给政策也包括对行业重组提供资助保护的政策。

此外，干预主义的供给政策也主张政府提供市场运行所需要的信息等措施，以便市场更有效地运转。

四、需求管理政策与供给政策之间的关系

无论是以市场为取向的供给政策还是干预主义的供给政策，它们与需求管理政策之间是相互联系的。一项政策可以既是需求管理政策，又是供给政策。例如，许多供给政策涉及政府增加支出，如为工人提供再就业培训等。因此，这些供给政策也会引起总需求的增加。

类似地，需求管理政策也具有供给效应。例如，增加货币供给以便降低利率，增加投资并最终增加国民收入是一种需求管理政策，但同时，减低利率又可以促进生产能力的扩大，从而产生供给效应。

总之，一项政策的影响可以是多方面的，因而在考察政策效果时应该注意这些影响。

案例1 预先防范的货币政策

在1994年2月，当失业率为6.6%，通货膨胀年率低于3%时，联储将贴现率由4.75%提高到5.25%。在失业高于绝大多数人判断的自然失业率之上，而通货膨胀仍然较低的情况下，许多观察家对联储作出的决定，感到惊讶并提出批评——甚至在经济增长仍有机会继续之前，不是就将它扼杀吗?

但是，联储——在一个预先防范的货币政策例子中——不是对总需求与膨胀的现有情况作出反应，而是对经济如果增长太快，会发生通货膨胀的这种顾虑作出反应。

其结果是联储似乎做对了。在1994年期间，经济增长非常迅速，年增长率为3.5%，失业率由1994年1月的6.7%，下降到1995年1月的5.7%。虽然增长迅速，但通货膨胀保持在低水平，如果没有提高利率，经济增长还要迅速，而通货膨胀很可能上涨。

批评者认为，联储应该等到通货膨胀实际上涨，而不是预先采取行动，他们的忠告可能迫使联储在1995年比在1994年提高更多的利率——因为1995年的通货膨胀会比实际发生的要高。

分析：

本案例主要说明的是：货币政策对于通货膨胀的预防有显著作用；确定货币政策时，值得考虑未来。

一国经济在处于平稳增长的阶段，通货膨胀率和失业率都保持在合理的水平上，但是，经济的持续增长，尤其是过快增长会逐渐引发我们不愿看见的现象，比如出现通货膨胀。采取适当的货币政策能够通过防范经济由复苏转为过热，防止通货膨胀的出现。

当货币当局认为总支出过大因而可能出现通货膨胀时，就提高贴现率，商业银行由于资金成本的提高而向中央银行的借款就会减少，准备金从而货币供应量就会减少，通过收缩贴现的数量，以限制商业银行发放贷款，抑制投资。

货币政策的实施时间不一定要等到经济中出现了问题，因为货币政策的实施存在时滞问题。中央银行通过变动贴现率而变动货币供给量要通过影响利率，再影响投资，然后再影响国民收入，也就是说，货币政策作用要经过相当长一段时间才会充分得到发挥。尤其是市场利率变动以后，投资规模并不会很快发生相应变动。本案例中，利率上升以后，厂商缩小生产规模更不是一件容易的事，已经上马在建的工程难以下马，已经雇用的职工也不能轻而易举地被解雇。总之，货币政策即使在开始采用时不要花很长时间，但执行后产生效果却要有一个相当长的过程，在此过程中，经济情况有可能发生和人们原先预料的相反变化。例如，经济衰退时中央银行扩大货币供给，但未到这一政策效果完全发挥出来经济就已转入繁荣，物价已开始较快地上升，则原来扩张性货币政策不是反衰退，却为加剧通货膨胀起了“火上加油”的作用。所以，在确定货币政策时应该考虑未来。

资料来源：[美] R·格伦·哈伯德、安东尼·P·奥布赖恩著：《经济学（宏观）》，机械工业出版社，2007年版。

案例2 1998年以来中国的积极财政政策

1996年中国经济实现了“软着陆”，但在1997年下半年，国际国内经济形势发生重大变化，东南亚发生严重金融危机，国内市场出现需求疲软和生产过剩，需求不足成为经济中的主要矛盾，加上东南亚危机对出口的影响，中国经济开始进入低谷期。到1999年第一季度GDP增长8.3%。4月份全国商品零售价格和居民消费价格分别比上年同期下降3.5%和2.2%。通货紧缩从1997年10月开始持续运行。环比指数也加速下降。生产资料价格8月份比上年同期下降3.28%，比上月下降3.73%。导致更多的企业亏损、员工下岗。工业增加值、固定资产投资、社会商品零售总额的增幅均大幅下降，出口同比下降7.3%。

为此，从1998年初以来，中国政府及时调整了宏观经济政策，决定将适度从紧政策调整为扩大内需、刺激经济增长的政策，实行积极的财政政策。这种积极财政政策的主要内容和措施包括：（1）定向募集特种国债注入国有商业银行补充其资本金，为稳健性货币政策的实施奠定优化的资产结构基础；（2）增发国债定向用于公共工程建设投资，并希望由此带动银行配套贷款的发放，以扩大投资需求；（3）增大中央财政预算赤字规模，以加大政府支出来扩大社会需求；（4）调整企业的出口退税率，以刺激出口来扩大需求。

积极的财政政策在“九五”后三年取得明显成效，促进了投资、消费和出口，1998年和1999年分别拉动GDP增长1.5~2个百分点。到2000年上半年，中国经济已摆脱亚洲金融危机带来的不利影响，宏观经济出现重要转机。2000年上半年的经济增长率为8.2%，经济初步回升。若没有积极的财政政策，中国的经济增长率只能是5%和6%。也就是说，积极财政政策对上半年的经济增长拉动是2.2~3.2个百分点。

分析：

上述案例说明，积极财政政策的实施，对中国经济摆脱通货紧缩的影响，起到了巨大的作用。但积极财政政策的实施中也存在以下几个问题：

第一，对消费需求的拉动作用还不明显。增发国债用于基础设施建设，对投资需求起到了明显的拉动作用，但投资需求只是中间需求，它最终能否提高经济效益及产出还需要看消费需求的状况。1996年以后，中国经济实现“软着陆”，买方市场在中国逐渐形成，社会总需求刺激的重点是消费需求而不是卖方——短缺市场下的供给和投资需求。出于国家宏观调控的需要，增发的国债资金投向具有明显的局限性，1998年1 000亿元国债中有近70%用于基础设施建设，这些行业的产业关联度小，其产业扩张不能很快地带动整体产业扩张。基本建设项目资金回收较慢，建设周期一般较长，难以产生更大的乘数效应，对民间投资和消费需求的拉动作用不明显。

第二，政策运行中的问题。一是部分国债项目缺少科学论证，配套资金不足。不少地方把争投资、上项目作为目的，只注重争取到建设资金，对于项目立项、可行性、投资效益、偿债能力等问题缺乏足够的科学论证，因而在项目建设过程中出现预算不足、项目缺位，影响了国债资金的使用效益，有些还很严重。二是存在挪用和挤占国债资金现象，产生不良影响。目前在基本建设项目建设过程中，需支出的规划论证费等各类费用越来越多，间接挤占了国债资金。因管理而导致的挪用现象也不在少数。三是公共支出的增加，也会出现西方国家那样的“挤出效应”，出现私人部门和公共部门争夺资源市场的现象。四是地方政府的还债能力并非完全确定。

第三，可能带来财政风险。一是1998年中国仅内债发行规模就达6 500多亿元。相当于当年预算内收入的70%左右。债务依存度已达到40%以上，中央财政的债务依存度已达到73.95%，大大超过20%的国际警戒线。同时，国债投入基础设施。难以在短时期内见效，日益扩大的财政赤字，为财政危机埋下阴影。二是2 700亿元特别国债用于国有独资商业银行的资本金。实质是金融资产和国债的置换，可能会使银行和金融机构的大量不良资产转换为国家债务，构成国债的潜在危机。

第四，当扩张性财政赤字政策筹集安排了大量政府投资资金造成其他融资投资领域的资金减少时，宽松的货币政策却未切实地做到增加货币供应量，这必将导致其他融资投资领域资金的融资成本上升，造成其他领域投资下降，产生扩张性财政政策的“挤出效应”。

扩张性财政政策的运行及效应机理说明，依靠大量扩张政府支出来刺激经济绝非长久之计。这不仅因为依赖高税收、高债务和高强度的财政扩张政策的效应相当有限，更由于政府投资活动的效率低于民间投资。扩张性财政政策的功能不仅主要体现在能够筹集使用多少资金，而是在如何带起更多的市场性的民间投资。在目前“挤出效应”已经显现的情况下，财政投资应转换角色，从简单的调集资源公共投资，转变为发挥财政杠杆作用，协同金融体制改革、投资体制改革一道，降低民间融资投资成本，支持、鼓励民营部门扩大投资。

资料来源：朱延福：《宏观经济学》，中国统计出版社，2002年版，第510~511页。在编辑过程中进行了适当修改。

[关键概念]

财政政策　货币政策　经济政策目标　相机抉择　自动稳定器　补偿性财政政策　政策时滞　公开市场业务　法定准备金　供给管理政策

[复习题]

1. 宏观经济政策的目标有哪些？

2. 主要的财政政策工具有哪些？

3. 经济的自动稳定器包含哪些主要内容？是否边际税率越高，税收作为自动稳定器的作用越大？

4. 试解释商业银行货币创造的机制。

5. 货币政策的工具主要有哪些？

6. 中央银行是怎样通过公开市场业务来调节货币供给的？
7. 财政政策和货币政策应如何相互配合？

[补充阅读材料]

1. 多恩布什、费希尔、斯塔兹著：《宏观经济学》，中国人民大学出版社，2000 年版。
2. R · 格伦 · 哈伯德、安东尼 · P · 奥布赖恩著：《经济学（宏观）》，机械工业出版社，2007 年版。
3. 曼昆著，梁小民译：《经济学原理：宏观经济学分册》（第 4 版），北京大学出版社，2006 年版。
4. 布赖恩 · 斯诺登、霍华德 · R · 文主编：《现代宏观经济学发展的反思》，商务印书馆，2000 年版。
5. 高鸿业主编：《西方经济学（宏观部分）》（第四版），中国人民大学出版社，2007 年版。

索　　引

一、重要术语英汉对照

A

Absolute income hypothesis of consumption	绝对收入消费理论
Accelerator	加速数
Accelerator principle	加速原理
Actual capital-output ratio	实际的资本－产出比
Actual growth rate	实际增长率
Adaptive expectations	适应性预期
Advances in knowledge	知识进展
Aggregate Demand (AD)	总需求
Aggregate demand curve	总需求曲线
Aggregate demand shock	总需求冲击
Aggregate price level	总价格水平
Aggregate Supply (AS)	总供给
Aggregate supply curve	总供给曲线
Asset	资产
Autonomous aggregate demand	自发总需求
Autonomous consumption	自发消费
Automatic stabilizer	自动稳定器
Average Propensity to Consume (APC)	平均消费倾向
Average Propensity to Save (APS)	平均储蓄倾向

B

Balanced budget multiplier	平衡预算乘数
Balanced growth path	平衡增长路径
Balance of international payments	国际收支平衡
Break-even investment	持平投资额
BP curve	*BP* 曲线
Budget deficits	预算赤字
Business cycle	经济周期

C

Capital	资本
Capital deepening	资本的深化
Capital fundamentalism	资本决定论
Capital goods	资本品
Capital-output ratio	资本－产出比
Capital per worker	人均资本
Capital stock	资本存量
Capital widening	资本的广化
Clearing market	市场出清
Cobb-Douglas production function	柯布－道格拉斯生产函数
Compensated fiscal policy	补偿性财政政策
Conditional convergence	有条件的收敛
Constant marginal product of capital	资本的边际报酬不变
Consumption	消费
Consumer Price Index (CPI)	消费物价指数
Consumption function	消费函数
Consumers' goods	消费品
Contracts	合同
Cost-push inflation	成本推动型通货膨胀
Crowding out effect	挤出效应
Cyclical unemployment	周期性失业

D

Deficit spending	赤字性支出
Deflation	通货紧缩
Demand	需求
Demand curve	需求曲线
Demand for money	货币需求
Demand function	需求函数
Demand-pull inflation	需求拉动型通货膨胀
Demographic transition	人口转型
Depreciation	折旧
Depression	萧条
Desired capital-output ratio	意愿的资本－产出比
Desired investment	意愿的投资

Difference stationary 差分平稳
Discretionary 相机抉择
Disequilibrium unemployment 失衡失业
Disinflation policy 通货膨胀政策
Disposable income 可支配收入
Disposable Personal Income (DPI) 个人可支配收入
Durable goods 耐用品

E

Economic growth 经济增长
Effects of fiscal policy 财政政策效果
Effects of monetary policy 货币政策效果
Efficiency wages 效率工资
Employment 就业
Endogenous variable 内生变量
Endogenous growth 内生增长
Endogenous growth theory 内生增长理论
Entrepreneur 企业家
Equilibrium 均衡
Equilibrium output 均衡产出
Equilibrium unemployment 均衡失业
Euler theorem 欧拉定理
Exchange rate 汇率
Exogenous variable 外生变量
Expectations 预期
Expectations-augmented Phillips curve 附加预期的菲利普斯曲线
Expected inflation 预期的通货膨胀
Exports 出口

F

Factors of production 生产要素
Final goods 最终产品
Firm 厂商
Fiscal policy 财政政策
Fisher equation 费雪方程
Flow 流量

Fluctuations	波动
Foreign trade multiplier	对外贸易乘数
Frictional unemployment	摩擦性失业
Frictionless neoclassical model	无摩擦的新古典模型
Full employment	充分就业
Full-employment output	充分就业的产出水平

G

GDP deflator	GDP 平减指数
Golden-rule level of capital stock	资本存量的黄金律水平
Government purchase expenditure multiplier	政府购买支出乘数
Government transfer payment multiplier	政府转移支付乘数
Government purchase	政府购买
Growth accounting	增长核算
Growth effect	增长效应
Growth rate	增长率
Gross Domestic Product (GDP)	国内生产总值
Gross investment	总投资
Gross National Product (GNP)	国民生产总值

H

Harrod-Domar model	哈罗德－多马模型
Hicks-neutral	希克斯中性
Human capital	人力资本
Hyperinflation	恶性通货膨胀
Hysteresis	滞后

I

Identity between saving and investment	储蓄－投资衡等式
Implicit contracts	隐性合同
Imports	进口
Improved resource allocation	资源配置的改善
Income	收入
Income policy	收入政策
Incremental capital-output ratio	增量的资本－产出比

Indirect taxes	间接税
Induced consumption	引致消费
Inflation	通货膨胀
Inflation rate	通货膨胀率
Innovation	创新
Insider-outsider models	内部人－外部人模型
Instrument of fiscal policy	财政政策工具
Instrument of monetary policy	货币政策工具
Intensive-form production function	简单形式的生产函数
Interest	利息
Interest rate	利率
Intermediate goods	中间产品
Inventory investment	存货投资
Investment	投资
Investment function	投资函数
Investment multiplier	投资乘数
Investment requirement	必要投资额
Involuntarily unemployment	非自愿失业
IS curve	*IS* 曲线
IS-LM medel	*IS－LM* 模型

J

Juglar cycle	朱格拉周期

K

Keynesianism	凯恩斯主义
Keynesian economics	凯恩斯经济学
Keynesian school	凯恩斯学派
Kitchen cycles	基钦周期
Kondretieff wave	康德拉耶夫周期
Kuznets cycles	库兹涅茨周期

L

Labor market	劳动市场
Labor supply	劳动供给

Learning-by-doing	干中学
Level effect	水平效应
Life-cycle hypothesis	生命周期假说
Liquidation	清算
Liquidity preference	流动性偏好
Liquidity trap	流动性陷阱
LM curve	LM 曲线
Long cycles	长周期
Long run	长期
Long swings	长期摆动
Lucas critique	卢卡斯批评

M

Macroeconomics	宏观经济学
Macroeconomic model	宏观经济模型
Macroeconomic equilibrium	宏观经济均衡
Major cycle	大周期
Marginal Efficiency of Capital (MEC)	资本边际效率
Marginal Efficiency of Investment (MEI)	投资边际效率
Marginal Propensity to Consume (MPC)	边际消费倾向
Marginal Propensity to Save (MPS)	边际储蓄倾向
Market	市场
Menu costs	菜单成本
Microeconomics	微观经济学
Minor cycle	小周期
Model	模型
Moderate inflation	温和的通货膨胀
Money	货币
Monetary base	基础货币
Monetary illusion	货币幻觉
Monetary policy	货币政策
Monetary shocks	货币冲击
Moral suasion	道义上的劝告
Multiplier	乘数
Multiplier-accelerator	乘数－加速数
Multiplier effect	乘数效应
Multiplier model	乘数模型

Mundell-Fleming medel 蒙代尔－弗莱明模型

N

National Income (NI) 国民收入
Natural growth rate 自然增长率
Natural-rate hypothesis 自然率假说
Natural-rate of unemployment 失业的自然率
Neo-classic school 新古典学派
Neo-classical model of growth 新古典增长模型
Net Domestic Product (NDP) 国内生产净值
Net export 净出口
Net investment 净投资
Neutrality of money 货币中性
New growth theory 新增长理论
New classical macroeconomics 新古典宏观经济学
New Keynesian economics 新凯恩斯主义经济学
Nominal GDP 名义 GDP
Nominal exchange rate 名义汇率

O

Okun's law 奥肯法则
Open market operation 公开市场业务
Output gap 产出缺口
Output per worker 人均产出

P

Paradox of thrift 节俭悖论
Parameter 参数
Payment or expenditure 支出
Peak 峰顶
Permanent income hypothesis 永久收入假说
Personal income 个人收入
Phillips curve 菲利普斯曲线
Planned investment 计划的投资
Political business cycle 政治性经济周期

Potential output	潜在产出
Precautionary demand	预防需求
Precautionary motive	预防动机
Present value	现值
Price index	价格指数
Price rigidity	价格刚性
Price stickiness	价格粘性
Product market	产品市场
Production function	生产函数
Productivity growth	生产率增长
Producer price index	生产者价格指数
Profit	利润
Prosperity	繁荣
Public debt	公债

Q

Quantity theory of money	货币数量理论

R

Random walk	随机游走
Ratchet effect	棘轮效应
Rational expectations	理性预期
Rational-expectations hypothesis	理性预期假说
Real GDP	实际 GDP
Real-business-cycles theory	实际周期理论
Real wages	实际工资
Regress	衰退
Relative income hypothesis of consumption	相对收入消费理论
Rent	租金
Replacement cost	重置成本
Replacement investment	重置投资
Required reserves or Legal reserve	法定准备金
Research and development sector	研究开发部门
Restoration	复苏
Romer model	罗默模型

S

Say's law　萨伊定律
Saving　储蓄
Saving function　储蓄函数
Seasonal unemployment　季节性失业
Service　劳务
Shoe leather costs　皮鞋成本
Short cycles　短周期
Short run　短期
Solow model　索洛模型
Solow residual　索洛余值
Speculative demand　投机需求
Stabilization policy　稳定化政策
Stagflation　滞胀
Structural unemployment　结构性失业
Stock　存量
Sunspots　太阳黑子
Supply　供给
Supply curve　供给曲线
Supply function　供给函数
Supply-side School　供给学派
System of material product balance　物质产品平衡表体系
System of National Accounts (SNA)　国民收入核算体系

T

Tax multiplier　税收乘数
Technological progress　技术进步
Tobin's q theory　托宾的"q"理论
Total factor productivity　全要素生产率
Transactional motive　交易动机
Transaction demand　交易需求
Transfer payment　转移支付
Trend stationary　趋势平稳
Trough　谷底

U

Unconditional convergence	无条件的收敛
Under-consumption theory	消费不足理论
Unemployment	失业
Unemployment rate	失业率
Unexplained residual	尚未解释的余值

V

Voluntary unemployment	自愿失业

W

Wage contracts	工资合同
Wages	工资
Wage floor	工资下限
Wage stickiness	工资粘性
Warranted growth rate	有保证的增长率
Welfare	福利

二、重要人名英汉对照

Arrow, Kenneth J.	阿罗，肯尼斯 J.
Barro, Robert J.	巴罗，罗伯特 J.
Blanchard, Olivier J.	布兰查德，奥利弗 J.
Cassel, Gustav	卡塞尔，古斯塔夫
C1ark, John B.	克拉克，约翰 B.
Denison, Edward F.	丹尼森，爱德华 F.
Domar, Evsey D.	多马，埃弗塞 D.
Dornbusch, Rudiger	多恩布什，鲁迪格
Duesenberry, James S.	杜生贝里，詹姆斯 S.
Edgeworth, Francis Y.	埃奇沃思，弗朗西斯 Y.
Fischer, Stanley	费希尔，斯坦利
Fisher, Irving	费雪，欧文
Fleming, Marcus	弗来明，马修
Frey, Bruno	弗雷，布鲁诺
Friedman, Milton	弗里德曼，米尔顿
Hansen, Alvin H.	汉森，阿尔文 H.

Harrod, Roy F.	哈罗德，罗伊 F.
Hawtrey, Ralph G.	霍特里，拉尔夫 G.
Hayek, Friedrich A. Von	哈耶克，弗里德里希 · A · 冯
Hicks, John	希克斯，约翰
Hobson, John A.	霍布森，约翰 A.
Jevons, William S.	杰文斯，威廉姆 S.
Jorgenson, Dalew.	乔根森，戴尔 W.
Juglar, Clement	朱格拉，克里门特
Kaldor, Nicholas	卡尔多，尼古拉斯
Kalecki, Michal	卡莱斯基，米哈尔
Keynes, John M.	凯恩斯，约翰 M.
Kdyland, Finne E.	基德兰德，芬恩 E.
Kendnick, John W.	肯德里克，约翰 W.
King, Robert G.	金，罗伯特 G.
Kitchin, Joseph	基钦，约瑟夫
Klein, Lawrence R.	克莱因，劳伦斯 R.
Kondratieff, Nikolar D.	康德拉季耶夫，尼古拉 D.
Kuznets, Simon	库兹涅茨，西蒙
Long, John B.	朗，约翰 B.
Lucas, Robert	卢卡斯，罗伯特
Malthus, Thomas R.	马尔萨斯，托马斯 R.
Menger, Carl	门格尔，卡尔
Mises, Ludwig E. Von	密塞斯，路德维希 · E · 冯
Mitchell, Wesley C.	密切尔，威斯利 C.
Modigliani, Franco	莫迪格利安尼，弗朗哥
Mundell, Robert A.	蒙代尔，罗伯特 A.
Nelson, Charles	纳尔逊，查尔斯
Perron, Pierre	伯让，皮埃尔
Petty, William	配第，威廉
Phillips, Alban W.	菲利普斯，阿尔宾 W.
Pigou, Arthur C.	庇古，阿瑟 C.
Plosser, Charles I.	普洛瑟，查尔斯 I.
Prescott, Edward C.	普雷斯科特，爱德华 C.
Quesnay, Francois	魁奈，弗朗索瓦
Ricardo, David	李嘉图，大卫
Robinson, Joan	罗宾逊，琼
Romer, Paul	罗默，保罗
Rostow, Walt W.	罗斯托，华尔特 W.

Samuelson, Paul A.	萨缪尔森，保罗 A.
Schultz, Theodore W.	舒尔茨，西奥多 W.
Schumpeter, Joseph A.	熊彼特，约瑟夫 A.
Sismondi, Jean Simonde de	西斯蒙第，让·西蒙·德
Smith, Adam	斯密，亚当
Solow, Robert	索洛，罗伯特
Spiethoff, Arthur	斯皮托夫，阿瑟
Sweezy, Paul M.	斯威齐，保罗
Tobin, James	托宾，詹姆斯
Walras, Léon	瓦尔拉斯，里昂
Weitzman, M.	魏茨曼，马丁
Wicksell, Knut	威克塞尔，克努特